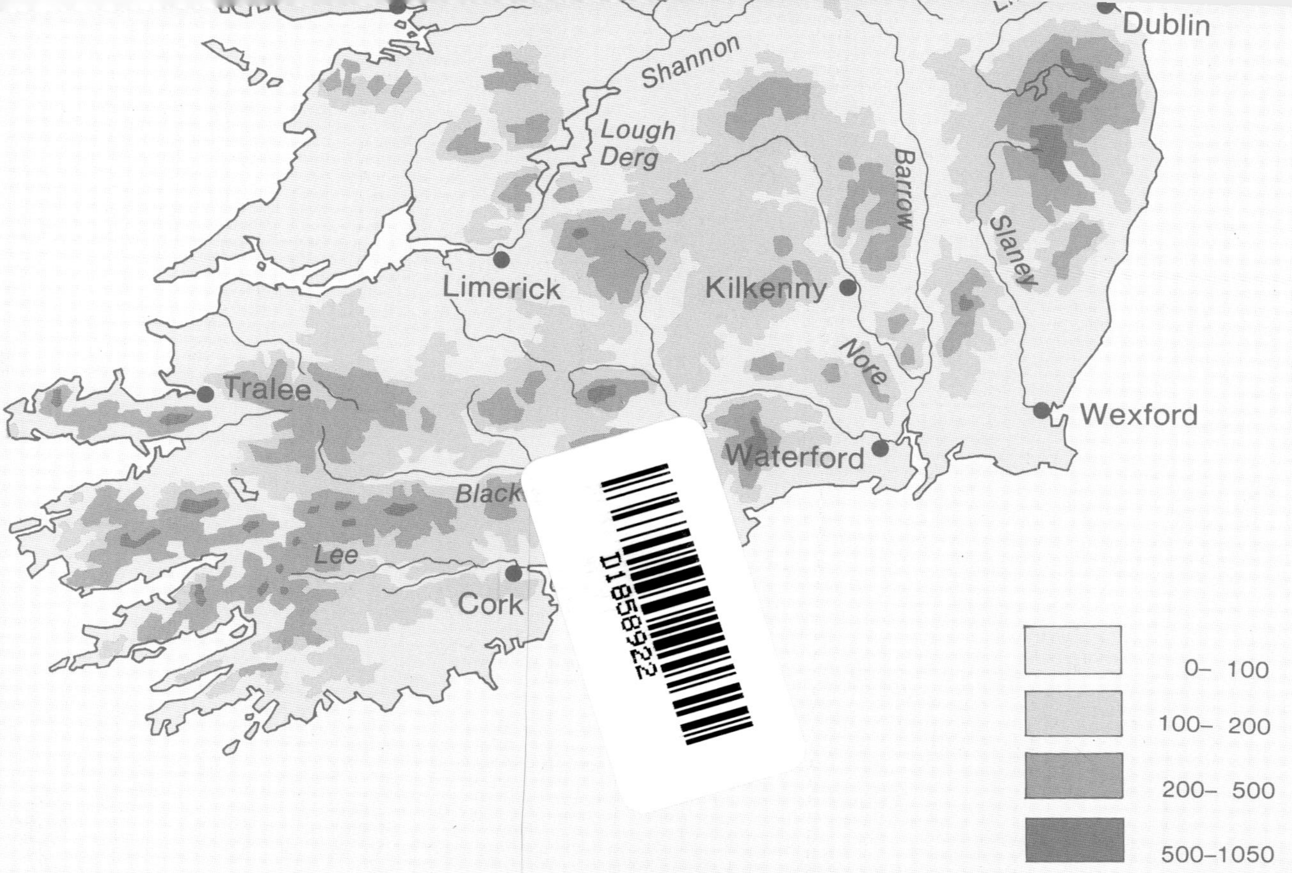
Dublin
Shannon
Lough
Derg
Barrow
Slaney
Limerick
Kilkenny
Nore
Tralee
Wexford
Waterford
Black
Lee
Cork
0– 100
100– 200
200– 500
500–1050
D1858922

wk

Karl S. Bottigheimer

Geschichte Irlands

Verlag W. Kohlhammer
Stuttgart Berlin Köln Mainz

Für Edgar und Katherine,
Nat und Hannah und Sue

CIP-Kurztitelaufnahme der Deutschen Bibliothek

Bottigheimer, Karl S.:

Geschichte Irlands / Karl S. Bottigheimer. –
Stuttgart; Berlin; Köln; Mainz: Kohlhammer, 1985.
ISBN 3-17-008992-7

Originalausgabe: Ireland and the Irish
Originalverlag: Columbia University Press, New York
Übersetzung aus dem Amerikanischen: Liselotte Mickel

Stuttgart Berlin Köln Mainz
Verlagsort: Stuttgart
Umschlag: hace
Gesamtherstellung:
W. Kohlhammer Druckerei GmbH + Co. Stuttgart
Printed in Germany

Inhalt

Karten

I. Insulare Lage und frühe Besiedlung

Dieses Buch handelt von Irland und seinen Bewohnern. Es sollen darin die grundlegenden Gegebenheiten seiner reichen, vielfältigen Vergangenheit verständlich gemacht werden. Dabei stütze ich mich auf Arbeiten anderer Historiker, die sowohl in früheren Zeiten als auch in unserer heutigen Zeit den flüchtigen Augenblick festzuhalten oder erneut ins Bewußtsein zu rufen versuchten. Die jeweilige Einstellung des Historikers zu seinem Gegenstand wird nicht nur durch seine spezifischen Interessen, sondern auch durch die drängenden Probleme seiner Zeit bestimmt. *Mein* Anliegen ist es, den wechselnden Verlauf der irischen Geschichte in kurzer, gedrängter Form so darzustellen, daß bestimmte Probleme, die zu *meiner* Zeit in Zusammenhang mit Irland immer wieder auftreten, weniger mysteriös und geheimnisvoll erscheinen.

Dabei habe ich versucht, das Tatsächliche vom Fiktiven zu trennen, wobei das Apokryphe nicht unbedingt unberücksichtigt blieb, jedoch habe ich immer wieder darauf hingewiesen, daß man sich davor hüten sollte, regelrechte Hypothesen auf solch zweifelhaften Quellen aufzubauen. Worauf es mir hauptsächlich ankam, war, nicht nur die Vergangenheit aufzuzeichnen, sondern diese nach Möglichkeit auch zu deuten. Freilich läuft man dann Gefahr, groben Irrtümern zu verfallen, denn wenn man auch noch so sehr darauf bedacht ist, Mythen und eventuelle Ausschmükkungen bei seinen Ausführungen auszuschließen, so kommt man doch beim Versuch, eine erklärende Struktur aus aneinandergereihten, unbestrittenen Tatsachen zu errichten, nicht ohne Vermutungen und Behauptungen aus, die sich später als Irrtum erweisen können. Ohne Berücksichtigung von Ursache und Wirkung ist eine geschichtliche Darstellung nichts weiter als eine Aufzählung bemerkenswerter Ereignisse. Aber damit, daß man Ereignisse – bemerkenswerte und auch weniger bemerkenswerte – zueinander in Beziehung setzt, stellt man unvermeidlich interpretative Hypothesen auf, die Einwände herausfordern.

Ich kann daher ebensowenig wie meine Vorgänger behaupten, *diese* Geschichte Irlands sei *die* Geschichte Irlands schlechthin. Sie ist vielmehr eine Synthese zu einem bestimmten historischen Augenblick, ein Versuch, verschiedene Einzelerkenntnisse zusammenzutragen und sie zu einer einleuchtenden und befriedigenden Erklärung zu formen.

1. Die Insellage

Irland ist die zweitgrößte europäische Insel. Es hat eine Gesamtfläche von 84 421 km^2, was drei Fünftel der Größe Englands ausmacht. Es ist 4mal so groß wie Wales und nur wenig größer als Schottland. Auf deutsche Verhältnisse übertragen, entspricht Irland etwa einem Drittel der Größe der Bundesrepublik. Es liegt im Nordatlantik etwa zwischen dem 52. und dem 55. nördlichen Breitengrad und dem 6. und 10. westlichen Längengrad. Vom europäischen Festland wird es durch die fast 3mal so große Insel Großbritannien wirksam abgeschirmt. Bis zum Zeitalter der Luftfahrt war die kürzeste Reiseroute zum europäischen Kontinent der Seeweg von Cork zum westlichsten Punkt der Bretagne, nämlich eine Entfernung von fast 300 Seemeilen. Zur Bucht von Biscaya an der Nordküste Spaniens waren es dann nochmals 300 Meilen. Dagegen grenzen Großbritannien und Irland fast aneinander. Vor 2 Millionen Jahren hingen die beiden Inseln tatsächlich noch zusammen, und von weitem gesehen, bilden sie ein umgekehrtes V, das wie ein Gabelbein aus der Nordwestküste Europas entwachsen zu sein scheint. Zwischen den Midlands beider Inseln ist während unserer Zwischeneiszeit durch das abschmelzende Eis ein mit Wasser gefüllter Graben entstanden, der an den schmalsten Stellen etwa 110–130 km breit ist. Im Norden Irlands, dort wo sich die Berge von Antrim über den Nordkanal auf den nach Süden vorspringenden Halbinseln von Galloway und Kintyre fortsetzen, ist die alte Verbindung noch fast erhalten, und der Wasserweg ist nur noch 18,5 km breit. In gewisser Hinsicht trügt diese Nähe, denn der Reisende würde sich nach einer kurzen Überfahrt auf gewundenen, schwierigen Pfaden durch das unwegsame Gelände der Gebirge und Inseln seinen Weg suchen und die wildesten Gegenden Schottlands durchqueren müssen, bevor er den Norden Englands erreichte.

England und Irland sind zwar nicht so weit voneinander entfernt, wie es in der Geschichte der beiden Länder manchmal scheinen möchte, aber unglücklicherweise nähern sie sich gerade an ihren zerklüftetsten Stellen einander auf eine Weise, die dem Verkehr in der Frühzeit ihrer beiden Kulturen höchst hinderlich war. Die beste Verbindung besteht zwischen dem Nordosten Irlands und dem Südwesten Schottlands, eine geographische Gegebenheit, die für die sich auf beiden Inseln entwickelnden Gesellschaften von entscheidender Bedeutung war.

Wir sprachen bisher von zwei Inseln so, als ob diese für sich alleine existierten, während sie tatsächlich zu einem Archipel von über 400 Inseln gehören, von denen heute etwa 200 bewohnt sind. Man denkt bei den Britischen Inseln nur selten an einen Archipel, weil Großbritannien und Irland eine so überragende Rolle spielen, doch erwiesen sich auch die kleineren Inseln als wichtiger Teil dieser natürlichen Umgebung, da sie Generationen von Bewohnern als Zuflucht, Sprungbrett oder gelegentlich auch als Stützpunkte dienten. Viele der weniger entfernten Inseln liegen in dem stark ausgezackten Küstenbereich von Westirland und Westschottland. Obwohl die größte gradlinige Entfernung in Irland nur etwa 486 km beträgt, beläuft sich die Gesamtlänge der Küste auf 3173 km. Sie erreicht damit fast die Länge der Küste von England und Wales zusammengenommen, obwohl deren Gebiet erheblich größer ist.

Unsere natürliche Umwelt besteht aus lauter veränderlichen Elementen. Was diese Elemente für historische Zwecke voneinander unterscheidet, ist die Geschwindigkeit ihrer Veränderung. Das Klima kann sich rasch ändern, was nachhaltige Folgen für die Pflanzen- und Tierwelt mit sich bringt. Geologische Merkmale ändern sich dagegen meist zu langsam, um innerhalb von nur 4000 oder 5000 Jahren wahrgenommen zu werden. Daher können wir unbesorgt von der Geomorphologie Irlands sprechen, die heute immer noch so ist, wie sie war, als die ersten Menschen dort eintrafen.

Die Größe der Insel hat sich nicht verändert. Ebensowenig hat es ihre Topographie, die eine verwirrende Mischung aus Hochland und Tiefland ist. Das Landesinnere ist »im wesentlichen ein Tiefland, das von einer durchschnittlichen Meereshöhe von ungefähr 60 m auf etwa 120 m allmählich ansteigt. Hie und da gibt es verstreute zwischen ca. 180 und 300 m hohe Hügel.«[1] Die Gebirge befinden sich meist in Küstennähe. Die höchste Erhebung ist der 1040 m hohe Carrantuohill. Er liegt in der Grafschaft Kerry in der Nähe von Killarney, und es gibt in dieser wegen ihrer landschaftlichen Reize berühmten, aber landwirtschaftlich unfruchtbaren Gegend noch einige andere Gipfel. Aber gebirgige Gegenden sind kein Monopol des Südwestens. Man findet sie in allen vier Provinzen, sie scheinen sogar in sämtlichen Regionen fast allgegenwärtig zu sein. Wenn auch die Zentralebene von Leinster die dominierende Formation mit Ausläufern in sämtliche angrenzende Provinzen ist, so ist doch eine vielfältige Mischung unterschiedlicher Bodenniveaus für Irland kennzeichnend, und die einzelnen Regionen sind keineswegs klar in Tiefland und Bergland aufgeteilt.

Genauso kompliziert ist das Flußsystem. Zwar durchfließt der Shannon, der längste Fluß der Britischen Inseln, auf 370 km den Westen Irlands, doch bildet er nicht das Herz eines großen einheitlichen Flußsystems. Vielmehr ist er nur der größte unter einem Dutzend Strömen, die von den Highlands herab praktisch nach allen Richtungen ins Meer fließen. Genau wie in England liegen auch hier die günstigsten Häfen und Buchten im Süden und Westen. Cork entspricht Plymouth oder Portsmouth, und Limerick an der Mündung des Shannon hat eine ähnliche Lage wie Bristol am Severn. Außerdem besitzt Irland mit seinen *loughs* Süßwasserseen, die eine Fläche von mehreren hundert Quadratkilometern bedecken. Der 396 km^2 große Lough Neagh bei Belfast ist der größte Süßwassersee der Britischen Inseln, doch gibt es noch viele andere Seen besonders längs des Shannon und in der Provinz Connacht. Stets hat man den Eindruck einer sehr abwechslungsreichen Landschaft. So wie es keine eigentlichen Gebirgsregionen gibt, gibt es auch keine eigentlichen Seengebiete. Irland besitzt sagenumwobene

Flüsse: den Lagan, den Liffey, den Lee, den Boyne, den Suir und den Blackwater, doch bildet keiner dieser Flüsse – außer dem Shannon – ein großes Tal. Daher resultiert der politische Partikularismus, der in der Geschichte Irlands eine so wesentliche Rolle spielt, aus der topographischen Vielfalt der Insel und der Tatsache, daß es in Irland nicht ein einziges großes, leicht zu besiedelndes Gebiet gibt, das zur Wiege einer beherrschenden Kultur hätte werden können.
Berge und Täler sind etwas relativ Stabiles. Boden und Vegetation dagegen stehen ebenso wie das Klima in enger Beziehung zueinander und sind stark veränderlich. Heute sind etwa zwei Drittel Irlands kultiviertes Ackerland, und von dem verbleibenden Drittel ist ein noch höherer Prozentsatz unkultiviertes Weideland, Wald oder Aufforstung.[2] In Gebieten höher als 180 m über dem Meer sind menschliche Siedlungen selten[3], und die oberste Grenze für landwirtschaftlich genutztes Land liegt meist bei ca. 250 m, für Viehweiden bei 450 m über dem Meeresspiegel.[4] Die wichtigsten Ackerbaugebiete befinden sich in den zentralen und den östlichen Landesteilen. Irland ist heute das am wenigsten bewaldete Land Europas. Nur 3 Prozent seiner Bodenfläche sind mit Wald bedeckt[5], man schätzt jedoch, daß es um 1600 4mal soviel Wald gab.[6] Die größten und dichtesten Wälder findet man nordwestlich des Lough Neagh, im Erne-Becken, längs des Shannon, in den Flußtälern des Westens und Südens und an den Osthängen der Berge von Wicklow und Wexford.[7] Vermutlich war die Eiche früher die verbreitetste Baumart. Das Wort *diabre* (in englisch *Derry*), das soviel wie »Eiche« bedeutet, kommt in verschiedenen Varianten in fast 1600 Ortsnamen vor. [8] In der Zeit vor den Tudors dürfte Irland weit stärker bewaldet gewesen sein, und wenn diese Wälder um 1800 bereits fast völlig abgeholzt waren, so war dies meist auf den Raubbau zurückzuführen, der im 17. Jh. besonders zum Betrieb der Eisenhütten mit den Wäldern getrieben wurde.
Wenn Großbritannien Irland gegen Europa abschirmt, so schirmt Irland Großbritannien wenigstens teilweise gegen das Meer ab. Der Golfstrom erreicht die Britischen Inseln in Form des Nordatlantischen Stroms, der sich hier verzweigt und auf diese Weise sowohl den Norden als auch den Süden des Archipels umströmt. Die vorherrschenden Westwinde befördern die relative Wärme dieser Gewässer in ein Gebiet, das sonst ein viel kälteres Klima hätte, ähnlich dem des eisigen Neufundlands, das auf dem gleichen Breitengrad wie Irland liegt. Wie sich das Klima im Laufe der Geschichte entwickelt hat, ist nicht leicht festzustellen, wenn es auch einige recht interessante Hypothesen darüber gibt. Es besteht jedoch kein Grund zur Annahme, daß das Klima Nordeuropas und der Britischen Inseln in den letzten 10000 Jahren größere Veränderungen durchgemacht hat. Die römischen Geographen berichteten vor 2000 Jahren von einem Klima in Irland, das dem heutigen ähnlich war. Sie bezeichneten es als kühl, naß und ohne extreme Temperaturschwankungen. Für die Mittelmeervölker war es ein gesundes Klima, wo man vor den Epidemien des wärmeren Mittelmeerbeckens Zuflucht suchen konnte.

Karte 1: Insel Irland: eine Übersichtskarte
(Aus: *Botheroyd, S.* und *P. F.*, Irland. Stuttgart 1985)

Bezüglich der durchschnittlichen Niederschlagsmenge herrschen in Irland ähnliche Verhältnisse wie in Großbritannien. Generell ist der äußerste Westen niederschlagsreicher als das Landesinnere und der Osten. Die durchschnittliche jährliche Niederschlagsmenge beträgt dort um 1 500 mm. Aus den Wetterkarten geht hervor, daß in Irland eine Tendenz zu mittleren Werten besteht, denn abgesehen von den Galway- und Kerry-Gebirgen mit Niederschlagsmengen von 2530 mm gibt es hier nirgends Gebiete, die darüber hinausgehende Niederschlagsmengen aufweisen, wie dies z. B. in Nordwales, im englischen Lake District und in den schottischen Highlands der Fall ist. Andererseits gibt es aber auch kein Gebiet mit einer Niederschlagsmenge von weniger als 635 mm pro Jahr wie in Ostanglien und den östlichen englischen Midlands. Auch in bezug auf die Temperatur besteht diese Tendenz zu mittleren Werten.

Irland ist weder so kalt wie die kältesten Teile Großbritanniens im Januar, noch ist es so warm wie die wärmsten Teile Großbritanniens im Juli, und wenn dies für Irland im ganzen gilt, so gilt es erst recht für seine Küstengebiete besonders im Norden, Westen und Süden. Dort schwankt die Temperatur (genau wie in Westwales, in Cornwall und in einigen Teilen Schottlands) zwischen Januar und Juli um kaum mehr als 10° Celsius (etwa 5° C im Winter und etwa 15° C im Sommer). Es ist dies ein Klima, das Leute, die an ihre Zentralheizung gewöhnt sind, als unbehaglich empfinden und über das selbst englische Siedler, die aus dem trockeneren, wärmeren Süden ihres Landes kamen, klagten. Aber die Bewohner Irlands haben ihr Klima im Laufe ihrer Geschichte nicht als rauh oder lebensfeindlich empfunden. Sie hielten es nicht für nötig, dem Ansturm des Winters mit dicken Mauern und großen Heizvorräten zu begegnen, da sich der Winter in manchen Gegenden vom Sommer nur durch die kürzeren Tage unterscheidet.

Die von mir hier skizzierte Umwelt ist – kurzgesagt – ein atlantisches Abbild Nordeuropas, und die Verhältnisse sind denen in Großbritannien sehr ähnlich. Gewisse Unterschiede bestehen jedoch bezüglich des Vorkommens von Bodenschätzen wie etwa Kohle, aber alles in allem ist Irland ein integraler Bestandteil des britischen Archipels, der von Großbritannien nur durch enge Meere getrennt ist und durch das stark ausgeprägte Gefühl der Abgeschiedenheit als Erbe der letzten 2000 Jahre.

2. Die Besiedlung in der Frühzeit

Die Erde ist vielleicht 4 Milliarden Jahre alt, und den Menschen als Spezies gibt es seit über 2 Millionen Jahren, doch stammen die ersten verläßlichen Spuren menschlicher Tätigkeit in Irland etwa aus der Zeit um 6800 v. Chr.[9] Es sind dies Überreste aus dem Mesolithikum (Mittelsteinzeit), die gehäuft in Antrim, in der nordöstlichsten Grafschaft Irlands, gefunden wurden, deren Küste für die Einwanderer aus dem Südwesten Schottlands am nächsten lag. Bei diesen Funden handelt es sich um sogenannte *Mikrolithen,* kleine Geräte, die meist aus Feuerstein waren, aus dem durch Behauen Waffen oder Werkzeuge hergestellt wurden. Weiter verbreitet waren diese *Mikrolithen* um 3500 v. Chr., und aus dieser Zeit stammen Funde bis zur Dubliner Bucht im Süden und bis zur Grafschaft Sligo in der Provinz Connacht im Westen.

Das Neolithikum, die Jungsteinzeit, wird in Irland um 3700 v. Chr. angesetzt und ist gekennzeichnet durch das Auftauchen von geschliffenen Steinwerkzeugen neben den grob behauenen Feuersteinen. Der Mensch der Jungsteinzeit züchtete Haustiere wie Rinder und Schafe und pflanzte Getreide wie Gerste und Weizen an. Falls die in Ballynagilly in der Nähe von Cookstown in der Grafschaft Tyrone 1967–68 vorgenommenen Ausgrabungen Typisches zutage förderten, lebte der Mensch der Jungsteinzeit in primitiven überdeckten Höhlen, die nur allmählich Holzbauten wichen.[10] An den gleichen Fundstätten wurden auch Keramikscherben gefunden, deren Alter mit Hilfe der C-14-Methode auf 3675 ± 50 v. Chr. angesetzt wurde und die den etwa gleichzeitigen englischen Erzeugnissen aus den Yorkshire-Mooren mit nach außen gebogenem Rand ähnlich sind.
Überreste, die der Mensch der Jungsteinzeit sowohl in Großbritannien als auch in Irland am häufigsten hinterlassen hat, sind die *Megalithen* oder »großen Steine«. Es gibt in Irland etwa 1200 davon, und sie sind dort weit mehr verstreut als in Großbritannien, wo man sie in bestimmten Gebieten konzentriert vorfindet wie z. B. in der Ebene von Salisbury, in Westengland, im Südwesten von Wales und im Nordosten von Schottland. Zu welchen Zwecken diese Anordnungen großer Gesteinsbrocken verwendet wurden, wissen wir noch immer nicht genau. Neben gewaltigen monumentalen Gruppierungen gibt es auch weniger auffällige, die nur aus drei, vier oder fünf Steinen bestehen. Sie wurden über einen sehr langen Zeitraum hinweg errichtet, vermutlich mehr als 2000 Jahre lang. Einige dienten religiösen Riten, andere erfüllten Grab- oder Denkmalfunktion, während wieder andere zu komplizierten astronomischen Berechnungen benutzt wurden.
Bei den frühesten megalithischen Überresten in Irland handelt es sich um Konstruktionen, die als *court cairns* (Hügelgräber mit offenen Vorhöfen) bezeichnet werden. Es sind Steinhügel über langen, rechteckigen, aus Steinen aufgebauten Grabkammern, denen ein halbkreisförmiger offener Platz oder Vorhof vorgelagert ist, flankiert von aufrecht stehenden Steinen. Diese scheinen jahrzehnte- oder sogar jahrhundertelang bei Kollektivbestattungen in Gebrauch gewesen zu sein, und aus den Hunderten von Tonnen von Steinen, die zur Errichtung einer solchen Grabstätte herangeschleppt werden mußten, schließen die Archäologen, daß „die Gesellschaft, die sie errichtete, sehr gut organisiert gewesen sein und ein beträchtliches Arbeitspotential zur Verfügung gehabt haben muß«. Aber die größten der megalithischen Monumente in Irland waren Gemeinschaftsgräber einer anderen Art. Es waren die sogenannten *passage graves* (Ganggräber) in Form großer runder Erdhügel »mit einem langen Gang, der von dem unteren Rand des Hügels zu einem Grab führt, das im Mittelpunkt oder dicht neben dem Zentrum des Grabhügels liegt«.[11] Man hat inzwischen etwa 300 solcher Gräber entdeckt, die man oft dicht nebeneinander und meist in den nördlichen Landesteilen antraf.
Die bei weitem imposantesten und berühmtesten dieser Grabhügel sind die

von Dowth, Knowth und Newgrange, die an einer Schleife des Boyne zwischen Drogheda und Slane in der Grafschaft Meath errichtet wurden. Man wußte von der Existenz einer Grabkammer im Hügel von Newgrange schon mindestens seit Ende des 17. Jhs., doch waren erst die neuerdings dort vorgenommenen Ausgrabungen außerordentlich lohnend. So kam 1968–69 bei den Ausgrabungen in Knowth eines der bemerkenswertesten Ganggräber Europas zum Vorschein.

Die Ganggräber im Boyne-Tal zeichnen sich nicht nur durch ihre Größe und ihre komplizierte Bauweise aus, sie enthalten auch die ersten uns bekannten Zeugnisse irischer Kunst oder Dekoration. Spuren des täglichen Lebens dieser Menschen der Frühzeit stellen eine Verbindung zwischen ihnen und der Nachwelt her. Ihre Bauten, Gräber, Werkzeuge, Knochen und selbst ihre Abfälle offenbaren den Archäologen, wie, wann und wo sie gelebt haben. Aber die Entdeckung ihrer Kunst – ob sie nun alltäglichen oder rituellen Zwecken diente – bedeutet einen großen Sprung vorwärts, der nur mit der Entdeckung einer Schriftsprache zu vergleichen ist. Für die Kunst von Newgrange und Knowth typisch sind die geometrischen, in Steine eingeritzten Ornamente. Die Motive sind primitiv, kühn und einfach, aber sie tauchen später in verschiedenen, manchmal prachtvollen Formen in den Metallarbeiten und illuminierten Handschriften der irischen Kultur wieder auf. Die irische Archäologie steckt noch in den Kinderschuhen, doch steht fest, daß Irland eine bemerkenswerte neolithische Kultur besaß, deren Blütezeit etwa zwischen 3700 und 2000 v. Chr. anzusetzen ist. Die Steinzeit im engeren Sinn endete mit der Entwicklung und Ausbreitung von Werkzeugen aus Metall, zunächst aus Gold und Bronze (einer Legierung aus Kupfer und Zinn) und später aus Eisen. Die Einführung der Metallverarbeitung auf den Britischen Inseln wird mit der Einwanderung des sogenannten Glockenbechervolkes *(Beaker people)* vom Kontinent her in Zusammenhang gebracht, das ganz charakteristische Tongefäße herstellte, deren Scherben uns reiche Aufschlüsse über seine Lebensweise geben. Man nahm bisher an, daß dieses Volk Irland nicht in größerer Zahl erreichte, aber da besonders im Norden immer wieder neue Glockenbecher zum Vorschein kommen, wird man diese Annahme wohl revidieren müssen. Es ist noch ungewiß, ob das Glockenbechervolk die Metallverarbeitungstechniken tatsächlich entwickelt und verbreitet hat. Sicher ist nur, daß es um 1800 v. Chr., zur Zeit als auf den Britischen Inseln erstmals Metall verarbeitet wurde, dort anwesend war. Auch auf diesem Gebiet ist das in Irland auf uns Überkommene beachtlich und gehört zu den feinsten Arbeiten jener Epoche. Gold wurde aus den Flüssen der Grafschaft Wicklow an der Ostküste gewaschen und zu Schmuckgegenständen verarbeitet, die Händler nach Großbritannien und auf den Kontinent brachten. Aber auch im Land selbst blieb noch genug, was durch Ausgrabungen in der Neuzeit wieder entdeckt wurde und sich jetzt im Irischen Nationalmuseum in Dublin befindet, das eine der schönsten Sammlungen Europas von prähistorischen Goldgegenständen aufzuweisen hat.

3. Die Keltisierung

Bisher war von Irland und seinen ersten Bewohnern die Rede, ohne die Kelten zu erwähnen. Die Keltisierung Irlands – übrigens auch die Englands – bleibt eine verwirrende Phase der Frühgeschichte. Grundsätzlich gibt es darüber drei Theorien, die sich erfreulicherweise teilweise decken, aber an anderen Stellen leider voneinander abweichen. Die erste Theorie wird von den Äußerungen griechischer und römischer Schriftsteller der Antike abgeleitet, die auf ein in Europa weit verbreitetes Volk trafen, das sie in ihren Beschreibungen *Keltoi* und *Galatae* nannten. Die zweite Theorie stützt sich auf die moderne archäologische Forschung und identifiziert eine bestimmte materielle Kultur (und gewisse Kunstformen, Artefakte und eine besondere Begabung für die Metallverarbeitung) mit Menschen, die zu dieser Zeit als »Kelten« bezeichnet wurden. Die dritte Theorie ist linguistischer Natur. Sie rechnet die Kelten einer Sprachengruppe zu, die hauptsächlich noch in Ortsnamen fortlebt. Mit anderen Worten kann man einen bestimmten Bewohner der antiken Welt den Kelten zuordnen entweder, weil die Menschen dieser Zeit dies selbst taten oder weil man Belege dafür hat, daß er über die gleichen Fertigkeiten und Werkzeuge verfügte wie jene, die die Archäologen Kelten nannten oder weil man Beweise dafür hat, daß er sich einer Sprache bediente, die von Sprachwissenschaftlern als keltisch bezeichnet wurde.

Vom *archäologischen* Standpunkt aus trat Irland um 1800 v. Chr. ohne Zutun der »Kelten« ins Bronzezeitalter ein. Tatsächlich findet man für die ersten Bewohner Irlands gelegentlich die Bezeichnung *»pre-Celts«* (Vorkelten), die zwar ungenau, aber ganz brauchbar ist. Irgendwann zwischen Bronzezeit und Eisenzeit, d. h. im 1. Jahrtausend v. Chr., nahm Irland einen keltischen Charakter an, auf den die Definitionen aller drei zuvor erwähnten Theorien zutreffen. Aus archäologischer Sicht ist dieser Übergang in Irland durch das Aufkommen eines dekorativen Stils gekennzeichnet, bekannt als *La Tène*-Stil. Dieser Name stammt von einer Fundstätte am Neuenburger See in der Schweiz, wo im 19. Jh. eine keltische Siedlung aus dem 5. Jh. v. Chr. ausgegraben wurde, bei der ein ganzer Schatz von Artefakten ans Licht kam. Die Funde von *La Tène* waren so überwältigend und hatten für die Wissenschaft eine solche Bedeutung, daß sie zum Maßstab dafür wurden, was in den letzten vorchristlichen Jahrhunderten keltisch oder was nicht-keltisch war.

Man hat daher das Auftauchen von *La Tène*-Merkmalen in Irland dahingehend interpretiert, daß diese mitteleuropäische Kultur schließlich auch dorthin gelangt war. Zu den berühmten Fundstücken im *La Tène*-Stil gehören der Turo-Stein aus der Grafschaft Galway und ein herrlicher Goldhalsring, der sich heute im Irischen Nationalmuseum in Dublin befindet und der bei einem Goldfund in Broighter in der Grafschaft Derry entdeckt wurde. Von beiden wird gewöhnlich angenommen, daß sie aus dem 3. Jh. v. Chr. stammen. Zu diesem charakteristischen *La Tène*-Stil rechnet man auch etwa aus der gleichen Zeit stammende Bronzegegenstände wie Fibeln (die als Gewandspangen dienten), Geschirrteile für Pferde, Lanzenspitzen und Scheiben, doch gibt es zu diesen Objekten außerhalb Irlands keine genauen Parallelen.

Ein Archäologe schließt daraus, daß »es nur der Kunststil war – und nicht die Gegenstände selbst –, der während der Eisenzeit in Irland eingeführt worden war«. Danach sollte man wohl den Einfluß der keltischen *La Tène*-Kultur etwas geringer einschätzen, als bisher oft angenommen wurde. Wahrscheinlicher, als daß in der vorchristlichen Epoche kontinentale Kelten in großen Massen in Irland einwanderten, ist vielleicht, daß nur kleine Gruppen von Stammesfürsten, die bereits eiserne Gegenstände benutzten, bei den noch im Bronzezeitalter befindlichen Bewohnern Irlands eindrangen und keltische Handwerker mitbrachten, die dann Gegenstände irischer Art herstellten, sie jedoch in einem Kunststil dekorierten, den sie aus Britannien und letzten Endes vom Kontinent mitgebracht hatten.[12] Nach dem gegenwärtigen Stand der archäologischen Forschung liegt der Schluß nahe, daß die sprachliche Keltisierung Irlands bereits vor der Eisenzeit erfolgte und daher nicht darauf zurückzuführen ist, daß kontinentale *La Tène*-Kulturen im 2. und 1. Jh. v. Chr. vor den siegreichen römischen Legionen nach Irland flohen.

Gelegentlich werden auch sprachliche Befunde als Hinweis auf einen etwas späteren Keltisierungsprozeß gedeutet. So schreibt Professor David Greene:

Wir haben keinen Grund zur Annahme, daß die keltisch sprechenden Völker schon sehr lange in Großbritannien und Irland waren, bevor wir historische Zeugnisse dafür besitzen, oder daß die ursprünglichen Eindringlinge mehr waren als eine recht dünn verteilte herrschende Klasse, so daß wir das Irische und das Walisische nicht als Sprachen betrachten sollten, die in die betreffenden Länder importiert wurden, sondern als Sprachen, die tatsächlich in dem Sinn dort heimisch waren, daß sie sich allmählich entwickelten und daß sie das Ergebnis aller sprachlichen und gesellschaftlichen Einflüsse waren, die Irland und Wales im Verlauf von über 2000 Jahren berührten.«[13]

Selbst wenn die *ersten* Kelten, die Großbritannien und Irland erreichten, nicht durch die Römer dorthin vertrieben wurden, haben doch die auf Expansion bedachten Römer zweifellos in den beiden letzten Jahrhunderten v. Chr. einen Exodus verursacht und auch dokumentiert. Vielleicht haben die Flüchtlinge des 2. und 1. Jh. v. Chr. eine bereits vorhandene keltische oder ähnlich sprechende Bevölkerung nur vermehrt und deren Kultur durch den *La Tène*-Stil bereichert.

Wieviel wissen wir über die Kultur Irlands während der fast 500 Jahre der römischen Besatzung Englands? Da wir keine schriftlichen Zeugnisse über diese Kultur besitzen, sahen sich die Historiker gezwungen, auf die Kelten in Irland das Bild zu projizieren, das die Menschen der damaligen Zeit von den Kelten aufgezeichnet haben, als sie ihnen auf dem Kontinent und in

Britannien begegneten. Hekataios von Milet hat um 500 v. Chr. Narbonne an der Südküste Frankreichs als keltische Stadt und Marseille als griechische Stadt in der Nähe von keltischem Territorium beschrieben. Herodot, Xenophon und Aristoteles lieferten weitere bruchstückhafte Informationen über sie, und Polybios hat im 2. Jh. v. Chr. den siegreichen Widerstand der römischen Republik gegen die Expansion der Kelten von Mitteleuropa aus nach Italien geschildert. Polybios verlieh dem uns in zahlreichen Werken der antiken Kunst überlieferten klassischen Bild der Kelten literarischen Ausdruck, indem er sie als tapfere, heldenhafte Barbaren, als mutige Krieger und beachtliche Gegner der griechischen und römischen Streitkräfte schilderte.

Dieses Bild wurde durch Poseidonios, einen Geschichtsschreiber aus dem 1. Jh. v. Chr., noch weiter ergänzt. Seine Schriften sind uns zwar nicht selbst überliefert, doch haben spätere Schriftsteller aus ihnen geschöpft, darunter auch Julius Caesar in seiner Chronik der Eroberung Galliens.[14] Poseidonios lieferte eine klassische Ethnographie der Kelten, eine Schilderung ihres Charakters, ihrer Kultur und ihrer Ursprünge, die im wesentlichen als Basis für alle weiteren Darstellungen diente. Caesar reduzierte diese Ethnographie auf das, was man soziale Struktur nennen könnte:

> In ganz Gallien gibt es nur zwei Klassen von Menschen, die irgendwie von Bedeutung oder erwähnenswert sind. Das gemeine Volk wird fast wie Sklaven behandelt. Es wagt nie aus eigenem Antrieb zu handeln und wird auch in keiner Sache um Rat gefragt. Die meisten von ihnen begeben sich unter dem Druck ihrer Schulden oder der harten Besteuerung oder der Unterdrückung durch Mächtigere in den Dienst von Männern von Rang, die alle Rechte eines Herrn über seine Sklaven über sie ausüben. Die beiden bevorrechtigten Klassen sind die Druiden und die Ritter.[15]

Die antiken Schriftsteller haben uns ausführliche Berichte über die Kelten, die ihre Hauptgegner waren, hinterlassen, und diese Berichte stimmen so sehr überein, daß sie überzeugend sind. Andererseits wissen wir nicht, wie einheitlich die keltische Kultur zu verschiedenen Zeiten oder auch in den verschiedenen Ländern war. Was Poseidonios vom keltischen Leben im südlichen Gallien im 1. Jh. v. Chr. berichtete, ist vielleicht nicht für das keltische Irland 2 oder 3 Jahrhunderte später zutreffend gewesen. Man sucht nach Bestätigungen oder Verbindungsgliedern, die die Aussagen der antiken Schriftsteller untermauern entweder durch archäologische Funde in Irland selbst oder durch die literarischen Zeugnisse der irischen Sagas, die vom 12. Jh. n. Chr. an aufgezeichnet wurden.

Hierfür eignen sich z. B. die Eßgewohnheiten, ein stets begehrtes Thema der Völkerkunde. Diodorus Siculus berichtet unter Berufung auf Poseidonios von einem Festmahl: »Neben ihnen sind lodernde Feuerstellen, auf denen in Kesseln und an Spießen große Fleischstücke zubereitet werden. Tapfere Krieger werden mit den besten Fleischstücken geehrt.«[16] Aber Geoffrey Keating, ein Altertumsforscher aus dem 17. Jh., beschrieb eine etwas andere und weit mühsamere irische Art der Fleischzubereitung.

Nach ihm wurden Gruben im Moor ausgehoben und mit Wasser gefüllt. Daneben wurde ein großes Feuer angezündet, in das ein Haufen Steine hineingeworfen wurde. Sobald diese Steine rotglühend waren, wurden sie in die Grube hineingeschaufelt, bis das Wasser kochte. Das in Stroh gewickelte Fleisch wurde dann in diesem primitiven, aber zweckdienlichen Kessel gar gekocht.

Noch heute gibt es in Irland zahlreiche derartige Gruben, und ein Archäologe, der den Versuch machte, eine dieser Gruben auf die vorgeschriebene Weise zu benutzen, berichtete, daß »das Wasser trüb wurde und daß sich auf der Oberfläche ein Schaum von Fett- und Aschenkügelchen bildete, daß aber das Fleisch durch diese Strohhülle vor Verunreinigung geschützt war«.[17] Man möchte annehmen, daß eine so primitive Art der Zubereitung den von Diodorus Siculus beschriebenen Spießen und Kesseln aus dem Metallzeitalter vorausgegangen wäre, aber sogar noch Ende des 16. Jhs. wurde von Engländern beobachtet, daß es in Irland allgemein üblich war, Fleisch in improvisierten, aus den Häuten geschlachteter Tiere hergestellten Gefäßen zu kochen. Vielleicht kannten sie sich nicht gut genug in der Metallverarbeitung aus, um Kessel herstellen zu können, oder aber sie zogen Häute vor, weil diese leichter zu transportieren waren.[18]

Es ist äußerst riskant, anzunehmen, daß die von Poseidonios und seinen Nachfolgern entwickelte klassische Ethnographie der Kelten auch auf das keltische Irland genau zutrifft. Die Griechen und Römer kamen – soweit uns bekannt – nicht bis Irland. Der römische Geschichtsschreiber Tacitus, 55 bis 120 n. Chr., berichtete, daß sein Schwiegervater Agricola, der Befehlshaber über die römischen Legionen in Britannien war, im Jahre 81 n. Chr. vorübergehend auch eine Invasion Irlands in Erwägung zog:

> Agricola hatte einen irischen Fürsten empfangen, der durch einen Aufstand aus seiner Heimat vertrieben worden war; als nomineller Freund könnte er vielleicht noch von Nutzen sein. Ich habe Agricola oft sagen hören, daß Irland durch eine einzige Legion und einige Hilfstruppen bezwungen und gehalten werden könnte, und daß diese Eroberung auch vom Standpunkt Britanniens aus von Vorteil wäre, wenn römische Waffen ringsum in Erscheinung träten und die Freiheit von der Landkarte verschwände.[19]

Aber aus unbekannten Gründen unternahm Agricola keinen Versuch einer solchen Invasion. Es ist kaum anzunehmen, daß in den 400 Jahren der römischen Besatzung Britanniens nicht ein einziger Römer Irland erreichte, doch besitzen wir keinen schriftlichen Beleg dafür.

Wir können uns daher nur mit Hilfe von Schlußfolgerungen ein Bild vom frühen Irland zur Zeit der Kelten machen. Wir wissen, daß keltische Einwanderer im letzten Jahrtausend v. Chr. in verschiedenen Wellen Irland erreichten, daß sie die keltische Sprache, keltische Kunstformen und gewisse keltische Sitten mitbrachten und erfolgreich verbreiteten. Aber nichts berechtigt uns zu der Annahme, daß das, was für die Kelten auf dem Kontinent oder in Britannien gilt, auch für die Kelten in Irland zutraf, es sei denn, wir finden Belege, die dies bestätigen, und zwar in Artefakten von unzweifelhaft irischem Ursprung oder in Sagas der frühen irischen Literatur. Diese Sagas werfen dadurch, daß sie historische Ereignisse auf eine zwar poetische, aber verwirrende Weise darstellen, ein zusätzliches Problem auf und machen es schwierig, die darin geschilderten Gebräuche genau zu datieren.

4. Der Einfluß der Römer

Welcher Art und Vielfalt die keltische Kultur auf den Britischen Inseln auch immer gewesen sein mag, sicher ist, daß die Ankunft der Römer die Verhältnisse entscheidend änderte. Es lag nahe, daß Caesar im Anschluß an seine gallischen Feldzüge von 58–56 v. Chr. im Jahre 55 und 54 v. Chr. Erkundungsfeldzüge nach Südengland unternahm. Ein Jahrundert später, im Jahre 43 n. Chr., setzten die Römer unter Claudius ihre ganze Macht ein, um das keltische Britannien zu erobern und zu kolonisieren. Die damals gegründete Kolonie bestand 400 Jahre lang, doch haben die Legionäre die von ihnen besiegten keltischen Bewohner weder verdrängt, noch haben sie die unnachgiebigen von ihnen unterwerfen können, die im unwegsamen Bergland von Wales und Schottland Zuflucht suchten. Römische Städte, Lager und Landhäuser im Südosten wurden durch ein erstaunliches Straßennetz zusammengehalten. Die romanisierten Kelten wurden allmählich sowohl in die zivile als auch in die militärische Verwaltung eingegliedert und nahmen (wenigstens zum Teil) die römische Religion und Kultur an. Im Norden und Westen und weit mehr noch in Irland und auf der Isle of Man überlebte die keltische Kultur jedoch ohne Konzessionen an Rom und die römischen Gebräuche. Zweifellos wurde zwischen Irland und dem römischen Gallien und vielleicht auch mit dem römischen Britannien Handel getrieben, aber die typischen Merkmale der römischen Lebensweise und Kultur wurden entschieden abgelehnt.

Als die Römer auf die Britischen Inseln kamen, stießen sie bei den Kelten auf zwei verschiedene Sprachen: auf das Brythonische und das Gälische (Goidelische) oder – einfach ausgedrückt – auf das Britische und das Irische. Gelegentlich unterscheiden die Sprachwissenschaftler auch zwischen P-Kelten und Q-Kelten, weil der »qu« oder »kw«-Laut in lateinischen Wörtern wie z. B. *quattuor* (vier) im Brythonischen (Britischen) zu »p« (also zu *petor*) wird, während das Gälische den »qu«-Laut beibehält, so daß daraus *ceathair* entsteht.[20]

Niemand weiß mit Sicherheit, zu welchem Zeitpunkt oder wodurch diese sprachliche Trennung entstanden ist, aber die römische Besetzung Britanniens bewirkte, daß der Unterschied zwischen dem Irischen und dem Walisischen deutlich wurde, weil Wales der Hauptzufluchtsort der brythonischen Kelten war. In Schottland waren die Verhältnisse komplizierter durch die ständige Bevölkerungsbewegung zwischen diesem Land und Nordirland. Im 5. Jh., wenn nicht schon früher, wurde die Sprache in Schottland durch die Einwanderung gälisch-sprechender Iren stark beeinflußt. Zwischen Irland und Wales fand dagegen ein solcher Austausch nicht statt.

Irland war vielleicht nicht der letzte Teil Europas, den die Kelten erreichten – diese Ehre kommt möglicherweise Schottland zu – aber als isolierte Insel war es das einzige Gebiet, wo die keltische Kultur relativ unberührt von anderen Kräften und kulturellen Einflüssen überleben konnte. So wurde es zwar nicht zum letzten Repositorium der keltischen Kultur *in toto*, aber zu deren einzig überlebender Variante. Keltische Sprachen überlebten auch in Schottland, Wales und Cornwall und auf dem Kontinent in der Bretagne, jenem westlichsten Teil Frankreichs, der seinen Namen den brythonischen (oder britischen) Kelten verdankt, die im 5. und 6. Jh. aus England dorthin flüchteten.

Als die römischen Legionen sich in den ersten Jahrzehnten des 5. Jhs. aus Britannien zurückzogen, überließen sie die romanisierten Kelten des Südostens wehrlos den Übergriffen ihrer unzivilisierten Brüder aus dem Norden und Westen und den Raubzügen der übers Meer gekommenen germanischen Eindringlinge. Caesar war auf die Germanen fast ausschließlich östlich des Rheins und nördlich der Donau getroffen. Alles, was westlich und südlich dieser großen, durch die beiden Ströme gegebenen Grenze lag, wurde als im wesentlichen keltisch angesehen. Trotz ihres heldenhaften Widerstands unterlagen die Kelten den unaufhaltsam vordringenden Römern. Überall wo die Kelten sich niedergelassen hatten, folgten bald die Römer nach. Nachdem diese einmal entdeckt hatten, daß sie den Kelten militärisch überlegen waren, wenn sie deren Stammespartikularismus ausnutzten, unterwarfen sie sich ein keltisches Gebiet nach dem andern, und nur Irland allein blieb unangetastet. Bei den Germanen war das etwas anderes. Im 4. und 5. Jh. begannen sie, sich über das westliche Europa zu verbreiten, das nicht mehr die Kraft der vorchristlichen keltischen Gesellschaft besaß und dem auch der geordnete Überbau eines gesunden römischen Reiches fehlte. Genau wie die Römer erreichten auch die ersten germanischen Eindringlinge Irland nicht, aber ihre Ankunft (als die »Angelsachsen«) in Südengland führte zur Auswanderung keltischer Bewohner in die Bretagne.

Als die Römer zuerst auf die Britischen Inseln kamen, besaßen diese einen gemeinsamen keltischen Charakter, wenn es auch wichtige regionale Unterschiede gab. Dieser gemeinsame kulturelle Charakter wurde zerstört, als zunächst die Römer und dann die Germanen Britannien – jedoch nicht Irland – bei ihren Eroberungen miteinbezogen. Inwieweit die Römer Britannien geprägt haben, bleibt umstritten. Von Ortsnamen, einigen Straßen und einer Anzahl von Städten abgesehen, läßt sich kaum nachweisen, daß sie einen bleibenden Eindruck in dem Teil Britanniens, der später

England wurde, hinterlassen haben. Die Einwanderung der Angeln, Sachsen, Jüten und anderer germanischer Stämme hatte eine weit nachhaltigere Wirkung. Sie brachten eine zahlreiche Bevölkerung und eine Sprache nach England, die schließlich überall außer im »keltischen Randbezirk« zur (englischen) Landessprache wurde. Sie ließen Siedlungsformen, Rechtssysteme und weitverbreitete Gebräuche entstehen, die zur wichtigsten Grundlage der englischen Kultur wurden. England als Ganzes war das Werk der germanischen Invasionen, und die britischen Kelten wurden entweder assimiliert, oder sie flohen in die Bretagne, nach Cornwall, Wales oder Schottland. Irland blieb unberührt, und so entstand eine ethnische Kluft zum übrigen Archipel, der früher einander ähnliche Kulturen besessen hatte, wenn er auch politisch nicht organisiert gewesen war.

5. Das christliche Erbe

Ich kann die Beschreibung des römischen Beitrags nicht abschließen, ohne ein Postskriptum von entscheidender Bedeutung anzufügen. Das Christentum hat die Britischen Inseln zuerst durch die Römer erreicht. Rom hat die Kelten von außen überwältigt, aber das Christentum beutete Rom von innen her aus. Es war eine religiöse und soziale Bewegung, die der städtischen und wirtschaftlichen Kultur des Mittelmeerraums entwuchs und ihr angepaßt war. Seine Apostel trugen den Glauben auf den vorzüglichen Landstraßen weiter und breiteten das Wort in den romanisierten Städten unter romanisierten Soldaten und Verwaltungsbeamten aus. Im 4. Jh. erblickte Kaiser Konstantin das Lichtkreuz am Himmel, und das Christentum trat als offizielle Staatsreligion an die Stelle des Heidentums. Es bleibt noch zu klären, inwieweit das römische Christentum Britannien tatsächlich mitgeprägt hat. Wir wissen aber, daß das Christentum, als die Römer abzogen, zusammen mit anderen Elementen der römischen Kultur fast völlig wieder aus England verschwand. Als dies im 5. Jh. geschah, wurde jedoch gleichzeitig in einem benachbarten Land der Samen des Christentums ausgestreut, wo er überlebte und gedieh.
Zu verdanken war diese Rettung vermutlich einem romanisierten Kelten namens Patrick, der irgendwo an der Westküste Englands aufwuchs. In seiner *Confessio,* seinem in ungelenkem Latein (nicht auf keltisch) geschriebenen geistlichen Testament, berichtet er die merkwürdige Geschichte, wie er im Alter von 16 Jahren in der Nähe seines Heims von Piraten entführt und nach Irland in die Sklaverei verkauft wurde. Nach sechsjähriger Gefangenschaft konnte er entfliehen und beschloß, sich gründlich auf die große Mission vorzubereiten, das Evangelium unter denen zu verbreiten, die ihn gefangen gehalten hatten. Der Überlieferung nach kehrte er 432 n. Chr. nach Irland zurück, wo es ihm gelang, die Herren des Landes im

Norden zum Christentum zu bekehren. Es ist zweifelhaft, ob er tatsächlich der erste christliche Missionar in Irland war, doch ist er jedenfalls der berühmteste und der am besten im Gedächtnis gebliebene. Auf die Gründe hierfür werden wir später noch zurückkommen.
Das Christentum, das Patrick nach Irland brachte, war seinem Inhalt nach nicht rein »römisch«, was kaum verwunderlich ist, wenn man bedenkt, daß das römische Papsttum im frühen 5. Jh. noch in den ersten Anfängen steckte. Während seiner langen Vorbereitungszeit auf seine Rückkehr nach Irland hatte sich Patrick vermutlich in Frankreich eine Reihe von Doktrinen angeeignet, die zwar von Rom bald verworfen wurden, sich aber – dank Patrick – in Irland hielten. Wenn auch Patricks Theologie mehr von Asien und vom östlichen Mittelmeerraum geprägt war, so war er selbst ein Produkt der römischen Kultur in Britannien, und so wurde er nach seiner Rückkehr nach Irland zu einem entscheidenden Bindeglied zwischen den Inselkelten und der Mittelmeerkultur, aus der ihre Vorfahren einst vertrieben worden waren. Irland blieb aus dem *römischen* Europa ausgeschlossen, doch sollte es im *christlichen* Europa eine wesentliche, wenn auch gelegentlich abweichende Rolle spielen.
Es ist nicht leicht festzustellen, welche Bedeutung die Bekehrung der Iren tatsächlich hatte. Erstens dürfte es im Süden bereits einige christliche Gemeinden gegeben haben, denn 431 schickte Papst Coelestin einen Priester namens »Palladius« als ersten Bischof zu den »an Christus glaubenden Iren«. Möglicherweise war Palladius ein echter Vorläufer Patricks, oder vielleicht handelte es sich auch um Patrick selbst unter einem anderen Namen. Aber Papst Coelestin war jedenfalls der Meinung, daß es in Irland bereits einige Gläubige gab. Zweitens ist noch unklar, wie grundlegend der Wandel war, den das Christentum in der irischen Kultur und Gesellschaft bewirkte. Im 8. Jh. tendierten die Schriftsteller dazu, den Einfluß Patricks möglichst hervorzuheben und wahrscheinlich auch zu übertreiben. Im *Katalog der Heiligen Irlands* heißt es:

Die erste Gruppe katholischer Heiliger gab es zur Zeit Patricks, dann waren es lauter vornehme und heilige Bischöfe, erfüllt vom heiligen Geist, 350 an der Zahl, Kirchengründer. Sie hatten ein Haupt, nämlich Christus, und einen Anführer, das war Patrick. Sie hatten die gleiche Messe, die gleiche Liturgie und die gleiche Tonsur vom einen Ohr zum andern. Sie feierten ein und dasselbe Ostern zur Zeit des 14. Mondes nach dem Frühlingsäquinoktium, und die Exkommunikation einer Kirche hatte für alle Gültigkeit.«[21]

So vollständig und dramatisch kann die Christianisierung Irlands kaum gewesen sein. Heidnische Riten blieben noch jahrzehnte- oder sogar jahrhundertelang bestehen. Patricks Einfluß beschränkte sich deutlich auf den Norden. Und maßgebende Kreise der kontinentalen Kirche äußerten Zweifel an seinen Fähigkeiten und übten Kritik an der Art seines Vorgehens. Er legte den Grundstein zur späteren Erzdiözese des Primas von Irland in Armagh, nur ungefähr 3 Kilometer von Emhain Mhacha, der Festung der Könige von Ulster, entfernt. Patrick selbst hat dies jedoch nicht als ständiges Verwaltungszentrum angesehen. Er war viel unterwegs und »reiste mit einem Gefolge, das aus Söhnen von Fürsten bestand, etwa in der Weise, wie ein vornehmer Ire wohl mit einem seinem Rang entsprechenden Gefolge gereist wäre«. Bestechung gehörte zu den von ihm am häufigsten angewandten Mitteln, wenn es andere zu überzeugen galt. »Ein ungebildeter, umherziehender Bischof, der mit einem bezahlten Gefolge junger Edelleute reiste und großzügig Geschenke an kleine Könige verteilte, mag wohl von phantasielosen Kirchenmännern in Gallien und Britannien mit argwöhnischen Augen betrachtet worden sein. Patricks Art der Missionierung zeigt, daß die besonderen Bedingungen in einer außerhalb des Imperiums befindlichen heroischen Gesellschaft ihn von Anfang an zu unkonventionellen Methoden der Evangelisation zwangen.«[22] Aber überall in Nordeuropa traf die Kirche auf solche heroischen Gesellschaften. Sie ist ihrer schließlich Herr geworden, und die kirchliche Form, die sich in Irland herausbildete, war ähnlich wie die auf dem Kontinent und auch wie die, welche in Britannien im Entstehen begriffen war.

»Jeder Bischof residierte in seiner eigenen *paruchia* (Verband von Pfarreien bzw. Klöstern) und durfte seine Funktionen nicht in der *paruchia* eines anderen Bischofs ohne Erlaubnis seines Amtsbruders ausüben. Kein Priester durfte in einer von ihm selbst erbauten Kirche die Messe lesen, bevor der Bischof dieser *paruchia* sie geweiht hatte. Kein Fremder durfte in der *paruchia* ohne Genehmigung des Bischofs sein geistliches Amt ausüben.«[23] Jede *paruchia* scheint das Gebiet oder ein Gebietsteil einer bestimmten Sippe *(túath)* gewesen zu sein. Bemerkenswert ist, daß die früheste Kirche Irlands ihrer Struktur nach rational, episkopal und territorial war. Zu Anfang wies nichts auf jene Vorliebe für das Mönchstum und das Klosterleben hin, wodurch sich die irische Kirche bald von jeder anderen in Europa unterscheiden sollte.

Nirgends jedoch hatte die Kirche bisher versucht, nicht-romanisierte Kelten zu bekehren, und die Iren, die nicht urbanisiert, sondern noch halbe Nomaden waren und keinen Handel betrieben, konnten sich offenbar nicht an eine Bischofskirche mit ihrem Gemeindeleben gewöhnen, die im Grunde eine bürokratische und städtische Institution war. Die Folge war, daß das Mönchtum, das sich meist im Christentum als ein parallel verlaufendes, gelegentlich rivalisierendes System kirchlicher Autorität entwickelte, in Irland eine dominierende, ja fast ausschließliche Bedeutung gewann. Armagh war gegen Ende des 5. Jhs., in dem Patrick es als religiöses Zentrum gegründet hatte, zu einem Kloster geworden. Zur gleichen Zeit hatte die heilige Brigit in Kildare Männer- und Frauenklöster gegründet. Anfang des 6. Jhs. machte St. Finnian die St.-Patricks-Kirche in Clonard (Meath) zu einem Kloster, das hochberühmt wurde, und andere Klostergründungen folgten in ganz Irland, besonders im Zentrum von Leinster. Die meisten lagen im Landesinneren, obwohl es auch einige besonders berühmte Inselklöster und Klöster an der Küste gab.

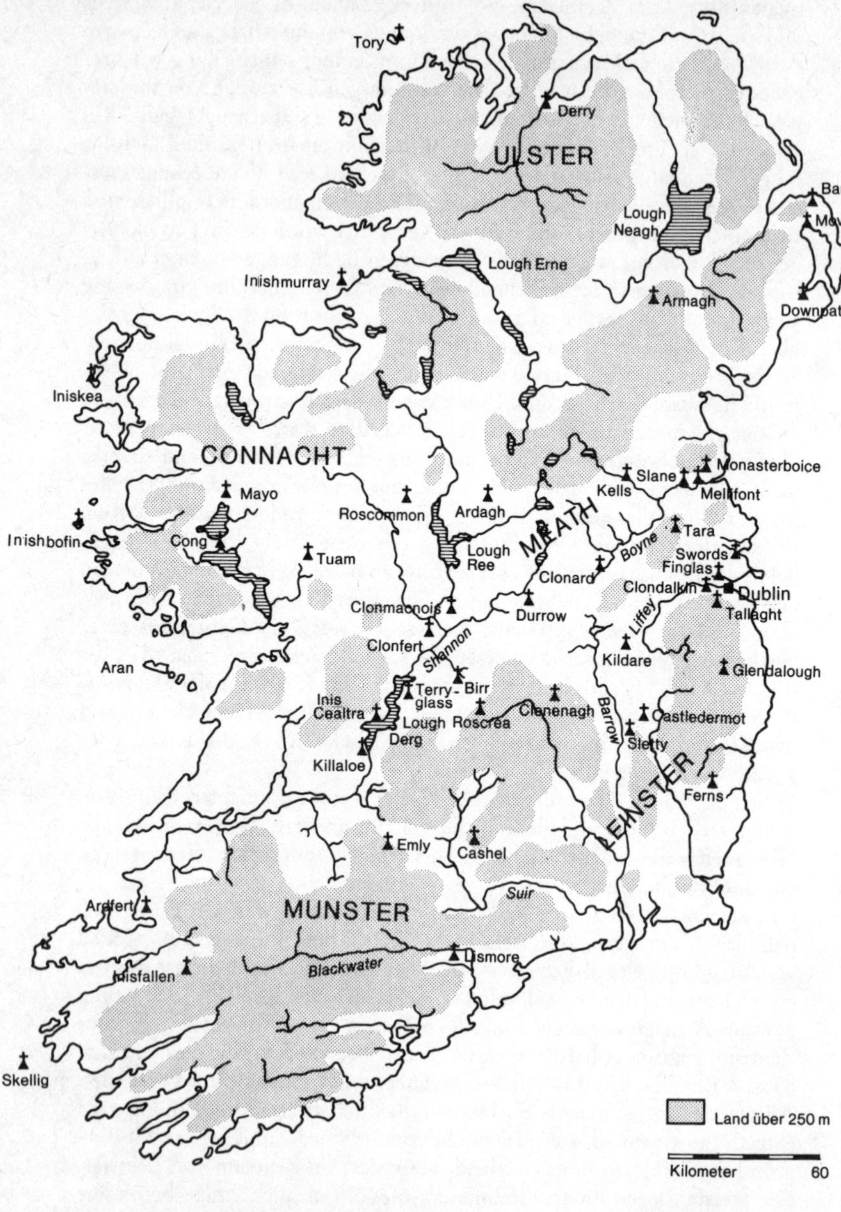

Karte 2: Die wichtigsten irischen Klöster.
(Aus: *Richter, M.*, Irland im Mittelalter. Kultur und Geschichte. Stuttgart 1983)

Die irischen Annalen bestätigen die wachsende Verbreitung des Mönchtums im 6. Jh. Bis zum Jahre 549 werden 28 Kleriker erwähnt, von denen 25 als Bischöfe und einer als Abt bezeichnet werden, zwei sind nicht näher gekennzeichnet. Für den Zeitraum von 549 bis 600 sind in den Annalen jedoch 33 Kleriker aufgeführt, davon nur 13 Bischöfe, jedoch 17 Äbte oder Priester. Von 601 bis 604 werden in den Annalen 97 Kleriker genannt, von denen 24 Bischöfe und 48 Äbte sind. Die Annalen sind in solchen Dingen nicht unbedingt zuverlässig, doch geben sie ein überzeugendes und weitgehend unangefochtenes Bild von der Anziehungskraft und der schnellen Ausbreitung des Mönchtums im ausgehenden 6. und im 7. Jh. in Irland.[24]
Gegen Ende des 6. Jhs. erlebte das Mönchtum in Irland eine Blütezeit, die sich auch auf Westschottland und auf Nordostengland auswirkte. Wenn auch diese Blütezeit in zahlreichen Hagiographien (Beschreibungen von Heiligenleben) dokumentiert ist, so gibt es doch nur wenige archäologische Belege dafür. Man hat zwar etwa ein Dutzend frühe Mönchsniederlassungen ausgegraben, doch scheint aus der frühesten Periode selbst unter der Erde nur wenig erhalten zu sein. Die ersten Bauten bestanden vermutlich aus leicht vermoderndem Holz oder aus einer Art Flechtwerk *(wattle and daub)*.
Im Westen gibt es zahlreiche steinerne Überreste von Einsiedlerbehausungen, von denen Wissenschaftler annehmen, daß sie aus einer späteren Epoche, wahrscheinlich dem 8. und 9. Jh. stammen. Die berühmteste unter ihnen ist das von Wind und Wetter umtoste Inselkloster von Skellig Michael, aber unmittelbar nördlich davon befinden sich auf der Halbinsel Dingle in der Grafschaft Kerry die Überreste von über 40 kleinen Klöstern, die alle von einer runden oder ovalen Klostermauer umgeben sind und von denen einige die runden »Bienenkorbhütten«, sogenannte *clochans,* aufweisen, die aus vorkragenden Steinen nach dem gleichen Prinzip errichtet sind wie die Ganggräber von Knowth und Newgrange aus dem 3. Jahrtausend v. Chr. Solche winzigen isolierten Niederlassungen lassen an ein strenges Mönchtum denken, das sich dem Gemeinwesen selbst in seiner kirchlichen Form zu entziehen suchte. Aber andernorts, wie etwa in Clonmacnois und Glendalough, entwickelten Klöster den institutionellen und kollektiven Charakter, der im 11. Jh. unter kontinentalem Einfluß in prächtigen, reich geschmückten Gebäuden wie der Zisterzienserabtei von Mellifont in der Grafschaft Louth zum Ausdruck kam. Hier suchte das Mönchtum nicht so sehr der Welt zu entfliehen, sondern sie eher neu zu gestalten und neu zu ordnen, indem es innerhalb der Klostermauern eine regelrechte kirchliche Stadt mit Kreuzgängen und Klosterhöfen errichtete.
Das frühe irische Mönchtum muß eine Anziehungkskraft ausgeübt haben, die nicht nur auf dem geistlichen Gewinn beruhte, den man sich von einer asketischen Lebensführung erhoffte, und ein Wissenschaftler stellte sich die Frage: »Weshalb waren Klöster für Iren [im 6. Jh.] attraktiver als die entsprechenden Einrichtungen der Bischöfe der verschiedenen Sippen?«
Auch in Wales gibt es Beweise dafür, daß in jener Zeit in nicht-romanisier-

ten Gebieten die Klöster die wichtigste Rolle spielten, während es andernorts die bischöflichen Institutionen waren.[25]

Das Mönchtum scheint mit dem irischen System der Stammesorganisation und den dortigen Besitzverhältnissen besser vereinbar gewesen zu sein. »Familien bauten Kirchen auf ihrem eigenen Grund und Boden mit Äbten aus ihrer eigenen Sippe, oder sie waren weiter an dem Kloster beteiligt, das die Familie gebaut hatte.« »Der Besitz einer solchen Kirche pflegte durch Erbrecht der Familie des Heiligen (oder Patrons) zu gehören, der der Gründer gewesen war, und die nachfolgenden Äbte waren die Erben des Gründers.« »Die Familie des Stifters erbte die Abtei, falls die Nachkommen des heiligen Patrons keinen passenden Kandidaten für die Nachfolge stellen konnten.«[26]

Im Gegensatz zu den Äbten versuchten die Bischöfe das Land der Kontrolle durch die Laien zu entziehen. Sie machten die Kirche zu einem Staat im Staat mit eigenem, unveräußerlichem Besitz und eigener Verwaltung durch eine unabhängige Hierarchie. Es ist eine Ironie der irischen Geschichte, daß ausgerechnet die Gesellschaft, die sich schon bald nach ihrer Bekehrung der Ausbreitung einer autonomen Kirche heftig widersetzte, in der Neuzeit die mächtigste und unabhängigste Kirche der gesamten Christenheit geduldet hat. Es ist eine heilsame Erinnerung, daß die Iren zu dem geworden sind, was sie ihrem Wesen nach sind, und daß der Charakter ihrer Kultur nur ein vorübergehendes, veränderliches Attribut ist. Woher das Mönchtum auch immer seine Kraft bezogen haben mag, sicher ist, daß es in dieser Frühzeit dem innersten Wesen der irischen Gesellschaft entsprach und daß die irischen Christen durch seine wachsende Bedeutung auf Britannien und den europäschen Kontinent einen starken Einfluß ausübten.

Die Iren waren bis zur Mitte des 5. Jhs. vom Christentum unberührt geblieben. Ein Jahrhundert später gehörten sie zu seinen aktiven Verkündigern. Der berühmteste ihrer Missionare war Columba (oder Colum Cille), der im Norden in Derry und auf der zentralen Ebene in Durrow Klöster gründete, bevor er um 563 übers Meer fuhr und daran ging, in Iona, einer winzigen Insel vor der Südwestküste Schottlands, eine Mönchskolonie zu errichten. Iona wurde zum Ausgangspunkt der Evangelisation des piktischen Schottlands und bildete die religiöse Komponente einer weltlichen Expansion, in deren Verlauf im 5. und 6. Jh. Krieger aus dem Norden Irlands (die Uí Néill) in Süd- und Westschottland eindrangen und dort das irische Königreich Dál Riada (im Gegensatz zu dem piktischen) gründeten. Offenbar gehörte Columba zum Hof von König Aedan mac Gabrain von Dál Riada, der im letzten Viertel des 6. Jhs. ein mächtiger Herrscher war. Columbas Schüler, St. Aidan, begab sich von Iona aus in das angelsächsische Königreich von Northumbrien im Norden Englands, wo er um 640 ein anderes berühmtes Inselkloster in Lindisfarne vor der Küste Northumberlands gründete. Der angelsächsische König Oswald von Northumbrien hatte sich Anfang des 7. Jhs. in Iona zum Christentum bekehrt und bat, daß man ihm Missionare schicke, um das Christentum unter seinem Volk zu verkünden. So breitete sich der Einfluß des irischen Christentums, wie es die Mönchsbewegung des 6. Jhs. verkörperte, in Schottland und von dort aus auch südwärts in Nordostengland immer weiter aus. Aber damit war dieser Einfluß noch nicht zu Ende. St. Columban, ein Schüler Columbas, begab sich 590 vom Kloster Bangor in der Grafschaft Down aus auf den Kontinent und gründete in Frankreich in Luxeuil und in Bobbio in Norditalien weitere Klöster. Sein Reisegefährte, St. Gallus, ließ sich in der Nähe des Bodensees in der heutigen Schweiz nieder. Zu seinem Gedächtnis wurde im folgenden Jahrhundert ein Kloster gegründet, das nach ihm benannt wurde. Der Legende nach reiste St. Brendan in entgegengesetzter Richtung. Er trotzte den Stürmen des Atlantik und erreichte ferne Gegenden, deren genaue Identität lange umstritten war.[27] So haben die Iren, die sich erst so spät zum Christentum bekehrten, es im 6. und 7. Jh. aufs neue in Europa und am erfolgreichsten im angelsächsischen England ausgebreitet. Über den wachsenden Erfolg ihrer Missionstätigkeit besonders im Norden Englands hat Anfang des 8. Jhs. der northumbrische Gelehrte Beda in seiner *Historia ecclesiastica gentis Anglorum* berichtet. In diesem lateinischen Klassiker der englischen Geschichtsschreibung werden die Auseinandersetzungen zwischen Rom und Irland, die beide die Angelsachsen, die sich in England angesiedelt hatten, für sich gewinnen wollten, dramatisch geschildert. Die römischen Christen, deren Repräsentant jetzt eher der Papst als der Kaiser war, kehrten 597 triumphierend nach Britannien zurück, als Papst Gregor I. eine Expedition unter Führung von Augustinus [von Canterbury] dorthin entsandte, die im angelsächsischen Königreich Kent in der Südostecke Englands landete. Augustinus konnte den heidnischen König Ethelbert ohne Schwierigkeiten zum Christentum bekehren und in Canterbury einen Bischofssitz errichten, doch trafen seine Nachfolger im Norden Englands auf Angelsachsen, die bereits von irischen Klerikern zum Christentum bekehrt worden waren und die es nicht eilig hatten, sich der Autorität Roms zu unterwerfen. Es ging zwar bei diesem Streit in erster Linie darum, wie das Datum des Osterfests zu berechnen sei, doch symbolisiert er das Bestreben der irischen Christen, sich ihre Unabhängigkeit zu bewahren gegenüber einem kontinentalen Glauben, der in zunehmendem Maße hierarchischer und institutioneller wurde. Nach Beda kam es im Jahre 664 unter König Oswy von Northumbrien auf der sogenannten Synode von Whitby zu dieser Auseinandersetzung. König Oswy wollte sicher gehen, ob er auf dem rechten Weg zum Heil war und forderte seinen eigenen irisch eingestellten Bischof Colman zu einer Disputation mit Wilfrid, einem Mönch aus Ripon, auf, der durch sein Studium in Frankreich und Rom in seinen Ansichten romanisiert worden war.

Unsere Osterbräuche sind die, welche allgemein in Rom praktiziert werden [begann Wilfrid], wo die seligen Apostel Petrus und Paulus gelebt, gelehrt und gelitten haben und auch begraben sind. Die gleichen Gebräuche konnten wir meistens auch in ganz

Italien und Gallien beobachten, als wir zu Studium und Gebet durch diese Länder reisten. Außerdem stellten wir fest, daß sie gleichzeitig auch in vielen anderen Ländern und Sprachen, in Afrika, Asien, Ägypten, Griechenland und auf der ganzen Welt, wo immer die Kirche Christi sich ausbreitete, existierten. Das einzige Volk, das so töricht ist, sich in Gegensatz zur ganzen Welt zu setzen, sind die Schotten [womit die Iren gemeint waren] und ihre eigensinnigen Anhänger, die Pikten und Britannier, die nur einen Teil dieser beiden Inseln im fernen Ozean bewohnen.[28]

Oswy entschied sich für Rom, und im weiteren Verlauf des 7. Jhs. wurde die irische Berechnung des Ostertermins im angelsächsischen England durch die römische ersetzt. Wenn die englischen Gelehrten auch noch eine Zeitlang die Ansicht der irischen Mönche teilten, so hatten doch um 704 die meisten Iren selbst die römische Berechnung von Ostern übernommen, wenn sie auch nicht schnell dazu bereit waren, sich der römischen Hegemonie zu unterwerfen. Vielleicht sollte man die Gegensätze zwischen beiden Traditionen nicht als so unvereinbar ansehen, denn die irischen Christen waren auf ihrer Insel keineswegs so isoliert in ihrem Glauben wie Wilfrid behauptete. Sie unterschieden sich jedoch von ihren Glaubensbrüdern durch ihre überwiegend mönchische Orgnanisation und durch ihre Weigerung, sich der Disziplin des aufkommenden Papsttums zu unterwerfen. In liturgischen Dingen scheinen die Iren der damaligen Zeit gegenüber anderen Praktiken tolerant gewesen zu sein. »Lassen wir einen jeden von uns das tun, an was er glaubt und was ihm richtig erscheint«, soll ein anderer Vertreter der keltischen Osterberechnung gesagt haben.[29]

6. Die frühchristliche irische Kunst

Ich werde im nächsten Kapitel noch einmal darauf zurückkommen, wie die irische Kirche von der römischen assimiliert wurde und wie das Mönchtum seine fast absolute Autorität einbüßte. Aber in den dreieinhalb Jahrhunderten zwischen St. Patrick und dem Eintreffen der Nordmänner (Wikinger) in Irland stellten die Klöster die Stütze der irischen Kultur dar, den Sitz der Gelehrsamkeit und Literatur und schließlich die Stätte, in der die äußerst erfolgreichen Kunstwerke des Mittelalters sowohl hergestellt als auch benutzt wurden. Natürlich könnte ich das frühe irische Christentum auch ohne Berücksichtigung der Kunstgeschichte behandeln, und wenn noch mehr Kunstwerke in den langen Jahrhunderten aufgrund des feuchten Klimas verloren gegangen wären, bliebe mir wohl auch nichts anderes übrig. Doch nachdem die Kunstwerke des 8. und 9. Jhs. zum Vorschein gekommen sind, verlangen sie unsere Aufmerksamkeit, genauso wie Stonehenge in England es uns unmöglich macht, uns mit den prähistorischen Bewohnern Englands zu befassen, ohne auf ihre außergewöhnlichen Begabungen einzugehen. Die Kirche im allgemeinen und die Klöster im besonderen boten neuen

Anlaß, Gegenstände, die dem Glauben heilig waren, zu verschönern und weckten ein neues Bedürfnis danach. Alte Stile, Formen und Motive wurden diesen neuen Bedürfnissen angepaßt und in ihren Dienst gestellt.
Die Kelten der Antike waren berühmt für ihre Metallarbeiten, insbesondere für ihre Kunst der Waffenherstellung. Die ältesten irischen Metallarbeiten stammen aus der frühen Bronzezeit um 1200 v. Chr., aber im 7. und 8. Jh. n. Chr. erreichten die irischen Metallarbeiten eine Schönheit und Vollkommenheit, wie sie nur in wenigen Kulturen erlangt wurde. Das berühmteste Beispiel ist der *Ardagh-Kelch*, der nach dem Ort in der Grafschaft Limerick benannt ist, wo 1868 ein Junge ihn beim Kartoffelaushacken in den Wurzeln eines Dornbusches entdeckt hat. Es ist ein Abendmahlskelch aus gehämmertem Silber mit einem halbkugeligen Fuß und kunstvollen Ornamenten aus Goldfiligran und Email. Die Namen der zwölf Apostel sind sehr fein, nur bei näherem Hinsehen sichtbar, auf einem Band um die Mitte des Kelchs mit eckigen Buchstaben eingraviert. Datiert wird der Kelch meist um die erste Hälfte des 8. Jhs., und man muß ihn gesehen und mit anderen Metallarbeiten verglichen haben, um ihn voll würdigen zu können. Obwohl man beide Hände benötigen würde, um bequem daraus trinken zu können, ist er nicht groß; er hat nur einen Durchmesser von etwa 20 cm. Nicht durch seine Größe sollte er Eindruck machen. Seine Form ist einfach und ansprechend, und er ist nur sparsam dekoriert. Aber das Auge kehrt mit wachsender Bewunderung immer wieder zu den einzelnen Ornamenten mit ihren mikroskopisch feinen Details zurück, die von einer fast unglaublichen Präzision sind. Am eindrucksvollsten ist vielleicht, daß dem Künstler der *horror vacui* fremd war. Wie jemand, dem man genügend Zeit läßt, eine Seite vollkritzelt, so neigt auch manch geschickter Handwerker dazu, mit dem fortzufahren, was er gelernt hat, bis jede leere Stelle seines Werkes ausgeschmückt ist. Am *Ardagh-Kelch* jedoch hielt sich der Künstler mit seinen Ornamenten zurück. Keine aufdringlichen, übertriebenen Details verdecken die gefällige Form dieses Kelchs. So wurde ein vollkommenes Gleichgewicht erreicht.
Mit diesem Kelch, der als Höhepunkt der Kunstfertigkeit der irischen Metallarbeit anzusehen ist, wird oft die aus der gleichen Zeit stammende *Tara-Brosche* in einem Atemzug genannt. Im Februar 1980 hat ein mit einem Metalldetektor ausgerüsteter Schatzsucher einen sehr ähnlichen Kelch zusammen mit anderen liturgischen Geräten auf dem Gelände des Klosters von Derrynavlan in der Grafschaft Tipperary ausgegraben. Bereits nach wenigen Wochen bezeichnet man diesen Schatz als »zweifellos aufregendste Ergänzung der frühchristlichen Kunst, die in unserem Jahrhundert in Irland ans Licht kam«.[30] Wann und wo diese in Derrynavlan gefundenen Gegenstände hergestellt wurden und weshalb sie vergraben wurden, sind Fragen, welche die Archäologen wahrscheinlich noch beschäftigen werden, aber bereits heute erhöht der *Schatz von Derrynavlan* den Ruhm der frühmittelalterlichen irischen Kunst und unterstreicht ihre Bedeutung.

Ein Vergleich dieser Funde mit ähnlichen Gegenständen der germanischen (oder angelsächsischen) Handwerkskunst aus etwa der gleichen Periode ist recht aufschlußreich. In England wurde in Sutton Hoo in Ostanglien kurz vor dem Zweiten Weltkrieg ein reicher Schatz an angelsächsischen Arbeiten entdeckt. Françoise Henry hat sowohl die irischen als auch die angelsächsischen Objekte sorgfältig untersucht und sich bemüht, eine Erklärung für die Ähnlichkeiten zu finden. Sie kam zu dem Ergebnis, daß auf dem Kontinent entstandene Muster und Stile von den Angelsachsen nach England gebracht wurden und daß sie dann von den Iren imitiert und verfeinert wurden.

Der allgegenwärtige Einfluß angelsächsischer Gegenstände, der in diesen Arbeiten deutlich zum Ausdruck kommt, läßt sich leicht mit den Kontakten erklären, die im 7. Jh. zwischen England und Irland bestanden. Möglicherweise erreichten einige angelsächsische Gegenstände Irland durch Händler oder auch durch Reisende zu einer Zeit, als England noch heidnisch war. Später waren dann zweifellos die irischen Missionare in England die Übermittler von Mustern und Objekten.«[31]

Allerdings bedeuten das handwerkliche Können und das ästhetische Feingefühl, die im *Ardagh-Kelch* und in der *Tara-Brosche* zum Ausdruck kommen, einen deutlichen künstlerischen Fortschritt. Die irischen Arbeiten sind verglichen mit den angelsächsischen von einer »unglaublichen Feinheit«.

Daß es sich um Nachahmungen handelt, ist unverkennbar, doch handelt es sich niemals um Kopien. Wir haben es stets mit Adaptionen zu tun, bei denen sich der Künstler verschiedener Techniken bedient, um ähnliche Effekte zu erzielen, und bei denen einige wenige Motive sorgfältig ausgewählt und ins gängige irische Repertoire völlig aufgenommen werden. Der irische Künstler läßt sich von dem, womit er sich konfrontiert sieht, niemals überwältigen. Er assimiliert das, was er entlehnt und paßt es dem inneren Rhythmus seines Ornaments an.[32]

Françoise Henry spricht von »heidnischer Dekoration, die sich als kirchliche Kunst verkleidet«, wenn sie die irische Kunst im 7. und 8. Jh. beschreibt. Auf nichts trifft dies mehr zu als auf die berühmtesten aller Kunstwerke dieser Epoche, die illuminierten Handschriften. Illuminieren, was soviel heißt wie auf Papier zeichnen oder mit verschiedenen Farbstoffen malen, war die einzige Form der Malerei, die von der Antike bis ins Mittelalter überlebte. Sie wurde in den Dienst der Kirche gestellt zur Ehre und Verschönerung der heiligen Texte des neuen Glaubens. Möglicherweise wurde die früheste, als *Cathach von St. Columba* bezeichnete irische Handschrift gegen Ende des 6. Jhs. von diesem Heiligen selbst geschrieben. *Cathach* (»Schlachtenbuch«) ist eine Bezeichnung, die daher kommt, daß die Handschrift später von Generationen von O'Donnell-Kriegern als Reliquie angesehen und von ihnen als Talisman oder Zaubermittel benutzt wurde. Diese frühe Handschrift ist ein nur sparsam illustriertes Fragment eines Psalters, einer Zusammenstellung von ins Lateinische übersetzten Psalmen.

Die ersten illuminierten Handschriften, in denen die charakteristischen irischen Merkmale deutlich hervortreten, sind Anfang des 7. Jhs. in Bobbio entstanden, in dem von Columban in Norditalien gegründeten Kloster. Typisch für diese ist »hauptsächlich die Tendenz, Initialen in spiralförmige Muster umzuwandeln und sie mit Punkten zu umgeben, sowie die Einhaltung eines bestimmten Schemas, das darin besteht, daß am Anfang eines jeden neuen Abschnitts eines Buches links eine Schmuckseite und rechts eine Seite mit einer Einführung und einer großen Initiale eingeschaltet wurde.«[33]

Insgesamt sind aus der fruchtbaren Epoche von 650–800 nur 15 illuminierte Handschriften im irischen Stil erhalten, von denen die meisten Abschriften aus Evangelien sind. Nicht alle wurden in Irland angefertigt, doch stammen alle aus irischen Skriptorien, den Schreibstuben oder Werkstätten, in denen Manuskripte kopiert und illustriert wurden.

Das *Book of Durrow* ist ein besonders typisches Beispiel für »die heidnische Dekoration, die sich als kirchliche Kunst verkleidet«. In dieser farbenprächtigen Abschrift aus den Evangelien, die wahrscheinlich in der zweiten Hälfte des 7. Jhs. entstand und sich seit dem 17. Jh. in der Bibliothek des Trinity College in Dublin befindet, wurden die streng geometrischen, abstrakten Motive, die uns von den Metallornamenten des *Ardagh-Kelchs* bereits bekannt sind, so adaptiert, daß damit die Symbole der vier Evangelisten wiedergegeben werden konnten: ein Mensch für Matthäus, ein Löwe für Markus, ein Stier für Lukas und ein Adler für Johannes. Eine Kunst, die sich bisher beharrlich vor der Wiedergabe menschlicher oder tierischer Gestalten gescheut hatte, wagt sich hier auf eine zögernde, fast kindlich anmutende Weise auch an diese Themen. Der Evangelist Matthäus wird ungeniert ohne Arme dargestellt. Der wie karikiert wirkende Kopf ist völlig symmetrisch, das Gesicht ist rund, Augen, Ohren und Mund sind mit elliptischen Linien wiedergegeben. Der Mantel jedoch ist ein Mosaik leuchtender Farben, die an die Emailbuckel des *Ardagh-Kelchs* und der *Tara-Brosche* erinnern. Der Rand besteht aus einem feinen Netzwerk verschlungener Linien. Genauso wie die Namen der Apostel unter dem Band um den Kelch angebracht wurden, fügt sich hier die Kunstform fast widerwillig einer ikonographischen Notwendigkeit. Die Idole des neuen Glaubens mußten voneinander zu unterscheiden sein. In der für dieses Dilemma gefundenen Lösung kommt die Synthese aus Christentum und heidnischer keltischer dekorativer Tradition auf hochkünstlerische Weise zum Ausdruck.

Den Höhepunkt dieser Synthese stellt das *Book of Kells* aus dem Anfang des 9. Jhs. dar. Es ist die prächtigste und kunstvollste aller irischen Handschriften, und Analysen haben ergeben, daß es das Werk mehrerer Illuminatoren gewesen sein muß. Hier wurden die Möglichkeiten der geometrischen Kunst in ihrer prächtigsten Erscheinungsform so sehr erweitert, daß mit ihr auch didaktische biblische Szenen wie die Versuchung Christi oder die Geburt Christi dargestellt werden konnten. Reale

Gegenstände und Geschöpfe sind in verschiedener Anordnung und unterschiedlichen Posen erkennbar abgebildet, doch lebt diese Kunst vor allem in ihren überschwenglichen, phantasievollen und gelegentlich bizarren Schmuckformen, in ihrer vollkommenen Hingabe an Linie, Farbe und Form. Fotografien werden dieser Handschrift nur selten gerecht, und auch der Reisende, der das Glück hat, sie in Dublin unmittelbar zu sehen, kann sie nur durch dicke Glasscheiben betrachten, und das im Schrittempo – täglich nur eine einzige Seite!

Im Gegensatz zu literarischen Epen wie der Ilias bleiben diese großen Kunstwerke des frühmittelalterlichen Irlands für uns großenteils stumm und relativ unzugänglich. Trotzdem sind sie Beweise und Ausdruck einer bemerkenswerten Wandlung. Innerhalb von 8 Jahrhunderten von der Geburt Christi an war eines der entlegensten und isoliertesten Gebiete Europas, das von Rom und der Kultur des alten Mittelmeerraums fast unberührt geblieben war, nicht nur zum Christentum bekehrt worden, es hatte dieses mit einer ungeheuren Energie und Kreativität erfüllt. Die irische Mönchsbewegung erfaßte zwar nur einen kleinen Teil der Bevölkerung einer nur spärlich besiedelten Insel. Wir dürfen uns nicht einbilden, daß im 8. Jh. unter jedem Strauch ein Mönch als Illuminator gesessen hätte. Dennoch hat das irische Mönchtum in der frühmittelalterlichen Kultur Europas einen nachhaltigen Eindruck hinterlassen. Die Mönche brachten die Kunst des Lesens und Schreibens und die Gelehrsamkeit nach Irland und von da aus wieder zurück nach Britannien und auf den Kontinent, wo sie hergekommen waren. Sie stellten wichtige Beziehungen zu Schottland und dem angelsächsischen England her und erfüllten heidnische Kunstformen mit einem Zielstreben und einer Hingabe, aus denen sich allein die Leistungen des 7., 8. und 9. Jhs. erklären lassen.

II. Ein heroisches Zeitalter: Das Erbe der Kelten, Wikinger und Normannen

Das Christentum hat die in Irland bereits von den Kelten und ihren Vorgängern geschaffene Kultur mehr überlagert als umgeformt. Die Hauptmerkmale dieser Kultur waren ihre Dezentralisation und ihr Regionalismus, Merkmale, die dem auf der Insel weitverstreuten Lebensraum entsprachen. Als St. Patrick Mitte des 5. Jhs. nach Irland kam, fand er die Bevölkerung in 150 *túatha* aufgeteilt. (Eine *túath* ist etwa gleichbedeutend mit den Begriffen »Sippe« oder »Clan«.) Es waren Sippenverbände mit anerkannten Führern an der Spitze, die in bestimmten Gebieten gemeinsame Ansprüche auf Besitztümer und Autorität hatten. Im frühgeschichtlichen Europa gab es viele derartige Gebiete, die die Tendenz zeigten, durch Kämpfe und Zusammenschlüsse immer ausgedehnter und weniger zahlreich zu werden. So kristallisierten sich in England zwischen dem 5. und 7. Jh. aus den von den Angelsachsen eroberten Gebieten eine Handvoll »Königreiche« heraus, die dann im 9. Jh. zu einem einzigen angelsächsischen Königreich vereinigt wurden.

Ein ähnlicher Prozeß spielte sich auch in Irland ab, und im 12. Jh. war die Zahl dieser Sippenverbände (die nun als anglo-normannische »Lordschaften« fortbestanden) auf etwa 30 zusammengeschrumpft. Allerdings verlief dieser Prozeß in Irland viel langsamer als in England, und das Resultat war ein Flickwerk von miteinander konkurrierenden und sich gegenseitig bekämpfenden politischen Einheiten, die praktisch bis zur Eroberung durch die Tudors im 16. Jh. fortbestanden. Im 6. Jh. versuchten einige der mächtigsten *túatha* mit Hilfe von Diplomatie, Heirat und Kriegen zu regionalen Königreichen aufzusteigen.

Die vier heutigen Provinzen Leinster, Ulster, Munster und Connacht waren bereits im Keim vorhanden, wenn auch ein großes Stück des heutigen Leinster nördlich des Flusses Liffey eine Zeitlang das separate Königreich Meath bildete. Auch Ulster war unter sich bekämpfenden Dynastien aufgeteilt. Im Süden und im Westen lagen die Verhältnisse relativ einfacher. In der zweiten Hälfte des 6. Jhs. herrschten in Munster die Eóganachta (Nachkommen des Eogan), die von einer Felsenfestung in Cashel in der späteren Grafschaft Tipperary aus regierten. Westlich des Shannon waren es die Nachkommen von Conn, die Connachta, die der Provinz, in der sie dominierten, ihren Namen gaben. Leinster wurde aufgeteilt zwischen der Laigin-Dynastie im Süden und den im späteren Meath herrschenden südlichen Uí Néill. In Ulster unterstanden das Zentrum und der Westen den nördlichen Uí Néill, der Nordosten (bis nach Westschottland hinein) den Dál Riada und der Südosten den Airgialla.

Keines dieser Königreiche blieb in dieser Form bestehen, und sie alle kämpften mit anderen *túatha* um die Vorherrschaft.

In einer derartigen Gesellschaft hatten Krieger ein weites Betätigungsfeld. Der Fortbestand und die Ausweitung einer einzelnen *túath* oder mehrerer *túatha* in einem kleinen Königreich bzw. einem Königreich (beides ist oft nicht genau voneinander zu unterscheiden) hing oft von den Heldentaten und dem Ruf eines einzelnen großen Kriegers oder Heerführers ab, und Erzählungen von solchen Heldentaten wurden schon früh ausgestaltet und gingen in die mündliche Überlieferung ein.

Die ersten schriftlichen Zeugnisse hat man in Irland auf Grabsteinen und Gedenksteinen gefunden, die etwa aus der Zeit vom 4. bis 7. Jh. stammen. Die Schrift besteht aus einer Reihe von waagrechten Strichen, die auf beiden Seiten von einer Längsachse oder schräg darüber eingekerbt sind. Es handelt sich hierbei um die sogenannte Ogamschrift auf den Ogamsteinen. Die Striche entsprechen bestimmten Buchstaben des lateinischen Alphabets, und man hat sie dahingehend entziffert, daß es sich meist um Grabinschriften in irischer Sprache handelt, etwa wie »Roman, der Priestersohn von Comgall«.[1]

Auf einigen dieser Ogamsteine finden sich Hinweise auf christliche Einflüsse, auf anderen wiederum ist dies nicht der Fall. Die meisten Inschriften sind aufgrund ihrer Kürze rätselhaft und geben kaum irgendwelche Aufschlüsse. Aufschlußreichere schriftliche Äußerungen findet man erst in der christlichen Ära. St. Patrick hat nicht nur die Kenntnis der lateinischen Schrift nach Irland gebracht, auf ihn geht auch die ungeheure Wertschätzung zurück, welche die Heilige Schrift bei den irischen Christen genoß. Die Kunst des Lesens und Schreibens erlebte in den Klöstern eine Blütezeit, von der die herrlichen illuminierten Handschriften zeugen, jedoch war die Sprache dieser Handschriften lateinisch und nicht irisch.

Von der im Alltag vom Volk gesprochenen Sprache gibt es bis ins 12. und 13. Jh. fast keine schriftlichen Zeugnisse. Dann erst weckten einige der größten, in dieser Landessprache mündlich überlieferten Werke das Interesse der Mönche, und sie begannen sie aufzuschreiben. Vieles aus Volkstum und Dichtung war über Generationen hin mündlich weitergegeben worden, und die Iren hatten in dieser Hinsicht erstaunliche Fähigkeiten entwickelt. Schriftliche Aufzeichnungen stellen nur eine von vielen Möglichkeiten dar, Informationen zu bewahren und weiterzugeben, und man sollte das Potential der mündlichen Überlieferung nicht unterschätzen. Als die irischen Mönche damit anfingen, die sogenannten Klassiker der irischen mündlichen Überlieferung aufzuzeichnen, gaben sie den Geschichten, Legenden, Beschreibungen und Parabeln, die Hunderte von Jahren, gelegentlich sogar lange vor Christi Geburt mündlich von Generation zu Generation weitergegeben worden waren, nur eine feste Form.

Die Mönche stellten Sammlungen zusammen, die heute berühmt sind. Eine davon ist das *Book of the Dun Cow,* das im Kloster von Clonmacnois am Shannon aufgeschrieben wurde. Hierzu gehören auch das *Book of Leinster,* das *Yellow Book of Lecan* und eine Handschrift, die unter der Katalognummer »Rawlinson B 502« in der Bodleian Bibliothek in Oxford aufbewahrt wird. Diese Handschriften enthalten weit verbreitete Versionen der Heldensagen aus dem 12. bis 14. Jh. Ähnlich wie archäologische Funde repräsentieren auch sie verschiedene Zeitabschnitte in der Geschichte. Einige mögen sich erst zu Lebzeiten der Mönche, die sie aufschrieben, zugetragen haben, andere können uralt sein und aus vorchristlichen oder sogar aus vorkeltischen Zeiten stammen. Sie sind eine Mischung aus Fakten und Fiktion, d.h. es werden in ihnen Menschen, Schauplätze und Ereignisse, die tatsächlich existiert bzw. stattgefunden haben, beschrieben und mit übertriebenen Phantasiegebilden und völligen Verdrehungen historischer Tatsachen verknüpft. Dennoch geben sie uns alle wichtige Aufschlüsse über das Wesen und den Charakter einer heroischen Gesellschaft als einem Kontinuum, das von der Einwanderung der Kelten mindestens bis zur Ankunft der Normannen reicht.

Die uns überlieferten Sagas lassen sich grob in vier »Zyklen« aufteilen. Der mythologische Zyklus besteht aus einer Sammlung von Sagen, die sich auf den Stamm der Dannan beziehen, der vermutlich vorkeltischen Ursprungs war. Der Fenian-Zyklus berichtet von Finn mac Cumaill, seinem Sohn Oisin und deren Kriegern in vorchristlicher Zeit. Im Mittelpunkt des Königszyklus, der manchmal auch als »Historischer Zyklus« bezeichnet wird, stehen verschiedene Herrscher, von denen viele nur erfunden sind und die zwischen dem 3. Jh. v. Chr. und dem 8. Jh. n. Chr. regiert haben sollen. Der Ulster-Zyklus schließlich handelt von einem nordischen König namens Conchobhar und seinem großen Helden Cú Chulainn in ihren Kämpfen mit dem König und der Königin des mit ihnen rivalisierenden Königreichs Connacht. In diesem letzten Zyklus ist das am besten in Erinnerung gebliebene Epos des irischen Heldenzeitalters *Táin Bó Cúailnge* (Der Rinderraub von Cooley) enthalten. Vielleicht hat die *Táin* etwas mit Ereignissen zu tun, die sich tatsächlich im 1. Jh. n. Chr. in Irland abgespielt haben, sicher ist das jedoch nicht.

Die Handlung der *Táin* ist fast kindlich einfach. König Alill und seine Frau, Königin Medhbh, streiten sich, wer reicher ist. Alill hält Medhbh höhnisch vor, sie besitze keinen so prächtigen Bullen wie er, sein Bulle jedoch sei der Stolz seiner Herde. Medhbh beschließt, sich ein noch schöneres Tier als das ihres Gatten zu beschaffen und erfährt, daß der prachtvollste Bulle ganz Irlands in Ulster in Cooley (auf der heutigen Halbinsel von Carlingford) zu finden sei. Als es ihr nicht gelingt, sich diesen Bullen auf ein Jahr auszuleihen, beschließt sie, ihn sich gewaltsam anzueignen und marschiert (nun gemeinsam mit ihrem Gatten) mit ihren Kriegern quer durch Irland. Auf dem Weg nach Cooley treffen die Männer von Connacht auf Cú Chulainn, den übermenschlichen Helden König Conchobhars von Ulster, und von dieser Stelle an wird in der *Tain* hauptsächlich über die Heldentaten Cú Chulainns berichtet. Im folgenden Textauszug wird Cú Chulainns Stil veranschaulicht. Als er von einem jungen Hitzkopf namens Etarcumul aus Connacht persönlich zum Kampf herausgefordert wird, nimmt er dessen Spottreden kurze Zeit hin, weil er gegenüber Etarcumuls Gefährten Fergus eine Verpflichtung eingegangen ist. Aber schließlich reißt ihm die Geduld.

»Was suchst du, Bursche?« sagte Cú Chulainn.
»Kampf mit dir suche ich«, sagte Etarcumul.
»Wenn du nach mir handeltest, wärst du überhaupt nicht gekommen«, sagte Cú Chulainn; »wegen der Ehre des Fergus, unter der du aus dem Lager gekommen bist, und nicht weil ich dich selbst schützen möchte, verhalte ich mich so!« Cú Chulainn gab ihm aber einen »Langschlag«, so daß er den Rasen, der unter der Sohle seines Fußes war, ausschnitt, so daß (jener) rücklings wie ein Sack zu liegen kam, und sein Rasen auf seinem Bauche. Wenn er gewollt hätte, hätte er zwei Stücke aus ihm machen können.
»Jetzt fort mit dir, denn ich habe dir eine Warnung gegeben!
»Ich werde nicht gehen, wir wollen weiter miteinander kämpfen«, sagte Etarcumul.
Cú Chulainn gab ihm einen »Schärfehieb mit Anpassung«. Er schnitt ihm sein Haar ab von seinem Hinterkopf bis zu seiner Stirn, von einem Ohre zum andern, als wäre es ein leichtes scharfes Rasiermesser gewesen, mit dem er geschoren worden wäre. Kein Ritz von Blut blutete auf ihm.
»Jetzt fort mir dir«, sagte Cú Chulainn, »denn ich habe dir etwas Lächerliches angetan!«
»Ich werde nicht gehen, wir wollen weiter miteinander kämpfen, bis ich deinen Kopf und den Sieg über dich und den Ruhm über dich davontrage, oder bis du meinen Kopf und den Sieg über mich und den Ruhm über mich davonträgst!«
»Davon wird aber das stattfinden, was du zuletzt sagtest: ich bin es, der deinen Kopf und den Sieg über dich und den Ruhm über dich davontragen wird!« Cú Chulainn gab ihm einen »Mittenhieb«, in der Höhe seines Kopfes, so daß er bis zu seinem Nabel ging...«[2]

Cú Chulainn ist kein liebenswürdiger Held. Seine hervorstechendste Tugend ist seine mörderische Kraft, und diese Eigenschaft gepaart mit Treue empfiehlt ihn dem König von Ulster. Es sind dies die beiden in einem kriegerischen Staat am höchsten bewerteten Eigenschaften, aber in einem geordneten Gemeinwesen können sie zu einer Belastung und Bedrohung werden.

Der Kult des heldenhaften Kämpfers und seine Lobpreisung im Heldenepos gingen aus den ständigen Kämpfen im mittelalterlichen Irland hervor und spornten ihrerseits noch zu diesen Kämpfen an. Im Rinderraub von Cooley spiegelt sich die zentrale Bedeutung des Viehbestands in der frühen irischen Wirtschaft. Wir haben Belege dafür, daß im 7. und 8. Jh. auch der Getreideanbau eine beträchtliche Rolle spielte, daß fruchtbares Ackerland eingezäunt wurde und daß Weizen, Hafer und Roggen angebaut wurden. Die Viehzucht blieb jedoch die wichtigste landwirtschaftliche Tätigkeit. Im Unterschied zum Ackerbau ist man bei der Viehzucht nicht an ein genau abgegrenztes Stück Land gebunden. »Vierfüßiger Besitz« ist sehr beweglich. Man kann ihn überall hintreiben, wo Gras wächst, wenn man vor Feinden flieht (oder sie verfolgt), wenn man jahreszeitlich bedingte Weideplätze regelmäßig aufsucht oder einfach im Land umherzieht. Andererseits

aber ist ein solcher »vierfüßiger Besitz« auch höchst anfällig für Raubzüge anderer, und eine Bevölkerung, die sich hauptsächlich mit Viehzucht beschäftigt, neigt zu ganz anderen Streitigkeiten als eine, deren Hauptbeschäftigung der Ackerbau ist. Ein Bauer muß bei seinen bestellten Äckern bleiben, wenn er nicht um die Ernte kommen will. Sein Land kann ihm nicht genommen werden, es sei denn, er wird gewaltsam dazu gezwungen. Dagegen waren die *túatha* des Heldenzeitalters oft so sehr dem Wechsel unterworfen, wie es nur eine Weidewirtschaft sein kann.
Andererseits wäre es ein Irrtum anzunehmen, das Irland der Frühzeit sei politisch völlig unstrukturiert gewesen. Wir wissen, daß in Emhain Mhacha in Ulster und in Cashel in Munster mehr oder weniger ortsgebundene Machtzentren entstanden und daß kirchliche Zentren wie Armagh (in der Nähe von Emhain Mhacha) oder Klöster wie Clonmacnois eine fast ununterbrochene Bedeutung besaßen. Irland war also keineswegs ein brodelnder Kessel mit umherschweifenden Nomaden. Archäologische Ausgrabungen von Burgen und Kirchen der Frühzeit beweisen deutlich, daß es Gebiete gab, die mehr oder weniger dauernd bewohnt waren. Allerdings waren die Iren keine großen Häuser- oder Städtebauer. Viele ihrer Gebäude waren aus leicht vermoderndem Holz, und bis zum Eintreffen der Normannen hatten sie nur wenig Erfahrung mit Steinbauten und Mauerwerk.
Vor dem Ende des 8. Jhs. war die irische Kultur hauptsächlich nur von zwei Elementen geprägt: der keltischen Kultur und dem Einfluß des Christentums aus dem Mittelmeerraum. Weder die Römer, die Britannien vom 1. bis zum 5. Jh. besetzt hielten, noch die Angelsachsen, die es vom 5. Jh. an erobert und besiedelt hatten, hinterließen in Irland bedeutende Spuren. Mit dieser durch die insulare Lage bedingten relativen Unangefochtenheit war es jedoch jäh zu Ende, als 795 n. Chr. die Wikinger die wenige Meilen nordöstlich vom heutigen Dublin gelegene Insel Lambay überfielen. Noch im gleichen Jahr plünderten sie auch Inishmurray (in der Donegal-Bucht) und das dem westlichen Galway vorgelagerte Inishbofin. Damit nahm eine neue, durch Gewalt und Zerstörung gekennzeichnete Epoche ihren Anfang. Zu den mörderischen Kämpfen der keltischen *túatha* und der einzelnen Königreiche untereinander kamen nun noch die wilden Überfälle fremder Völkerschaften, die übers Meer kamen.
Die Wikinger kamen ursprünglich aus Skandinavien, doch gab es spätestens um die Mitte des 8. Jhs. auch Siedlungen skandinavischer Fischer und Bauern auf den Orkney-Inseln und den Hebriden, den beiden Inselgruppen vor der Nord- und Nordwestküste Schottlands. Von diesen Stützpunkten aus brachen die Piraten zu ihren Raubzügen nach Britannien und Irland auf. Angezogen wurden sie vom Reichtum der kirchlichen Zentren, vor allem der Klöster. Schriftkundige Mönche, die das Glück hatten zu überleben, berichteten voll Erbitterung über die Leiden, die die Gläubigen erdulden mußten. Columbas herrliches Kloster in Iona (vor der schottischen Küste) wurde 795 und nochmals 802 und 806 überfallen. Beim letzten

dieser Angriffe wurden 86 Klosterinsassen getötet. Im folgenden Jahr zogen sich einige der Überlebenden ins Innere von Irland zurück, wo sie in Kells ein neues Kloster gründeten. Die Wikinger richteten ihre Angriffe zunächst gegen Inseln und Orte an der Küste oder am Unterlauf schiffbarer Flüsse. Im zweiten Viertel des 9. Jhs. erreichten sie jedoch auch das Hinterland. Offensichtlich konnten ihnen nur die Naturgewalten Einhalt gebieten. »Ein irischer Mönch ..., der dankbar dem Heulen des nächtlichen Sturmes lauschte, schrieb an den Rand einer Handschrift:

Der Sturm braust wild heute nacht
und peitscht die weißen Kämme der Wogen;
heute brauche ich nicht zu fürchten, daß die wilden Wikinger
über die Irische See kommen.«[3]

Einige Schriftsteller ordnen neuerdings die Raubzüge der Wikinger in einen größeren Zusammenhang ein. Sie weisen darauf hin, daß die Klöster auch schon vor den Wikingern keineswegs von Gewaltanwendung verschont geblieben waren. Sie waren bei verschiedenen Gelegenheiten von ihren eigenen christlichen Königen geplündert worden und hatten sogar gegeneinander Krieg geführt. Im Jahre 764, also mehr als 30 Jahre bevor die Wikinger in Irland erschienen, kam es zu einer Schlacht zwischen dem Kloster Clonmacnois und dem Kloster Durrow, in der es nach Berichten über 200 Tote gab. Häufig waren die Klöster keine rein religiöse Einrichtung mehr. Sie waren zu Zentren des Wohlstands geworden, zu einer Art von kirchlichen Städten, und die irischen Könige neideten ihnen ihre Schätze, ihre Vorräte und ihre Herden nicht weniger als die räuberischen Wikinger es taten.[4]

Von 830 an wurden die Raubzüge der Wikinger immer intensiver und kühner. Große Flotten segelten den Shannon, den Boyne, den Liffey und Erne hinauf und erreichten und verwüsteten Gebiete im Inneren des Landes. Im Jahre 838 ankerte eine Wikingerflotte auf dem Binnensee Lough Neagh in Ulster, und ein Flottenkontingent überwinterte dort von 840–41. Im folgenden Winter hatten sich Wikinger in der Gegend des heutigen Dublin festgesetzt, dessen Name skandinavischen Ursprungs ist und soviel wie »dunkler Tümpel« bedeutet. Mit der Zeit blieben sie nicht nur den Winter über, sondern ließen sich dort ständig nieder. Sie strebten jetzt nach Landbesitz statt nach beweglichen Gütern, und seit 842 gibt es Hinweise auf eine militärische Zusammenarbeit zwischen Anführern der Iren und der Wikinger. Konflikte beschränkten sich nicht länger auf Auseinandersetzungen zwischen den beiden Völkerschaften, denn sobald die Wikinger zu ständigen Bewohnern Irlands wurden, wurden sie langsam der irischen Gesellschaft assimiliert. Ihre Niederlassungen befanden sich hauptsächlich längs der Küste, und die heutigen Hafenstädte Limerick, Cork, Waterford und Wexford gehen neben Dublin auf solche Wikingeransiedlungen zurück. Aber auch als ständige Siedler behielten die Wikinger ihre Mobilität; sie waren weiterhin Seefahrer und Händler. Das auf die Wikinger zurückgehende Dublin bringt für die Archäologen ständig neue

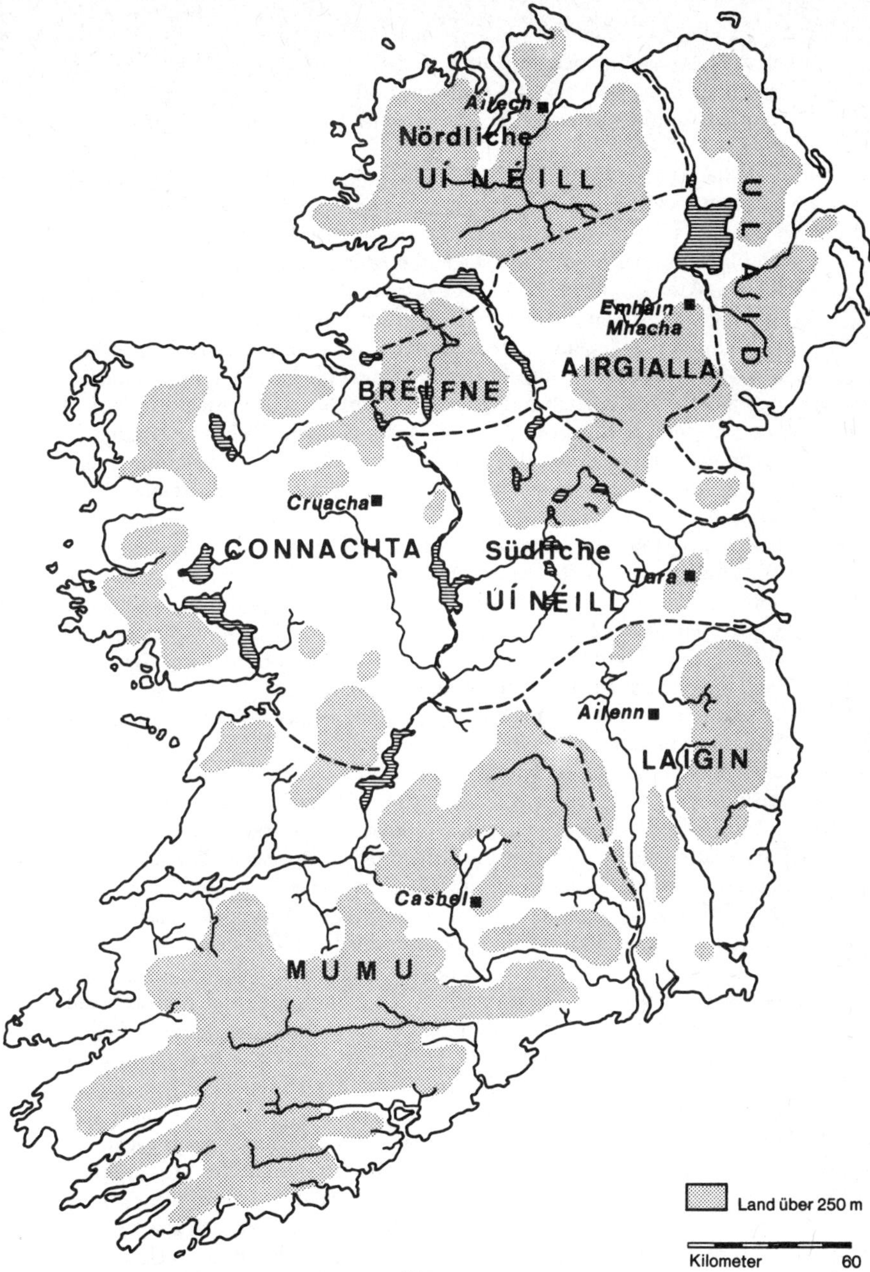

Karte 3: Irland um 800, Provinzen und Hauptorte.
(Aus: *Richter, M.*, Irland im Mittelalter. Kultur und Geschichte. Stuttgart 1983)

Überraschungen, doch scheint festzustehen, daß seine städtische und kaufmännische Tradition aus dem Norden nach Irland kam, und nicht aus dem antiken Mittelmeerraum, wie es sonst meist in Westeuropa der Fall war.

Um die Mitte des 9. Jhs. bekämpften sich die Wikinger untereinander, als Skandinavier in neuen Wellen eindrangen und über frühere, teilweise schon seßhafte Skandinavier herfielen. So wurde z. B. 851 die Wikingergründung Dublin von einer Flotte von Dänen überfallen, die vermutlich aus England kamen. Als 852 eine Flotte von 160 norwegischen Schiffen einige dänische Wikinger angriff, die sich am Carlingford Lough niedergelassen hatten, erlitten die Nordmänner durch die mit Kelten verbündeten Dänen eine schwere Niederlage. Ähnlich begannen auch die Iren sich mit Wikingern gegen ihre eigenen irischen Gegner zu verbünden, wie dies 860–62 der Fall war, als die nördlichen Uí Néill sich mit den Dubliner Wikingern zusammenschlossen, um ihre Rivalen, die südlichen Uí Néill, durch eine Zangenbewegung auszuschalten. Die Wikinger wurden seßhaft und drängten sich der Inselbevölkerung auf, ähnlich wie die Dänen sich im benachbarten England den Angelsachsen aufzwangen. Es kam häufig zu Eheschließungen zwischen Iren und Wikingern, und die Neuankömmlinge wurden allmählich zum Christentum bekehrt. Dieser Absorptionsprozeß wurde Anfang des 10. Jhs. unterbrochen, als erneut eine Welle heidnischer Wikinger aus Schottland und von den Orkney-Inseln kam. Wie ihre Vorfahren fielen auch sie plündernd über Irland her.

Der Überlieferung nach machte König Brian Boru von Munster 1014 in der Schlacht von Clontarf (in der näheren Umgebung Dublins) durch seinen heldenhaften Kampf der Bedrohung Irlands durch die Wikinger endgültig ein Ende. Ein Biograph aus dem 12. Jh. schildert Brian als einen zweiten König Alfred von England, doch moderne Historiker bezweifeln, daß Brian tatsächlich eine so große Bedeutung besaß. Zweifellos war er ein mächtiger, erfolgreicher König, aber er führte seine Kriege nicht nur gegen die Wikinger, sondern auch gegen andere Kelten, besonders gegen die Uí Néill. In den Kämpfen zwischen den verschiedenen Uí Néill gelang es dem Süden und dem Westen Ende des 10. Jhs., sich großenteils vom Einfluß des Nordens zu befreien. Brian machte sich zum König von Munster und suchte sich Verbündete, um mit deren Hilfe die Vorherrschaft der Uí Néill über die gesamte Insel zu brechen. Dabei war er durchaus bereit, sich auch mit den Wikingern zu verbünden, wenn das seinen Zwecken diente. 984 kam es tatsächlich zu einem solchen Bündnis, und die Wikinger von Waterford bereiteten sich gemeinsam mit ihm auf einen Angriff gegen die Wikingersiedlung Dublin vor. 997 erklärte sich der Uí Néill-König Máel Sechnaill II. bereit, Brians Einfluß im Süden anzuerkennen, wenn dieser seinerseits seine eigenen Vorherrschaftsansprüche im Norden anerkannte. Trotz seines Bündnisses mit Máel Sechnaill unternahm Brian auch weiterhin Überfälle gegen den Norden, und 1005 erhob er mit einer gewissen Berechtigung den Anspruch, König über ganz Irland zu sein. In diesem

Sinn kann man ihn vielleicht als den ersten »Einiger« von Irland bezeichnen, doch bestand seine eigentliche Leistung darin, daß er die mehrere Jahrhunderte währende Vorherrschaft des Nordens über die Insel brach und die strahlende Verkörperung eines »Hochkönigs« war, wie der stolze Titel des Gebieters über das erweiterte Herrschaftsgebiet nun lautete. Die Wikinger von Limerick, Cork und Waterford wurden seine Untertanen, hinzu kamen – wenn auch etwas weniger zuverlässig – auch die von Dublin. Die Schlacht von Clontarf, in der er den Tod fand, machte diesen Erfolgen ein Ende. Brian hatte in dieser Schlacht vom 23. April 1014 versucht, den Aufstand des irischen Königs von Leinster, der sich mit den Dubliner Wikingern verbündet hatte, zu unterdrücken. Es gelang seinen Kriegern zwar, den Aufstand niederzuschlagen und die Dubliner Wikinger zu besiegen, doch brach Brians Monarchie mit seinem Tod zusammen, und im folgenden Jahrhundert wurde Irland von regionalen Kämpfen zerrissen.

Wir sollten nicht annehmen, daß die politische Konsolidierung, wie sie in England in diesen kritischen Jahrhunderten auftrat, normal war; ebensowenig war ihr Nichteintreten in Irland ungewöhnlich. Hier standen viele geographische Hindernisse einer Einigung im Weg, und die Lebensweise der keltischen Bauern und Viehzüchter schuf andere politische Voraussetzungen, als dies im angelsächsischen England der Fall war. Hinzu kam, daß die Wikingersiedlungen in Irland weiter zerstreut waren als in England, wo ein großes zusammenhängendes, als »Danelaw« bezeichnetes Gebiet entstand, während die Wikinger in Irland nur isolierte Enklaven an der Küste errichten konnten.

Es ist hier nicht angebracht, ein Werturteil darüber zu fällen, ob eine Einigung oder ihr Gegenteil, womit man gelegentlich »Partikularismus« meint, vorzuziehen ist; man sollte sich jedoch klarmachen, daß sich die beiden Inseln schon lange vor dem 12. Jh. in bezug auf ihre politische Organisation stark voneinander unterschieden. Der gesamte südliche Teil Englands war zuerst unter der anglo-dänischen Monarchie und dann nach 1066 unter den Normannen geeint worden. Zu einer solchen Einigung war es in Irland trotz verschiedener gescheiterter Versuche nicht gekommen. Dieser Unterschied bedeutete, daß die Normannen, sobald sie England fest im Griff hatten, sich im Westen einer Insel gegenüber sahen, der sowohl der Anreiz als auch die Macht fehlte, sich ihnen in einer gemeinsamen Aktion zu widersetzen. Hieraus kann man nicht unbedingt schließen, daß es die Normannen deshalb unwiderstehlich nach Irland zog, nicht mehr und nicht weniger als es die Römer tausend Jahre zuvor dorthin gezogen hatte. Auch die Römer hatten das Meer nicht überquert, ebenso hielt sich die Begeisterung der Normannen diesbezüglich in Grenzen. Aber es war doch wohl nur eine Frage der Zeit, bis sie in die irischen Wirren hineingezogen wurden, und als es dann dazu kam, besaß Irland nicht die politische Einheit, die es in die Lage versetzt hätte, ihnen Einhalt zu gebieten.

Eine für die mörderischen irischen Auseinandersetzungen typische Episode bot den Normannen Gelegenheit, sich einzumischen. Anfang des 12. Jhs. entrissen die O'Connor-Könige von Connacht den Nachkommen Brian Borus die Vorherrschaft im Süden der Insel, doch erlitten sie 1156 eine schwere Niederlage durch Muirchertach Mac Lochlainn, König von Tir Eoghain, und 1161 erkannte Muirchertach einen gewissen Dermot Mac Murrough als König von Leinster an. Es gab jedoch noch andere Thronanwärter, und nachdem Dermot fünf Jahre lang immer neue Rückschläge erlitten hatte, als er seine Ansprüche auf den Thron durchsetzen wollte, begab er sich nach England in der Hoffnung, dort einen mächtigen Verbündeten zu finden. In Bristol wurde er von Augustinermönchen gastfreundlich aufgenommen, deren Orden er in Irland protegiert hatte. Die Mönche schickten Dermot auf die Suche nach König Heinrich II., der wieder einmal auf einem Feldzug in Frankreich war. Dermot spürte ihn in Aquitanien auf und gewann seine Zuneigung, fand jedoch keine namhafte Unterstützung bei ihm. Wie die meisten seiner Nachfolger war auch dieser erste König aus dem Hause Anjou-Plantagenet zu sehr mit seinen eigenen Besitzungen auf dem Kontinent beschäftigt, um sich bedenkenlos in irische Abenteuer hineinziehen zu lassen. Dermot kehrte nach Bristol zurück, und es gelang ihm, das Interesse des mächtigen Normannen Richard FitzGilbert de Clare, genannt »Strongbow«, zu wecken.

Pembroke war die westlichste Grafschaft von Südwales und nur durch 60 Meilen Meer von den vorzüglichen Häfen Wexford und Waterford getrennt. Genau wie die römischen Eroberer tausend Jahre zuvor waren auch die Normannen durch Süd- und Mittelengland der Küste entlang nach Südwales vorgedrungen. Die Waliser flüchteten in den gebirgigen Norden, aus dem sie erst im 13. Jh. durch die Feldzüge Eduards I. vertrieben wurden. Südwales und besonders Pembrokeshire wurden zu Bollwerken der Macht der Normannen. Hier befanden sich einige der am stärksten befestigten Burgen im ganzen Land, die von einer Handvoll rauher, kampferprobter *»marcher lords«* beherrscht wurden. Es handelte sich hierbei um Lords in militärisch wichtigen Gebieten, sogenannten »Marken«. Die Krone gewährte diesen Lords Unabhängigkeit und Macht, und eben diese Veteranen der walisischen Kriege wurden zuerst in die irischen Wirren verwickelt und zogen im Laufe der Zeit auch ihren König und ihr Land mit hinein.

Dermot kehrte nach Irland zurück, um dort die Ankunft seiner neuen Verbündeten zu erwarten. Die ersten stießen im Mai 1169 zu ihm, und im August 1170 setzte Strongbow selbst mit einem kleinen Heer von 200 Rittern und 1000 weiteren Männern nach Irland über. Die Hauptaktion spielte sich im Südosten ab, wo die Eindringlinge im Gebiet von Wexford-Waterford an Land gingen und von dort aus nach Norden und Westen vorstießen. Dermot hatte bald seinen Thron zurückerobert, doch starb er schon im Mai 1171. Strongbow hatte vorsorglich Dermots Tochter geheiratet und verlangte, daß dieser ihn (zum Lohn für seine Unterstützung) zu seinem Nachfolger ernannte. So wurde Strongbow nach Dermots Tod wenigstens in seinen eigenen Augen König von Leinster.

Wir haben es hier mit einer prekären Lage zu tun. König Heinrich II., den jetzt sein schlechtes Gewissen plagte, weil er sich an der Ermordung seines eigenen Erzbischofs Thomas Becket im Jahre 1170 mitschuldig fühlte, hatte sich zuvor kaum um Dermot und dessen irische Probleme gekümmert. Jetzt war einer seiner Vasallen durch ein kühnes Manöver und etwas Glück zu einem irischen König geworden. Heinrich beeilte sich, sicherzustellen und zu demonstrieren, daß Strongbow sich der englischen Krone unterordnete, denn er wollte verhindern, daß sozusagen vor seiner Tür im Westen ein separates feindliches normannisches Königreich Irland entstand. Im Juli 1171 entschloß er sich zu einer Expedition gegen Irland, doch forderte er zunächst Strongbow auf, nach England zurückzukehren und sich zu verantworten. Der normannische Lord setzte von Irland über und traf auf Heinrich, als dieser eben im Begriff war, ein gewaltiges Heer aufzustellen. Er überzeugte den König von seiner unwandelbaren Treue und brachte es fertig, daß er Leinster behalten durfte, wenn auch nicht als König, so doch als Heinrichs Vasall.

Heinrich segelte im Oktober 1171 nach Irland und landete in Waterford. Strongbow übergab ihm offiziell die Stadt und huldigte ihm als seinem Lehnsherrn. Der König zog dann durch den Westen des Landes und nahm die Huldigung verschiedener Könige und Stammesfürsten entgegen, von denen sich ihm einige mit feierlichen Eiden als ihrem Lehnsherrn verpflichteten. Vielen der irischen Herren war der englische König willkommen, da sie glaubten, er allein könne die normannischen Eindringlinge in Schach halten, und er habe genau wie sie den Wunsch, deren Macht in Irland stark einzudämmen. Tatsächlich hat der König diese Rolle auch gespielt. Vom November 1171 bis zum Februar 1172 hielt Heinrich in Dublin, der ehemaligen Hauptstadt der Wikinger, Hof und verlieh in einer Urkunde »seinen Bürgern von Bristol« das Stadtrecht über diese Stadt.

Bevor er im April 1172 nach England zurückkehrte, sprach er einem normannischen Adligen namens Hugh de Lacy das alte Königreich Meath zu, um auf diese Weise ein Gegengewicht zu Strongbows Machtansprüchen in Mittelirland zu schaffen. Er ernannte darüber hinaus de Lacy zu seinem Justitiar (Stellvertreter) und setzte Verwalter mit Garnisonen in Dublin, Wexford, Waterford, Cork und Limerick ein in der Hoffnung, daß sie sich ihre Unabhängigkeit gegenüber den irischen Lords (den normanischen wie den gälischen) erhalten und der englischen Krone treu ergeben bleiben würden.

Die Ereignisse von 1167–1172 stellen einen Einschnitt in der irischen Geschichte dar. Eindringlinge hatte es auch früher schon gegeben, aber sie waren auf sich gestellt, fern von ihrer dänischen oder norwegischen Heimat. Kein organisiertes Königreich und kein mächtiger Staat konnten ihnen zu Hilfe kommen. Außerdem waren ihre Niederlassungen in Irland weit verstreut und vereinzelt; sie beherrschten nicht einen bestimmten Teil oder Bezirk der Insel. Bei den Normannen war das anders. Zu Anfang mag es sich auch bei ihnen um unabhängige Abenteurer wie Strongbow und seine Gefährten gehandelt haben, aber der König aus dem Hause Anjou-Plantagenet in England war zu stark, zu nah und zu mißtrauisch, als daß er zugelassen hätte, daß diese Normannen Irland zu ihrem eigenen Ruhm unter sich aufteilten. Heinrich II. folgte ihnen eilig nach Irland, um ihre Macht zu brechen. Von noch größerer Tragweite war jedoch, daß die englische Monarchie in die Politik der Insel miteinbezogen wurde.

Als Heinrich II. 1172 Irland wieder verließ, begannen seine normannischen Vasallen sofort ihren Besitz zu erweitern. Es kam erneut zu Auseinandersetzungen mit den irischen Königen. Im Vertrag von Windsor (bei London) im Jahre 1175 ging es darum, in Irland zwei verschiedene Einflußsphären voneinander abzugrenzen: eine normannische, zu der Meath, Leinster und die Gebiete um Dublin, Wexford und Waterford gehörten, die noch in den Händen des Königs waren, sowie eine irische Einflußsphäre, die alles übrige umfaßte und als deren Hochkönig unter der Oberherrschaft Heinrichs II. Rory O'Connor anerkannt wurde. (Der Papst hatte 1155 in der Bulle *Laudabiliter* die Souveränität Irlands der englischen Krone geopfert, es blieb jedoch abzuwarten, in welcher Weise und ob überhaupt diese vom Papst verliehene Autorität ausgeübt werden würde.) Diese Grenzziehung veränderte die Lage der Dinge aber kaum. Die Autorität des weit entfernten englischen Königs kümmerte die normannischen Barone nur wenig und hielt sie kaum in Schranken. Die Iren waren ihrerseits durchaus nicht mit dem Hochkönigtum Rorys einverstanden, der ihnen sofort verdächtig wurde, als sich herausstellte, daß die Engländer mit ihm einverstanden waren. Da Heinrich II. und seine Nachfolger den ständigen Auseinandersetzungen in Irland keinen Einhalt gebieten konnten, neigten sie dazu, sich auf die Seite ihrer normannischen Landsleute zu stellen in der Hoffnung, diese gegeneinander ausspielen zu können, so daß kein einzelner Baron sich zum König eines geeinten normannischen Irlands aufschwingen konnte.

In den letzten Jahrzehnten des 12. Jhs. drangen noch einmal Normannen in Irland ein, um Gebiete in Besitz zu nehmen, die ihnen der König verliehen hatte. Hierdurch fühlten sich die vielen irischen Könige, denen Heinrich II. geschworen hatte, ihre Souveränität zu schützen, hintergangen, und dies lastete wie ein Fluch auf allen späteren Versuchen der Krone, die Streitigkeiten zu schlichten und eine Politik des gegenseitigen Vertrauens zu betreiben. Es war ein schmerzlicher Präzedenzfall einer »Konfiszierung«, d.h. der Aneignung von Ländereien als Antwort auf ein vermeintliches Verbrechen oder eine angebliche Untreue. Dieses drastische Mittel wurde von einer Monarchie, die von den Geschehnissen auf einer abgeschiedenen Insel fast nichts verstand und sie nicht unter Kontrolle hatte, mit Vorliebe angewandt. Wenn sie mit ihren Gesetzen und Verordnungen bei den fernen, widerspenstigen Parteien nichts ausrichten konnte, schickte sie einfach Waffenbrüder hin, um sie zu unterwerfen und ihren Platz einzunehmen.

1177 ernannte Heinrich II. seinen 10jährigen Sohn Johann zum Herrn von

Karte 4: Irland und das westliche Britannien um 1200.
(Aus: *Richter, M.*, Irland im Mittelalter. Kultur und Geschichte. Stuttgart 1983)

Irland *(Dominus Hiberniae)*, ähnlich wie Eduard I. ein Jahrhundert später *seinen* Sohn zum Prinzen von Wales ernannte. Unter Johanns Herrschaft gewannen die Normannen erheblich an Einfluß. Sie hatten bereits große Besitzungen im Nordosten von Ulster, in Leinster und in Ost- und Mittelmunster erworben. 1185 kam Prinz Johann (als 18jähriger) persönlich nach Irland und überhäufte einige seiner Günstlinge mit Besitztümern. Theobald Walter, Johanns Butler, begründete in der heutigen Grafschaft Kilkenny die berühmte Familie Butler. (»Butler« ist vom französischen

Wort *bouteille* abgeleitet, was im Englischen *bottle* (Flasche) entspricht. Wörtlich genommen bezeichnete man damit die Person, die für Johanns Getränke verantwortlich war.) Im Süden von Tipperary gründete William de Burgo (Burke) eine Dynastie, die um 1235 den Löwenanteil des entlegenen Connacht in ihren Besitz gebracht hatte. Um 1200 hatten die FitzGeralds Ländereien in Kerry und Limerick verliehen bekommen und waren eifrig dabei, ihren Besitz auf Kosten der einheimischen MacCarthys zu vergrößern.

Als vorzügliche Kämpfer, Reiter, Bogenschützen und Waffenschmiede gelang es den Normannen schnell, in ihren neuerworbenen Gebieten wehrhafte Burgen zu bauen. Zuerst bestanden diese nur aus Lehm und Holz, sie wurden jedoch bald durch sinnvoll angelegte, imponierende Festungen aus Stein ersetzt. Es gibt in Irland noch heute unzählige Überreste davon. Die berühmtesten sind wohl die mächtigen Festungen von Trim in der Grafschaft Meath und von Carrickfergus am Belfast Lough. Man findet diese Normannenburgen in ganz Irland, am häufigsten jedoch im Südosten, der auch weiterhin eine Bastion und ein Brennpunkt der normannischen Macht blieb. Die traditionelle irische Form einer Befestigung waren die Ringfestung (ein kreisförmiger, von niedrigen Mauern aus Erde, Stein und manchmal Holzpalisaden umschlossener Bezirk), ferner der Crannog (eine künstliche Insel in einem See) und etwa seit dem 8. Jh. die schlanken, konisch zulaufenden Rundtürme, die noch heute als Wahrzeichen in so vielen Teilen Irlands stehen. Die Normannenburg mit ihren hohen, aus Steinen errichteten Zwischenmauern und ihren massiven rechteckigen (später polygonalen oder runden) Türmen oder Bergfrieden war eine weit eindrucksvollere Befestigungsanlage, und die irischen Könige und Stammesführer lernten bald, sie nachzubauen, wie z. B. in Ballintober in der Grafschaft Roscommon, wo durch die O'Connor-Könige von Connacht um 1300 eine prachtvolle Adaption einer Normannenburg entstand.

Trotz ihrer militärischen Tüchtigkeit hatten die Normannen in Irland keineswegs triumphale Erfolge. Im Vergleich zu England war es zwar einfacher, in Irland einzudringen, doch schwerer, es zu erobern. Das politische Durcheinander forderte Fremde geradezu heraus, sich einzumischen, aber eben dieses Durcheinander verhinderte auch eine schnelle Unterwerfung. Es gab hier keinen König Harold wie in England, der die Schlüssel zu seinem Königreich in der Hand hielt und dem man sie nach seiner Niederlage in der Schlacht nur abzunehmen brauchte. Jeder Teil der Insel hatte sein eigenes Gesetz und seine eigene Macht. Es gab hier keine Reihe von Dominosteinen, bei der alle umfielen, wenn man nur einen berührte. Die Interventionen, die unter Heinrich II. im 12. Jh. so verheißungsvoll begonnen hatten und die unter Johann so energisch weiter betrieben worden waren, erreichten um die Mitte des 13. Jhs. einen Höhepunkt, um dann immer mehr abzuflauen. Zu diesem Zeitpunkt standen fast drei Viertel des irischen Territoriums unter normannischer Herrschaft. Nur ein Viertel verblieb in einheimischen Händen. Während

Karte 5: Normannische Städte und Festungen.

der langen Lordschaft von Eduard (1254–1307), dem Sohn von Heinrich III., der von 1272–1307 als Eduard I. regierte, wendete sich jedoch das Blatt. Es gab für diesen Niedergang verschiedene Gründe, die wir zum Teil nur vermuten können. Eine verbreitete Theorie lautet, daß zu wenig Normannen herübergekommen waren, und somit nicht genügend zur Verfügung

* Turmhügelburgen auf künstlich angelegten und von Wassergräben umgebenen Hügeln

standen, um eine ganze Insel samt ihren einheimischen Bewohnern unter ihre Herrschaft bringen zu können. Diese Ansicht wird nicht von allen Historikern geteilt und läßt sich ganz sicher nicht beweisen. Selbst wenn es stimmte, stellt sich immer noch die Frage, weshalb nur so wenige Normannen kamen. Gelegentlich wird auch vermutet, der Niedergang des normannischen Irlands sei durch die sogenannte gälische Renaissance in der zweiten Hälfte des 13. Jhs. verursacht worden. Zu dieser Zeit zeigten sowohl die O'Neills und die O'Donnells in Ulster als auch die MacCarthys in Munster eine zunehmende Stärke und Unabhängigkeit, doch ist es fast unmöglich zu sagen, ob dieses Wiederaufleben die Ursache oder die Folge der nachlassenden Stärke und Bedeutung der Normannen war.
Beide Faktoren mögen bei diesem Niedergang eine Rolle gespielt haben, doch ist er am einleuchtendsten mit der Politik der englischen Krone selbst zu erklären. Ende des 13. Jhs. ging die kurze Zeit zu Ende, in der Irland für die Krone die wichtigste Rolle gespielt hatte. Das Hauptinteresse Eduards I. galt Schottland und Wales. Die normannische Lordschaft über Irland war für ihn nebensächlich, und er benützte sie, um seine Feldzüge in England damit zu finanzieren. Zwischen 1278 und 1306 schröpfte er Irland um 40000 Pfund, was über 1400 Pfund pro Jahr ergab und dies zu einer Zeit, als die Einnahmen des irischen Rechnungshofs (*Exchequer;* praktisch gleichbedeutend mit dem Schatzamt) pro Jahr selten höher als 5000 Pfund waren. Man hat darauf hingewiesen, daß diese Einnahmen *innerhalb* Irlands dringend gebraucht wurden, aber aufgrund der Tatsache, daß man sie dem Land entzog, wurden die Herrschaft der Normannen und ihre Garnisonen in Irland geschwächt. Die Unterwerfung von Wales war deshalb so kostspielig, weil dazu die Errichtung einer ganzen Reihe von Burgen längs der Küste notwendig war. Darunter sind unübertroffene Meisterwerke des militärschen Genies der Normannen wie z. B. Caenarvon. Außer den dringend benötigten Geldern versorgte Irland Eduard I. mit Soldaten und Gütern, die er vernünftigerweise hätte dazu benutzen können, die Macht der englischen Krone in Irland zu stärken. Wales wurde erobert und in Gewahrsam genommen, Irland hingegen, das als normannische Kolonie vermutlich am Ende seiner finanziellen und politischen Lebensfähigkeit war, wurde vielleicht sogar auf nicht wiedergutzumachende Weise Schaden zugefügt.[5]
Was auch immer für die Mißstände im normannischen Irland verantwortlich gewesen sein mag, sie zeigten sich deutlich, als Eduard Bruce 1315 im Norden der Insel einfiel. Eduard war der Bruder von Robert Bruce, dem sagenumwobenen König von Schottland, dessen Heere im vorangegangenen Jahr die Engländer bei Bannockburn in der Nähe von Stirling in Zentralschottland besiegt hatten. Während Wales den auf Expansion bedachten Anglo-Normannen zufiel und Irland sich in einem prekären Gleichgewicht befand, gelang es den Schotten – von denen viele mittlerweile gälisierte Normannen waren – den englischen Übergriffen erfolgreich Einhalt zu gebieten. Es entstand eine schottische Monarchie, die die

Unabhängigkeit des Landes erkämpfte und wahrte, bis ein im 16. Jh. geschlossenes Seebündnis 1603 zur Personalunion der Königreiche von England und Schottland führte.
Bruce fiel in Irland zu einem Zeitpunkt ein, als die Schotten voller Kraft und Selbstvertrauen waren. Eduard Bruce hoffte, die Kelten Irlands gegen die Unterdrückung durch ihre anglo-normannischen Nachbarn vereinigen zu können, und hatte damit auch eine Zeitlang glänzende Erfolge. Gälische Stammesfürsten strömten seinen Streitkräften zu, und in wenigen Monaten war der normannische Earl of Ulster besiegt und die Herrschaft der Normannen in Ulster und Connacht erschüttert. Die Invasion von Bruce veränderte das Gleichgewicht der Macht in Irland und versetzte die normannische Kolonie in eine Verteidigungsposition, von der sie sich niemehr ganz erholte.
Die Ereignisse von 1314–15 in Schottland und Irland weckten – nicht zum letztenmal – Hoffnungen, daß die zur »keltischen Randzone« gehörigen Völkerschaften sich zu einem siegreichen Widerstand gegen das normannische England vereinigen könnten. »Wir und ihr und unser Volk und euer Volk, frei seit alten Zeiten, sind von Natur aus von gleicher Abstammung«, schrieb Robert Bruce voller Überschwang an »alle Könige von Irland« in der Absicht, sie zur Unterstützung der Feldzüge seines Bruders zusammenzutrommeln.[6] Doch wäre es wohl falsch, diese schottische Propaganda für bare Münze zu nehmen. Die gälischen Iren blieben auch weiterhin untereinander uneins hinsichtlich der Einsetzung eines »Hochkönigs«, und das Schottland des 14. Jhs. war selbst teilweise ein normannisches Land, wie es auch der eigene Stammbaum von Bruce beweist. Eduard Bruce starb 1318. Er erreichte mit seinem Eroberungsfeldzug lange nicht alle seine Ziele, dagegen zerstörte er endgültig den Traum, daß Irland eines Tages ebenso gründlich wie England normannisiert werden könnte.
Bevor wir uns nun mit der Zersplitterung Irlands im ausgehenden Mittelalter befassen, müssen wir uns zunächst mit der Kirche beschäftigen, die wir seit der Beendigung des Goldenen Zeitalters (im 6. bis 9. Jh.) durch die Ankunft der Wikinger unberücksichtigt ließen. Zweifellos versetzten die Nordmänner der Kirche einen furchtbaren Schlag. Sie hatten es unverkennbar auf die Klöster abgesehen, die sie wiederholt rücksichtslos ausplünderten. Viele der kleineren Gründungen haben sich nie davon erholt. Die Klöster im Osten längs der Küste waren besonders hart betroffen. Das große Kloster von Armagh behielt jedoch auch weiterhin in beträchtlichen Teilen des von den Uí Néill-Königen beherrschten Nordens seine führende Rolle. Die *pluralitas beneficiorum* – der Besitz von mehr als einer und gelegentlich sogar zahlreichen Pfründen (wir würden heute von »Jobs« oder Einkunftsquellen sprechen) – scheint dem sinkenden Wert dieser Einkunftsquellen entsprechend zugenommen zu haben. Als »Pfründe« war ein jährliches Einkommen (bar oder in Naturalien) zu verstehen, das groß genug war, daß beispielsweise ein Priester einer Gemeinde ausschließlich davon leben konnte. Sank der Wert einer solchen Pfründe durch eine

längere Dürreperiode oder durch Plünderungen der Wikinger, so versuchten die betreffenden Geistlichen dem erlittenen Schaden durch den Erwerb zusätzlicher Pfründen abzuhelfen. Die daraus resultierende »Pluralität« schadete der Kirche, da solche Geistliche nun nur noch einen Teil ihrer Zeit den einzelnen Gemeinden widmen konnten. Der Einfluß der Familien auf die Vergabe der kirchlichen Ämter, der für die frühe irische Kirche kennzeichnend gewesen war, blieb in der Wikingerzeit erhalten, und Familien, Sippen und *túatha* stritten sich auch weiterhin untereinander, um jeden wirtschaftlichen Profit, den sie aus Besitztümern ziehen konnten, die dem Namen nach der Kirche gehörten.

Das 10. Jh. war eine Periode, in der das gälische Element sich im gleichen Maß konsolidierte, wie die Anwesenheit der Wikinger im Land sich stabilisierte und die Macht der großen irischen Barone wuchs. Die Kirche suchte die Protektion und Schirmherrschaft der königlichen oder quasiköniglichen Familien. Es kam in der Frühzeit oft vor, daß Klöster die geistlichen Abkömmlinge mächtiger weltlicher Familien zu ihrem Abt machten, doch wurden diese genealogischen Zusamenhänge später noch durch die politische Abhängigkeit von den weltlichen Machthabern verstärkt. So kann man von einer »Säkularisation« der irischen Kirche als einer indirekten Folge der Wikingerbedrohung sprechen. In einigen Fällen ging diese Säkularisation so weit, daß der König selbst das höchste geistliche Amt innehatte und selbst Bischof oder Abt war. Immer seltener wurden Pilgerfahrten zum Kontinent unternommen, und man pilgerte immer öfter zu den nahe gelegenen Heiligtümern wie Armagh und Iona.

In den Schreibstuben der irischen Klöster wurden jetzt immer häufiger Handschriften in irischer Sprache abgefaßt. Vermutlich legte man immer größeren Wert darauf, das Evangelium zu verbreiten und übertrug es daher in die Sprache des Volkes. Die Kirche schien sich *nach außen* gekehrt zu haben, um die heidnischen Nordmänner zu bekehren, die in ihren Bereich eingedrungen waren. Sie verwarf die asketische Lebensweise der Heiligen des 6. und 7. Jhs. nicht, sondern versuchte, sich der ihr innewohnenden spirituellen Kräfte zu bedienen. Im 8. Jh. sah die Kirche ihre Hauptfunktion darin, für eine fromme, asketische Lebensführung einzutreten, während sie im 10. Jh. hauptsächlich versuchte, die Heiden zu bekehren, auch wenn es sich nur um eine oberflächliche Bekehrung handelte. Die kirchliche Kunst, sowohl die Literatur als auch die Malerei, paßte sich dem an. Legenden wurden erzählt und niedergeschrieben, um das Volk mit dem Leben von Heiligen der Vorzeit, wie Brendan dem Seefahrer, bekannt zu machen. Illuminierte Handschriften wurden auch weiterhin angefertigt, doch kamen jetzt Steinmetzarbeiten hinzu, die sich weit stärker an das Volk richteten. Die meisten der 30 freistehenden »Hochkreuze«, die die Zeiten überdauert haben, stammen aus dem 10. und 11. Jh. Eine illuminierte Handschrift war trotz ihres Textes aus den Evangelien ein höchst privates Kleinod, das nur wenige Privilegierte zu Gesicht bekamen. Ein ca. 5 m hohes Steinkreuz dagegen mit Szenen aus dem Leben Christi, das an einem markanten Platz auf einem Friedhof stand, war im Mittelalter so etwas wie die heutigen Anzeigentafeln auf unseren Straßen. Es zeigte auf eindrucksvolle Weise die wichtigsten Glaubenssymbole und predigte das Evangelium auf eine Art, die dem Kampf um die Seelen der Wikinger gemäß war. Die Kampagne war erstaunlich erfolgreich. Die Wikinger unterwarfen sich dem Christentum, sie entwickelten sogar einen besonderen Eifer, seine Quellen in Rom zu suchen. Eine neue Form des Ultramontanismus, nämlich die Unterwerfung unter die Autorität Roms, scheint zumindest auf die Begeisterung von einigen bekehrten Wikingern zurückzugehen. Ein Wikingerkönig von Dublin namens Sitric unternahm 1028 eine Pilgerfahrt nach Rom, wo er vermutlich Unterhandlungen führte, mit denen er die Errichtung eines Bischofsstuhls in Dublin erreichte. Dunan, der erste, 1074 verstorbene Bischof, war irischer Abstammung, könnte aber in England oder auf dem Kontinent erzogen worden sein. Offensichtlich übte die bischöfliche Struktur, die von Rom so begünstigt wurde, auf die Handel treibenden, seefahrenden, städtischen Wikinger eine größere Anziehungkskraft aus als auf die auf dem Lande wohnenden, Landwirtschaft treibenden Iren.

Die Wikinger suchten nicht nur mit der Kirche in Rom in Verbindung zu treten, sie ließen sich auch auf neue Bindungen mit der Kirche von England ein. Die normannische Eroberung im Jahre 1066 geschah mit dem Segen des Papstes, und dies trotz des hohen Alters und der Loyalität der englischen Kirche. Daher war Canterbury, die höchste englische Erzdiözese, für die Iren die nächstgelegene Glaubensquelle, welche die Billigung Roms besaß. Es ist daher nicht verwunderlich, daß die ersten Bischöfe von Dublin eher dort als in Irlands eigener Erzdiözese in Armagh geweiht wurden. Über die Verbindung Canterbury-Dublin gelangten auch englische und normannisch ausgebildete Geistliche in die als hiberno-skandinavisch zu bezeichnende Kirche Irlands.

In der Zeit zwischen der Zusammenkunft der hohen Geistlichkeit auf der Synode von Cashel im Jahre 1101 und der Synode von Kells 1152 erhielt die Kirche in Irland eine rationale Verwaltungsstruktur. Eine Kirche aus Heiligen und deren Nachfolgern machte nach und nach einer autoritär strukturierten Kirche Platz, wie sie in England und Westeuropa existierte. Auf der Synode von Ráith Bresail im Jahre 1111 wurde Irland in zwei erzbischöfliche Provinzen eingeteilt: Armagh, dem 13 Bistümer im Norden unterstellt waren, und Cashel, das 12 Bistümern im Süden vorstand. Dublin unterstand paradoxerweise bis 1152 der Autorität Canterburys, als es (seinen Wikinger-Herrschern zu gefallen) zur dritten irischen Erzdiözese erhoben wurde. Tuam wurde eine vierte Erzdiözese, die für den Westen zuständig war. Aus »politischen« Erwägungen heraus erhielt Irland vier Erzdiözesen, während England nur zwei besaß.

Die Wikinger richteten ihren Blick nach Osten auf die kontinentale Kirche, während die Normannen fast zur gleichen Zeit sich dem Westen zuwandten, um mit Hilfe von England und Wales ihre Macht und ihren Einfluß zu vergrößern. Irland wurde immer stärker kontinentalen Einflüssen ausgesetzt. Im 12. Jh. waren seine durch die Insellage bedingten Eigenheiten mehr denn je bedroht. Selbst einheimische Geistliche wie Malachias, der große Reformbischof von Armagh, versuchten die irischen Institutionen nach kontinentalem Muster zu ändern. Während einer Reise durch Frankreich geriet Malachias unter den Einfluß von Bernhard von Clairvaux, der einer der Gründer des Zisterzienserordens war. Nach seiner Rückkehr nach Irland im Jahre 1140 beteiligte sich Malachias an der Gründung des ersten irischen Zisterzienserklosters in Mellifont in der Grafschaft Louth. Der Orden breitete sich rasch über ganz Irland aus, wenn auch manche Mönche vom Kontinent nur ungern auf die ferne, unbekannte Insel gingen. Zur gleichen Zeit übte die Augustinerregel in der Form, wie sie in Arrouaise in Flandern praktiziert wurde, auf Irland einen ähnlichen Einfluß aus. In der Architektur wie auch in der Bildhauerkunst zeigen sich kontinentale Einflüsse. Die wundervolle Kapelle in Cashel, die zwischen 1127 und 1134 von dem König von Desmond, Cormac MacCarthy, erbaut wurde, stellt nicht nur den Höhepunkt der einheimischen irischen Steinmetzkunst dar, sie weist auch unverkennbare Ähnlichkeiten mit Ornamenten der kontinentalen Romanik auf. Eine moderne Kirchenhistorikerin bemerkt dazu: »Um 1152 war die Umwandlung der irischen Kirche zwar noch nicht ganz vollzogen, jedoch unvermeidlich. Eine römische Hierarchie, kontinentale geistliche Orden und bevollmächtigte Legaten verdrängten die wichtigsten Eigenheiten des herkömmlichen Systems, während neue Stile in der Architektur und Bildhauerei von dieser Wandlung Zeugnis ablegten.«[7]

Das Entscheidende dabei ist, daß diese Umwandlung dem Eingreifen der Normannen *vorausging*. Zweifellos trug die normannische Monarchie in England dazu bei, aber die Quellen und Ursprünge der Reformbewegung sind in einer ganz Europa umfassenden Bewegung zu suchen, der sich die Iren vermutlich unter keinen Umständen hätten entziehen können.

Als der Papst den Anspruch des englischen Königs auf die Oberherrschaft über Irland anerkannte, gab dies der eigenständigen irischen Kirche den Todesstoß. Es geschah 1155, als Papst Hadrian IV. Heinrich II. die berüchtigte Bulle *Laudabiliter* ausstellte. Heinrichs Zaudern 12 Jahre später, im Jahre 1167, legt die Vermutung nahe, daß er keine große Eile hatte, seine Ansprüche auf Irland geltend zu machen, doch hat die Tatsache, daß Papst Hadrian IV. (Nicholas Breakspere) der einzige englische Papst in der gesamten Geschichte des Papsttums war, lange Zeit den Glauben an eine üble Verschwörung genährt. Das Gegenteil kann niemand beweisen, doch hat Heinrich II. nach seinem Besuch Irlands 1171–72 Hadrians Nachfolger Alexander III. ersucht, seine Lordschaft über Irland zu bestätigen. Er erhielt diese Bestätigung, die auf einer Synode der irischen Bischöfe in Waterford 1173–74 ratifiziert wurde. Einige der irischen Bischöfe begrüßten den Besuch des englischen Königs in Irland, weil sie sich davon eine Beschleunigung der dringend notwendigen Reform erhoff-

ten. Andere wieder sahen darin ein zwar grausames, aber gerechtes Gottesurteil über die widerspenstigen Iren.
Papst Alexander III. war die neue Rolle des englischen Königs höchst willkommen. Er beglückwünschte ihn dazu, daß er »wunderbar und herrlich über diese Iren, die keine Ordnung und Disziplin kennen, triumphierte, über ein Volk, dem sich, wie wir hören, die römischen Herrscher, zu ihrer Zeit die Eroberer der Welt, nicht näherten, ein Volk, das keine Furcht Gottes kennt, das sich gleichsam ungezügelt und blindlings vom geraden Weg ab- und dem Abgrund des Lasters zuwendet, das den christlichen Glauben und die christliche Tugend abwirft und sich in einem mörderischen Gemetzel selbst vernichtet.«[8]
Das war ein geringschätziges Urteil über die Kirche und das Volk von Patrick, Columban, Brigit und Brendan, über eine Kirche und ein Volk, die dazu beigetragen hatten, die Christenheit in ihren dunkelsten Tagen am Leben zu erhalten, lange bevor das Papsttum seinen mittelalterlichen Glanz entfaltete. Aber vom römischen Standpunkt aus kam es nur auf die Ordnung und Kontrolle in den Provinzen an; sie sollten begreifen, daß die Hebel der Macht sich auch für sie im Zentrum des Papsttums befanden. 1213 bestätigte Papst Innozenz III. die Erlasse seiner Vorgänger. Der aufsässige König Johann empfing von ihm Irland – gemeinsam mit England – zu Lehen, und es blieb in der Folgezeit stillschweigend dabei, daß der Papst mit der englischen Oberherrschaft über Irland einverstanden war, bis König Heinrich VIII. im 16. Jh. seinen ketzerischen eigenen Weg einschlug. Durch dieses Bündnis mit den Anglo-Normannen gelang es dem päpstlichen Stuhl, die insulare irische Kirche enger an sich heranzuziehen, aber es kostete ihn bei vielen Iren seinen guten Ruf. Rom hatte mit einem fremden Angreifer gegen Irland konspiriert, und dieses Stigma sollte niemehr ganz verschwinden.
Die Intervention der Normannen war nur ein Teil einer umfassenden Einmischung des Kontinents, an der der Papst und die französischen Geistlichen beteiligt waren. Die Folge war eine Spaltung oder Dualität der irischen Kultur, die weit langlebiger und tiefer war als alles, was die Wikinger verursacht hatten. Einige Teile Irlands blieben insular, irisch, traditionsgebunden und von den Neuankömmlingen relativ unberührt, während andere Teile sich bald den anglo-normannischen oder kontinentalen Bräuchen anpaßten. Politische Uneinigkeit hatte schon vor der Ankunft der Normannen geherrscht. Nun kam noch die kulturelle Uneinigkeit hinzu, und diese Dualität wurde im ausgehenden Mittelalter in Irland zum hervorstechenden Merkmal. In den anglo-normannischen Enklaven wurde französisch (und später englisch) gesprochen. Irisch blieb die Sprache der in Irland Geborenen, und in den öffentlichen Einrichtungen (wie beispielsweise in bestimmten Klöstern) dominierte sie. Dadurch daß es weder den Anglo-Normannen gelang, ihre Eroberung zu vollenden, noch den Iren, sie wieder von ihrer Insel zu vertreiben, blieb diese verhängnisvolle Spaltung weiter bestehen.

Ursprünglich hatte die Krone gehofft, die irischen und die normannischen Kräfte einigermaßen im Gleichgewicht zu halten, so daß sie sie gegeneinander ausspielen konnte. Im 14. Jh. war der König praktisch von drei mächtigen anglo-normannischen Familien abhängig: den FitzGeralds, Earls of Desmond, den Butlers, Earls of Ormond und den FitzGeralds, Earls of Kildare. Soweit England über Irland herrschte, erfolgte dies *durch* die Macht einer dieser großen Familien, ein System, das man gelegentlich als *»native rule«* (Regierung durch in Irland Geborene) bezeichnet hat. Die Krone konnte oder wollte keine unabhängige Verwaltung und Besatzung aufrechterhalten, vermutlich der hohen Kosten wegen, und die unvermeidliche Alternative war ihre Abhängigkeit von den mächtigsten der anglonormannischen Familien.

Es war keine glückliche Lösung, denn sie bedeutete ein unausgesprochenes Zugeständnis der Machtlosigkeit der englischen Krone in Irland. Verschiedentlich wurden Versuche unternommen, durch heroische Anstrengungen die Lage zu retten. So schickte beispielsweise Eduard III. 1361 seinen Sohn Lionel, Duke of Clarence, auf einen Feldzug nach Irland, um dort die Verhältnisse wieder in Ordnung zu bringen. Bei der Expedition wurde nur wenig erreicht zum Teil deshalb, weil es Clarence schwer fiel, zwischen den loyalen Anglo-Normannen und den angeblich rebellischen Iren zu unterscheiden. Man konnte ihm das kaum übelnehmen, denn auch die Anglo-Normannen waren über das Eingreifen der Engländer alles andere als begeistert. Nur wenn ihre eigene Lage verzweifelt war, waren ihnen ihre Brüder von jenseits des Meeres willkommen, sonst wollten sie bei ihren endlosen Auseinandersetzungen lieber allein gelassen werden.

Ein wichtiges Ergebnis des Feldzugs von Clarence war, daß 1366 ein irisches Parlament in Kilkenny zusammentrat, das lange im Gedächtnis bleiben sollte. Sowohl in England als auch in Irland bildete sich im 13. Jh. die Institution des Parlaments heraus. Das irische Parlament unterschied sich vom englischen durch einige Besonderheiten, der wichtigste Unterschied war jedoch, daß es nur einen eng begrenzten Bereich repräsentierte, aus dem auch die Abgeordneten kamen. Bevor Heinrich VIII. im 16. Jh. einführte, daß auch keltische Peers im irischen Oberhaus *(House of Lords)* sitzen durften, gab es darin zu keiner Zeit keltische Abgeordnete, und im gleichen Maß wie die normannische Einflußsphäre schrumpfte, wurde auch das irische Parlament immer kleiner und fragmentarischer. Anfang des 15. Jhs. schickten »nur noch 11 Grafschaften (von 32) und 10 Städte Abgeordnete... [und] nur das Gebiet der Grafschaften Dublin, Kildare, Louth und Meath, einschließlich der Stadt Waterford, waren regelmäßig darin vertreten.«[9]

So war das Parlament, das 1366 in Kilkenny auf Geheiß des Duke of Clarence zusammentrat, eine anglo-normannische Körperschaft, die zusammengerufen wurde, um den Zwecken der englischen Krone zu dienen. Ihr berühmtestes Ergebnis waren die sogenannten Statuten von Kilkenny, Gesetze, die sich mit dem Problem der »Degeneration« der anglo-normannischen Gesellschaft befaßten. Eine Gruppe von Statuten verbot »die Verbindung mit Iren in Ehe, Adoption oder Konkubinat; die Präsentation von Iren in Kathedralen oder Kollegiatkirchen; den Umgang von Engländern mit irischen Dichtern, Sängern und anderen Künstlern; die Aufnahme von Iren in englische Klöster; den Gebrauch der irischen Sprache; die irische Art zu reiten und sich zu kleiden; [sogar] die Vergabe von Weideland und Ackerland an Iren«.[10] Diese Statuten sind weit weniger wichtig als Beispiel für den anglo-normannischen Ethnozentrismus und die Bigotterie dieser Leute, obwohl sie das auch sind. Wichtiger aber ist, daß sie ein deutlicher Hinweis darauf sind, daß die kulturelle Dualität im Irland des 14. Jhs. zusammenbrach.

In dem, was man wohlwollend als »Assimilation«, als das Verschmelzen einer Kultur mit einer anderen, betrachten könnte, sahen die englische Krone und zumindest gewisse Anglo-Normannen in Irland eine »Degeneration«, die Auflösung einer überlegenen Kultur unter dem Einfluß einer ihr unterlegenen Kultur. Eine solche Einstellung war nicht neu, doch gewann sie möglicherweise neue Bedeutung, nachdem die Anglo-Normannen ihre Expansion beendet hatten. Nun sah man in den irischen Eigenheiten keine Kuriositäten mehr, sondern eine Bedrohung. Die zahlenmäßige Unterlegenheit der normannischen Gesellschaft war nur allzu offenkundig, und die Sorge wuchs, daß die mannhaften normannischen Tugenden verloren gehen könnten. Ein redseliger Geistlicher namens Gerald von Wales (Giraldus Cambrensis), der den späteren König Johann Ende des 12. Jhs. auf seinen Expeditionen nach Irland begleitete, hat zwei lange Berichte über Irland und seine »Eroberung« hinterlassen, und in beiden finden wir nichts als Verachtung für die einheimische Bevölkerung. Umgekehrt wissen aber auch die irischen Verfasser von Annalen nur wenig Gutes über die Normannen zu berichten.

Das ausgehende Mittelalter zeichnet sich in Irland dadurch aus, daß diese kulturelle Polarität oder Antipathie damals institutionalisiert wurde. Dies geht aus den Statuten des anglo-normannischen Parlaments hervor und ist sogar kennzeichend für die Struktur der Kirche. Im 12. Jh. waren durch die Reformbewegung auf dem Kontinent die herkömmlichen Ordensregeln der irischen Klöster fast ganz abgeschafft worden. Vor der Ankunft der Normannen gab es dort viele Geistliche, die dem Zisterzienser- und dem Augustinerorden angehörten, und als nun auch die Bettelmönche in Irland eintrafen, kam es dort zu einer zweiten Welle von Klostergründungen: zunächst durch die Dominikaner (1224) und ein Jahrzehnt später durch die Franziskaner. 1230 gab es etwa 200 Männerklöster, von denen annähernd 80 anglo-französische Gründungen waren. In Schottland und Wales entstanden weit weniger Klöster als in Irland. In Schottland waren es 46 und in Wales 33. Möglicherweise wurde die Bewegung ein Opfer ihres eigenen Erfolgs.[11] Mönche aus Frankreich und vom übrigen Kontinent kamen nicht in genügender Zahl, um die aus dem Boden schießenden Klöster zu füllen, und die einheimischen irischen Mönche rebellierten gegen die strenge Disziplin und kulturelle Bevormundung durch die Mutterhäuser im Ausland. Das erste Zisterzienserkloster in Mellifont mißachtete auf skandalöse Weise seine eigene Ordensregel. Alles in allem vermischten sich die beiden Kulturen in den kirchlichen Organisationen keineswegs besser als in der weltlichen Gesellschaft. Gemeinden, Diözesen und Klöster neigten gleichermaßen dazu, sich entweder für die irische oder die anglo-normannische Seite zu entscheiden.

Den Klöstern der Bettelmönche ging es zunächst etwas besser. 1340 gab es 33 Franziskanerklöster, 25 Dominikanerklöster, 16 Karmeliterklöster und 11 Augustinerklöster. Zunächst »vermischten sich« die Anglo-Normannen mit den Iren in diesen »neuen internationalen religiösen Kampftruppen«, doch gingen sie schließlich als Feinde ihre eigenen Wege. Wiederholt unternommene Integrationsversuche scheiterten, und es bildete sich eine Schichtung heraus, wie sie sich in den Statuten von Kilkenny andeutet. In der 14. Klausel wird bestimmt, daß »keine religiöse Einrichtung... im Gebiet der Engländer in Zukunft Irländer als Geistliche aufnehmen soll, daß dagegen Engländer ohne Rücksicht darauf, ob sie in England oder in Irland geboren sind, aufgenommen werden dürfen«.[12] Die Abgeordneten des Parlaments von Kilkenny suchten keine Versöhnung, sondern sie wollten die Integrität der kampfbereiten anglo-normannischen Sphäre gewahrt wissen. Es war kaum möglich, den von ihnen aufgestellten Statuten Geltung zu verschaffen, und so erstarrten diese zu einer Art Denkmal für die Spaltung des spätmittelalterlichen Irlands, wo zwei Kulturen aneinander gekettet waren und keine die andere verdrängen konnte.

Während des ganzen 14. Jhs. machten die Anglo-Normannen immer neue Anstrengungen, den toten Punkt zu überwinden. Auf den Feldzug des Duke of Clarence folgte in den Jahren um 1370 der seines Bruders William von Windsor. Als Eduard III., der Vater von Clarence und Windsor, 1377 starb, wurde Richard II. sein Nachfolger, der sich ausnahmsweise um Irland kümmerte. Er besuchte es zweimal, zuerst 1394 und dann noch einmal 1399, was zu seinem Sturz durch Heinrich Bolingbroke beitrug. Es waren dies die ersten königlichen Besuche seit Heinrich II. und die letzten bis zum Besuch Wilhelms III. im Jahre 1689. Richard nahm ein großes Heer mit nach Irland und konnte anfangs auch einige Erfolge erringen, doch sah er ein, daß bloße Gewalt nicht zu einer dauernden Lösung führen konnte. In einem Brief an den Kronrat in England vom Februar 1395 teilt er die Bewohner Irlands in drei Gruppen ein: »die wilden Iren, unsere Feinde, die irischen Rebellen, und die gehorsamen Engländer«. Von den »wilden Iren« nahm er an, daß es nicht möglich sein würde, sie zur Vernunft zu bringen. Unter den »irischen Rebellen« verstand er diejenigen, die sich bereits einmal der Krone unterworfen hatten, aber jetzt wieder rebellierten. Über sie schrieb er wohlwollend: »[sie] sind nur deshalb Rebellen, weil man ihnen Leid und Unrecht zugefügt hat, ohne es wiedergutzumachen. Wenn wir nicht die Weisheit besitzen, ihnen zu vertrauen und ihnen die Hoffnung zu geben, Gnade zu finden, werden sie sich vermutlich unseren Feinden anschließen«.[13] Richard hoffte die Lordschaft als Garant für die Rechte und Privilegien sowohl des gälischen als auch des anglo-normannischen Adels wieder einführen zu können, doch war niemand da, der nach der Rückkehr des Königs nach England die Macht besessen hätte, die kriegführenden Parteien zum Frieden zu zwingen.

Im ausgehenden Mittelalter war Irland eine steuerlos dahintreibende Insel. Es gab in beiden Kulturen mächtige Lords, die ihr Land und ihre Interessen hätten verteidigen können, aber sie hatten kein gemeinsames Ziel, um dessentwillen sie sich hätten zusammenschließen können. England interessierte sich bestenfalls nur sprunghaft für Irland. Sein Hauptinteresse im Ausland galt auch weiterhin Frankreich, wenigstens bis in die Mitte des 15. Jhs., als England gegen Ende des Hundertjährigen Krieges schließlich alle seine französischen Besitzungen mit Ausnahme von Calais einbüßte. In den folgenden Jahrzehnten war England mit seinem eigenen Bürgerkrieg, den sogenannten Rosenkriegen, beschäftigt. Es war ein verwickelter Komplex von Kämpfen, bei denen es um die widerstreitenden Thronansprüche zweier Zweige des königlichen Hauses ging: des Hauses Lancaster und des Hauses York. Irland war insofern mit hineingezogen, als Richard, der »große« Duke of York, in den Jahren um 1440 vor dem Ausbruch der Rosenkriege in Irland Stellvertreter des Königs gewesen war.

Als dann die Lancaster-Partei in den folgenden Kämpfen die Oberhand gewann, floh York nach Irland, wo er besonders von den mächtigen FitzGeralds herzlich aufgenommen wurde. 1460 trat in Drogheda ein Parlament zusammen, bei dem der Antrag auf Souveränität Irlands und seine Unabhängigkeit von England gestellt wurde, hauptsächlich um Yorks weiteren Anspruch auf die Statthalterschaft in Irland zu unterstüzen. Im folgenden Jahr fiel York in England auf dem Schlachtfeld, und sein Sohn folgte ihm als Eduard IV. auf den Thron. Er regierte bis zu seinem natürlichen Tod im Jahre 1483. Als erster der beiden Könige aus dem Hause York behielt er die enge Verbundenheit seines Vaters mit den Anglo-Normannen in Irland und mit den FitzGeralds bei. Die Lancasters verbündeten sich daraufhin eng mit den Butlers, den großen Rivalen der FitzGeralds.

Eduard IV. verschaffte den FitzGeralds, Earls of Kildare, eine Vormachtstellung, die sie über 50 Jahre innehatten. Sie besaßen nicht nur die Einnahmen aus ihrem ererbten Landbesitz besonders in Carlow und Kildare, sie profitierten auch von der Unterstützung durch das irische Parlament und von einem raffinierten System von Eheschließungen nicht nur mit gälischen Iren, sondern sogar mit den rivalisierenden Butlers. Ihre Macht war so groß, daß sie dem König noch mehr abzwangen, als er freiwillig zu geben bereit war, wie beispielsweise das Recht auf die Besetzung königlicher Ämter in Irland, bzw. die Enthebung von solchen Ämtern. 1478 setzte es der achte Earl durch, daß er vom irischen Kronrat zum Statthalter ernannt wurde, womit er Eduard IV. direkt zuwider

handelte, denn dieser hatte den Engländer Lord Grey für dieses Amt bestimmt.
Kildare machte aus der anglo-normannischen Kolonie einen Miniaturstaat. Als das irische Parlament die Unabhängigkeit von England forderte, bedeutete das kaum mehr als das Eingeständnis, daß es sich von Kildare hatte einschüchtern lassen. Der achte Earl hatte das anglo-normannische Irland so fest in der Hand, daß Heinrich Tudor, als er 1485 Richard III., den letzten König aus dem Hause York, besiegte und als Heinrich VII. den englischen Thron bestieg, praktisch gezwungen war, dem irischen Magnaten auch weiterhin die Statthalterschaft zu überlassen. Das Unangenehme dabei war, daß die Tudors eine Seitenlinie der Lancasters waren. Die Anhänger des Hauses York waren deren erbitterte Feinde gewesen, genau wie dies auch die FitzGeralds waren, die zu den Anhängern des Hauses York in Irland gehörten. Unter diesen Umständen fragte es sich, wie die Tudors ihre Schulden bei *ihren* eigenen irischen Anhängern, den Butlers, begleichen wollten.
Die gespannten Beziehungen zwischen Heinrich VII. und dem achten Earl of Kildare lockerten sich keineswegs, als zwei Kronprätendenten, die Parteigänger der Yorks waren, sich an Irland heranmachten. Es waren zwei junge Männer, die behaupteten, Abkömminge des Hauses York zu sein und ein weit größeres Recht auf den englischen Thron zu haben als Heinrich VII. Beide waren Betrüger. Der erste, dessen richtiger Name Lambert Simnel lautete, kam 1487 nach Irland, um dort Hilfe für seine Sache zu suchen. Seine Rebellion wurde schließlich so leicht erstickt, daß Heinrich VII. ihm das Leben schenkte. Der zweite, Perkin Warbeck, war eine ernstere Bedrohung, und die Unterstützung, die er in den Jahren um 1490 in Irland fand, zeigt, welche Gefahr der englischen Monarchie von einem unabhängigen, abtrünnigen Irland drohte. Die *»native rule«* war so gut wie überhaupt keine Regierung, wenigstens lief es darauf hinaus. Ihr einziger Vorteil war, daß sie nur wenig Kosten verursachte. Sie leerte nicht die englische Staatskasse und zog nicht Männer und Waffen ab, die anderswo gebraucht wurden. Das war das Dilemma, mit dem sich die Tudor-Herrscher konfrontiert sahen.
Eine einfache, deutlich vor Augen liegende Lösung gab es nicht. Irland »direkt zu regieren« hätte unabsehbare Ausgaben mit sich gebracht. Diese immensen Kosten hätte man niemals wieder hereinholen können, ohne daß man die Besteuerung von Grund auf besser abgesichert und erweitert hätte über die engen Grenzen des *Pale* hinaus, wie das Siedlungsgebiet in der Umgebung von Dublin hieß, das von Dublin aus regiert wurde. Andererseits wäre ein Staat mit ständigen Garnisonen für die englischen Steuerzahler eine dauernde Belastung geworden. Dabei fragte es sich, was die Sicherheit Irlands tatsächlich wert war. Wie groß war das Risiko, daß Irland eines Tages allein oder auch als Verbündeter der Feinde Englands auf dem Kontinent England einen tödlichen Schlag versetzte? Konnte man die Insel sich selbst überlassen und riskieren, daß sie einen eigenen, nicht vorauszu-

sehenden Kurs einschlug? Oder bestand die Möglichkeit, daß sie schließlich gehorsam zurückkehrte, wenn man sie nur ausgiebig unterstützte? Diese Fragen hatten sich bereits englische Monarchen vor den Tudors vorgelegt, ohne sich zu einer endgültigen Aktion entschließen zu können. Die Tudors dagegen zeichneten sich dadurch aus, daß sie handelten. Nicht die Normannen, sondern die Tudors haben Irland »erobert«. Sie waren es, die schließlich dem »heroischen Irland« ein Ende machten und die den unabhängigen Stammesführer, den Baron, den Earl oder König durch die ehrfurchtgebietende Macht eines reformierten und gestärkten englischen Staates ersetzten.

III. Das spätmittelalterliche Irland und seine Eroberung durch die Tudors

1427 schrieb Erzbischof Swayne von Armagh: »Das englische Gebiet [d. h. das von den Anglo-Normannen bewohnte Land], das dem Gesetz des Königs gehorcht... ist nicht einmal so groß wie eine Grafschaft von England.«[1] Dies war nur eine von vielen Klagen. Das Gebiet um Dublin, das unter der Herrschaft Dublins stand, wurde als *Pale* bezeichnet. Es reichte nur selten weiter als 32 km nach Westen oder mehr als 64 km nach Norden. Auch im irischen Parlament zeigte sich, wie gering die Macht der Anglo-Normannen außerhalb von Dublin war. Zwischen 1320 und 1494 schickte die Stadt Limerick nur 1483 einen Abgeordneten ins Parlament. Cashel war nur im Jahre 1371 darin vertreten und Cork nur im Jahre 1382.[2] Wenn schon das anglo-normannische Irland 1427 als Herrschaftsgebiet fast zu einem Nichts zusammengeschrumpft war, kann man sich vorstellen, daß es in den Augen der Engländer um das gälische Irland noch schlechter bestellt war. Ein 1515 nach England Zurückgekehrter klagt:

»...Es gibt in Irland über 60 Herrschaftsgebiete, auch Gaue genannt, die von den irischen Feinden des Königs bewohnt werden..., wo über 60 Stammesführer regieren..., und jeder dieser besagten Stammesführer entscheidet ganz nach eigenem Gutdünken über Krieg und Frieden und greift zum Schwert und besitzt in seinem Raum königliche Rechtsbefugnisse und gehorcht keinem anderen, weder einem Engländer noch einem Iren, es sei denn, er wird mit dem Schwert dazu gezwungen.«[3]

Selbt wenn der Verfasser dieses Berichts übertrieb, erkannte er doch richtig, daß es um die Herrschaft der Engländer bedenklich stand.

Die Tudors versuchten zuerst die Lage durch eine »direkte Herrschaft« *(»direct rule«)* zu bessern, aber nur kurze Zeit. Heinrich VII. machte einen ihm treu ergebenen Gefolgsmann, Edward Poynings, 1494 zum Vizekönig und schickte ihn mit einem kleinen Heer von 400 Mann nach Irland. Er tat dies weniger in der Absicht, Irland zu unterwerfen, als um zu verhindern, daß Perkin Warbeck, der Thronprätendent der York-Partei, noch weitere Unterstützung fand, und um den ungeheuren Einfluß des Earl of Kildare etwas auszugleichen. Aber das Unternehmen kostete Heinrich in 2 Jahren 18000 Pfund, eine Summe, die ihn bewog, Poynings zurückzurufen und Kildare wieder zu seinem Stellvertreter zu machen. Er ernannte ihn zum *lord lieutenant*, ein Titel, der dem damit verbundenen Amt nach genau dem eines *lord deputy* entsprach, doch konnten nur Inhaber aristokratischer Titel Stellvertreter des Königs *(lord lieutenant)* werden. Nichtadlige wie Poynings wurden zum Vizekönig *(lord deputy)* ernannt.

Die Erinnerung an Poynings lebt vor allem in den nach ihm benannten

Statuten weiter, die von dem Parlament, das er 1494 einberief, verabschiedet wurden. Diese gehörten zu einer Reihe von Gesetzen, die sämtlich die Autonomie des Earl of Kildare und die eines jeden anderen irischen Lords, der eventuell an seine Stelle treten könnte, untergraben sollten. Das »Poynings-Gesetz« bestimmte, daß kein Parlament in Irland ohne Erlaubnis des Königs zusammentreten durfte und daß außerdem alle dem Parlament vorzulegenden Gesetze zuvor vom König und seinem Kronrat in England gebilligt werden mußten. Obwohl später behauptet wurde, das »Poynings-Gesetz« habe die Unterwerfung Irlands zum Ziel gehabt, entsprang es in Wirklichkeit mehr der Hilflosigkeit und Ohnmacht der Krone als ihren Herrschaftsgelüsten.

Zunächst tat das Gesetz der Macht Kildares kaum Abbruch. Als der Earl 1513 starb, ernannte Heinrich VIII. dessen Sohn, den neunten Earl, zu seinem Stellvertreter, so daß Irland auch weiterhin in den Händen dieser Dynastie blieb. 1520 liebäugelte Heinrich abermals mit einer »direkten Herrschaft«, als er den Earl of Surrey, Thomas Howard, als seinen Stellvertreter nach Irland entsandte, aber wiederum war dies nur von kurzer Dauer. Heinrich versuchte dann, Kildare dadurch auszuschalten, daß er ein Mitglied der Butler-Familie zu seinem Stellvertreter ernannte, doch mußte er 1524 sich dazu bequemen, Kildare wieder einzusetzen. 1529 machte er seinen eigenen unehelichen Sohn, den Duke of Richmond, zu seinem Stellvertreter, womit der Anfang einer nur von 1532–35 unterbrochenen Reihe von aus England gebürtigen irischen Regenten gemacht wurde. Kildare wurde 1532 wieder in sein Amt eingesetzt, doch begannen die Tudors nun deutlich Irland gegenüber energisch zu werden. Kildare wurde 1534 nach London beordert, und er ließ seinen Sohn Thomas, Lord Offaly, als seinen Stellvertreter in Irland zurück. In London wurde Kildare angeklagt, er habe sich der königlichen Artillerie bedient, um seine eigenen Schlösser zu verteidigen, und wurde daraufhin in den Tower gesperrt. Als Lord Offaly (der »Seidene Thomas«) von der Verhaftung seines Vaters erfuhr (und das Gerücht zu ihm drang, er sei hingerichtet worden, was nicht zutraf, wenn auch der Earl später im Kerker starb), rief er auf dramatische Art zum Aufstand gegen die Krone auf.

Damit hatten die Tudors die Konfrontation, die sie vielleicht absichtlich herbeiführen wollten, um damit die Stärke ihrer Dynastie zu demonstrieren und zu zeigen, daß sie fähig waren, in Irland einzugreifen. Dem »Seidenen Thomas« schloß sich ein imponierendes Aufgebot von anglonormannischen und gälischen Lords an, die die Verhaftung des neunten Earl of Kildare als ungerechtfertigte Einmischung der Engländer in das irische Herrschaftssystem ansahen, das sie traditionsgemäß als ihr eigenes betrachteten. Der Aufstand brach jedoch zusammen als der neuernannte Vizekönig Sir William Skeffington mit einem Heer auf der Bildfläche erschien. Er griff das westlich vor Dublin gelegene Bollwerk Lord Offalys, die Burg Maynooth, an und eroberte sie im März 1535. Lord Offaly und fünf seiner Onkel wurden nach London gebracht und dort 2 Jahre später in

Tyburn wie gemeine Verbrecher hingerichtet. Der neunte Earl of Kildare starb im Dezember 1535 im Gefängnis, und man weiß nicht, ob unsaubere Machenschaften dabei im Spiel waren. Jedenfalls hatte Heinrich VIII. auf eine bisher beispiellose Weise mit harter Hand in die anglo-irische Geschichte eingegriffen. Die FitzGeralds und ihre Verbündeten waren zwar weit davon entfernt aufzugeben, und sie kämpften noch 5 Jahre lang in dem sogenannten Krieg der Geraldinischen Liga, doch hat man rückblikkend den Eindruck, daß die Würfel bereits gefallen waren. Die Tudor-Monarchie hatte die verhängnisvolle Entscheidung getroffen, in Irland die *»native rule«* abzubauen und durch eine Regierung zu ersetzen, die deutlich englische Züge aufwies, eine Entscheidung, die nicht mehr rückgängig zu machen war.

Gleichzeitig mit diesen verhängnisvollen politischen Ereignissen spielte die religiöse Frage in die anglo-irischen Beziehungen hinein. Seit dem 8. Jh., als die Iren ihre abweichende Festlegung des Osterdatums aufgaben, hatten sich die britischen Inseln zu ein und demselben Glauben bekannt. Daß es jetzt zu einer religiösen Spaltung kam, war vor allem die Folge des neuen ehrgeizigen Machtstrebens der Tudor-Monarchie. Dieses Machtstreben und dieser Ehrgeiz lagen zum Teil an der außergewöhnlichen Persönlichkeit der ersten beiden Tudor-Herrscher, Heinrichs VII. (1485–1509) und Heinrichs VIII. (1509–1547), doch waren auch Kräfte mit im Spiel, die im Spätmittelalter in vielen europäischen Gesellschaften auf eine Zentralisierung der Staatsgewalt hinarbeiteten. Daß Heinrich VIII. in Irland seine Herrschaft geltend machte, entsprach genau seinem Bestreben, seine Macht gegenüber Rom zu dokumentieren.

Die berühmte oder berüchtigte Gelegenheit, seine (und Englands) Unabhängigkeit von Rom durchzusetzen, war für Heinrich VIII. seine Verliebtheit in Anne Boleyn und sein daraus entstandener Wunsch, sich von seiner ersten Frau Katharina von Aragon scheiden zu lassen. Als Kardinal Wolsey 1529 vergeblich versuchte, von Rom die Scheidung zu erlangen, sah sich Heinrich nach anderen Möglichkeiten um und machte sich 1532 – unterstützt und ermutigt von seinem tüchtigen Sekretär Thomas Cromwell – daran, die englische Kirche von der Autorität Roms zu lösen. Er veranlaßte das Parlament, ihn als das »Oberhaupt« der englischen Kirche anzuerkennen, womit er seine eigene Autorität an die Stelle der päpstlichen setzte. Danach wies Heinrich seinen neuen verständnisvollen Erzbischof von Canterbury Thomas Cranmer an, die Ehescheidung zu genehmigen. Er hatte sich bereits von Katharina getrennt und Anne geheiratet, die ein Kind – die spätere Königin Elisabeth I. – von ihm erwartete.

Wir brauchen uns hier nicht länger bei Heinrichs Eheabenteuern aufzuhalten, wichtig ist jedoch festzuhalten, daß Englands Bruch mit Rom nicht aus dogmatischen Streitigkeiten oder aus dem Eifer englischer Reformatoren erwuchs. Wenn sich auch in dem von römischen Einflüssen gereinigten Klima die Art des Glaubens allmählich änderte, war es doch nicht missionarischer Eifer, der England antrieb, mit dem Wort Gottes nach

Irland (oder anderswohin) zu eilen. Fromme Iren bedauerten genauso wie fromme Engländer den Streit zwischen ihrem geistlichen und ihrem weltlichen Oberhaupt, doch waren sie keineswegs davon überzeugt, daß dieser Streit fortdauern würde und daß sie schließlich gezwungen sein würden, sich für die eine oder die andere Seite zu entscheiden. Einige Mitglieder der Geraldinischen Partei vertraten den Standpunkt, sie und der Papst müßten Verbündete sein, da sie ja beide Heinrich VIII. bekämpften. Aber die Geraldinische Liga war im Grunde eine politische Allianz, für die religiöse Belange vermutlich nur von zweitrangiger Bedeutung waren.

Die englische Ketzerei erreichte Irland offiziell erst 1536. Heinrich sah sich in der unangenehmen Lage, daß er nur in England mit Anne Boleyn gesetzlich verheiratet war. In Irland war er es nicht, weil dort die Kirche noch der Autorität Roms unterstand. Daher war Prinzessin Elisabeth, das Kind aus seiner zweiten Ehe, in England legitim, in Irland dagegen ein Bastard und kein legitimer Erbe. Es wäre unklug gewesen, es bezüglich der Thronfolge in Irland dabei zu belassen, nachdem man auf der Insel gerade erst eine Art Ordnung geschaffen hatte. Daher war es notwendig, die Kirche in Irland der Kirche in England anzugleichen, und zu diesem Zweck berief Heinrich im Mai 1536 ein irisches Parlament ein.

Dieses Parlament setzte sich ausschließlich aus Anglo-Normannen zusammen, und wenn einzelne Mitglieder tatsächlich persönlich böse Ahnungen in bezug auf unheilvolle Auswirkungen der erlassenen Gesetze hatten, so haben wir kaum Beweise dafür. Der einzige Widerstand, von dem die Nachwelt weiß, ging von den geistlichen Repräsentanten aus, Vertretern der niederen Geistlichkeit (oder Gemeinden), die noch immer im irischen Parlament saßen, während sie in England schon längst aus dem Parlament in die Provinzialsynode versetzt worden waren, der nur Mitglieder der Kirche angehörten. Da die niedere Geistlichkeit der Krone ferner stand, neigte sie zu einer größeren Unabhängigkeit, ja sogar Widerspenstigkeit, und wenn sie im englischen Reformations-Parlament vertreten gewesen wäre, hätte sie dort wahrscheinlich einen ähnlichen Wirbel verursacht. Die irischen Autoritäten blieben gelassen. Sie ergriffen die Gelegenheit und erklärten die geistlichen Repräsentanten für anachronistisch und schlossen sie ein für alle Male aus dem irischen Parlament aus. Daher wurden die Reform-Statuten ohne ernsthaften Widerstand verabschiedet.

Zweifellos waren viele Mitglieder des irischen Parlaments eifrig bemüht, ihre Loyalität gegenüber dem englischen König und ihre Feindschaft gegenüber den rebellischen Geraldinen zu demonstrieren. Als das Parlament im September 1536 zu einer zweiten Sitzung zusammentrat, war das Unterhaus *(House of Commons)* weniger gefügig als im Mai, doch war es offenbar weniger besorgt wegen der drohenden Veränderungen in der Kirche als wegen des ständig zunehmenden Reichtums und Einflusses der neu hinzugekommenen Engländer. Die »direkte Herrschaft« bedeutete nichts anderes als die wachsende Abhängigkeit Irlands von in England geborenen Heerführern und Verwaltungsbeamten. Das brachte es aber mit sich, daß die herkömmlicherweise herrschende Klasse der Anglo-Normannen ihre einträgliche Machtstellung verlor. Erst als die Regierung vier Gesetzesvorschläge zurückzog oder abänderte, die die Stellung der Kaufleute in den Städten und die der adligen Grundbesitzer und Rechtsanwälte des Pale zu bedrohen schienen, ließ der Widerstand gegen die kirchlichen Gesetzesvorlagen nach.

Auf einer Sitzung im Oktober 1537 verabschiedete das Parlament ein Gesetz, in dem die Autorität des Papstes in Irland abgeschafft wurde und in dem festgesetzt wurde, daß die Inhaber von Ämtern die Oberhoheit des Königs eidlich anzuerkennen hatten. In einem weiteren Parlamentsbeschluß wurde die Auflösung von 13 namentlich aufgeführten Klöstern angeordnet. Beide Verordnungen gingen ursprünglich nicht vom irischen Parlament aus, doch stießen sie dort auch nicht auf energischen Widerstand. Für englische Märtyrer wie John Fisher und Thomas Morus spielten Dogmen (und Ketzerei) bei dem Kampf zwischen König und Papst eine wichtige Rolle, aber das waren Humanisten und Kosmopoliten, die durch ihre Stellung in der Nähe der königlichen Macht die künftige Entwicklung der Dinge besser beurteilen konnten. In Irland gab es damals keine solchen akuten Gegner in hohen Stellungen, die über das Vorgehen des Monarchen so besorgt waren, daß sie sich unter Einsatz ihres Lebens dagegen wandten. Der Widerstand der Iren gegen die religiöse Veränderung entwickelte sich weit langsamer und indirekter.

Der Versuch, die *»native rule«* abzuschaffen, und der Versuch, in der irischen Kirche die Autorität des Papstes durch die des Königs zu ersetzen, erfolgten fast gleichzeitig. Es handelte sich dabei nur um den weltlichen und den kirchlichen Aspekt ein und desselben Strebens nach Ausdehnung der Macht. Zu diesem allgemeinen Machtstreben der Krone gehörte auch ihr Anspruch auf die Besetzung der Bischofsstühle als Zentren der Macht. Obwohl viele der 13 nach 1534 von Heinrich ernannten Bischöfe keltische oder anglo-normannische Iren waren, ging es bei der Hauptkontroverse um die Besetzung des erzbischöflichen Stuhls von Dublin durch George Browne, einen englischen Schützling von Thomas Cromwell. Gemeinsam mit Bischof Edward Staples von Meath repräsentierte Browne die für die Reform und gegen den Papst eintretende Partei. Auch der Erzbischof von Armagh, George Cromer, war Engländer, aber er hatte seinen Bischofssitz seit 1521 inne und verspürte wenig Lust, sich in Heinrichs Streit mit Rom einzumischen. Er zog sich daher 1534 einfach aus dem öffentlichen Leben zurück, weil er es mit keiner Seite verderben wollte. Aber gerade diese Zurückhaltung erregte allgemeinen Verdacht, und der Papst enthob ihn 1539 seines Amtes, obwohl er sicher bis zu seinem Tod im Jahre 1543 ein treuer Anhänger der römisch-katholischen Kirche blieb.

Der Papst reagierte immer empfindlicher darauf, daß der König die ausschlaggebende Rolle bei der Auswahl und Beaufsichtigung der kirchlichen Würdenträger für sich selbst beanspruchte. Wie im Fall von Erzbischof Cromer hielt es der Papst für sein Recht, Geistliche von zweifelhafter

Loyalität aus ihrem Amt zu entlassen. Ihm stand es zu, vakant gewordene Bischofsstühle neu zu besetzen und dies sogar mit anderen Bewerbern als den vom König vorgesehenen. Der Ausgang solcher Streitigkeiten hing häufig davon ab, um welche Diözese es sich handelte und wieweit die englischen Machthaber in Dublin sie unter ihrer Kontrolle hatten. Um eine Diözese wie Dublin selbst lohnte es sich kaum zu streiten, denn ein vom Papst ernannter Erzbischof hätte dort seinen Anspruch auf das Amt und die damit verbundenen Einkünfte kaum durchsetzen können. Deshalb hatte Erzbischof George Browne keinen päpstlichen Rivalen zu befürchten, obwohl er selbst ein leidenschaftlicher Vertreter der Reform war. Aussichtsreicher für Rom waren die Provinzen, und zwischen 1534 und 1553 setzte der Papst über 40 Bischöfe in Irland ein. Einige von ihnen residierten in ihrem Bistum, bei anderen handelte es sich um einen bloßen Titel. Auf diese Weise bildeten sich die unterschiedlichen Verwaltungssysteme zweier separater Kirchen heraus, aus denen mit der Zeit zwei getrennte, feindliche Religionen wurden.

Niemand konnte damals voraussehen, wie lange der Streit Heinrichs VIII. mit Rom dauern würde oder ob er unter seinen Nachfolgern beendet würde. Tatsächlich wuchs er sich zu einer tiefen, dauernden Spaltung aus mit einer kurzen Unterbrechung von 1553 bis 1558 während der Herrschaft der katholischen Königin Maria, der Tochter Heinrichs VIII. aus erster Ehe mit der frommen Katharina von Aragon. Als Oberhaupt seiner Kirche steuerte Heinrich VIII. einen theologisch konservativen Kurs. In Irland betrafen die Neuerungen genau wie in England hauptsächlich die kirchlichen Einrichtungen und Verwaltungen, und nicht die Liturgie und die Dogmen.

Die spürbarste und augenfälligste Änderung in der irischen Religion war der Versuch, die Klöster aufzulösen. Wir sahen bereits, welche wichtige Rolle die Klostergründungen lange Zeit in der irischen Gesellschaft mindestens seit dem 6. Jh. spielten. 1534 gab es über 400 Klöster und wahrscheinlich zwischen 4000 und 5000 Klosterinsassen. Die Bettelorden waren in vielen Landesteilen zu besonders wichtigen religiösen Zentren geworden, die dem Alltagsleben des Volkes besonders nahestanden. Gleichzeitig jedoch ging es mit den Klöstern in Irland genau wie größtenteils auch im übrigen Westeuropa allgemein bergab. Die Mönchsideale befanden sich trotz zahlreicher Erneuerungsbewegungen auf einem Tiefpunkt. Ein großer Teil des im Laufe von Jahrhunderten angehäuften Reichtums diente häufig einer lächerlich kleinen Zahl von Geistlichen dazu, Funktionen auszuüben, welche die Laien nicht immer als notwendig oder nutzbringend ansahen.

Das Mönchswesen war reif für eine Reform, und selbst die, welche an die Klöster glaubten und wünschten, daß sie weiterhin bestehen blieben, mußten zugeben, daß eine vernünftige Neuordnung und Konsolidierung unumgänglich war. So rief die Gesetzesvorlage von 1537, in der die Auflösung von 13 namentlich genannten Klöstern verlangt wurde, keinerlei Entrüstung im irischen Parlament hervor. Was man nicht voraussah und was vermutlich auch nicht vorausgesehen werden konnte, war, daß Heinrich VIII. diese Auflösung der Klöster nur allzu sehr behagte. Wenn dieser Schritt schon bei wenigen Klöstern zu begrüßen war, so schien er bei einer größeren Anzahl von Klöstern noch willkommener, was um so einleuchtender war, da deren Besitz der Krone, und nicht den noch verbleibenden Klöstern zufiel. Schließlich bestimmte Heinrich, daß sämtliche Klöster abzuschaffen seien, und 1540 hatte er in England und Wales dieses Ziel auch fast völlg erreicht. In Irland begannen die mit der Durchführung Beauftragten im Pale (wo sie den größten Erfolg hatten) und bahnten sich von da aus ihren Weg weiter. Auf gälisches Gebiet drangen sie erst 1541 vor. Als der König 1547 starb, waren über die Hälfte der Klöster und etwas weniger als die Hälfte der Gemeinschaften der Bettelmönche aufgelöst.[4] Nordwest-Ulster, Nord-Connacht und Südwest-Munster blieben praktisch unangetastet.

Wie konsequent die Auflösung der Klöster erfolgte, hing vermutlich von der politischen Lage im jeweiligen Gebiet ab. Im Pale wurde diese z.B. im 16. Jh., Ende der 30er Jahre, energisch von Lord Leonard Grey, dem Stellvertreter des Königs, durchgeführt. Zum Teil sollte dadurch die Macht und Entschlossenheit der Krone demonstriert werden, zum Teil war dies aber nur möglich, weil die anglo-normannischen Familien dieser Gegend gerne Beihilfe leisteten, wenn sie ihren Anteil bekamen. So konnte die prominente Familie Barnewall einen vorteilhaften Pachtvertrag über den früheren Besitz des Klosters Grace Dieu im Norden der Grafschaft Dublin abschließen und Grundstücke der Karmeliterbrüder von Knocktopher in der Grafschaft Kilkenny erwerben.[5] Als Thomas Cromwell, der Hauptanwalt der Klosterauflösung auf beiden Inseln, in Ungnade fiel und 1540 hingerichtet wurde, folgte eine Periode größerer Zurückhaltung. Sir Anthony St. Leger trat als Vizekönig die Nachfolge von Grey an und zeigte sich eher bereit, die lokalen Interessen zu wahren und die mit der Auflösung Beauftragten von ihrem Vorhaben abzuhalten.

Genauso wie es in Irland keine Gegenstücke zu den englischen Märtyrern Thomas Morus und John Fisher gab, existierte auch kein irisches Gegenstück zur Pilgerschaft der Gnade, der großen Volkserhebung des Jahres 1536 gegen die Auflösung der Klöster im Norden Englands. Selbst die berüchtigte Zerstörung religiöser Darstellungen auf etwa 50 Reliquienschreinen im Pale im Winter 1538–39 erregte kaum Protest, vielleicht zum Teil auch deshalb, weil die damit Beauftragten doch zurückhaltender vorgingen und keine so argen Bilderstürmer waren, wie spätere Chronisten behaupteten. König Heinrich war ein Ketzer, aber kein Protestant. Er wollte Irland nicht protestantisch machen, sondern nur seine Kirche unter seiner Kontrolle haben und sie entsprechend seiner ehrgeizigen Auffassung von seiner Herrschaft über Irland reformieren. Heinrich und seine Nachfolger hatten einen mühsamen Kampf auszufechten, aber nicht deshalb, weil die Iren von Natur aus römisch-katholisch eingestellt und jeder Form von Protestantismus abhold waren. Das größere Hindernis war, daß die Kirche mehr und mehr mit den immer weitergehenden Übergriffen der Fremdmacht England identifiziert wurde. Es waren eher die Anglo-Normannen als die keltischen Iren, die sich zuerst gegen die Übergriffe wehrten, vielleicht deshalb weil sie in der Hierarchie der alten Kirche eine beherrschende Stellung innegehabt hatten und jetzt am meisten unter ihrer Verdrängung litten. Allerdings wurden sie an der Beute aus den aufgelösten Klöstern beteiligt, obwohl dieser Gewinn wahrscheinlich in keinem Verhältnis zu dem stand, was sie einbüßten, denn im Pale sicherten sich Vizekönig Lord Grey und seine englischen Gefolgsleute einen ebenso großen persönlichen Anteil am Klosterbesitz wie die anglo-normannischen Bewohner des Pale, deren Zahl weit größer war.[6]

Dadurch daß der Widerstand der Geraldine abbröckelte und die Kirche sich allmählich (wenigstens oberflächlich) der Autorität des Königs fügte, gelang es Heinrich VIII., am 18. Juni 1541 durchzusetzen, daß das irische Parlament den Beschluß faßte, »daß Seine Königliche Hoheit, seine Erben und Nachfolger als Könige von England immer Könige dieses Landes Irland sein werden«.[7] Dieser Machtzuwachs wurde nicht so hingestellt, als habe das irische Parlament ihn geschaffen. Das hätte die Monarchie herabgewürdigt, da es bedeutet hätte, daß sie ihre Autorität von ihren Untertanen und nicht von Gott bezog. Das Parlament gab nur seine Zustimmung, doch beendete es damit die bescheidenere »Lordschaft« des 12. Jhs. und legalisierte eine immer deutlicher werdende aggressive Politik der Krone. Die Tudors waren jetzt Könige von Irland, wenn es sich dabei auch ebenso sehr um eine Absichtserklärung wie um eine vollendete Tatsache handelte. Die Autorität Englands war zwar in Dublin und dem Pale bestätigt worden, doch wurde das Hinterland so wenig wie eh und je von den Engländern beherrscht. Vom juristischen Standpunkt aus war die Akte von 1541 eine Folge von Heinrichs Bruch mit Rom. Man konnte nicht einfach argumentieren, daß der Papst die »Lordschaft« der englischen Krone über Irland seit König Johann sanktioniert habe und der päpstliche Stuhl daher das, was er einst genehmigt hatte, auch wieder rückgängig machen könne. Aber wenn Heinrich mit seiner Politik auch auf Expansion bedacht war, so war ihm wenigstens zugute zu halten, daß er universalistisch vorging. Dem Parlament, das ihn als König von Irland anerkannte, gehörten zum erstenmal auch gälische Lords und Abgeordnete gälischer Gebiete an. Heinrich wollte König von ganz Irland, und nicht nur vom anglo-normannischen Irland sein. Vor allem durch die Politik des Vizekönigs Sir Anthony St. Leger (1540–1546) versuchte Heinrich die gälischen Stammesfürsten den anglo-normannischen Lords gleichzustellen und einem umfassenderen irischen Staat einzugliedern. St. Leger erhielt die Vollmacht, königliche Schenkungen auszuteilen und gälischen Stammesfürsten den Titel von Peers zu verleihen, wenn sie auf bestimmte vom König gestellte Bedingungen eingingen. Es war dies die Politik der

»Unterwerfung und Belehnung«, durch die zahlreiche Iren in ein direktes Lehnsverhältnis zur englischen Krone eintraten.

Diese Unterwerfung und Belehnung verschaffte der Tudor-Monarchie eine solidere Basis, indem sie wichtige gälische Stammesfürsten, die bisher autonom gewesen waren, eng an sich band. Gleichzeitig brachte dies aber die Gefahr mit sich, daß diese gälischen Lords von ihren eigenen Landsleuten nicht mehr weiter unterstützt wurden. Bei der Unterwerfung und Belehnung handelte es sich tatsächlich um eine Art Bestechung, durch die die großen Lords dazu gebracht wurden, ihre traditionellen Pflichten gegenüber ihrem Stamm ganz oder teilweise aufzugeben, wenn England ihre persönlichen Machtgelüste befriedigte.

Ein gutes Beispiel dafür ist Con O'Neills Unterwerfung. Con O'Neill, der Herr des mächtigsten Stammes in Ulster, unterwarf sich im Dezember 1541 dem Vizekönig St. Leger. An sich strebte er nach dem alten normannischen Titel eines Earl of Ulster, doch den behielt Heinrich VIII. der Krone vor, und er speiste Con O'Neill mit dem Titel eines Earl of Tyrone ab. Dem englischen Brauch entsprechend wurde dieser Titel als erblich verliehen, und Con bestimmte seinen Sohn Matthew zu seinem Nachfolger. Das bedeutete aber eine Verletzung der Tradition. Viele von Cons Gefolgsleuten sahen in seinem Reichtum und seiner Macht Privilegien, die ihm von seinen Stammesgenossen verliehen worden waren, und keine absoluten, vererbbaren Rechte. Cons übergangener Sohn Shane suchte die Nachfolge seines Bruders mit allen Mitteln zu verhindern. So kam es, daß diese Anglisierung von Con O'Neill zu einem Earl of Tyrone diesen großen Stammesfürsten zwar eng mit der Regierung verband, aber sein Volk in Parteikämpfe verwickelte, eine Erscheinung, wie sie auch in anderen Teilen Irlands häufig zu beobachten war.

Heinrich VIII. versuchte, durch die Unterwerfung und Belehnung die gälischen Iren in ein größeres politisches Gemeinwesen einzubeziehen, andererseits schleuste er in England Gebürtige in mächtige, einflußreiche Stellungen ein. Dies traf sowohl auf die Besetzung von Bischofsstühlen als auch auf den irischen Kronrat zu, wo die von ihm ernannten Engländer nicht nur die Eifersucht der gälischen Iren, sondern auch die der Anglo-Normannen erregten, die unter der mittelalterlichen Lordschaft diese Ämter innehatten. Die Kosten der Verwaltung Irlands blieben auch weiterhin hoch. Sie betrugen jährlich an die 5000 Pfund, so daß die direkte Regierung, welche Vorteile sie auch immer mit sich bringen mochte, das englische Schatzamt teuer zu stehen kam. Als Heinrich 1547 starb, war die Insel jedoch keineswegs mit dieser Lage der Dinge unzufrieden. Die mittelalterlichen Verhältnisse waren zwar ins Wanken geraten, doch war keine klare Alternative an ihre Stelle getreten. Von der Auflösung einiger Klöster abgesehen, ging es in der Kirche im großen und ganzen so weiter wie vor Heinrichs Neuerungen. Als 1542 die ersten Jesuiten nach Irland kamen, bezeichneten sie das Land als barbarisch, und als sie die Unterstützung Con O'Neills zu gewinnen suchten, mußten sie feststellen, daß dieser sich gerade St. Leger unterworfen hatte und nicht einmal bereit war, sie zu empfangen. Die Eroberung durch die Tudors hatte begonnen, aber es war nicht abzusehen, wie oder wo sie enden würde.

Die Regierungszeiten der beiden Nachfolger Heinrichs, Eduards VI. (1547–1553) und Marias der Katholischen (1553–1558) waren zu kurz und zu widerspruchsvoll, als daß sie in Irland einen nachhaltigen Eindruck hinterlassen hätten. Die Regierungsweise schwankte hin und her je nach den Ansichten und der Politik des jeweiligen Vizekönigs oder Lordrichters. Sir William Brabazon (1547–1550), Sir James Croft (1551–1552) und Sir Thomas Cusack (1552–1553) übten im allgemeinen einen recht harten militärischen Druck aus. Sir Anthony St. Leger dagegen zog Verhandlungs- und Überredungskünste vor, als er 1553–1556 wieder an der Macht war. Aber keine der beiden Methoden hatte einen durchschlagenden Erfolg, und mit der Zeit wurde bei beiden das Verlangen nach dem Gegenteil laut.
Obwohl Eduard VI. noch ein 9jähriges Kind war, als er auf den Thron kam, war er ein strenggläubiger Protestant, der von den Verwandten seiner verstorbenen Mutter, Jane Seymour, im neuen Glauben erzogen worden war. In bezug auf die Einführung der neuen Glaubensrichtung gab es in Irland zwei Möglichkeiten. Man konnte entweder nachsichtig vorgehen, um die ohnehin gespannten Beziehungen nicht noch mehr zu verschärfen, oder man konnte die neue Religion als einen wesentlichen Bestandteil der politischen Reform energisch durchsetzen. Der erste Weg hatte den Vorteil, daß man auf diese Weise eine lästige Angelegenheit auf unbestimmte Zeit hinausschob, doch blieb dann ein religiöses Vakuum, das Rom sich mit Sicherheit zunutze machen würde. Hätte man sich dagegen ernsthaft bemüht, Proselyten zu machen, so hätte das einen enormen Einsatz erfordert und hohe Kosten verursacht. Man hätte viel Geld für die Erziehung ausgeben müssen, man hätte gälisch sprechende Geistliche gebraucht, und die Regierung hätte die Bevölkerung weit besser unter Kontrolle haben müssen. Da die Reformation nicht in Irland beheimatet war, hätte man sie entweder den Iren durch Erziehung und Überzeugung beibringen müssen, oder man hätte sie durch offizielle Verwaltungsmaßnahmen und gesetzliche Verordnungen gewaltsam durchsetzen müssen. Selbst in England, wo der Antiklerikalismus und die Reformtheologie von Anfang an viele Anhänger hatten, mußte man in vielen Landesteilen die Neuerungen energisch und rigoros durchführen, und der alte Glauben bestand trotz aller Bemühungen von Kirche und Krone weiter.
Irland hing noch mehr am Alten, es war noch weniger aufgeschlossen für Veränderungen und von deren Notwendigkeit noch weniger überzeugt. Als John Bale, der einzige leidenschaftliche Reformer unter den von Eduard VI. eingesetzten irischen Bischöfen, 1553 nach Irland kam, verzweifelte er an der neuen Hierarchie sowohl im Staat als auch in der Kirche. In England hatte der Protestantismus durch die Einführung eines stark

reformierten Gebetbuchs im Jahre 1552 große Fortschritte gemacht, und Bale versuchte seine rückständige Diözese von Ossory (in der Grafschaft Kilkenny) durch Einführung dieses neuen Gebetbuchs auf die Höhe der Zeit zu bringen. Es hatte verheerende Folgen, denn Geistliche wie Laien rebellierten dagegen. Als der kränkliche, junge protestantische König 1553 starb, kam seine streng katholische Schwester Maria auf den Thron, die der weiteren Ausbreitung des Protestantismus in England und in Irland Einhalt gebot. John Bales Gemeinde frohlockte, als sie hörte, daß sich die Königin zum alten Glauben bekannt hatte:

Sie läutete alle Glocken... sie warfen ihre Mützen in die Luft bis hinauf zu den Zinnen des hohen Gotteshauses (der St. Canice Kathedrale in Kilkenny) mit übermütigem Jubel und Gelächter... sie brachten ihre Chorröcke und Kerzen, ihr Weihwasser, ihre Kreuze und Weihrauchgefäße mit und zogen in einer riesigen Prozession durch die ganze Stadt und sangen *Sancta Maria, ora pro nobis* und die übrige lateinische Litanei.[8]

Bale verließ Irland voller Erbitterung in der Überzeugung, daß Irland ein hoffnungsloser Fall war und daß seine Bewohner tief im Sumpf von Unwissenheit und Aberglauben steckten. Andererseits verließ auch George Dowdall, der konservative, 1543 unter Heinrich eingesetzte Erzbischof von Armagh, Irland im Jahre 1551 wieder offenbar aus Verzweiflung darüber, daß es seiner Ansicht nach dem Vizekönig Croft gelungen war, die Feier der Messe zu verhindern und das frühere Eduardsche Gebetbuch aus dem Jahre 1549 wieder einzuführen. Beide könen ja mit ihrem Pessimismus unmöglich recht gehabt haben, doch sah jeder von ihnen einen anderen Aspekt eines komplexen Bildes. Marias Regierung schien Bales düstere Ahnungen zu bestätigen, und Dowdall kehrte als ihr Erzbischof nach Armagh zurück. Die meisten Bischöfe, die für die Reform waren, hatten inzwischen geheiratet, und Maria stieß die der Sünde verfallenen Hirten aus der Hierarchie. Die Vizekönige St. Leger und nach ihm seit 1556 auch Thomas Viscount FitzWalter bekamen den Auftrag, die Kirche in ihrer vor-Eduardschen Gestalt wiederherzustellen, und 1557 legte das irische Parlament die Versöhnung mit Rom in Statuten fest. Die Ländereien der aufgelösten Klöster wurden der Kirche jedoch *nicht* zurückgegeben, so daß der Schlag, den Heinrich VIII. dem Mönchtum versetzt hatte, von seiner Tochter trotz ihrer guten Absicht kaum gemildert wurde. Wo Klostergemeinschaften überlebten, war dies eher darauf zurückzuführen, daß sie noch nicht aufgelöst worden waren (was auf viele zutraf) als auf die Tatsache, daß die katholische Königin sie zu neuem Leben erweckte.

Wenn auch die Bürger von Kilkenny jubelnd ihre Mützen in die Luft warfen, war Maria doch für Irland kein reiner Segen. Sie hatte keineswegs die Absicht, die ehrgeizigen Pläne ihres Vaters aufzugeben, und sie leitete mit Hilfe ihres zweiten Vizekönigs Thomas FitzWalter, des späteren Earl of Sussex, eine neue verhängnisvolle Phase der Tudor-Eroberung ein. Es handelte sich um die sogenannte »Ansiedlung« *(plantation)* in den Grafschaften Laois (Leix) und Offaly, zwei zu Leinster gehörigen Grafschaften in der Südecke des Pale. Das durch die Unterwerfung und Belehnung Erreichte erwies sich als unzureichend, um auf der Insel ruhige, geordnete Verhältnisse herzustellen. Es blieben Gebiete, die nicht zu regieren waren, und ein stehendes Heer von 1000 bis 2000 Mann war eine kostspielige Notwendigkeit. Mindestens seit den Tagen Geralds von Wales im 13. Jh. stellten britische Beobachter immer wieder fest, daß Irland wegen der Iren so schwer zu regieren sei. Dieses Thema, das sich teils in bloßem Lamentieren erschöpfte und teils mit konkreten Vorschlägen angegangen wurde, kam in den Jahren um 1540 wieder auf die Tagesordnung und war schließlich der Anlaß zu Marias »Ansiedlungen«. Dieses Projekt lief grundsätzlich darauf hinaus, die aufsässigen Bewohner der betreffenden Gebiete auszusiedeln und durch neue Ansiedler zu ersetzen, von denen eine größere Loyalität zu erwarten war. Es war ein ehrgeiziger, in gewisser Hinsicht raffiniert ausgedachter Versuch einer gesellschaftlichen Manipulation. Laois und Offaly, das Gebiet der O'Connors, O'Mores und O'Dempseys, war lange Zeit eine Zufluchtsstätte für Feinde und Plünderer der Pale-Bewohner gewesen. Da man nicht damit rechnen konnte, daß ein lokaler Gerichtshof die aufsässigen Bewohner zur Rechenschaft ziehen und ihren Grundbesitz im Namen der Krone für konfisziert erklären würde, wurde das irische Parlament veranlaßt zu beschließen, »daß Laois zum Land der Königin und Offaly zum Land des Königs zu erklären und das gesamte Gebiet zu konfiszieren und das englische System der lokalen Verwaltung und Rechtsordnung einzuführen ist«.[9] Im einzelnen lief der Plan darauf hinaus, die einheimische Bevölkerung auf einem Drittel der beiden Grafschaften zusammenzudrängen und die restlichen zwei Drittel mit in England geborenen Engländern zu besiedeln. Je nach Gutdünken der Verwaltung konnten zu den »in Irland geborenen Engländern« auch Anglo-Normannen gerechnet werden.

Die »Ansiedlung« ging nur sehr langsam voran. Die O'Mores, O'Connors und O'Dempseys spielten den neuen Siedlern übel mit. Aber wenn erst einmal die Zeit für eine neue Idee gekommen ist, mag sie sich noch so verheerend auswirken, wird man deshalb nicht davon ablassen. 100 Jahre lang waren englische Staatsmänner davon überzeugt, daß die »Ansiedlung« nur deshalb die irische Unordnung nicht beseitigt hatte, weil sie nicht energisch genug durchgeführt worden war. Spätere Herrscher interessierten sich mehr dafür, wie man den Ansiedlungsplan verbessern oder noch erweitern könnte, als daß sie sich Gedanken darüber machten, worin seine Nachteile bestanden.

Als Elisabeth I. 1558 auf den englischen Thron kam, besetzte sie in England die wichtigen Ämter in Kirche und Staat neu, während sie sich in Irland damit zufrieden gab, Marias letztem Vizekönig, dem Earl of Sussex, freie Hand zu lassen. Hier war Vorsicht geboten, denn einer der größten Leistungen Heinrichs VIII., die Unterwerfung der O'Neills in Ulster, drohte Gefahr. Con O'Neills Sohn Shane versuchte seinen Bruder Matthew, den man ihm als Erben der Grafschaft von Tyrone vorgezogen hatte, zu verdrängen. Verständlicherweise fürchtete Elisabeth, Shane könne in seinem Zorn im nahen Schottland Unterstützung suchen, und die Schotten könnten dann mit Hilfe *ihrer* eigenen Verbündeten, der englandfeindlichen Franzosen, im Trüben fischen. Als die Regierung merkte, daß Shane von den O'Neills tatkräftig unterstützt wurde, ließ sie ihn Ende 1561 zu ernsten Verhandlungen nach London kommen. Man war von seiner Macht und von seinen Argumenten dort so beeindruckt, daß man die gesamte Frage der Nachfolge in der Grafschaft Tyrone offen ließ. Shane wurde als der *de facto*-Herrscher im nördlichen Ulster anerkannt, doch war bei der Unterwerfung und Belehnung die Autorität der Engländer nun nicht mehr so sicher wie in den hoffnungsvollen Tagen Heinrichs VIII.

Dem Anspruch Shane O'Neills auf die Oberherrschaft im größten Teil Munsters widersetzten sich seine Nachbarn, die O'Donnells, Maguires, MacMahons, O'Reillys und andere, die sich an Königin Elisabeth um Unterstützung gegen ihn wandten. Abermals versuchte die Krone mit Shane zu verhandeln, aber im März 1566 wies Elisabeth ihren neuen Vizekönig, Sir Henry Sidney, an, »darüber nachzudenken, wie man diesen ›bösartigen, gefährlichen Rebellen‹ völlig vernichten könne.«[10] Im Mai 1567 wurde Shane von den O'Donnells in einer Schlacht geschlagen, und um ihrer Rache zu entfliehen, flüchtete er zu einigen Schotten, die sich kürzlich in Antrim niedergelassen hatten. Wieso er von ihnen erwartete, daß sie Mitleid mit ihm haben würden, bleibt ein Rätsel. Jedenfalls brachten sie ihn um. Die Engländer holten sich seinen Kopf und spießten ihn auf der Mauer des Dubliner Schlosses auf, eine zwar barbarische, aber übliche Art zu dokumentieren, wie es denen erging, die man für Rebellen hielt. Wenn die energischen Feldzüge von Vizekönig Sidney gegen Shane auch den Bewohnern von Ulster die wachsende Macht der Krone eindrucksvoll vor Augen führten, trug Shanes Tod doch kaum dazu bei, die nördlichen Provinzen gefügig zu machen und zu assimilieren.

Im Süden litt die Autorität der Krone noch immer unter den ständigen Kämpfen zwischen den anglo-normannischen Lords, die jetzt oft als die *Old English* (die »alten Engländer«) im Gegensatz zu den *New English* (den »neuen Engländern«) bezeichnet wurden, worunter man die (hauptsächlich protestantischen) Einwanderer der Elisabethanischen Zeit und die der Zeit danach verstand. Die FitzGeralds und die Butlers hatten sich auch weiterhin an der Kehle, wenn die Würde eines Vizekönigs für sie auch mittlerweile unerreichbar geworden war. Sidney sagte sich, daß die Autorität der Krone minimal bleiben würde, bis die Regierungsgewalt in den Provinzen (und auch in Dublin) den örtlichen Magnaten aus der Hand genommen wurde und die königlichen Beauftragten sie fest im Griff hätten. Aber die Engländer erschütterten mit ihrer an sich vernünftigen Politik nur die bestehende Ordnung, ohne daß sie etwas Besseres an ihre Stelle zu setzen hatten.

Als die Regierung beispielsweise 1567 gegen den aufsässigen Earl of Desmond vorging und ihn in London gefangen setzte, führte dies 2 Jahre später zum Aufstand von Munster. Nicht nur die FitzGeralds und ihre Anhänger, sondern sogar deren Gegner, die Butlers, sahen in der Entmachtung Desmonds und ihren Begleiterscheinungen den Beweis dafür, daß die Engländer beabsichtigten, der Provinz Land und Reichtum wegzunehmen. Dies entsprach nicht den Absichten Heinrichs VIII., der eine bessere und wirksamere Regierung stellen wollte, doch geschah es nicht nur aus reiner Habgier. Um »regieren« zu können, mußte man eine Möglichkeit finden, die Statthalter zu belohnen. Als diese nun mehr und mehr aus England rekrutiert wurden, sah man in den *New English* Nutznießer der königlichen Freigebigkeit. Auch war es für das englisches Schatzamt am billigsten, wenn die Belohnungen in der Verleihung von irischem Grundbesitz bestanden, und da im Mittelalter Rebellen gewöhnlich unter anderem mit der Konfiszierung ihres Grundbesitzes bestraft wurden, wurden die *New English* weitgehend mit Ländereien belohnt, die man den *Old English* und den irischen Grundbesitzern abnahm. Die »Regierten« mochten sich mit Recht fragen, wer von dieser Regierung mehr profitierte, sie oder die neuen Amtsträger.
Wie berechtigt der Verdacht war, zeigte die Tatsache, daß Ende der 60er Jahre des 16. Jhs. Munster von englischen Glücksrittern geradezu überschwemmt wurde. Die Haupthäfen der Provinz waren leicht auf den atlantischen Seewegen zu erreichen, und diese wurden von Engländern, die aus den westlichen Landesteilen kamen, immer dreister benutzt. Die von den *Old English* bewohnten Städte Cork und Waterford mit ihrem wohlbegründeten Handel und ihrer blühenden Schiffahrt waren naturgegebene Ausgangsbasen, von denen aus man die Gelegenheit erkunden konnte, sich in dem fruchtbaren Hinterland Grundbesitz anzueignen.
Das berüchtigtste dieser Unternehmen war das von Sir Peter Carew, der aus Devonshire stammte und auf raffinierte Weise das betrieb, was ein Historiker als »genealogische Piraterei« bezeichnet hat. Aufgrund seiner angeblichen Abstammung von Robert FitzStephen, dem normannischen Piraten aus dem 12. Jh., forderte Carew Land in Meath und Carlow und – was noch unglaublicher erscheint – er versuchte sich Hunderttausende von Morgen Land in Kerry, Cork und Waterford anzueignen. 1568 sicherte er sich die Unterstützung des irischen Kronrats für den ersten Teil seiner Ansprüche und stand offenbar kurz davor, diese auch für den zweiten Teil zu gewinnen.
Andernorts in Munster eigneten sich der berühmte alte Seebär Richard Grenville und Warham St. Leger (der Sohn von Sir Anthony, dem früheren Vizekönig) Ländereien an, um ihren Einflußbereich im Hafen von Cork weiter auszudehnen, und eine Gruppe, zu der auch der spätere Entdecker Humphrey Gilbert gehörte, plante eine neue Stadt an der Westküste von Cork, von der aus sie die angrenzenden Fischgründe auszubeuten gedachte.[11] Die einheimischen Herren von Munster nahmen mit Recht an,

daß sie mehr von den neuen Statthaltern und deren Landsleuten als von einander zu befürchten hatten.

In den Jahren um 1560 war die Religion noch kein Gebiet für weitreichende Auseinandersetzungen, doch sollte es bald dazu kommen. Die neuen englischen Eindringlinge und Glücksritter bekannten sich fast alle zum neuen Glauben. Außerhalb des Pale sahen sich die Iren in ihrem Bekenntnis zur alten Religion und in ihrer Ausübung jedoch noch kaum bedroht. 1564 wurde ein irisches Oberkonsistorium beauftragt, die Kirchenreform gewaltsam durchzusetzen, doch kam man nur erbärmlich langsam damit voran und dies nur in Bischofssitzen, wo aktive Reformbischöfe eingesetzt worden waren. Trotzdem behauptete James FitzMaurice FitzGerald, ein Vetter des Earl of Desmond, als in Munster 1569 einen Rebellion ausbrach, deren Anführer er war, er handele in Verteidigung des »katholischen Glaubens, der von Gott seiner Kirche gegeben und der vom Bischof von Rom bis jetzt allen Christenmenschen vorgeschrieben war.«[12] Die Ziele seiner Gefolgsleute waren eher weltlicher Art, doch ließ diese Revolte bereits die verhängnisvolle Verknüpfung von religiösen und weltlichen Belangen ahnen, besonders seit Elisabeth I. 1570 durch eine päpstliche Bulle offiziell exkommuniziert worden war.

Die Rebellion von FitzMaurice wurde von Vizekönig Sir Henry Sidney mit einem Heer von etwa 1000 Mann erstickt. Humphrey Gilbert führte die endgültige Befriedung Munsters mit einer Grausamkeit durch, die Zeitgenossen als neu in der englischen Kriegsführung bezeichneten. Es ist zumindest möglich, daß dies teilweise auf eine wachsende religiöse Antipathie zurückzuführen war. FitzMaurice floh 1575 nach Frankreich und bereitete dort den weit gefährlicheren Aufstand von 1579 vor. Die nach dem Trienter Konzil getroffenen Anordnungen waren viel tiefgreifender. Das Konzil war 1563 zu Ende gegangen. Es hatte den Papst mit einer enormen weltlichen Macht ausgestattet und ihm den Auftrag erteilt, einen Kreuzzug gegen die Ketzerei des Nordens durchzuführen. Elisabeth wurde 1570 exkommuniziert, und ihre wachsende Unterstützung des Aufstandes der Niederlande gegen Philipp II. von Spanien war für »seine allerkatholischste Majestät« Anlaß, den englischen Bestrebungen, wo nur irgend möglich, noch stärkeren Widerstand zu leisten. In der Auflehnung der Iren gegen die englische Herrschaft sah man jetzt nicht mehr nur den Widerstand eines von jeher eigenwilligen und unberechenbaren fernen Volkes, sondern eine teuflische Verschwörung, der es darum ging, die Herrschaft des römischen Antichrists über England wiederherzustellen. Die englischen Heerführer und Statthalter in Irland betrachteten den dort noch immer fortlebenden römisch-katholischen Glauben als die Grundursache der Unbotmäßigkeit und Barbarei der Iren.

Die diesbezüglichen Ansichten änderten sich oft, weshalb es schwierig ist, sie genau wiederzugeben. Heinrich VII. und Heinrich VIII. hatten in Irland nur Ordnung schaffen und es nicht niederwerfen und vernichten wollen. Sie wollten weder seine Kultur noch seinen Adel ausrotten, sie wollten sie nur der englischen Krone assimilieren. Dieses Ziel änderte sich unter Elisabeth allmählich, und schließlich verhielt sich die englische Politik den Iren und insbesondere der gälischen Volksgruppe gegenüber ausgesprochen feindlich. Anstelle von Assimilation strebte man nach »Reformation«, nach einer Umwandlung, die weit über den religiösen Bereich hinausging und sich auch auf Rechtsprechung, Sprache, Gebräuche und sogar gesellschaftliche Gewohnheiten bezog. Diese waren bereits in den Statuten von Kilkenny im 14. Jh. und sogar schon im 12. Jh. durch den Chronisten Gerald von Wales abschätzig beurteilt worden. Sie waren jedoch nie zuvor mit einer solchen Heftigkeit verurteilt worden wie in den letzten Jahrzehnten des 16. Jhs. Den zahlreichen Plänen, die irische Lebensweise durch eine andere zu ersetzen, liegt die Überzeugung zugrunde, daß sie von Grund auf wertlos oder wenigstens minderwertig war.

Die »Ansiedlungen« waren der institutionelle Ausdruck dieser beginnenden Verachtung für die irische Gesellschaft und Kultur. Sie hatten unter Königin Maria angefangen und wurden dann unter der Regierung Elisabeths auf dramatische Weise beschleunigt. Obwohl der Hauptschauplatz der Elisabethanischen Ansiedlungen Munster war, rebellierte dessen großer Magnat, der Earl of Desmond, erst nach einiger Zeit dagegen. Elisabeths Ansiedlungen hatten ihren Ursprung im östlichen Ulster. Trotz der Ansprüche der O'Neills hielt die Krone sich selbst für den gesetzlichen Erben der seit langem nicht mehr existierenden normannischen Grafschaft Ulster. Con O'Neill hatte dafür die Grafschaft Tyrone erhalten. In den ersten Jahren um 1570 begann Elisabeth auf das Drängen ihres vertrauten Rats William Cecil hin, englischen Abenteurern alles zu verleihen, was diese nur in den beiden Grafschaften Antrim und Down in der Provinz Ulster erobern und besiedeln konnten. Sie hoffte, daß diese Kolonien zu Enklaven der englischen Autorität im wilden Norden würden und daß sie der lästigen, immer stärker werdenden Einwanderung von Schotten über den Nordkanal eine Schranke setzen würden.

Der Gelehrte und Höfling Sir Thomas Smith erhielt 1571 ein Stück Land am Südufer des Belfast Lough übereignet, das bis hinunter zur Halbinsel Ards in der Grafschaft Down reichte. Ein Jahr später empfing der Earl of Essex (Walter Devereux, der Vater des berühmten Rebellen Earl of Essex) den größten Teil von Antrim. Da er als selbständiger Unternehmer tätig war, erbot sich die Krone, für 600 seiner bei diesem Abenteuer eingesetzten 1200 Soldaten die Kosten zu tragen, wenn er sie an den Erträgen des ihm übereigneten Landes beteiligte. Für beide Programme wurde in England eine Art von gedrucktem Propagandamaterial verbreitet ähnlich dem, mit dem man ein Jahrzehnt später Kolonisten und Unternehmer nach Virginia lockte. Aber trotz der verlockenden Versprechungen in diesen Publikationen erwiesen sich beide Kolonien in Ulster als Fehlspekulationen. Nachdem die Krone sich anfänglich am Risiko beteiligt hatte, zögerte sie, als ernsthafte Schwierigkeiten auftauchten, noch weitere Bürgschaften zu übernehmen. Die beschlagnahmten Gebiete waren keineswegs unbewohnt. So trafen Smiths Siedler z. B. auf der Halbinsel Ards nicht nur auf eine gälisierte normannische Familie namens Savage, sondern auch auf Brian MacPhelim O'Neill von Clandeboye, der der Krone gegen Shane O'Neill treu zur Seite gestanden hatte, und auf dessen Nachfolger Turlough Luineach O'Neill, der es sich nicht gefallen ließ, als Rebell behandelt zu werden. Man konnte Irland nicht wie den Wilden Westen von Nordamerika behandeln – wenigstens brachte es nichts ein. Es war kein neuentdecktes Land, sondern ein sehr altes Land mit vielschichtigen Beziehungen zur englischen Krone aus einer langen, wenn auch widersprüchlichen Vergangenheit.

Man kann sich nur schwer ein allgemeines Urteil darüber bilden, inwieweit es zu Grausamkeiten kam. Zum Teil erklärt sich das daher, daß an verschiedenen Orten und zu verschiedenen Zeiten unterschiedlich darüber berichtet wurde. Doch scheinen gegen Mitte der Elisabethanischen Epoche militärisch nicht unbedingt notwendige Tötungen unverkennbar häufiger vorgekommen zu sein. Humphrey Gilberts Befriedungsaktion in Munster im Jahre 1569 und die Niedermetzelung von 200 Gefolgsleuten von Brian MacPhelim O'Neill in Belfast 1574 sowie von 500 Schotten auf Rathlin Island (vor der Nordküste von Down) durch Essex im Jahre 1575 deuten alle auf eine zunehmende Grausamkeit in der anglo-irischen Beziehung hin, unter der immer mehr Menschen aus der Bevölkerung zu leiden hatten. Es erübrigt sich hinzuzufügen, daß die Iren entsprechend reagierten, und es ist kaum zu entscheiden, welche Seite ursprünglich dafür verantwortlich war. Daß Munster zum Hauptschauplatz der Elisabethanischen Kolonisation wurde und sich so anders entwickelte, könnte teilweise darauf zurückzuführen sein, daß die privaten Ansiedlungsversuche in Ulster so wenig Erfolg hatten. Vielleicht lag es auch einfach daran, daß die O'Neills in ihrer Hochburg, der Grafschaft Tyrone, von den Übergriffen der Engländer weiter entfernt waren. Im Süden gärte es weiter, teils wegen der englischen Glücksritter, teils wegen James FitzMaurice FitzGerald, dem päpstlichen Kreuzritter, der 1579 vom Kontinent nach Irland zurückkehrte. Diesmal kam er mit dem Segen von Papst Gregor XIII. und einem Heer von 700 Mann, das in Smerwick auf der Dingle-Halbinsel der Grafschaft Kerry landete. Für FitzMaurice persönlich handelte es sich wiederum um einen religiösen Feldzug, aber für viele seiner Gefolgsleute war es nur eine passende Gelegenheit, gegen die Engländer zuzuschlagen. FitzMaurice fiel in einem Scharmützel schon einen Monat nach seiner Landung in Smerwick, aber sein Vetter, Sir John of Desmond, der Bruder des Earls, trat an seine Stelle. Das Schicksal Munsters hing weitgehend von der Entscheidung des Earls ab. Für ihn stand viel auf dem Spiel, und so hielt er sich monatelang vorsichtig im Hintergrund. Schließlich erklärte der neuernannte Statthalter, Sir Nicholas Malby, Desmond für einen Verräter und trieb ihn so zur Rebellion.

Aufstände von Gleichgesinnten flackerten in Connacht, Ulster und Leinster auf, wo James Eustace, Viscount Baltinglass, das Banner des Papstes trug. Der Dichter Edmund Spenser war 1580 in Irland als Sekretär von Lord Grey of Wilton, dem neuen Vizekönig. Später erinnerte er sich: »Es gab kein Gebiet, das nicht angesteckt war, sondern alle hatten sich einmütig verschworen, das Joch der Krone Englands abzuwerfen.«[13] Lord Grey unterdrückte den Aufstand und krönte seinen Triumph mit dem üblichen Gemetzel. Ein bunt zusammengewürfelter Haufen von 600 Spaniern und Italienern landete im September 1581 in der alten Festung von FitzMaurice in Smerwick. Als die päpstliche Truppe in dem fremden Land ankam, waren die Aufständischen, denen sie zu Hilfe kommen wollte, schon weitgehend besiegt, und so wurde sie von Lord Grey und seinem Verbündeten, dem Earl of Ormond, belagert. Als Desmond keine Anstalten machte, sie zu befreien, ergaben sich die Spanier und Italiener Grey, der sie bis zum letzten Mann töten ließ.

Desmond und seine Genossen wurden 1586 zum Tode verurteilt. Ihre ausgedehnten Besitzungen fielen theoretisch an die Krone, doch zog diese es vor, sie zum Kern einer neuen großen irischen Ansiedlung zu machen. In London wurde ein sorgfältig ausgearbeiteter Plan aufgestellt, nach dem eine halbe Million Morgen von fruchtbarem konfisziertem Land (das man bereits 1584, also 2 Jahre vor der Verurteilung der Rebellen, ins Auge gefaßt hatte) an die englischen Siedler in abgerundeten Parzellen von nicht mehr als 12000 Morgen zu verteilen war. Man hoffte, auf diese Weise auf dem früheren Besitz der Desmonds einen englischen Landadel anzusiedeln, dem importierte englische »Freisassen« als hart arbeitende, tüchtige Pächter unterstellt werden sollten. Was die Durchführung dieser Pläne komplizierte, war die Tatsache, daß die konfiszierten Ländereien kein zusammenhängendes Ganzes bildeten, sondern über die einzelnen Grafschaften von Munster wie Waterford, Cork, Limerick, Kerry und Tipperary verteilt waren. Viele befanden sich in abgelegenen Gebieten, die für die neuen Siedler weniger attraktiv waren als die alten Häfen, von denen man schnell wieder wegkam, falls es wieder einmal zu Auseinandersetzungen mit der einheimischen Bevölkerung kommen sollte.

1588 waren im Zug der Ansiedlung etwa 3000 englische Einwanderer nach Munster gekommen, und 10 Jahre später mögen es (einschließlich Männern, Frauen und Kindern) an die 12000 gewesen sein. Es war bestimmt die größte Einwanderung von Engländern in der Elisabethanischen Epoche, und erst in den 30er und 40er Jahren des 17. Jhs. war die Zahl der Auswanderer nach Nordamerika größer als die der Einwanderer nach Irland. In dieser Hinsicht war Irland Englands erste Kolonie, und die irischen Ansiedlungen waren die Vorgänger späterer Unternehmen an der Atlantikküste Nordamerikas. Andererseits konnten die Engländer mit ihren neuen Ansiedlungen in Irland nicht einfach alles vom Tisch fegen, was im Mittelalter geschehen war, wenn sie es auch immer wieder versuchten, und sie konnten Irland nicht so behandeln, als ob es sich um ein neuentdecktes und frisch erobertes Land handelte.

Trotz der großartigen Pläne erfüllten die Ansiedlungen in Munster die in sie gesetzten Erwartungen genauso wenig wie es die vorangegangenen Unternehmungen getan hatten. Die neue Bevölkerung war zahlenmäßig zu gering und zu weit verstreut, als daß sie die große Provinz für sich selbst oder für die Regierung in Dublin hätte sichern können. Der Versuch, die »Seigneurien« (die größten Grundstücke, die ein einzelner besitzen durfte) auf 12000 Morgen zu begrenzen, scheiterte an unternehmungslustigen Glücksrittern, zu denen auch Sir Walter Raleigh gehörte. Es gab zwar genug hochgeborene Engländer (oft die jüngeren Söhne), die gern wohlhabende Besitzer von fruchtbaren Ländereien in Munster werden wollten, aber es gab nur wenige freie Bauern, die bereit waren, ihr bisheriges behagliches, sicheres Leben in England aufzugeben und dafür kleine bis mittlere Anwesen in einem als fremd und gefährlich geltenden Land zu pachten.
Da tüchtige englische Pächter nicht zu haben waren (oder nur zur Zahlung einer unerwünscht niedrigen Pacht bereit waren), schlossen die Großgrundbesitzer zu oft günstigen Bedingungen Pachtverträge mit eben den Iren ab, die durch die Ansiedlung hätten ausgesiedelt werden sollen. Außerdem mußte das Programm stark herabgeschraubt werden, da oft der Einspruch erhoben wurde, daß das konfiszierte Land (von dem behauptet worden war, es gehöre den Desmonds oder deren Anhängern) tatsächlich freien Bauern gehörte, die nicht an der Rebellion beteiligt gewesen waren und denen man nicht nachweisen konnte, daß sie Pächter der Rebellen gewesen waren.
Nur im destruktiven Sinne konnte man die Ansiedlung in Munster als Erfolg bezeichnen: Die Macht der Desmond FitzGeralds als den Herren von Munster war für immer gebrochen. Im Jahre 1565 hatte Sir Henry Sidney als Vizekönig zur Errichtung einer regionalen Regierung im Süden aufgerufen nach dem Vorbild des sehr erfolgreichen Rats des Nordens (in England) und des Rats von Wales. Es waren dies wichtige Institutionen zur Stärkung der Macht und des Einflusses der Krone in abgelegenen, herkömmlicherweise anarchischen Teilen Englands gewesen. Sir John Perrot war 1571 als erster zum Lord-Präsidenten von Munster ernannt worden, doch konnte er sein Amt erst nach der Ansiedlung, gestützt auf die Siedler, wirklich ausüben.
In der Mitte von Elisabeths Regierungszeit erhielt auch Connacht eine eigene Provinzialregierung und einen eigenen Lord-Präsidenten (was auf einen lokalen Statthalter mit eigenem Provinzialrat hinauslief). Nachdem Sir Nicholas Malby, der seit 1576 Lord-Präsident war, in den Jahren um 1580 ein strenges Regiment geführt hatte, wurde 1585 ein offizielles Abkommen zwischen der Regierung und dem einheimischen Adel ausgehandelt. Ähnlich wie die Unterwerfung und Belehnung unter Heinrich VIII. bestätigte auch die Vereinbarung von Connacht den einheimischen Lords, von denen einige zu den *Old English* zählten und wieder andere gälischer Herkunft waren, Land und Privilegien. Wer seinen Besitz

Karte 6: Irland im Spätmittelalter.
(Aus: *Beckett, J. C.,* Geschichte Irlands. Stuttgart 1971)

bestätigt haben wollte, mußte die Verpflichtung eingehen, »der Krone einen jährlichen Zins von 10¼ Schilling für nutzbares Land zu zahlen, auf Heerlagern mit einer vereinbarten Zahl von Männern zu erscheinen und die irische Rechtsordnung und das ihr entsprechende System der Zuteilung von Land und Vieh abzuschaffen«.[14] Auf diese Weise brachten die Engländer Connacht wirksamer unter ihre Kontrolle, ohne die mächtigsten Herren des Landes zu beseitigen oder deren Land zu beschlagnahmen und neu zu besiedeln.
Im letzten Jahrzehnt des 16. Jhs. hatten Leinster, Munster und Connacht sämtlich eine »direkte Regierung«, wenn auch in unterschiedlicher Form. Nur Ulster blieb praktisch ungeschoren. Dadurch daß Shane O'Neill sich

Heinrich VIII. unterworfen hatte, der ihn dafür zum Earl of Tyrone machte, war die Macht und Unabhängigkeit der O'Neills und der Lords des Nordens im allgemeinen unbeschnitten geblieben. Die kurzlebigen Ansiedlungen in Down und Antrim hatten lediglich das Durcheinander in den bereits geteilten Provinzen noch vergrößert. Im letzten Jahrzehnt von Elisabeths Regierung bedeutete Ulster für ihre Herrschaft über Irland die größte Gefahr.

Dieses Jahrzehnt war durch heftige Kriegswirren in Europa, besonders durch die erbitterte Auseinandersetzung zwischen England und Spanien, gekennzeichnet. Möglicherweise legte England Wert darauf, Ulster soweit zu verkleinern, daß es einer künftigen spanischen Armada keinen Hafen mehr zu bieten hatte. Jedenfalls waren die Engländer entschlossen, der *splendid isolation* Ulsters ein Ende zu machen, und ein vielversprechender, wenn auch brutaler Anfang dazu war die Verhaftung, Verurteilung und Hinrichtung von Hugh Roe MacMahon, dem erst kürzlich bestätigten Herrn der Grafschaft Monaghan im südlichen Ulster, durch Vizekönig FitzWilliam. Die Ländereien in Monaghan wurden dann 1591–92 unter den überlebenden Mitgliedern der Familie MacMahon aufgeteilt, so daß eine Art Ansiedlung von »Einheimischen« entstand.

Auch den Rest von Ulster noch aufzuteilen, erwies sich als schwieriger. Die Bewohner von Ulster waren empört darüber, wie man ihre Nachbarn in Connacht behandelt hatte. Sie merkten, daß die Bewohner von Connacht eine ganze Liste von Beschwerden über Sir Richard Bingham vorzubringen hatten, der seit 1584 dort Lord-Präsident war. Es wurde viel über die Grausamkeit und Doppelzüngigkeit der Engländer geklagt, und die Wirkung war weniger, daß man Angst vor ihnen hatte, als daß man in bezug auf ihre Absichten äußerst mißtrauisch wurde.

Die politische Schlüsselfigur für Ulster war Hugh O'Neill, seit 1562 zweiter Baron von Dungannon, der von den Engländern unterstützte Anwärter auf die Lordschaft über ganz Ulster. Vizekönig Sidney hatte O'Neill mit nach England genommen, damit er dort erzogen und anglisiert würde. O'Neill erwies sich nach seiner Rückkehr nach Irland eine Zeitlang als ein außergewöhnlich brauchbarer Verbündeter und wurde hierfür mit der Verleihung der Grafschaft Tyrone belohnt; doch erhob auch sein Rivale Turlough Luineach O'Neill Anspruch auf diesen Titel. Als Turlough im September 1595 starb, erlangte Hugh endlich bei seinen Landsleuten die Anerkennung als *der* O'Neill, obwohl einige der mächtigsten Lords von Ulster 2 Jahre zuvor, im Jahre 1593, begonnen hatten, sich gegen die Regierung zusammenzuschließen. Maguire von Fermanagh wagte als erster eine offene Rebellion. Hugh Roe O'Donnell, der aus der Gefangenschaft auf Schloß Dublin entfloh, wurde bald darauf als *der* O'Donnell anerkannt und schloß sich in dieser Eigenschaft dem Aufstand an. Genau wie der Earl of Desmond sich in Munster lange von allem ferngehalten hatte, wartete auch Hugh O'Neill zu und berechnete das Für und Wider. Dann spielte er eine Zeitlang den Vermittler zwischen der Regierung und den rebellischen

Earls, doch begannen die Engländer bald an seiner Zuverlässigkeit zu zweifeln.
O'Neill muß zu dem Schluß gekommen sein, daß seine Machtstellung in Ulster mehr von der Achtung seiner Landsleute als von den Titeln und der Gunst der Engländer abhing, denn er griff 1595 eine große englische Truppe an, die den Soldaten der Regierung in Monaghan Nachschub bringen sollte. O'Neill wurde sofort zum Verräter erklärt, und nun sprach alles für eine Rebellion in Ulster mit den beiden Zentren in Tyrconnell und Tyrone, dem Kernland der O'Donnells und der O'Neills. Hugh unterschrieb ein Gesuch an Philipp II., ihnen spanische Truppen zu Hilfe zu schicken, und die Lords von Ulster boten dem spanischen König später die Krone von Irland als Gegenleistung für seine Unterstützung an. Philipp war jedoch vom Aufstand der Niederlande gegen seine Herrschaft in Anspruch genommen und verhielt sich zuwartend. Aber Ulster war in den Augen der Engländer nun zu einem Schauplatz ihres erbitterten Krieges gegen Spanien geworden.
Niemals drohte den Tudors von Irland eine größere Gefahr. Ulster war weit weg, konnte sich selbst gut versorgen und war gut organisiert. In der Schlacht an der *Yellow Ford* in der Nähe von Armagh wurde ein englisches Heer von über 4000 Mann im August 1598 geschlagen. Der Befehlshaber Sir Henry Bagenal fiel in der Schlacht, über die Hälfte der Soldaten wurde getötet, verwundet oder vermißt. Nie zuvor hatten irische Rebellen einem englischen Heer dieser Größe Widerstand zu leisten vermocht. Der große Sieg an der *Yellow Ford* erhöhte das Ansehen der Lords von Ulster auf der ganzen Insel. Die Autorität der Engländer war erschüttert, und O'Neill warb in den anderen drei Provinzen Anhänger, wobei er den Kampf um die irische Unabhängigkeit in den Mantel des römischen Katholizismus hüllte. Weite Teile des Landes reagierten begeistert. Die englischen Ansiedlungen in Munster und sogar Teile von Leinster wurden im Sturm genommen. Gemeinsam mit Dublin wurden die alten Städte Cork, Waterford, Limerick und Youghall zu Zufluchtsstätten für die neuen Siedler. Nur wenige »loyale« Lords – der Earl of Thomond in Connacht und der Earl of Ormond in Munster – weigerten sich, sich den Rebellen anzuschließen, aber sie waren praktisch Fremde im eigenen Land geworden. Im April 1599 zeigte die Einsetzung von Robert Devereux, Earl of Essex, als neuem Vizekönig, wie wichtig man neuerdings Irland nahm. Essex war der Sohn von Walter Devereux, der einer der ersten Siedler Elisabeths im östlichen Ulster gewesen war. Aber darüber hinaus war er der große, skandalumwitterte Günstling der alternden Königin, obgleich er viele Jahre jünger war. Essex strebte mit großem Ehrgeiz nach militärischem Ruhm, und Elisabeth gab ihm eine einmalige Gelegenheit dazu, wenn auch vielleicht nicht die nötigen Mittel, sie voll auszunutzen.
Essex kam mit einem Heer von 16000 Mann nach Irland und rühmte sich, er werde auf dem Schlachtfeld über O'Neill triumphieren. Statt dessen war die Lage 21 Wochen nach seiner Ankunft noch genauso bedrohlich wie vor

seinem Kommen. Anstatt O'Neill frontal anzugreifen, setzte Essex seine Truppen dazu ein, in Leinster und Munster die Ruhe wiederherzustellen, was eine einfachere Aufgabe war. Als die darüber verärgerte Elisabeth ihn nach Norden beorderte, wo die wirkliche Gefahr bestand, ließ sich Essex auf Verhandlungen mit O'Neill ein, anstatt gegen ihn zu kämpfen. Alles was er ausrichtete, war eine Einstellung der Feindseligkeiten unter Bedingungen, die für O'Neill weit günstiger waren als für die Streitkräfte der Krone. Essex kehrte nach England zurück. Sein Ruf war für immer befleckt, und über ihm schwebte der Verdacht, er habe mit O'Neill gegen die Königin konspirieren wollen. Erst unter Essex' Nachfolger als Vizekönig trat eine Wendung ein.

Charles Blount, Lord Mountjoy, ein fähiger, peinlich gewissenhafter Berufssoldat, kam im Februar 1600 nach Irland und begann einen Kampf mit Feuer und Schwert. Um einem Feind, den er oft nicht stellen und zum Kampf veranlassen konnte, das Wasser abzugraben, zerstörte er die bebauten Felder in Ulster, steckte die Häuser der Bewohner in Brand und schlachtete ihr Vieh. Die Kämpfenden und die Zivilbevölkerung hatten gleichermaßen zu leiden. In Munster stellte der neue Lord-Präsident Sir George Carew die Ordnung wieder her. Die Rebellion in Ulster geriet in die Defensive, und ihr weiteres Schicksal hing davon ab, ob ihr das Ausland zu Hilfe kam. Diese Hilfe erwies sich jedoch wie immer als unzuverlässig. Die Mächte auf dem Kontinent reagierten auf die Hilfegesuche Irlands je nach ihren eigenen Interessen. Papst Clemens VIII. zögerte, den Rebellen in Ulster uneingeschränkt zu Hilfe zu kommen, denn er fürchtete, damit den Katholiken von Leinster und Munster zu schaden, deren Ablehnung der anglikanischen Kirche die Engländer im allgemeinen tolerierten. Philipp III. von Spanien befand sich bereits in Friedensverhandlungen mit den Engländern und erwog bestenfalls vorsichtig, ob ein neues Engagement Spaniens in Ulster empfehlenswert war. Schließlich schickte er widerwillig eine Expedition von etwas über 4500 Mann unter Juan del Aguila, die im September 1601 in Kinsale in der Grafschaft Cork landete.

Das spanische Expeditionsheer war zu klein, es kam zu spät und landete an einer Stelle der Insel, wo es allzu leicht von den noch immer unbezwungenen Rebellen im Norden abgeschnitten werden konnte. Mountjoy hatte 7000 Mann zur Verfügung und setzte sie ein, um die Spanier in Kinsale abzuschneiden. Trotz der Anstrengungen der Engländer, sie im Norden festzuhalten, wandte sich zuerst O'Donnell und dann Tyrone heimlich nach Süden, um Mountjoys Belagerung zu durchbrechen und die eigenen Streitkräfte mit denen der Spanier zu vereinigen. Im Dezember wurden die englischen Belagerer selbst von den 5500 Mann O'Donnells und Tyrones belagert. Als es zwischen den englischen und irischen Streitkräften am 24. Dezember zur Schlacht kam, siegte Mountjoy. Die Spanier beteiligten sich nicht am Kampf, doch ergaben sie sich Mountjoy am 2. Januar 1602, als keine Hoffnung mehr auf einen Entsatz bestand. Obwohl die Schlacht in Munster ausgefochten wurde, war damit auch das gälische Ulster niedergeworfen. O'Donnell schiffte sich nach Spanien ein und starb wenige Monate später. Tyrone kehrte nach Ulster zurück und trat dort mit Mountjoy in Verhandlungen ein, die im folgenden Jahr unter recht günstigen Bedingungen für ihn abgeschlossen wurden.

Ulster war durch 9 Jahre Krieg verwüstet, doch waren die Friedensbedingungen zunächst weniger hart als die, welche Munster nach Desmonds Rebellion gestellt worden waren. Tyrone behielt seinen Titel, und Rory O'Donnell, der Bruder Hughs, wurde 1603 zum Earl of Tyrconnell erhoben. Die Pläne für die Einrichtung einer Lord-Präsidentschaft in Ulster wurden aufgegeben. Trotzdem war Ulster gegen eine Expansion der Engländer nun nicht mehr immun. Die einheimischen gälischen Stammesführer waren politisch entmachtet, genau wie die Stammesführer der *Old English* von Munster einige Jahrzehnte zuvor entmachtet worden waren. Die Eroberung durch die Tudors war insofern abgeschlossen, als die herkömmlichen historischen Träger des irischen Widerstandes ihre Macht verloren hatten (wenn auch Elisabeth die Unterwerfung Tyrones nicht mehr miterlebte). Das besagte freilich nicht, daß in Irland fortan Ruhe herrschte. Im 17. Jh. sollte es erneut zu Aufständen kommen, wobei der von 1641 wohl der furchtbarste der irischen Geschichte war. Aber zur Unterdrückung dieser zukünftigen Rebellionen mußten neue Männer, neue Ideen und neue Institutionen herangezogen werden.

Die Tudors hatten mit ihrer Politik ihr Hauptziel erreicht. Die Beauftragten der Krone hielten jetzt die Zügel der Macht in der Hand. Die einzelnen Stammesfürsten konnten nicht mehr verlangen, wie kleine Könige respektiert zu werden. Dennoch hatte der Tudor-Sieg einen hohlen Klang. Man hatte so viel Gewalt anwenden müssen und im Verhältnis so wenig damit erreicht, daß von dem Ideal einer Gesellschaft mit zwei verschiedenen Kulturen, die einem einzigen König in Untertanentreue ergeben waren, nur rauchende Trümmer in einem verwüsteten Land übrig geblieben waren. Genau wie die Anjou-Plantagenets vor ihm hatte auch Heinrich VIII. *jedermanns* König sein wollen, aber gegen Ende von Elisabeths Regierung war unverkennbar, daß die Regierung bedenkenlos Partei ergriff. Lagen ihr vielleicht nur die *New English,* die protestantischen Einwanderer der letzten Jahrzehnte, am Herzen? Wie konnte sie von den *Old English* und den Iren Untertanentreue erwarten, deren unterschiedliche Kultur, aber gemeinsame Religion von der englischen Krone (und in zunehmendem Maße auch vom englischen Volk) öffentlich herabgesetzt wurden? Und wenn die Krone gegen die Mehrheit der Bevölkerung feindlich eingestellt war – und zwar nicht nur gegen die Ärmsten und Niedrigsten, sondern auch gegen die herkömmlicherweise Privilegierten – wie konnte sie dann eine starke Regierung führen und aufrechterhalten? Dies waren trotz der militärischen Erfolge noch wichtige, ungelöste Probleme.

IV. Der Aufstieg des Protestantismus: Das 17. Jahrhundert

Jahrhunderte sind künstliche Gebilde. Dynastien – wie die der Tudors und Stuarts – sind nichts anderes als genealogische Ebenbilder der Jahrhunderte; die Zeit wird eher anhand aufeinanderfolgender Lebensgeschichten gemessen anstatt Hunderte von aufeinanderfolgenden Jahren zu zählen. Der Tod des letzten Tudors, der Königin Elisabeth I., am 24. März 1603 hatte kaum Einfluß auf die Verhältnisse in Irland. Ihr Nachfolger war der erste Stuart, Jakob VI. von Schottland, der Sohn ihrer Kusine, der Königin Maria von Schottland, und ihres zweiten Gemahls Heinrich Stuart, Lord Darnley. Er nahm den Titel Jakob I. von England an, womit die Krone von Schottland und die von England in ihrer langen, stürmischen Geschichte zum erstenmal in Personalunion vereinigt waren.

Trotz seiner jahrelangen Herrschaft im nördlichen Königreich, kam Jakob in bezug auf seine religiöse Einstellung als eine fast unbekannte Größe auf den englischen Thron. Obwohl er von einer römisch-katholischen Mutter abstammte, in der manche eine Märtyrerin ihres Glaubens sahen, hatten Angehörige des schottischen Hochadels darauf bestanden, daß er von streng kalvinistischen Lehrern erzogen wurde. Welchen dieser beiden entgegengesetzten Wege würde er einschlagen? Welcher entsprach seiner Überzeugung? England war 1603 zu einer bewußt protestantischen Nation geworden, aber in Irland wurde die Kluft zwischen der offiziellen protestantischen Kirche von Irland und der immer noch weitgehend nichtreformierten Masse der Bevölkerung immer größer – ganz zu schweigen von einem sehr großen Teil der früheren Geistlichen. Nach welcher Richtung würde der neue König seinen Einfluß geltend machen?

Als Elisabeth starb, herrschte in weiten Kreisen Irlands religiöse Enttäuschung und Niedergeschlagenheit. Familien der *Old English* schickten ihre Kinder auf den Kontinent, um sie dort im orthodoxen Glauben erziehen zu lassen, was zu Hause nicht mehr möglich war. Zwar war dort eine päpstliche Hierarchie von irischen Bischöfen und Erzbischöfen entstanden, doch residierten die meisten nicht in Irland, sondern lebten im Ausland. Die englische Regierung nahm in ihrer Einstellung zum Katholizismus eine schwankende Haltung ein. Das Rekusantentum (die Weigerung, an den Riten der reformierten Kirche teilzunehmen) war in Irland zu sehr verbreitet, als daß man so streng wie in England dagegen hätte vorgehen können. Notfalls ignorierte man den Katholizismus, oder man ließ ihn stillschweigend gewähren. Die Verbreitung des Evangeliums nach dem neuen Glauben machte nur langsame oder nur unbedeutende Fortschritte. Die größte Leistung der Reformer war die Gründung des Trinity

Colleges in den Jahren um 1590. Es war als erste Stufe einer späteren Universität in Dublin gedacht, wurde jedoch dann zur ersten – und für 250 Jahre einzigen – Universität in Irland.
Die protestantischen Theologen glaubten, die Menschheit brauche auf ihrem mühsamen Weg zum Licht die Wissenschaft. Die von Rom ausgehenden alten Pfade kirchlicher Autorität hielt man für korrupt und unverläßlich. Man mußte den Laien – oder wenigstens einem erheblichen Teil von ihnen – das Rüstzeug in die Hand geben, selbst zur göttlichen Wahrheit hinzufinden. Das Trinity College sollte bei dieser Suche als eine Art Leuchtturm dienen und dazu beitragen, Irland protestantisch zu machen. Aber in den Jahren um 1590 war die Polarisierung der Bevölkerung schon soweit gediehen, daß deutliche Grenzlinien gezogen waren. In den Augen der meisten Iren und *Old English* geriet das Trinity College sofort in den Verdacht der Ketzerei. Die Studenten stammten großenteils aus den Reihen der bereits Bekehrten, die meist in England geboren waren oder deren Vorfahren erst neuerdings aus England gekommen waren. Nur wenige katholische Seelen wurden gewonnen, und das College wurde zu einem Seminar einer protestantischen Minorität von Siedlern. Auch so hatte es eine wichtige Aufgabe, aber es trug zu einer Verhärtung der Spaltung der Bevölkerung bei, anstatt sie in einer reformierten Inselkirche zu vereinen.
Genau wie das Trinity College wurde auch die Kirche von Irland mehr und mehr zu einer Institution der in England geborenen Neuankömmlinge. Sie gedieh dort, wo es viele davon gab, und sie siechte dahin, wo es nur wenige waren. Das war an sich widersinnig, denn die Kirche von Irland war eine uralte, im tiefsten Sinne irische Einrichtung, die aus dem Geist der irischen Heiligen der Frühzeit erwachsen war. Kirchen, die St. Patrick, St. Brendan und Sta. Brigit gewidmet waren, wurden von den nachgeborenen Verwandten aus der englischen Seitenlinie abgelehnt, ja verabscheut. Die Iren zog es genau wie die *New English* zu den heiligen Orten, auf welche die Kirche von Irland mit Mißfallen blickte, besonders zu den Gotteshäusern der unterdrückten Mönchsorden und Bettelbrüder. Dort konnten Geistliche, die am Alten festhielten und nichts für die Neuerungen der Staatskirche übrig hatten, gleichgesinnten Laien die traditionellen Riten vorzelebrieren.
Weshalb trafen die Ideen und Institutionen der Reformation in Irland auf einen so starken Widerstand? Vom günstigen Standpunkt des 19. und 20. Jhs. aus gesehen, in denen der Katholizismus in Irland zu einer enormen Macht wurde, könnte man annehmen, daß die Reformation dort im 16. und 17. Jh. unvermeidlich scheitern mußte. Aber wir sollten uns davor hüten, in der Vergangenheit nur eine zeitlich frühere Version der Gegenwart mit denselben Einstellungen und Polarisierungen zu sehen, die sich erst mit der Zeit entwickelten.
Man sollte nicht vergessen, daß damals in vielen Teilen Englands ein hartnäckiger Widerstand gegen die »Neuerung« vorhanden war. Das Besondere an Irland war nicht so sehr die Stärke dieses Widerstandes als die Tatsache, daß es vom Einfluß der kirchlichen Autorität relativ weit entfernt

war. Zumindest bis 1604 hatte die Krone den größten Teil Irlands kaum oder überhaupt nicht unter ihrer Kontrolle. Mindestens mehrere Jahrzehnte lang reagierten die Iren auf Versuche, die religiösen Neuerungen einzuführen, eher gleichgültig. In dem Maße jedoch, wie die Engländer ihre Herrschaft unter dem Banner des Protestantismus weiter ausdehnten, verwandelte sich diese Gleichgültigkeit langsam in Furcht und Abscheu. Natürlich machte sich Rom das daraus entstehende Durcheinander zunutze, wenn es auch in seinen Augen nur versuchte, den Glauben und die Gläubigen zu unterstützen. Daß es damit schließlich einen so überwältigenden Erfolg hatte, war sicher nicht nur dem Missionierungseifer von einigen hundert Priestern zu verdanken. Das Königreich Böhmen wurde in den Jahren um 1620 nur mit Hilfe der Truppen des Heiligen Römischen Reiches und der unbehinderten Tätigkeit der Gesellschaft Jesu vor dem Protestantismus bewahrt. Eine Unterstützung dieser Größenordnung gab es in Irland nicht, und wir müssen daraus schließen, daß der Katholizismus sowohl *wegen* als auch *trotz* der Unterdrückung in so bemerkenswerter Weise überlebte und wieder aufstieg.

Jakob I. war sich durchaus bewußt, daß innerhalb seiner Königreiche und zwischen ihnen die Gefahr von religiösen Auseinandersetzungen bestand. Er war ein vielgeschmähter Monarch, der sich zweifellos ungeschickt verhielt und viele Mängel aufwies, doch gab er sich ehrliche Mühe, sich zwischen den gefährlichen extremen religiösen Strömungen seiner Zeit einen Weg zu bahnen. Persönlich war er gewillt, seinen Untertanen »Gewissensfreiheit« zu gewähren, was bedeutete, daß sie ihren alten Glauben weiter ausüben durften, wenn ihnen der neue nicht paßte. Aber die politischen Auswirkungen dieser Liberalität erwiesen sich auf beiden Seiten der Irischen See bald als untragbar. Nachdem Jakobs englische Untertanen 2 Jahrzehnte lang mit Spanien Krieg geführt hatten, waren sie davon überzeugt, daß ihr protestantischer Gott und ihre eigenen protestantischen Tugenden sie vor einem römischen Schicksal, das ihnen schlimmer als der Tod schien, bewahrt hatten. Die meisten waren nicht zu großzügigen Konzessionen gegenüber Menschen bereit, die sie noch kurz zuvor als ihre Todfeinde betrachtet hatten, und sie hielten die unnachgiebigen Katholiken in England und in Irland für potentielle Mitglieder einer fünften Kolonne und für Verräter. Jakob sah sich daher gezwungen, eine viel militantere protestantische Haltung einzunehmen, als er besonders Irland gegenüber für richtig und angebracht hielt.

Als 1605 sein episkopaler Protestantismus verkündet wurde, kam es in England zu der berühmten Pulververschwörung, bei der eine Gruppe enttäuschter Katholiken vergeblich versuchte, den König samt den Mitgliedern des Ober- und Unterhauses spektakulär in die Luft zu sprengen. Die Zahl der englischen Katholiken war minimal (1603 waren es etwa 35000 bei einer Gesamtbevölkerung von vielleicht 5 Millionen), so daß die politischen Konsequenzen ihrer Unterdrückung unbedeutend waren. Dagegen stellte sich bei einer 1604 in Irland durchgeführten Untersuchung heraus,

daß die protestantische Kirche Irlands nur in einem sehr kleinen Gebiet wirklich funktionierte und lediglich einen kleinen Bruchteil der Bevölkerung umfaßte. Die übrigen Iren bekannten sich entweder zu keiner bestimmten Konfession, oder sie hielten sich an den alten Glauben mit oder ohne Beistand der römisch-katholischen Geistlichkeit.
Jakob wollte keine Konfrontation mit der katholischen Mehrheit riskieren, was nur deshalb zu erwägen gewesen wäre, weil diese Mehrheit noch unorganisiert, mutlos und ohne Führer war. Aber der König war in gewisser Weise der Gefangene seiner eigenen protestantischen Diener. Die führenden protestantischen Bischöfe und die Mehrheit im irischen Kronrat (dem jene Bischöfe angehörten) hatten die Hoffnung aufgegeben, die Iren je zum neuen Glauben bekehren oder an englische Sitten und Gebräuche gewöhnen zu können, solange der römische Katholizismus toleriert wurde. Um die Männer zu unterstützen, die er zur Verwaltung Irlands unbedingt brauchte, und um seine protestantischen englischen Untertanen davon zu überzeugen, daß er selbst kein heimlicher Katholik war, erließ Jakob im Oktober 1605 eine Proklamation, in der er die Bevölkerung Irlands aufforderte, sich zum protestantischen Glauben zu bekennen, und in der die katholischen Geistlichen aufgefordert wurden, bis spätestens Dezember Irland zu verlassen.
Trotz des entschlossenen Auftretens des Königs bestand kaum Aussicht, daß man diese Verordnung gewaltsam durchsetzen konnte. Protestantische Gottesdienste und eine zwangsweise Durchführung waren nur im Pale und in den alten Städten möglich, so daß die *Old English* die Hauptleidtragenden des harten Kurses waren. Diese absurde Situation bewog den englischen Kronrat im April 1607 zu der Anordnung, daß sich die Regierung von Irland bei der Verfolgung der Katholiken zurückhalten solle. Die alte Religion und ihre Geistlichen waren zwar in Irland offiziell auch weiterhin illegal, doch waren sie praktisch allgegenwärtig. Wie schon unter Elisabeth brach der Versuch, mit Gewalt gegen den Katholizismus vorzugehen, wieder einmal sozusagen unter seinem eigenen politischen Gewicht zusammen. Leidenschaftliche Reformer verzweifelten daran, daß man jemals die römisch-katholischen Riten und die Autorität der römisch-katholischen Kirche bei den Iren abschaffen könnte und kamen immer mehr zu der Überzeugung, daß ihnen nur die Hoffnung auf die Einwanderung und Ansiedlung bereits protestantischer Bewohner Englands und Schottlands blieb. Ereignisse, die sich 1607 und 1609 in Ulster abspielten, boten hierzu eine gute Gelegenheit.
Die Rebellion Hugh O'Neills war 1604 beendet worden, und die danach ausgehandelten Bedingungen ersparten dem Norden die massiven Konfiszierungen, die nach dem Aufstand Desmond in Munster vorgenommen worden waren. Nichtsdestoweniger war die Regierung siegreich daraus hervorgegangen, und Sir Arthur Chichester, der seit 1605 der neue Vizekönig war, und sein erster Kronanwalt John Davies versuchten, die militärische Überlegenheit in eine sinnvolle politische Kontrolle umzuset-

zen. Alles, was zu einem lokalen englischen Verwaltungsapparat gehörte, wurde aufgeboten: Sheriffs für die einzelnen Grafschaften, Friedensrichter und Beamte für die Verwaltung des Privatvermögens der Krone *(coroners)* in diesen Grafschaften. Chichester dachte sogar daran, an die Spitze der einzelnen Provinzen einen Lord-Präsidenten zu setzen, wie das zuvor in Munster und Connacht geschehen war. Die neuen Einrichtungen gefährdeten die traditionelle Autorität der O'Neills in den neun Grafschaften des Nordens. Die Einwanderung von Schotten in Antrim und Down, die unter der Regierung Elisabeths entgegen den Wünschen der Königin begonnen hatte, wurde nun von Jakob von Schottland offiziell ermutigt. Chichester selbst half, einen Teil des Gebiets mit Kolonisten zu besiedeln, die von England herübergeholt wurden, und 1605 wurde George Montgomery, dem ersten protestantischen Bischof des Gebiets, der Bischofsitz von Raphoe, Derry und Clogher in Ulster übertragen.
Immer mehr wurde O'Neill eingekreist, und immer mehr geriet der Norden unter englischen Einfluß. Als O'Neill die Hoffnungslosigkeit seiner Situation erkannte, beschloß er, sich Rory O'Donnell, Cuconnaught Maguire, und einer großen Gruppe von Stammesgenossen anzuschließen und mit ihnen gemeinsam auf den Kontinent zu fliehen. Am 4. September 1607 schifften sie sich im Lough Swilly plötzlich ein, und gaben hierdurch Anlaß zu zahlreichen und unwiderlegbaren Verdächtigungen, daß fehlgeschlagene Anschläge sie zu dieser überstürzten Flucht veranlaßt hätten. In Liedern und Romanzen wurde die »Flucht der Grafen« als packender Schlußakt des heroischen gälischen Zeitalters besungen, worin zumindest ein Körnchen Wahrheit steckte. In die Earls of Ulster hatte man die letzte Hoffnung auf einen wirksamen Widerstand gegen die wachsende Macht der Engländer gesetzt. Aufgrund ihrer Flucht aus Irland, war die Unterwerfung der Insel unter die englischen Gesetze und Sitten, unter die englische Regierung und Religion fast eine unvermeidbare Folge. Andererseits hatten die 9 Jahre Krieg die Macht der Earls bereits so erschüttert, daß ihre Flucht mehr ein Eingeständnis ihrer tatsächlichen Lage als die Ursache ihrer künftigen Machtlosigkeit war.
Der Oberste Königliche Gerichtshof erklärte sie in Abwesenheit für vogelfrei, und man ging daran, ihre Ländereien einzuziehen. Von dieser in Aussicht genommenen, relativ milden Behandlung kam man jedoch nach der kurzen Revolte von Sir Cahir O'Doherty im April 1608 wieder ab. O'Doherty hatte die Regierung in ihrem Einschreiten gegen die flüchtigen Earls unterstützt, wurde jedoch hinterher einfach fallen gelassen. Verbittert revoltierte er und wurde dabei von einigen der O'Hanlons und O'Cahans unterstützt, worin die Regierung wiederum einen Beweis sah, daß es aussichtslos war, die eingeborene Bevölkerung von Ulster jemals zur Ordnung zwingen zu wollen. O'Doherty fand im Juli den Tod, und noch im gleichen Sommer entschied das Gericht, daß der größte Teil der Ländereien in Armagh, Cavan, Coleraine, Donegal, Fermanagh und Tyrone wegen des verräterischen Verhaltens der früheren Eigentümer in

den Besitz des Königs überging. Es war ein drakonisches Urteil, das sich auf den »allgemeinen Grundsatz« stützte, daß »der Verrat von wenigen die Enteignung aller rechtfertige«.[1]
Früher hatte die Regierung Sympathie bekundet für die kleinen Freisassen in ihrem Kampf um Unabhängigkeit von den großen gälischen Lords. Jetzt behandelte sie sie um kein Haar besser, als es darum ging, eine weitgehende Umstrukturierung in Ulster durchzuführen oder zu rechtfertigen. Der neue Kolonisationsplan wurde 1608 in London ausgearbeitet. Down, Antrim und Monaghan wurde nicht einbezogen, die ersten beiden, weil sie bereits schottisches und englisches Siedlungsgebiet waren, und Monaghan, weil es bereits 1591–92 den einheimischen MacMahons zugeteilt worden war. Das Grundprinzip für die Neukolonisierung der sechs Grafschaften war eine strikte Trennung. Die englischen und die schottischen Kolonisten sollten auf Ländereien angesiedelt werden, die zuvor völlig von ihren einheimischen Bewohnern gesäubert waren. Nur »Land, das bevorzugten Iren, der Kirche und Offizieren, die im letzten Krieg gedient hatten, zugeteilt worden war«, durfte von Einheimischen bewohnt werden.[2]
Es sah so aus, als würde es bei der Besiedlung der Grafschaft Coleraine die größten Schwierigkeiten geben, weshalb sich die Stadt London 1609 veranlaßt sah, sie als Spekulationsobjekt selbst zu übernehmen. Auch die Besiedlung der übrigen fünf Grafschaften erwies sich als schwierig und vielen Wechselfällen unterworfen. Schließlich wurde etwa ein Viertel des Grund und Bodens an 100 »Unternehmer« abgegeben, von denen über die Hälfte Schotten waren. Ungefähr 50 sogenannte *»servitors«* (Gefolgsmänner), Iren, die in den letzten Kriegen auf seiten der Engländer gekämpft hatten, bekamen ca. ein Fünftel des Landes zugeteilt, und etwa 300 »in Irland geborene« frühere Grundbesitzer in der Provinz wurden mit einem weiteren Viertel des Grund und Bodens entschädigt. Der beträchtliche Teil, der übrigblieb – etwas mehr als ein Viertel der Gesamtfläche – wurde unter der Kirche, besonders den Bischofssitzen im Norden, dem Trinity College (das große Zuteilungen in Armagh, Fermanagh und besonders in Donegal erhielt), dem Vizekönig Chichester (der die Halbinsel Inishowen zwischen dem Lough Foyle und dem Lough Swilly bekam) und einigen Grundbesitzern aus den Reihen der *Old English* verteilt, welch letztere ihren Grundbesitz in der Grafschaft Cavan zurückerhielten.
Ob die neue Ansiedlung sich als Erfolg oder als Mißerfolg erwies, hing von der Tüchtigkeit der Unternehmer ab, die ihre Ländereien an englische und schottische Pächter vergaben, und ob sie dafür sorgten, daß befestigte Häuser, Brücken, Straßen und Scheunen errichtet wurden, die zur Sicherung der Kolonie und zu ihrem Gedeihen unbedingt erforderlich waren. Die Unternehmer erhielten billiges Land, doch wurden ihnen zahlreiche Auflagen gemacht, die zur Verbesserung und Weiterentwicklung der Kolonie beitragen sollten. Die Habgierigen unter ihnen und solche, die selbst in Bedrängnis waren, neigten dazu, sich über diese Auflagen hinwegzusetzen und sich möglichst hohe Einnahmen zu sichern, indem sie

das Land an in Irland geborene Iren verpachteten, da englische und schottische Pächter sich meist nicht darauf einließen, einen hohen Zins zu bezahlen; zumal sie das Risiko auf sich genommen hatten, sich auf eine ungewisse und fremde Insel zu begeben. Selbst in Coleraine griffen die Stadt London und ihre Handelskompanien auf die einträglicheren irischen Pächter zurück, und die Regierung sah sich schließlich gezwungen, sich ins Unvermeidliche zu fügen und anstelle des Verbots lediglich eine Geldbuße für die Verpachtung des Landes an Iren einzuziehen.

Die Ansiedlung in Ulster war zwar insofern ein »Mißerfolg«, als sie die Träume ihrer Planer bei weitem nicht erfüllte, doch gab es im 17. Jh. nichts, was bleibendere Konsequenzen für die Zukunft Irlands gehabt hätte. Ulster war die einzige Provinz Irlands, die zu Anfang des modernen Zeitalters eine beträchtliche Einwanderung zu verzeichnen hatte, und die einzige, in der die keltische und die altenglische Bevölkerung keine deutliche Mehrheit bildeten. Dies hing weitgehend mit der schottischen Einwanderung nach Ulster zusammen, deren Ursachen teilweise noch im Dunkeln liegen. In der Gesellschaft Schottlands waren expansive Kräfte am Werk, und anstatt dagegen anzugehen, daß diese sich in Irland ein Ventil suchten – wie es Elisabeth getan hatte – war der Schotte Jakob I. durchaus damit einverstanden. So kam es, daß schottische Siedler nicht nur in Down und Antrim in der Überzahl waren, sondern auch bei der Neubesiedlung der sechs enteigneten Provinzen eine wichtige Rolle spielten.

Die riesigen Konfiszierungen und die nachfolgende Einwanderung waren schuld daran, daß sich die Kolonisation von Ulster verheerender auswirkte als irgendein anderer Akt der englischen Verwaltung seit dem Beginn der direkten Regierung. Letzten Endes war es die Ursache der tiefgreifendsten Rebellion der irischen Geschichte, die im Oktober 1641 ausbrach und erst durch den Rachefeldzug Oliver Cromwells 1649–50 endgültig beendet wurde.

Die Befürworter der Ansiedlung dürften kaum vorausgesehen haben, welche Explosion sie auslösen würde. Ganz im Gegenteil versprachen sie sich besonders viel davon, war es doch die ausgedehnteste und am besten durchdachte Kolonisation in Irland. Alte Probleme wie die Verarmung der Kirche waren damit wenigstens im Norden mit einem Schlag gelöst. Den Schwierigkeiten, die es mit sich brachte, eine barbarische Gesellschaft verwalten zu müssen, ging man dadurch aus dem Weg, daß man sie durch eine andere ersetzte, die vertrauter und leichter zu regieren war. Aber wohin sollten sich die ausgesiedelten, übergangenen Einheimischen wenden? Was sollte aus ihnen mit ihrem Groll gegen die Neuhinzugekommenen und die Regierung, die diese beschützte, werden?

In den 30 Jahren zwischen der Besiedlung Ulsters und dem Aufstand von 1641 wuchs der Einfluß der Engländer im Norden wie im Süden. Anstelle der massiven Einwanderung von mittelgroßen und kleinen Bauern erlebte Munster jetzt das Emporkommen einer englischen »Plantokratie«. Große Grundstücke gerieten in die Hände von ein paar reichen, unternehmungsfreudigen Männern samt ihren Verwandten, Freunden und Pächtern. Der reichste und bekannteste unter ihnen war Richard Boyle, der erste Earl of Cork.

Das Parlament war ein anderer Bereich, in dem der neue englische Einfluß rasch zunahm. Daß die Eroberung Irlands nun abgeschlossen war, bewies die Tatsache, daß 1613 zum erstenmal Abgeordnete aus sämtlichen zweiunddreißig irischen Grafschaften ins irische Parlament einzogen. Um die neuen protestantischen Grundbesitzer auch politisch vertreten zu sehen (und um außerdem zuverlässigere pro-englische Abgeordnete im Parlament zu haben) richtete die Krone über vierzig neue Wahlbezirke in Gebieten (besonders in Ulster) ein, in denen der Grundbesitz vorwiegend in den Händen der *New English* war. Das sicherte dem irischen Parlament von 1613 eine protestantische Mehrheit (132 zu 100), doch blieb eine beträchtliche katholische Minderheit, die sich großenteils aus Abgeordneten aus Leinster und Munster zusammensetzte.[3]

Unter Jakob I. (1603–1625) und Karl I. (1625–1649) war das Hauptproblem bei der Regierung Irlands, die katholischen und protestantischen Parteien zu manipulieren und sie daran zu hindern, die Regierung entweder durch gegenseitige Opposition oder durch ein Bündnis gegen die Krone zu lähmen. Die Protestanten waren zwar zu einer Macht geworden, mit der man rechnen mußte, jedoch noch nicht zu einer Macht, mit der man regieren konnte. Anders gesagt, bereiteten sie der englischen Regierung etwa die gleichen Schwierigkeiten wie die *Old English* im 15. und frühen 16. Jh. Die Stuart-Könige, die in die Fußstapfen Elisabeths traten, verließen sich in erster Linie auf die englischen Statthalter und Beamten und dann erst auf die Siedler der *New English* und deren Bedienstete. Aber anders als Elisabeth suchten Jakob I. und Karl I. sich mit ihren katholischen Untertanen in Irland zu verständigen und dies unter anderem auch deshalb, weil sie auf diese Weise ein Gleichgewicht zu ihren immer selbstbewußter auftretenden protestantischen Untertanen in England erreichen wollten.

Die katholischen Abgeordneten des irischen Parlaments nutzten diese Unentschiedenheit der englischen Politik aus und erhoben 1626 eine Reihe von Forderungen, die seit 1628 unter der Bezeichnung »die Gnadenerweise« *(»the Graces«)* bekannt wurden. Es handelte sich um einundfünzig Forderungen unterschiedlicher Art, die Karl I. mehr oder weniger als Gegenleistung für die Kooperation der Katholiken aufgezwungen wurden. Es ging dabei hauptsächlich darum, die Benachteiligung der Katholiken in bezug auf ihren Grundbesitz und den Erwerb von Grundstücken zu beseitigen. Karl I. ließ sich auf die »Gnadenerweise« unter der Bedingung ein, daß ihm als Gegenleistung 3 Jahre lang alljährlich Subsidien in Höhe von 40000 Pfund vom irischen Parlament bewilligt wurden. Die »Gnadenerweise« waren jedoch von der Billigung des irischen Parlaments abhängig, und bei der Politik der Jahre um 1630 ging es in erster Linie darum, ob sie tatsächlich in Kraft treten würden und wenn ja, in welcher Form. Die Frage lautete nicht mehr, ob die Krone in Irland über Macht verfügte, sondern sie

lautete, wer von dieser Macht, die sie unbestreitbar inzwischen errungen hatte, profitieren würde. So kamen beispielsweise die neuen Patronatsrechte der Krone in Irland in den Jahren nach 1620 großenteils dem Günstling der Engländer, George Villiers, Duke of Buckingham, zugute. Auf Ersuchen Buckinghams wurden zu seinem eigenen Nutzen und dem seiner Freunde und Verwandten irische Titel wie Ritter, Baron oder Peer freigiebig verteilt. Ohne daß die Krone einen greifbaren Nutzen davon gehabt hätte, wurden Besitztümer und Titel an neue Männer und Familien vergeben. Selbst die protestantische Kirche von Irland bekam nur wenig von dem Reichtum ab, der sie eigentlich bei ihrem Kampf gegen Rom hätte unterstützen sollen. Protestantische Siedler wie der Earl of Cork brachten es fertig, sich wertvolle Kirchengüter persönlich anzueignen. So wurde die Kirche genau wie die Krone zu einer Institution, die zwar über reiche Freunde, aber nur über relativ bescheidene eigene Mittel verfügte.
1633 ernannte Karl I. einen Mann zum Vizekönig, der selbstbewußt daran ging, alles von Grund auf zu verändern. Es war Thomas Wentworth aus Yorkshire, der vor kurzem noch des Königs Lord-Präsident im Rat des Nordens gewesen war. Als er nach Irland kam, war er sich voll bewußt, welches Potential dort für die englische Krone steckte, aber er kannte auch die chronischen Probleme, die seit langem das irische Königreich zu einem Passivposten gemacht hatten. Für Wentworth war die Krone eine Art Festung. Um diese Festung zu verstärken, zog er in den Kampf gegen den Partikularismus von Katholiken wie Protestanten. Er bemühte sich, das Einkommen der Krone zu vergrößern und die Ausgaben der irischen Verwaltung zu verringern. Außerdem hatte er sich zur Aufgabe gesetzt, ein Heer aufzustellen, dessen sich die Krone bei auswärtigen wie bei inneren Auseinandersetzungen bedienen konnte.
Zur Durchführung des Wentworthschen Programms war es notwendig, den ehemaligen Grundbesitz von Kirche und Krone, der ihnen zustand, aber in die Hände von Unternehmern geraten war, wieder einzuziehen. Wentworth versteifte sich nicht darauf, *Old English* gegen *New English* oder Katholiken gegen Protestanten auszuspielen. Seine Methode bestand vielmehr darin, beide in ihre Schranken zu verweisen und ihnen mit dem Zorn des Königs zu drohen. Kein Vizekönig vor ihm hatte je eine so große legitimierte Macht besessen. Sie beruhte auf dem fast uneingeschränkten Vertrauen Karls I., der sich ganz auf seinen tüchtigen Diener verließ. Wentworth arbeitete zwar auch in die eigene Tasche und eignete sich Grundbesitz an, aber anders als Buckingham in den Jahren um 1620 legte er sich keine eigene Gruppe von Untergebenen zu, denen er die Möglichkeit zur Bereicherung gab.
Anscheinend schaffte Wentworth in Irland die Art von Ordnung, die die Krone wünschte, während von Seiten der Privilegierten – ganz gleich ob Katholiken oder Protestanten – scharfe Proteste und Klagen über ihn laut wurden. Tatsächlich hat er zu einer neuen Art von Instabilität beigetragen. In England sahen die Gegner Karls I. in der Tätigkeit von Wentworth in

Irland eine besondere Gefahr. Sie waren wie besessen von der Vorstellung, ein überwiegend katholisches Irland könnte eines Tages einen englischen König in einem Bürgerkrieg gegen seine englischen protestantischen Untertanen unterstützen. Wentworths Opfer in Irland unterstützten dessen Gegner in England nur allzu bereitwillig, und als im November 1640 ein englisches Parlament zusammentrat, bestand seine erste Handlung darin, Wentworth unter Anklage zu stellen. Einige Monate zuvor hatte man ihm sein Amt als Vizekönig in Irland genommen und ihn dafür als Earl of Strafford zum Peer erhoben.

11 Jahre lang hatte Karl I. sich bemüht, seine Herrschaftsgebiete zu regieren, ohne in England ein Parlament einzuberufen. Als sein Versuch, den Schotten den englischen Glauben aufzudrängen, ihn immer teurer zu stehen kam, sah er sich schließlich gezwungen nachzugeben, und nun richtete sich der aufgestaute Widerstand gegen Strafford und Irland. Mit einer öffentlichen Anklage Straffords hätte man nichts ausrichten können, da man ihm offiziell hätte nachweisen müssen, daß er Verrat begangen hatte, was nicht leicht gewesen wäre bei einem Mann, der jeden Befehl seines Herrschers treulich ausgeführt hatte. Statt dessen versuchte man es mit einem parlamentarischen Strafbeschluß (einem *act of attainder*), der vom Unterhaus angenommen und auch vom Oberhaus mit knapper Mehrheit gebilligt wurde. Auch der verängstigte Karl stimmte widerstrebend zu. Strafford wurde im Mai 1641 enthauptet. Sein Tod bewies, daß der König nicht imstande war, seine Diener vor der Wut des Parlaments zu schützen. Strafford war kein Katholik und auch kein besonderer Beschützer der Katholiken in Irland. Aber ein bestimmter Teil der englischen Bevölkerung, der sich immer lautstärker vernehmen ließ, sah in ihm ein Hindernis im Kampf gegen das Papsttum, was er nie hatte sein wollen. Als Strafford tot war und der König vor seinem eigenen Parlament zitterte, hatten die Katholiken in Irland – selbst die, welche den Vizekönig gehaßt hatten – das berechtigte Gefühl, daß bald wieder ein Sturm aus England über sie hereinbrechen würde, daß es mit dem seit 1604 herrschenden Gleichgewicht bald zu Ende sein würde und daß anstelle der widerwilligen, schweigenden Duldung ihres Glaubens demnächst eine rigorose Verfolgung einsetzen würde.

Der Aufstand, der am 23. Oktober 1641 ausbrach, war mindestens teilweise auf die neuen Verhältnisse in England zurückzuführen. Am Anfang stehen zwei Ereignisse: ein fehlgeschlagener Anschlag auf Dublin und ein ausgedehnter Aufstand in Ulster, der außerordentlich erfolgreich war. Die neuen protestantischen Siedler wurden von ihrem Land vertrieben und flüchteten in Schlösser, Häfen und befestigte Städte, wo sie nur irgend Zuflucht finden konnten. Viele wurden auf der Stelle getötet oder starben auf der Flucht an Hunger und Entbehrung. Bei den Vergeltungsmaßnahmen der Protestanten kamen Tausende von Katholiken ums Leben. Über das Ausmaß der verübten Greueltaten ist endlos debattiert worden, ohne daß ein endgültiges Urteil darüber zustande gekommen wäre. Aber auch wenn die Ereignisse übertrieben und verfälscht dargestellt worden sind, war es zweifellos eine finstere, blutige Zeit. Viele der Flüchtlinge schifften sich nach England ein, wo sie als Bettler in den westlichen Häfen Londons einen so bemitleidenswerten Eindruck machten, daß der Zorn der Engländer auf die rebellischen Iren bei ihrem Anblick noch mehr entflammt wurde.

Der Aufstand schien die Furcht der englischen Protestanten vor einer riesigen katholischen Verschwörung, bei der ihr eigener König mitspielen würde, zu rechtfertigen. Es beschwichtigte sie kaum, daß einige der Rebellen behaupteten, sie besäßen eine vom König unterzeichnete Genehmigung ihrer Aktion. Zweifellos hatte Karl im Trüben gefischt, doch daß er tatsächlich den Aufstand geschürt hatte, ist höchst unwahrscheinlich. Aber die Angst der englischen Protestanten um ihre Religion war kein leerer Wahn. Die Katholiken hatten seit Elisabeths Tod ihre Position in Irland unverkennbar gestärkt. Zahlreiche katholische Geistliche und sogar Prälaten zogen auf der Insel umher und feierten gelegentlich ganz offen Messen für die Gläubigen. Die katholische Bevölkerung Englands war zwar zahlenmäßig nur gering, doch schien sie zuzunehmen. Das Schlimmste aber war, daß Karl I. eine französische Katholikin geheiratet hatte, einige Katholiken in hohe Ämter eingesetzt hatte und sich strengeren Formen des Protestantismus, die sich bei seinen Untertanen ausbreiteten, entschieden widersetzte.

Die englischen Protestanten reagierten auf »die blutige Rebellion« oder »das Massaker«, wie es oft hieß, mit Abscheu und Argwohn gegen den König. Karl versuchte sich reinzuwaschen, doch wollte er sich auch nicht seine katholischen Untertanen in Irland entfremden, hoffte er doch noch immer auf deren politische und militärische Unterstützung. Viele dieser katholischen Untertanen, besonders die *Old English* in Leinster, beteuerten, sie seien an dem Aufstand völlig unschuldig und baten um Waffen, um sich an seiner Unterdrückung zu beteiligen. Sie erhielten sie jedoch nicht, denn die protestantischen Lord-Richter in Dublin (die die Regierung in Abwesenheit des neuernannten Vizekönigs führten) hielten den Aufstand für universal und nicht für lokal begrenzt. Sie glaubten und versicherten, es handele sich um eine »Massenerhebung« unter der katholischen Bevölkerung. Sie trauten keinem Katholiken, und ob ihr Verdacht anfangs begründet war oder nicht, jedenfalls schien er sich mehr und mehr zu bestätigen. Anfang 1642 breitete sich die Rebellion langsam auf der ganzen Insel aus, bis nur noch winzige Widerstandsgebiete von Protestanten übrigblieben. Teilweise breitete sich der Aufstand deshalb immer weiter aus, weil die Engländer offensichtlich nicht bereit waren, ein Heer für seine Unterdrükkung zu schicken. Das Parlament fürchtete, wenn ein Heer aufgestellt würde, würde der König den Oberbefehl übernehmen und es gegen das Parlament einsetzen. Der König seinerseits wollte keine militante antiirische Position einnehmen aus Angst, damit eine Beilegung des Konflikts zu verhindern, die vielleicht durch Verhandlungen erreicht werden könnte. So entstand eine allgemeine Lähmung. Die Schotten schickten Truppen nach Ulster, aber nur ein äußerst geringer Teil der Soldaten und der Munition sickerte andernorts zu den belagerten Protestanten durch. Da England mit seinen eigenen inneren Konflikten und dem aufkommenden Bürgerkrieg beschäftigt war, waren die beiden Inseln 8 lange Jahre praktisch voneinander abgeriegelt.

In diesem Vakuum entwickelte sich auf der Insel eine Unabhängigkeitsbewegung. Ein eindrucksvolles Aufgebot von katholischen Peers und Großgrundbesitzern (Gälen und *Old English*) versammelte sich im Sommer 1642 und bezeichnete sich nach dem Versammlungsort als »Konföderation von Kilkenny«. Sie richteten eine Exekutive und eine Legislative ein, die sich als Regierung von Irland ausgab und sich zur Treue gegenüber Karl I. verpflichtete, der am Rande eines Bürgerkriegs mit seinen Untertanen in England stand. Sie unterschieden dabei genau zwischen dem König, zu dessen Unterstützung sie bereit waren, und seinem verhaßten protestantischen größeren Königreich, gegen das sie sich zu wehren gedachten. Als Gegenleistung für ihre Unterstützung des Königs forderten sie die Anerkennung eines relativ unabhängigen Status von Irland und die freie Ausübung ihrer katholischen Religion.

Der König befand sich in einer unmöglichen Zwangslage. Wenn er sich auf das einließ, was die Konföderation von Kilkenny von ihm verlangte, entfremdete er sich seine Anhänger in England, unter denen nur wenige Katholiken waren. Weigerte er sich, so ging ihm Irlands Unterstützung verloren. Karl tat das, was Monarchen üblicherweise in solchen Fällen tun: er machte Ausflüchte. Dadurch daß er zu keinen wesentlichen Konzessionen bereit war, kam es bei den einzelnen Mitgliedern der Konföderation von Kilkenny zu einer internen Spaltung, denn die Gälen unter ihnen unterstützten nur zögernd diesen ihrer Meinung nach im Grunde englischen Monarchen und wollten sich lieber nach einem katholischen Schutzherrn auf dem Kontinent umsehen. In diesem Bestreben wurden sie seit 1643 kräftig von zwei aufeinanderfolgenden zur Konföderation entsandten päpstlichen Legaten unterstützt. Weder Pietro Scarampi noch Giovanni Battista Rinuccini hielt eine weitere Verbindung zwischen einem katholischen Irland und einer protestantischen Monarchie in England für vorteilhaft oder notwendig.

1648 kam es durch die Kontroverse, ob man sich Karl I. gegenüber loyal verhalten sollte oder nicht, in der Konföderation zu einer unheilbaren Spaltung. Die *Old English* schlossen mit dem Stellvertreter des Königs, James Butler, dem Marquis von Ormond, einen Waffenstillstand, und Rinuccini verließ erzürnt die Insel und drohte allen, die sich auf einen Kompromiß einließen, mit Exkommunikation. Schließlich stellte sich heraus, daß der mit Ormond geschlossene Waffenstillstand die Lage Karls I. kaum verbesserte. Im Dezember desselben Jahres wurde er vom siegreichen Parlament zur Verantwortung gezogen, und im Januar 1649 wurde er als Verräter seines Volkes öffentlich enthauptet. Der Waffenstillstand mit Ormond war jedoch insofern von Bedeutung, als man den irischen

Katholiken nun nicht mehr nachsagen konnte, sie seien für die gräßlichen Ereignisse des Jahres 1641 allein verantwortlich. Doch konnte man ihnen diese Absolution nur in bezug auf den König und die Royalisten erteilen. Die eigentliche Tragik lag darin, daß die siegreiche englische Partei völlig anderer Ansicht war. Sie sah es als einen weiteren Beweis für die Schändlichkeit der katholischen Iren an, daß diese bereit gewesen waren, mit dem besiegten und überführten König gemeinsame Sache zu machen. Nachdem man die Royalisten im sogenannten zweiten Bürgerkrieg (1648) vernichtend geschlagen hatte und Karl I. ins Jenseits befördert worden war, hatte das siegreiche Parlament freie Hand, mit Irland abzurechnen, das seit 8 Jahren durch innere Wirren und Rebellionen am Boden lag. Im Spätsommer 1649 landete Oliver Cromwell als vom Parlament eingesetzter Lord-General mit 30000 Mann in Irland, um es endgültig zu unterwerfen. Die angeblichen Greueltaten von 1641 dienten ihm 8 Jahre später als Rechtfertigung für seinen Rachefeldzug gegen das irische Volk.

Die 1641 und später an den Protestanten verübten Verbrechen, die zum Teil grauenvoll waren, stehen hier nicht zur Diskussion. Worum es uns geht, ist, daß man jene Ereignisse zur Rechtfertigung der schließlichen Rückeroberung und Neubesiedlung benutzte. Innerhalb von 6 Monaten nach dem Ausbruch des Aufstands im Jahre 1641 wurde die Behauptung von der Alleinschuld der Katholiken gesetzlich kodifiziert mit dem Zusatz, daß dem Parlament gewährte Kredite mit den Ländereien der Rebellen zurückbezahlt würden. Theoretisch sollte mit den eingezogenen Grundstücken die Unterdrückung des Aufstands finanziert werden, tatsächlich jedoch wurde das Geld nutzlos vergeudet. Jedenfalls hatte sich das Parlament verpflichtet, große Teile irischen Landes zu konfiszieren, worin viele eine harte, ausbeuterische Maßnahme erblickten. Als dann 1649–50 die Cromwellsche Rückeroberung endgültig abgeschlossen wurde, rückte man wieder mit der Greuelpropaganda der Jahre um 1640 heraus, um die Neubesiedlung zu rechtfertigen, für deren unerhörte Härte es keine andere Entschuldigung gab.

Die Rückeroberung begann mit dem Feldzug Oliver Cromwells nach Irland im Spätsommer 1649. Von seiner Basis in Dublin aus führte er mit einer gutausgebildeten, erfahrenen Armee von 30000 englischen Soldaten eine Reihe von siegreichen Belagerungen und anderen Kampfhandlungen durch. Dieser Feldzug unterschied sich von den mit den gleichen Streitkräften in England ausgefochtenen Kämpfen dadurch, daß gewöhnlich auch Frauen, Kinder und andere Zivilpersonen sowie unbewaffnete Gefangene niedergemetzelt wurden. Schuld daran war nicht nur die Kampfeswut der englischen Soldaten. Cromwells Armee war nicht weniger wohlgeordnet als irgendeine andere im Europa des 17. Jhs. (tatsächlich war sie sogar eine der besten Truppen), aber der Lord-General hielt sich für ein Werkzeug der göttlichen Vergeltung für die 1641 an den Protestanten verübten Greuel und gab daher bei zahlreichen Gelegenheiten den Befehl, Katholiken gegenüber keine Gnade walten zu lassen.

Als Cromwell Anfang 1650 Irland verließ, waren die katholischen Armeen zerschlagen, und eine riesige protestantische Garnison blieb zurück, um mit jedem noch vorhandenen Widerstand aufzuräumen und die Neubesiedlung durchzuführen. Es ging dabei darum, weitere 40 Prozent des irischen Grundbesitzes aus den Händen der Katholiken in die der Protestanten zu überführen. Außerdem war man bestrebt, den noch den Katholiken verbleibenden, über ganz Irland verteilten Grundbesitz in die abgelegensten Gebiete im Westen, besonders nach Connacht, zu verlegen. Als neue Grundbesitzer waren Leute vorgesehen, die in den Jahren nach 1640 mit der Aussicht auf die Übereignung irischer Ländereien dem Parlament Geld vorgestreckt hatten, sowie Soldaten, die mit Cromwell nach Irland gezogen waren und die nun für ihre Dienste mit dem Land bezahlt werden sollten, bei dessen Rückeroberung sie mitgeholfen hatten. Die Cromwellsche Besiedlung dürfte wahrscheinlich die ehrgeizigste und radikalste im Europa das 17. Jhs. gewesen sein. Fast eine ganze Nation wurde von ihren Eroberern enteignet, und nicht nur eine kleine, genau definierbare Gruppe von Rebellen. Um eine so umfangreiche Übereignung von Land zu ermöglichen, führte Sir William Petty, der Begründer der »politischen Arithmetik«, die drastischste Landvermessung und kartographische Aufzeichnung des Jahrhunderts durch. Petty war ein Erfinder, ein Experimentator und ein unermüdlicher Theoretiker – einer der vielen Fachleute, die Cromwell geschickt einsetzte, um ein riesiges Vermögen an konfisziertem irischem Land zusammenzubringen. Pettys Vermessungen und Landkarten gaben den Cromwellschen Beamten die Möglichkeit, die komplizierte Übereignung von Ländereien vorzunehmen, welche man den verschiedenen Kategorien von zu Rebellen erklärten Iren abnahm, um sie den verschiedenen Kategorien von Engländern zu übereignen, von denen man annahm, daß sie berechtigten Anspruch darauf hätten.

Die Tausende von Ansprüchen und Gegenansprüchen waren so mannigfaltig und so voller Widersprüche, daß man erst damit angefangen hatte, sie auszusortieren, als Cromwell im September 1658 starb. Und bevor die stürmische Epoche der Revolution mit der Wiedereinsetzung der Stuart-Monarchie im Jahre 1660 zu Ende ging, wurden kaum weitere Fortschritte mit der Neubesiedlung gemacht. Irland hatte weniger als ein Jahrzehnt unter der Herrschaft Cromwells gestanden. Genau wie Schottland nach 1651 war es einer ihrem Wesen nach militärischen Regierung unterstellt gewesen, doch war es in Schottland nie zu einer so tiefgreifenden gesellschaftlichen und wirtschaftlichen Umstrukturierung gekommen, wie sie in Irland versucht wurde. In den Jahren um 1650 war die Insel als englische Garnison regiert worden. Die englische Regierung (das Commonwealth von 1649–53 und das Protektorat von 1654–60) scheute die ständigen riesigen Militärausgaben und versuchte die Armee zu verkleinern, doch bestand kaum Hoffnung auf ein geordnetes, sich selbst verwaltendes ziviles Staatswesen in Irland. Zur Cromwellschen Garnison gehörten auch zahlreiche protestantische Sekten, besonders Baptisten, die sich jedoch kaum bemühten, unter den Iren Proselyten zu machen. Man sah die Iren weitgehend als unverbesserlich an, und so standen die Barrikaden einer regelrechten Besatzungsmacht zwischen den beiden Gesellschaften.

Die »fanatischen« Protestanten, die den »unnachgiebigen« Katholiken feindlich gegenüberstehen, ergeben jedoch kein vollständiges Bild. Oliver Cromwell schickte 1655 seinen jüngeren Sohn Heinrich nach Irland, und dieser Sohn des Protektors, der schließlich Vizekönig wurde, ließ sich nach und nach in einen Kreis von konservativen Geistlichen, Offizieren der Armee und wieder auftauchenden Siedlern aus der Zeit Jakobs I. hineinziehen. Diese Vertreter des Establishments, die es ähnlich auch in England gab, fürchteten die anarchistischen Tendenzen, die sie in den niederen Rängen der Armee und unter besonders fanatischen Sektierern beobachten konnten. Auch Heinrich Cromwell verabscheute den Radikalismus, und auch er fühlte sich zu reichen protestantischen Familien hingezogen, die sich bereits vor 1641 etabliert hatten. Dies war insofern von entscheidender Bedeutung, als viele Protestanten, die überlebt hatten, während der chaotischen Jahre um 1640 im Dienste Karls I. gestanden hatten und jetzt Gefahr liefen, auch nicht besser behandelt zu werden als die Katholiken. So bildete Olivers Sohn eine Art Brücke, über welche die früheren Siedler zu einem sicheren und geachteten Platz im Cromwellschen Irland gelangen konnten. Als Karl II., der geflüchtete Sohn des enthaupteten Karls I., 1659 auf den Thron seiner Ahnen zurückzukehren versuchte, fand er in Irland bei vielen protestantischen Siedlern, die sich der Gunst Heinrich Cromwells erfreut hatten, freundliche Aufnahme. Männer wie Sir Charles Coote und Sir Roger Boyle hatten mit den Cromwells Frieden geschlossen und unter ihnen sogar erfolgreich Karriere gemacht, ohne daß sie mit der Verurteilung und Hinrichtung Karls I. und mit den radikalen Neuerungen unter seinem Nachfolger etwas zu tun hatten.

Die Tatsache, daß Karl II. mit Hilfe der irischen Protestanten aus der Zeit vor Cromwell seinen Thron zurückgewann, machte es ihm als König fast unmöglich, die Cromwellsche Siedlung wieder vollständig rückgängig zu machen. Die Katholiken waren 1660 schlicht und einfach der Ansicht, es sei jetzt an der Zeit, daß die Krone ihre Freunde belohnte und ihre Feinde bestrafte, und sie waren fest überzeugt, daß sie trotz einiger Fehltritte in ihrer Treue zu den Stuarts viel beständiger gewesen waren als die Protestanten in Irland und England. Sie hofften, daß der *status quo ante bellum* wiederhergestellt würde, ein Umschwung, der nur mit Hilfe einer neuen Runde von durchgreifenden Verurteilungen und Konfiszierungen – dieses Mal bei den Protestanten – durchzuführen war. Karl II. sah ein, daß dies nur recht und billig gewesen wäre, doch zauderte er und war zu vorsichtig, es zustande zu bringen. Es war ihm ein warnendes Beispiel, daß sein Vater 1649 auch deshalb enthauptet worden war, weil er seine protestantischen Untertanen damit erzürnt hatte, daß er sich der katholischen Minderheit annahm und mit ihr sympathisierte. Karl II. schlug einen vorsichtigen politischen Kurs ein und versuchte unauffällig »unschuldigen Papisten«

ihre früheren Ländereien zurückzugeben, ließ aber dann die meisten von ihnen im Stich, als daraufhin bei den Protestanten ein Sturm der Entrüstung ausbrach. So erreichte die Bekehrung der irischen Gesellschaft zum Protestantismus zur Zeit der Restauration einen neuen Höhepunkt. Das neue irische Unterhaus war im Gegensatz zu seinen Vorgängern von 1640 und 1634 ausschließlich, und nicht mehr nur vorwiegend protestantisch. Eine Handvoll vornehmer katholischer Familien erhielt ihr Land zurück, doch waren das durchaus Ausnahmen. Die »Gesellschaft« war jetzt protestantisch, und Dublin wurde zur Hauptstadt des Protestantismus. Auch die protestantische Mittelklasse und die protestantischen Unterklassen vergrößerten sich etwas, wenn auch kaum anzunehmen ist, daß mehr als ein Bruchteil (vielleicht ein Drittel) der Cromwellschen Soldaten und Zivilbeamten nach der Restauration Irland zu ihrer neuen Heimat machte. Nach 1660 zogen auch einige protestantische Kaufleute und Handwerker besonders nach Dublin zu, und natürlich erfolgte nach der Aufhebung des Edikts von Nantes in Frankreich (1685) ein Zustrom von Hugenotten, von denen viele große Geschicklichkeit in der Textilverarbeitung besaßen.

In den Jahren nach 1660 wurde die Cromwellsche Landbesiedlung nicht, wie erhofft, wieder rückgängig gemacht, sondern sie wurde mit geringen Revisionen praktisch legitimiert. So entstand neben dem offiziellen protestantischen Irland ein *zweites*, seiner Rechte beraubtes, enteignetes katholisches Irland, zu dem auch die Flüchtlinge gehörten. Die Katholiken waren keineswegs, wie es die Cromwellianer beabsichtigt hatten, im Westen zusammengepfercht, sondern sie wohnten auch weiterhin fast überall in Irland als Unterschicht, die aus Dienstboten und kleinen Pächtern bestand. Tausende wanderten aus und setzten damit eine Tradition fort, die sich bereits seit dem ausgehenden 16. Jh. eingebürgert hatte. Die ersten Emigranten waren vorwiegend nach Spanien gegangen und hatten sich für den Kriegsdienst der spanischen Armeen in den Niederlanden anwerben lassen, doch gab es in der zweiten Hälfte des 17. Jhs. überall im katholischen Europa irische Flüchtlinge. Viele lebten in Österreich und insbesondere auch in Frankreich, wo es eine irische Brigade gab, die der Krone von der Zeit Ludwigs XIV. an bis zur Französischen Revolution diente. Die aristokratischen katholischen Familien nahmen einen kosmopolitischen Lebensstil an und waren im Ausland ebenso angesehen wie auf der heimischen Insel.

Für die Bauern gab es kaum einen Ausweg, es sei denn sie ließen sich auf das trostlose amerikanische Abenteuer ein, wozu sie sich manchmal gezwungen sahen. Englische Unternehmer in den Kolonien verfrachteten in den Jahren um 1630 ganze Schiffsladungen von ihnen, um die verseuchten karibischen Kolonien St. Kitts und Barbados besiedeln zu helfen, und Tausende von Iren wurden zur Besiedlung Jamaikas herangezogen, nachdem die Engländer es 1656 den Spaniern abgenommen hatten. Irische Namen finden sich auch auf den Listen von Auswanderern nach Virginia um die Jahrhundertmitte, doch nirgends tauchten Iren in den karibischen und atlantischen Kolonien als blühende, selbstbewußte ethnische Gruppe auf. Ganz im Gegenteil betrachtete man sie oft als unzuverlässige Unruhestifter, und zahlreiche Kolonien erließen Gesetze, die ihre Einwanderung verhindern oder begrenzen sollten.

Trotz aller Unruhen und Verwüstungen der vorangegangenen Jahrzehnte kam es unter der Regierung Karls II. in gewissen Teilen Irlands zu einem unerwarteten wirtschaftlichen Aufschwung. Dieser bahnte sich schon vor Oliver Cromwells Tod an. Vermutlich vertrauten die protestantischen Grundbesitzer jetzt mehr als zuvor darauf, daß die Insel endgültig ihnen gehörte, und deshalb investierten sie neues Kapital in den Erwerb von irischem Land. Die Ausfuhr, besonders von Schlachtvieh, nach England nahm einen deutlichen Aufschwung und veranlaßte die Engländer zu protektionistischen Maßnahmen zum Schutz ihrer eigenen Rinderzucht. Kaum ging es den protestantischen Siedlern in Irland etwas besser, da erregten sie schon den Neid ihrer englischen Konkurrenten.

Ende des 17. Jhs. war Irland keineswegs eine *tabula rasa*, über die die protestantischen Großgrundbesitzer neu verfügen konnten. Man lebte in einer beständigen Angst vor Aufständen und Anschlägen sowohl von denen, die links, als auch von denen, die rechts von der religiösen Mitte (nämlich der Kirche von Irland) standen. Immer wieder tauchten Gerüchte über katholische Verschwörungen auf, insbesondere in Zeiten der Spannung mit Frankreich, das nach 1648 anstelle von Spanien zur größten Gefahr für den protestantischen Norden Europas geworden war. Kaum geringer war die Furcht vor Anschlägen der »Fanatiker«, eine Bezeichnung, die man ganz nach Belieben auf andersdenkende Cromwellianer, auf Baptisten, Presbyterianer und andere protestantische Sektierer anwandte. Weit mehr als in England war der »Mittelweg« der etablierten Kirche ein Drahtseil, auf dem nur eine kleine Minderheit der Bevölkerung balancieren konnte (oder wollte). Am meisten befürchtete das protestantische Irland jedoch, daß die Neubesiedlung unter Cromwell und der Restauration ins Wanken geraten und die Sympathien Karls II. und Jakobs II. für die Katholiken schließlich zu tiefgreifenden Revisionen der Besitzverhältnisse führen könnten.

»Irland ist das Kapital, mit dem alle Schulden bezahlt werden«, bemerkte der Earl of Clarendon, aber 1660 war in Irland nicht mehr genug Kapital vorhanden, um alle Schulden zurückzuzahlen. Wenn man den Katholiken Gerechtigkeit widerfahren lassen oder auch nur diejenigen zufrieden stellen wollte, die Karl I. und Karl II. gute Dienste geleistet hatten, dann bedeutete das, daß man das Land, das sich in den Händen von Protestanten befand, konfiszieren mußte. Die Landfrage war die Büchse der Pandora jener Epoche, und die umstrittene Thronfolge Jakobs II. im Jahre 1685 drohte, sie zu öffnen. Jakob war der erste Stuart auf dem englischen Thron, der sich offen zum katholischen Glauben bekannte und der eine italienische katholische Prinzessin, Maria von Modena, zu seiner zweiten Frau genommen hatte. Da seine Erben, die Kinder seiner verstorbenen ersten Frau, der

Protestantin Anne Hyde, beide weiblichen Geschlechts waren, bestand durchaus die Möglichkeit, daß er nun einen katholischen Nachkommen zeugte, der vor seinen Töchtern Anspruch auf den Thron erheben würde. Jakob war daher die große Hoffnung des katholischen Irlands, und er rechtfertigte diese Hoffnung, indem er konsequent daran ging, die Hegemonie der dortigen Protestanten zu beseitigen. Sein Hauptagent war der englische Katholik Richard Talbot, dem er 1685 die Würde eines irischen Earl of Tyrconnell verlieh und den er 1687 zum Vizekönig Irlands erhob. Jakob hatte nicht vor, die Kirche von Irland zu beseitigen, doch kümmerte er sich kaum um sie, während er die Neubelebung der katholischen Kirche und Geistlichkeit betrieb.

Zur Krise in Jakobs Regierung kam es nicht in Irland, sondern in England. Sie wurde dadurch noch beschleunigt, daß Königin Maria im Juni 1688 einen Sohn zur Welt brachte. Daß nun katholische Monarchen auf den englischen Thron folgen würden, erschien dem protestantischen England als unvermeidliches Schicksal. Um dieser furchtbaren Aussicht zu entgehen, luden einige einflußreiche Aristokraten Wilhelm von Oranien, den Statthalter der Niederlande, ein, in England zu intervenieren. Wilhelms Mutter war eine Stuart, doch fühlte er sich zum Eingreifen hauptsächlich deshalb berechtigt, weil er mit Maria, der ältesten Tochter Jakobs II. aus dessen erster Ehe, verheiratet war. Als Wilhelm mit einem starken Heer in England landete, fielen Jakobs Untertanen von ihm ab. Er floh aus England, denn er fürchtete, das gleiche Schicksal zu erleiden wie sein Vater Karl I. Der nun angeblich leerstehende Thron wurde Wilhelm und Maria praktisch überlassen.

In Irland herrschten weniger klare Verhältisse. Jakob II. war für Tausende von Katholiken die einzige Hoffnung. Daher waren sie nicht gewillt, seine Sache kampflos aufzugeben. Was in England eine Revolution fast ohne Blutvergießen (die Glorreiche Revolution) gewesen war, wurde in Irland zum blutigen Bürgerkrieg. Einige Protestanten flohen wieder außer Landes, während andere sich in die befestigten Städte flüchteten. Anfang 1689 hatte Tyrconnell seine Macht in Dublin und im größten Teil des Südens gefestigt und hoffte nun auf militärische und wirtschaftliche Unterstützung durch Ludwig XIV. von Frankreich, der den vertriebenen Jakob unter seinen Schutz gestellt hatte. Die Protestanten beteten um eine Invasion des neuen englischen Königs in Irland, von dem sie hofften, daß er die Vorherrschaft der Protestanten wiederherstellen würde.

Der Kampf zwischen Protestanten und Katholiken in Irland konnte nicht lange von den Kämpfen der Großmächte isoliert bleiben. Weder Ludwig XIV. noch Wilhelm III. hatten ein besonderes Interesse an Irland, außer wenn es in dem größeren eurpäischen Konflikt zwischen ihnen eine Rolle spielte. Auch Jakob II. lag Irland nur insofern am Herzen, als er hoffte, es könnte ihm zur Wiedergewinnung seiner verlorenen Krone in England verhelfen. Wieder einmal gab der Bürgerkrieg zwischen Protestanten und Katholiken Irland der Ausbeutung preis, wieder einmal wurde es zur Arena

des internationalen Konflikts zwischen dem aufsteigenden Frankreich und seinen miteinander verbündeten Feinden.
Gedrängt und finanziert von seinem französischen Gönner, landete Jakob II. im März 1689 in Südirland. Nach einem triumphalen Marsch nach Dublin berief er ein irisches Parlament ein, das im Mai zusammentrat. Während die Protestanten es 1661 fertig gebracht hatten, ein rein protestantisches Unterhaus einzuberufen, drehten jetzt die Katholiken den Spieß um. Von den 230 Abgeordneten des neuen Parlaments waren nur sechs Protestanten. Aus den protestantischen Gebieten von Ulster waren keine Abgeordneten ins Parlament zurückgekehrt, und Vizekönig Tyrconnell entzog gewissen Wahlbezirken im Süden das Recht, Abgeordnete ins Parlament zu wählen, wenn die Wahrscheinlichkeit bestand, daß Protestanten gewählt würden. Im Unterhaus gab es nur wenige gälische Iren; die meisten Abgeordneten zählten zu den *Old English,* ein Zeichen für die ungebrochene Lebenskraft und für die immer noch vorhandene Bedeutung dieser früher herrschenden Klasse. Dem Oberhaus gehörten fünf protestantische weltliche Peers und vier Bischöfe der Kirche von Irland an. Diese winzige Partei stellte die ganze Opposition dar.
Dieses sogenannte »Patriotische Parlament« hatte sich vorgenommen, die Mißstände von Jahrzehnten in Angriff zu nehmen, wurde aber von Jakob II. gebremst, der an die protestantische Einstellung der Engländer dachte. In einer Deklarationsakte wurde dem Parlament in England das Recht abgesprochen, Irland in englische Gesetzesvorlagen einzubeziehen – ein altes Lied, das in Zukunft noch einen Nachhall haben sollte. Aber Jakob II. blockierte eine Gesetzesvorlage, in der das Poynings-Gesetz für ungültig erklärt werden sollte, damit die Unterordnung Irlands unter die englische Krone beendet gewesen wäre. Außerdem versuchte der König eine Akte zu unterbinden, durch welche die unter Cromwell und zur Zeit der Restauration vorgenommenen Landverteilungen rückgängig gemacht werden sollten, doch dem standen die Erwartungen derjenigen entgegen, die ihn unterstützt hatten. Wenn die Landzuweisungen nicht annulliert wurden, war die Lage der enteigneten Katholiken auch weiterhin hoffnungslos. Jakob gab nach, und es wurden Gesetze erlassen, welche die Rechtsgrundlage für die Wiederherstellung der Besitzverhältnisse von 1641 bildeten. Die rechtliche Anerkennung aller hierdurch geschaffenen Ansprüche hätte Jahre in Anspruch genommen, und so lange dauerte die Jakobitische Ära in Irland nicht. Nachdem das Parlament die Hauptbeschwerden seiner Mitglieder, soweit es in seiner Macht stand, beschwichtigt hatte, stimmte es dafür, Jakob II. 13 Monate lang monatlich 20000 Pfund Subsidien zu zahlen. Im Juli vertagte es sich.
Während das Parlament noch seine Sitzung abhielt, versuchten die Jakobiten, die befestigte protestantische Stadt Londonderry in Nordwest-Ulster zu erobern. Die Belagerung begann im April 1689, und die 20000 Bewohner der Stadt waren im Hochsommer nahe daran, zu verhungern. Mitte Juni landete ein Geschwader Wilhelms im Lough Foyle (dem

Meeresarm, an welchem Londonderry liegt), machte jedoch zunächst keine Anstalten, die Sperre zu beseitigen, mit der die Belagerer den Zugang zur Stadt vom Meer her abgeriegelt hatten. Ende Juli endlich stürmte die Expeditionstruppe die Sperre und befreite die Stadt aus ihrer verzweifelten Lage. Die Jakobiten hoben am 31. Juli die Belagerung auf und erlitten am gleichen Tag eine weitere Niederlage durch die protestantischen Streitkräfte bei Enniskillen in Süd-Ulster.

Die Jakobiten schienen ins Hintertreffen zu geraten, aber Wilhelm III. konnte es sich nicht leisten, noch länger zuzuwarten. Im August entsandte er ein neuausgehobenes Heer nach Irland unter Führung des schon bejahrten Grafen von Schomberg, einem Hugenottengeneral, der 1685 nach der Aufhebung des Edikts von Nantes in niederländische Dienste getreten war. Schomberg landete in Belfast und nahm rasch die Festung der Jakobiten in dem alten Normannenschloß in Carrickfergus ein. Während des übrigen Jahres hatte er kaum noch Erfolge, und seine Truppen wurden durch Krankheit und Seuchen dezimiert. 1690 entschloß sich Wilhelm widerwillig, sich nach Irland zu begeben, wodurch er sich an den Kämpfen auf dem Kontinent, die ihm wichtiger waren, nicht beteiligen konnte. Wie er an einen seiner Verbündeten schrieb, war es für ihn »ein schrecklicher Verdruß«.[4]

In der Erwartung, daß ein entscheidender Zusammenstoß bevorstünde, verstärkten beide Seiten ihre Truppen. Wilhelm landete Mitte Juni mit 15000 Mann in 300 Schiffen im Belfast Lough. Mitte Juni waren 7000 Franzosen in Cork zu den Jakobiten gestoßen, für die jedoch 7000 irische Soldaten auf den Kontinent geschickt werden mußten. Wilhelm marschierte von Belfast aus nach Süden und traf am Fluß Boyne etwa 64 km nördlich von Dublin auf die nach Norden vorrückenden Jakobiten. Etwa 36000 Niederländer, Hugenotten, Deutsche, Dänen, Engländer und Protestanten aus Ulster standen unter Wilhelms Kommando 25000 Iren und Franzosen gegenüber, die Jakob befehligte. Am 1. Juli (nach der bis 1752 üblichen Berechnung; siehe hierzu S. 170 und 184) kam es zur Schlacht, bei der Wilhelm überlegen siegte. Jakob floh nach Süden und schiffte sich am 4. Juli nach Frankreich ein. Wilhelms Streitkräfte besetzten Dublin zum Leidwesen der Protestanten, welche die Jakobiten unterstützt hatten, anstatt nach England zu fliehen oder sich Wilhelms Truppen anzuschließen.

Mit Wilhelms Sieg am Boyne hatte sich zwar das Blatt gewendet, doch war der Krieg damit noch nicht zu Ende. Im Westen sammelten sich die Iren unter der Führung von Patrick Sarsfield, dem Abkömmling einer Familie von *Old English*, der sich als glänzender Kavallerieoffizier einen Namen gemacht htte. Wilhelm marschierte nach Limerick, der wichtigsten Festung am Shannon, und belagerte die Stadt Anfang August. Sarsfield griff seine Artillerie und einen Munitionstrupp erfolgreich an, was zur Folge hatte, daß Wilhelm Ende August die Munition ausging. Da er nicht untätig in Irland bleiben wollte, ohne etwas ausrichten zu können, kehrte er nach

England zurück und übertrug dem niederländischen General, Baron von Ginkel, den Oberbefehl über das Heer in Irland.
1691 beendete Ginkel den Krieg. Ende Juni durchbrach er die Verteidigungslinie am Shannon durch einen Angriff auf Athlone. Noch entscheidender war eine offene Feldschlacht, die einige Wochen später in Aughrim, ca. 26 km südwestlich davon ausgefochten wurde. St. Ruth, der französische General, der die Truppen der Jakobiten befehligte, fiel, und seine geschlagene Armee wurde niedergemetzelt. Die Stadt Galway ergab sich Ginkel auf die Zusage hin, daß die Kaufleute ihren Grundbesitz in Connacht behalten durften. Limerick blieb die letzte Zitadelle des Widerstands der Jakobiten, und Ginkel schloß sie Ende August ein. Die Franzosen drängten die Jakobiten weiterzukämpfen, weil sie auf diese Weise die englischen Truppen in Irland festhalten und verhindern wollten, daß sie in die Kämpfe auf dem Kontinent eingriffen. Aber die irischen Verteidiger von Limerick waren nicht geneigt, nutzlos den Helden zu spielen, und Sarsfield trat Ende September in Verhandlungen ein.
Man einigte sich auf eine Gruppe von kriegsrechtlichen und eine zweite Gruppe von zivilrechtlichen Artikeln, die am 3. Oktober 1691 unterzeichnet wurden. Zusammen bildeten sie den sogenannten Friedensvertrag von Limerick. In den kriegsrechtlichen Artikeln wurde den Streitkräften der Jakobiten, die sich in der Stadt befanden, freier Abzug nach Frankreich gewährt. Die zivilrechtlichen Artikel gestanden erstens den Katholiken freie Religionsausübung zu »vorausgesetzt, daß sie sich mit den Gesetzen Irlands vereinbaren ließ, oder wie sie sie während der Regierung Karls II. genossen hatten«. Im zweiten zivilrechtlichen Artikel wurde den Verteidigern von Limerick (und von allen übrigen irischen Garnisonen), die in Irland blieben und Wilhelm III. den Treueeid leisteten, Pardon gewährt und die Bestätigung ihrer Besitzrechte zugesagt. Außerdem wurde ihnen garantiert, daß sie »ihren Beruf oder ihr Gewerbe genau so ungehindert wie unter der Regierung Karls II. auch weiterhin ausüben durften«.[5] Unter diesen Bedingungen wurde Limerick Ginkel übergeben. Die meisten, die in der jakobitischen Armee gekämpft hatten – etwa 12000 Mann – schifften sich nach Frankreich ein.
Der Krieg in Irland war vorüber, aber eine neue Landverteilung war noch durchzuführen. Die Vorherrschaft der Protestanten war neu gefestigt und überdauerte nun 2 Jahrhunderte. In den nächsten Jahrzehnten würde sich herausstellen, welchen Schutz der Friedensvertrag von Limerick den Katholiken gegen die wirtschaftliche und politische Übermacht der Protestanten gewährte.
Mit dem Jahr 1691 erreichte die Macht der Engländer in Irland eine weitere Stufe. Während das 17. Jh. mit der Vollendung der militärischen Eroberung und Unterwerfung der gälischen Provinz Ulster durch die Tudors begonnen hatte, endete es nun mit der erfolgreichen Verteidigung der neuen protestantischen Staatsordnung. Der Sieg Wilhelms III. in England und Irland bedeutete, daß es fortan keine katholischen Monarchen mehr geben

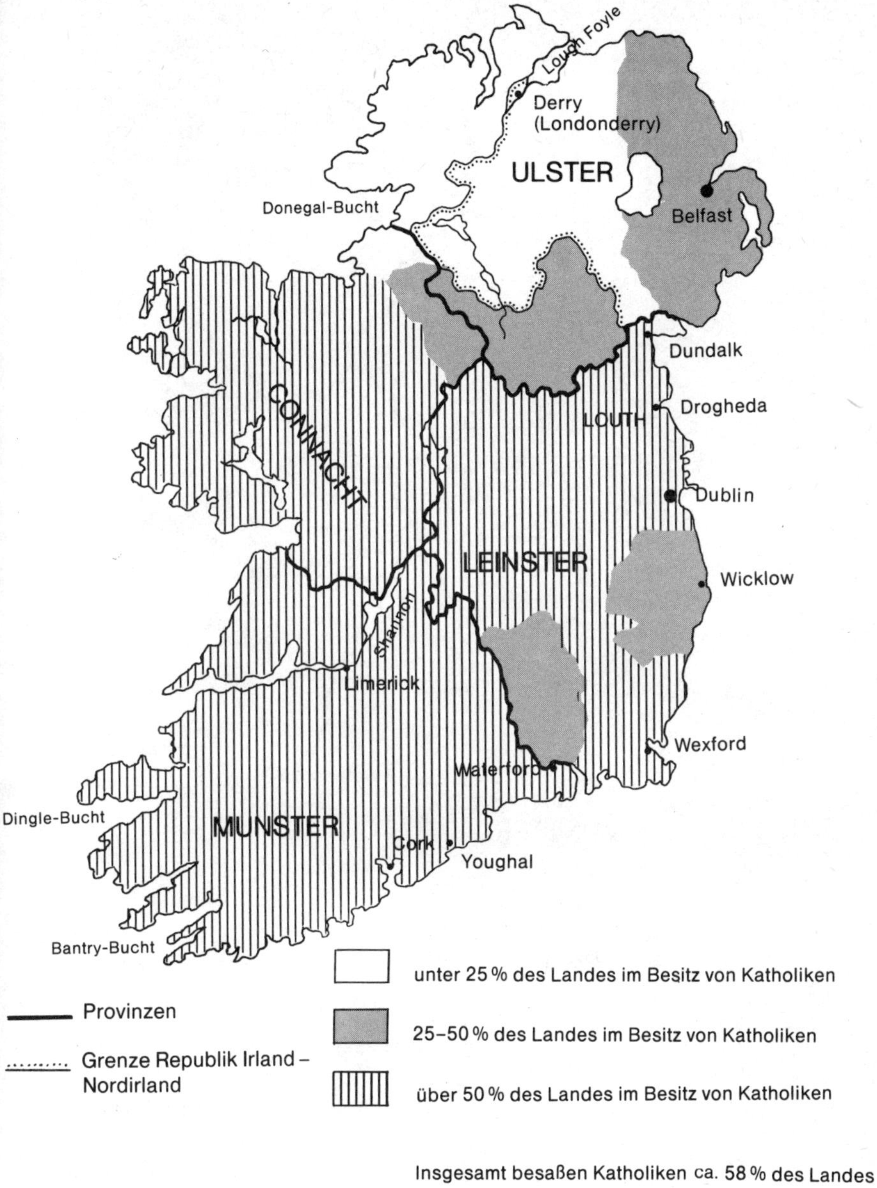

Karte 7: Katholischer Landbesitz im Jahre 1641

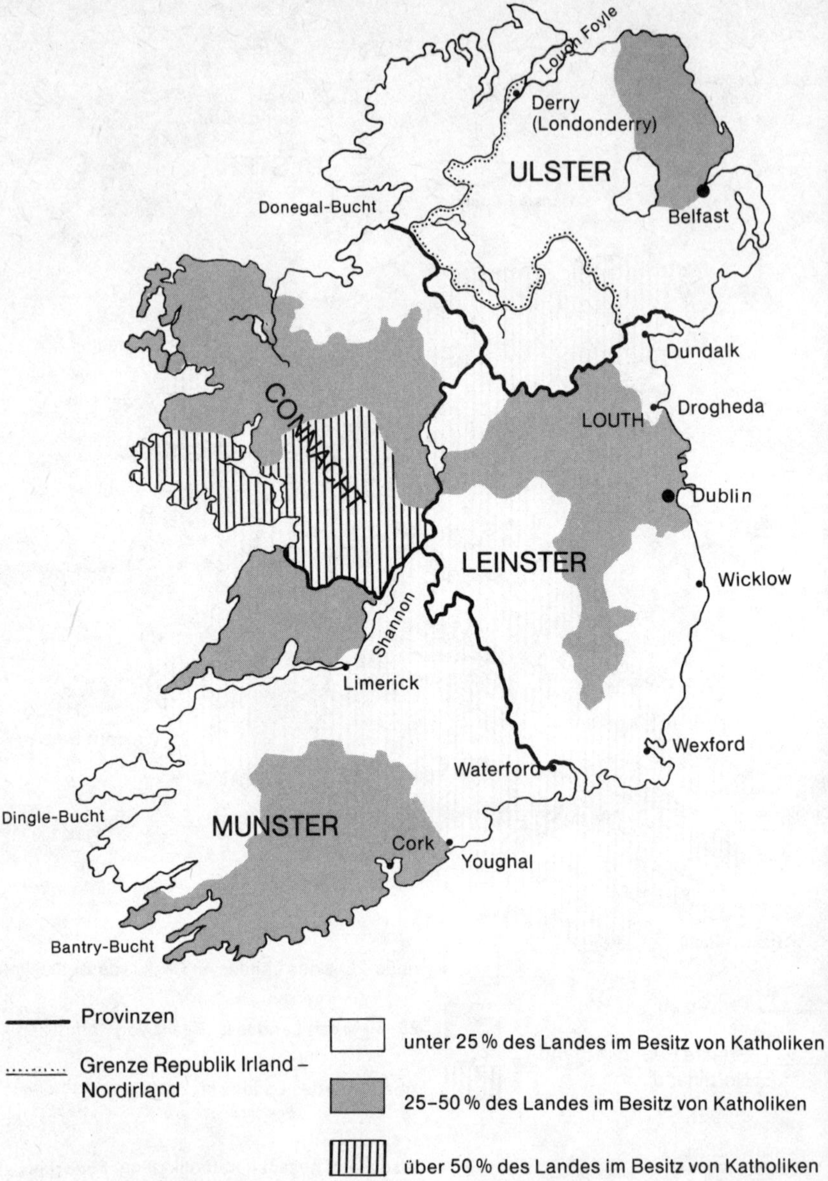

Karte 8: Katholischer Landbesitz im Jahre 1688

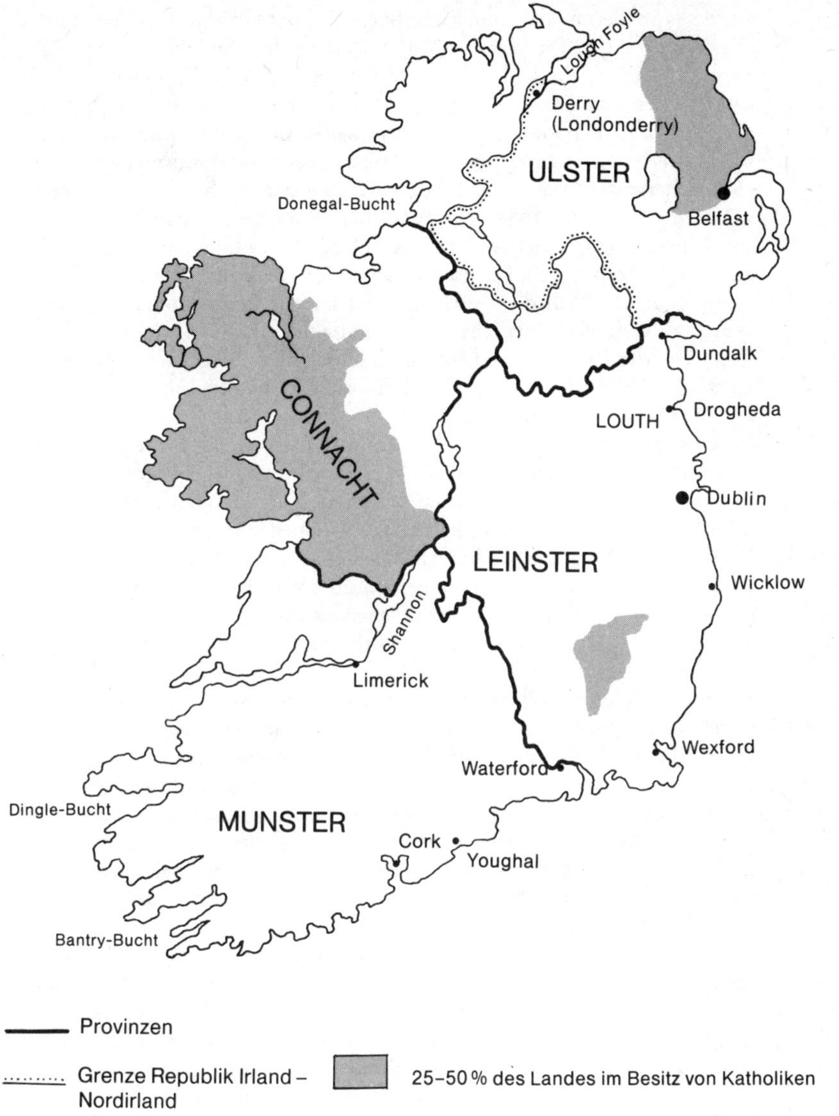

Insgesamt besaßen Katholiken 14 % des irischen Bodens.
Bis 1778 reduzierte sich dieser Anteil auf 5 %.

Karte 9: Katholischer Landbesitz im Jahre 1703

würde, von denen sich die Katholiken Sympathie und Unterstützung erhoffen konnten. Ein Versuch wie der Jakobs II., die Uhr noch einmal zurückzudrehen, die katholische Kirche wieder anzuerkennen und den katholischen Familien ihr Land zurückzugeben, das ihnen in den unruhigen Jahrzehnten verloren gegangen war, würde sich nicht wiederholen. Im Rückblick ist zu erkennen, daß der Aufstieg des Protestantismus im Jahre 1691 sichergestellt war. In den Augen der protestantischen Iren jener Zeit war der Aufstand von 1688 nur eine Wiederholung des Aufstands von 1641, der seinerseits eine Wiederholung des Aufstands von 1595 war. Man mußte ihrer Ansicht nach immer mit einer neuen Bedrohung durch Irland rechnen, zeigte doch die Geschichte des letzten Jahrhunderts nur allzu deutlich die unverbesserliche Unbeständigkeit und den verräterischen Charakter der katholischen irischen Gesellschaft. Deshalb kam Großherzigkeit gegenüber den Besiegten und ein Nachlassen der Kampfbereitschaft der Siegreichen nicht in Frage.

In gewissem Sinne begann im Jahre 1691 der Aufstieg der Protestanten an die Macht. Eine lange Vorbereitungszeit war vorausgegangen, und es folgten Perioden neuen Wachstums und neue Veränderungen, doch stand ihre Machtstellung grundsätzlich fest. Es kamen nur noch wenige neue Einwanderer aus England und Schottland. Noch wichtiger aber war, daß die Periode der Massenenteignungen vorüber war, weil sich der überwiegende Teil des Grundbesitzes, der irischen Katholiken gehört hatte, nun in den Händen von englischen und schottischen Protestanten befand. Die Konfiszierungen unter Wilhelm III., die nach dem Friedensvertrag von Limerick erfolgten, vollendeten praktisch diesen Besitztransfer, und 1703 besaßen katholische Familien nur noch 14 Prozent der Insel.

Das 18. Jh. wird gelegentlich als die Periode der »protestantischen Nation« bezeichnet. Diese Bezeichnung trifft nur zu, wenn man nicht vergißt, daß die katholische Minderheit lediglich auf eine zweite, unterlegene und weniger in den Vordergrund tretende Nation reduziert war. Nachdem der Besitz seiner Aristokratie weitgehend konfisziert war, nachdem seine Geistlichen geflohen waren und seine Armee im Dienst eines französischen Königs im Ausland stand und viele seiner natürlichen Anführer sich im Exil befanden, war das katholische Irland mit einem Eisberg zu vergleichen, von dem nur noch die Spitze aus dem Meer ragte. Dieses katholische Irland lieferte denen, die an der Macht waren, Pächter und Handwerker und gelegentlich auch einige Kaufleute und Angehörige höherer Berufe. Aber wenn man – was oft geschieht – die schwarzen Afrikaner in den amerikanischen Ländern mit den Iren in Irland vergleicht, so übersieht man oft den wichtigen Unterschied, daß nämlich die Iren in ihrem eigenen Land unterdrückt wurden. Das war ein wesentlicher Aspekt ihrer Tragödie, und er lieferte schließlich den Schlüssel zu ihrer Befreiung.

V. Irland als eine protestantische »Nation«: Das 18. Jahrhundert

Das Irland des 18. Jhs. war mit einem Irish Stew zu vergleichen: ein kräftiges Gericht aus vielen Zutaten mit einer dünnen, exquisiten Kruste. Diese Kruste war die *»ascendancy«*, eine Gesellschaftsschicht aus protestantischen Großgrundbesitzern, Beamten und Geistlichen, die gemeinsam die Insel beherrschten – soweit es die Unterordnung der irischen Regierung unter die Krone erlaubte – und die sich den Löwenanteil an ihrem Reichtum sicherten. Diese Elite baute sich die hübschen Häuser und legte die schmucken Plätze des georgianischen Dublin an und machte aus der Stadt einen gesellschaftlichen Mittelpunkt, nachdem sie bisher das militärische und verwaltungsmäßige Zentrum des Landes gewesen war.
Auf dem flachen Land errichteten sich die Angehörigen dieser tonangebenden Oberschicht ihre anspruchsvollen, manchmal überaus prächtigen Wohnsitze. Feste Burgen brauchte man nun nicht mehr, da seit dem Sieg Wilhelms III. mit einem organisierten Widerstand nicht mehr zu rechnen war. Große Besitztümer waren oft meilenweit von imposanten Mauern umgeben, die mehr Reichtum und Besitz dokumentierten, als daß sie dem militärischen Schutz dienten. Auch die Namen dieser Wohnsitze kündeten von dem neuerworbenen Reichtum und Rang. Einige bezogen sich auf den Namen der Gattin des Besitzers wie etwa Bessbrook, Castle Constance oder Annesgrove. Andere übernahmen den traditionellen Beinamen der Familie und nannten sich French Park, Mount Plummer oder Drewscourt, oder man gab ihnen einfach Phantasienamen wie *Harmony Hall* (Haus Harmonie), *Mount Venus* (Venusberg), *Mount Music (Musikberg) oder Castle Comfort* (Schloß Behaglichkeit).[1]
Es handelte sich um eine dünne Oberschicht, die sich aus Protestanten von unterschiedlichem Reichtum und unterschiedlicher religiöser Einstellung zusammensetzte, und deren Mitglieder unterschiedlich lang bereits in Irland angesiedelt waren. Gemeinsam war ihnen allen nur ihre Antipathie gegen den römischen Katholizismus.
Der »Stew« unter der Kruste setzte sich ebenfalls aus verschiedenen Ingredienzien zusammen. Trotz des Exodus der »Wildgänse« (siehe auch S. 188f.) in das katholische Europa waren noch viele alte katholische Familien in Irland geblieben. Bis 1699 wurden von Katholiken fast 1200 Anträge auf Rückgabe ihres Grundbesitzes entsprechend dem Friedensvertrag von Limerick vor den irischen Kronrat gebracht und meist bewilligt. Aber da nur 14 Prozent des Grund und Bodens sich noch im Besitz von Katholiken befanden, war der katholische Landadel zu einer bedeutungslosen Minderheit geworden. Die meisten Katholiken besaßen kein eigenes Land,

sondern hatten es zu unterschiedlichen Bedingungen von denen gepachtet, in deren Besitz es sich befand. Wenn sie überhaupt gläubig waren, hielten sie an den alten geächteten Riten fest, und viele sprachen besonders im Westen und Süden eine Sprache, die in den Augen der Oberschicht barbarisch war. Bei weitem der größte Teil der irischen Bevölkerung bestand aus diesen »Bauern« oder diesem »Landvolk«, die sich im Laufe der Zeit zu einer »Nation« zusammenfinden und die Vorherrschaft auf der Insel erringen sollten. Im 18. Jh. besaßen sie jedoch noch keine politische Linie, und so hat man die ganze Epoche oft als die Ära der »protestantischen Nation« bezeichnet, da ja das katholische Irland nur im Untergrund auf eine fast heimliche Weise existierte.

Die katholische Mehrheit war nicht in der Lage zu verhindern, daß Irland sich in den Jahrzehnten nach dem Friedensvertrag von Limerick zu einem antikatholischen Staat entwickelte. Das irische Parlament war ausschließlich den Protestanten vorbehalten, und im ersten Jahrzehnt des 18. Jhs. verabschiedete es eine Reihe von Gesetzen, deren berühmteste die aus den Jahren 1704 und 1709 waren, in denen besonders den Wohlhabenden die Ausübung des katholischen Glaubens verboten und mit Strafen belegt war. In diesen sogenannten »Strafgesetzen« (penal laws) wurde der erste zivilrechtliche Artikel des Friedensvertrags von Limerick aufgehoben. Es spiegelte sich darin die immer noch vorhandene Furcht der protestantischen Siedler, die Katholiken in Irland seien nach wie vor eine potentielle »Fünfte Kolonne« und stellten für die neuen Grundherren eine ernste Bedrohung dar.

Diese neuen Strafgesetze sollten die Katholiken veranlassen, sich zur protestantischen Kirche von Irland zu bekennen, was auch bis zu einem gewissen Grad erreicht wurde. Viele führende katholische Familien traten im Laufe des 18. Jhs. zum Protestantismus über, so daß 1778 katholische Grundbesitzer nur noch 1,5 Prozent der Gesamteinnahmen aus Pachtverträgen auf der Insel für sich verbuchen konnten.[2] Die Strafgesetze belasteten die Masse der irischen Bevölkerung auf zivilrechtlichem, gesellschaftlichem und wirtschaftlichem Gebiet so stark, daß sie zum Widerstand reizten, obwohl sie häufig nicht streng durchgesetzt werden.

So sah z. B. die Parlamentsakte von 1704 vor, daß Katholiken keinen Anteil am Grund und Boden erwerben und keine Pachtverträge mit einer Laufzeit von über 31 Jahren abschließen durften. Ein Katholik durfte weder Land erben, noch durfte es durch Heirat in seinen Besitz gelangen, und wenn er zu den wenigen gehörte, die bereits Land besaßen, konnte er es nicht testamentarisch weitervererben. Bei seinem Tod wurde das Land unter seinen Söhnen zu gleichen Teilen aufgeteilt, außer wenn der älteste Sohn zur Kirche von Irland übertrat, in welchem Fall er Alleinerbe wurde. Trat der älteste Sohn schon zu Lebzeiten des Vaters über, so hatte er bereits vor dem Tod des Vaters Anspruch auf den Besitz, und der Vater wurde auf seinem eigenen Grund und Boden zum Pächter auf Lebenszeit. Andere Gesetze zielten darauf ab, eine katholische Erziehung zu verhindern und hielten Katholiken dadurch von öffentlichen Ämtern fern, daß sie vor Amtsantritt auf ihre Rechtgläubigkeit überprüft werden mußten. Gemeinsam bewirkten diese Strafgesetze mehr, daß die Katholiken ihren untergeordneten Status behielten, als daß der katholische Glaube durch sie ausgerottet wurde, denn dieser war zweifellos zu fragmentarisch, zu wenig greifbar und zu wenig institutionalisiert, als daß man ihn ohne weiteres hätte unterdrücken können.

Um die Mitte des 17. Jhs. hatte der Protestantismus in Irland – ob es sich nun um die Kirche von Irland oder um nonkonformistische Sekten handelte – seinen missionarischen evangelischen Eifer eingebüßt, der kurze Zeit vorhanden gewesen war. Seit der Eroberung durch Cromwell, wenn nicht schon früher, hatte man das katholische Irland als hoffnungslos aufgegeben und nicht mehr versucht, es zu bekehren und zu erretten. Die Kirche von Irland wurde immer mehr zu einer etablierten Kirche, der es darum ging, den Glauben einer kampfbereiten Minderheit zu verteidigen, anstatt unter denen, die noch nicht erleuchtet waren, den wahren Glauben zu verbreiten. Die Masse des Volkes klammerte sich hilflos an die einzige Kirche, die etwas von ihr wissen wollte, an eine Kirche fast ohne Struktur und Mauern, deren wenige Geistliche auf der Flucht und oft recht ungebildet waren. Von einigen heldenhaften Gläubigen abgesehen, die ihr Leben für den katholischen Glauben opferten, war der Katholizismus im Irland des 18. Jhs. ein abgetakeltes Wrack, das nur noch deshalb existierte, weil die protestantische Nation nur unbeholfene Anstrengungen machte, es vollends zu zerstören. Da die katholischen Iren vom Grundbesitz, vom politischen Leben und von der »offiziellen« Kirche ausgeschlossen waren, schufen sie sich eine Gegenkultur, die nicht so sehr aufbegehrte, sondern sich vielmehr verweigerte und bei der der Katholizismus langsam zu einem wichtigen Bestandteil wurde.

Im Irland des 18. Jhs. kristallisierten sich auf diese Weise zwei unterschiedliche und in gewissem Sinne gegensätzliche Kulturen heraus. In einer geordneten, hierarchisch aufgebauten Gesellschaft konnten Protestanten, die gut bei Kasse waren, enormes Ansehen und eine beträchtliche Bedeutung erlangen und die vielfältigen Freuden des aristokratischen Lebens genießen. Auch Protestanten, die weniger gut bei Kasse waren, hatten gewisse Möglichkeiten, sich in Industrie und Handel oder durch Landerwerb ein bescheidenes Vermögen aufzubauen. Dieses System der Besitzverteilung auf der Insel konnte nur solange Bestand haben, wie es der weit zahlreicheren Unterklasse an den notwendigen Mitteln und an Entschlußkraft fehlte, es zu beseitigen, und es konnte ferner nur solange bestehen, wie die Oberklasse felsenfest von der Berechtigung ihrer privilegierten Stellung überzeugt war. Niemand hätte damals voraussagen können, ob das noch monate- oder jahrhundertelang so weitergehen würde. Tatsächlich hielt sich die protestantische Vorherrschaft nach dem Friedensvertrag von Limerick, etwas weniger als 200 Jahre lang, doch kündigten sich, bereits bevor die ersten 100 Jahre vergangen waren, ernste Spannungen an.

Die Geschichte der beiden Nationen – der protestantischen und der katholischen – müssen getrennt voneinander behandelt werden, obwohl sie sich im gleichen Land abspielten und in vielfacher Weise aufeinander einwirkten. Bei der Geschichte der protestantischen Nation handelt es sich in erster Linie um das Aufkommen der Idee von der Unabhängigkeit Irlands von England und um den anschließenen Kampf um diese Unabhängigkeit. In dem Maße, wie die katholische Mehrheit in Irland nach der Jakobitischen Revolution von 1688–1691 in eine relative Passivität verfiel, erschien der protestantischen Regierung die englische Waffenhilfe weniger wichtig, und man begann, sich die negativen Folgen der Abhängigkeit von England klarzumachen und sie zu beklagen.

Tatsächlich gab es schon vor 1688 Maßnahmen, die den Unmut der Iren erregten. Der Export irischer Wolle in andere Länder als England war schon lange verboten, und die sogenannten *Cattle Acts* (Vieh-Verordnungen) von 1663 und von 1667 brachten weitere Handelsbeschränkungen. Durch diese vom englischen Parlament beschlossenen Gesetzesvorlagen wurde die Ausfuhr von irischen Rindern, Schafen und Schweinen sowie von irischem Rindfleisch, Schweinefleisch und Speck nach England zunächst eingeschränkt und dann ganz verboten, denn Englands eigener Markt für diese Handelsartikel, inbesondere für junges Rindvieh, befand sich in einem rapiden Aufschwung. Die englischen Viehzüchter verlangten Schutz vor der irischen Landwirtschaft, die sich ebenfalls auf bemerkenswerte Weise erholte, und so wurde die Ausfuhr von Vieh durch die Parlamentsakten scharf eingeschränkt. Es läßt sich darüber streiten, ob diese Gesetze der irischen Landwirtschaft tatsächlich ernsten Schaden zufügten. Nachdem die Ausfuhr von lebendem Vieh eingeschränkt worden war, gingen nämlich die irischen Erzeuger dazu über, Butter und eingepökeltes Fleisch auszuführen, wonach jenseits des Atlantik eine rege Nachfrage bestand, so daß die Exporte im ganzen gesehen durch die merkantilistische Gesetzgebung nicht zurückgingen, sondern sogar noch zunahmen. Andererseits hatte man den Eindruck, daß die englischen Protestanten, die im englischen Parlament saßen, ihre eigenen wirtschaftlichen Interessen über die ihrer jetzt in Irland ansässigen Glaubensbrüder stellten, wodurch sich dort das Gefühl entwickelte, daß die Protestanten genau wie die Katholiken von den Engländern unterdrückt wurden.

Ende des 17. und Anfang des 18. Jhs. hatte man in Irland immer stärker den Eindruck, daß die Kolonisten wie die Kolonisierten gleichermaßen unter dem englischen Druck zu leiden hatten. Diese Auffassung brachte William Molyneux, ein Abgeordneter des irischen Parlaments, 1698 in einer Schrift mit dem Titel *The Case of Ireland's being bound by act of Parliament in England stated* zum Ausdruck. Molyneux versuchte darin – freilich vergeblich – gegen die Handelsgesetze anzugehen, die sich gegen die irische Wollindustrie richteten, indem er argumentierte, daß das englische Parlament nicht berechtigt sei, Gesetze zugunsten oder zuungunsten Irlands zu erlassen, da dieses ein eigenes, selbständiges Königreich sei.

In die Fußstapfen Molyneuxs trat unter Georg I. Jonathan Swift, der brillianteste und sarkastischste aller protestantischen Kritiker der Unterdrückung Irlands durch die Engländer. Als Geistlicher und Sprößling des protestantischen Irlands machte Swift zunächst glänzende Karriere am lebenslustigen Hof der Königin Anna, übernahm sich jedoch dann genauso wie die Tories, denen er eng verbunden war. Er wollte Bischof werden, mußte sich aber 1713 mit der Würde eines Dekans an der St. Patricks Kathedrale in Dublin begnügen. Der Tod Königin Annas im Jahre 1714 besiegelte sein Schicksal, denn Georg I., der auf der Seite der Whigs stand, war nicht gewillt, einen der angriffslustigsten und erfolgreichsten Propagandisten der Tories zu fördern. Nachdem Swifts ehrgeizige Pläne gescheitert waren und seine weltliche Laufbahn in Scherben gegangen war und überdies auch sein persönliches Leben eine unglückliche Wendung genommen hatte, ging er in den Jahren nach 1720 dazu über, sich mit den Mißständen in Irland zu beschäftigen. Seine Antwort auf die von England über Irland verhängten Handelsbeschränkungen für irische Wolle war eine 1720 anonym veröffentlichte Schrift, die eine Aufforderung zum Boykott englischer Industrieerzeugnisse darstellte: *A proposal for the universal use of Irish manufacture; ...utterly rejecting and renouncing everything wearable that comes from England.*

Wieweit der Einfluß Swifts reichte, ist nicht leicht zu beurteilen. In einem Zeitalter ohne Reklame oder Werbespots waren die Meister der Worte, die es verstanden, die allgemeine Unzufriedenheit der Bevölkerung schriftlich oder mündlich mit überzeugenden Argumenten zu formulieren, eine gefährliche Macht. 1724 griff Swift die englische Regierung in einer Reihe von Briefen an, die er mit dem Pseudonym M. B. Drapier unterzeichnete. Wie auch viele andere protestantische Iren war er darüber erbost, daß dem englischen Kaufmann William Wood 1720 ein Patent (in Wirklichkeit eine königliche Lizenz) erteilt worden war, minderwertige Kupfermünzen zu prägen und in Umlauf zu bringen. In Irland gab es keine Münzanstalt der Regierung, und seit 1660 hatte die Krone ganz nach Belieben das Münzrecht vergeben oder verkauft. Nun hatte Wood eine Mätresse Georgs I. bestochen, ihm das einträgliche Münzprivileg zu verschaffen, und die irische Bevölkerung mußte die Rechnung bezahlen, indem sie minderwertige Münzen akzeptieren mußte. *»Wood's Half-Pence«* wurde zu einer *cause célèbre* in der Kampagne zur Befreiung Irlands von den Folgen der Korruption am englischen Hof. In seinen »Briefen eines Tuchhändlers« *(Drapier's Letters)* machte Swift daraus ein Anliegen im Kampf um die Freiheit schlechthin. Im berühmten vierten Brief mokierte er sich über die Idee, daß Irland in irgendeiner Weise dem Königreich England untergeordnet sein könnte. »Ich habe mir die englischen und die irischen Statuten genau angesehen«, schrieb er,

»ohne ein Gesetz zu finden, nach dem Irland von England abhängt; genausowenig wie England von Irland abhängig ist. Wir haben uns zwar dazu verpflichtet, den gleichen König wie sie zu haben, und deshalb müssen sie auch den gleichen König wie wir haben... Mögen auch manche anderer Meinung sein, ich, M. B. Drapier, möchte nicht zu ihnen gehören. Denn ich erkläre, nach Gott unterstehe ich nur dem König, meinem Herrn, und den Gesetzen meines eigenen Landes; und ich bin so wenig von dem englischen Volk abhängig, daß – wenn sie sich jemals gegen ihren Herrn erheben sollten (was Gott verhüte) – ich bereit wäre, auf den ersten Befehl seiner Majestät hin gegen sie zu den Waffen zu greifen.«

In den »Briefen eines Tuchhändlers« kommt vor allem die unerschrockene, humorvolle Seite Swifts zum Ausdruck. Ende der 20er Jahre des 18. Jhs. äußerte er sich dann weit schärfer und erbitterter in der Schrift *A Modest Proposal for Preventing the Children of Ireland from being a burden to their parents or country.* Nachdem die Engländer den irischen Export von Wolle, Vieh und anderen landwirtschaftlichen Produkten zu verhindern suchten, schlug Swift kaltblütig vor, eine bisher noch unbekannte Einnahmequelle heranzuziehen, nämlich die im Überfluß vorhandenen kleinen Kinder verarmter Familien. Er riet, sie auf kannibalische Weise zu schlachten, um auf diese Weise zu einer preiswürdigen Nahrungsquelle zu gelangen.

Ein Amerikaner aus meinem Bekanntenkreis in London, der genau darüber Bescheid weiß, hat mir versichert, daß ein kleines, gut genährtes, gesundes Kind im Alter von einem Jahr eine köstliche, nahrhafte und gesunde Kost darstellt, ganz gleich ob es geschmort, gebacken oder gekocht wird; und ich bezweifle nicht, daß man es auch gut als Frikassee oder Ragout servieren kann.

Swift warf die protestantischen und die katholischen Iren in einen Topf, um sie als Opfer der Unterdrückung durch die Engländer hinzustellen und gleichzeitig zu verstehen zu geben, daß die Unterklasse weniger zu leiden hätte, wenn das protestantische Establishment in Irland eine größere Selbständigkeit zugestanden bekäme. Darüber ließ sich streiten, aber es kam Swift darauf an, auch auf diese Weise gegen die koloniale Tyrannei der Engländer anzugehen. Das unmittelbare Verdienst Swifts war, daß er sich für den Anspruch der protestantischen Nation auf mehr Unabhängigkeit einsetzte, auf die Dauer jedoch hat er zu der Auffassung beigetragen, daß Irland das Recht hatte, sich selbst um seine Angelegenheiten zu kümmern, ganz gleich ob es sich um protestantische oder katholische Interessen handelte. Seine Themen waren Unabhängigkeit und eigene Verantwortlichkeit, Mäßigkeit und Vaterlandsliebe. Voller Ironie verteidigte er in *A Modest Proposal* seinen Rat, kleine Kinder zu verspeisen:

Komme mir niemand mit anderen Auswegen: daß wir alle im Ausland Lebende mit 5 Shilling pro Pfund besteuern sollten; daß wir weder Kleider noch Möbel benutzen sollten, die nicht bei uns gewachsen und hergestellt sind; daß wir ganz auf Materialien und Geräte verzichten sollten, die ausländischem Luxus dienen; daß wir nicht mehr soviel Geld für den Hochmut, die Eitelkeit, Faulheit und Spielsucht unserer Frauen ausgeben sollten; daß wir uns der Sparsamkeit, Umsicht und Mäßigkeit befleißigen sollten und daß wir lernen sollten, unser Vaterland zu lieben, wobei wir uns selbst die Lappländer und die Bewohner von Topinamboo zum Vorbild nehmen könnten; daß wir unsere Feindseligkeiten und unseren Parteienzwist aufgeben und uns nicht länger wie die Juden benehmen sollten, die sich ausgerechnet in dem Augenblick gegenseitig umgebracht haben, als ihre Stadt erobert wurde.

Diese deutlichen Ermahnungen richteten sich an das protestantische Irland, doch sind sie seit dem Tag, an dem Swift sie niedergeschrieben hat, zu einer ungeschriebenen Verfassung für alle irischen nationalen Bewegungen geworden.
Molyneux und Swift waren die ersten Publizisten der protestantischen Nation und ihres Anspruchs auf Unabhängigkeit, doch wurden sie dabei keineswegs einmütig unterstützt. Mancher reiche Grundbesitzer verbrachte seine meiste Zeit in England oder lebte sogar ständig dort und genoß die Freuden des kosmopolitischen Lebens in London. Oft hatte er Verwandte in England und war in England erzogen worden. Außerdem besaß er möglicherweise Grundstücke oder andere Kapitalinvestitionen in England, um die er sich kümmern mußte, wenn auch der größte Teil seines Besitzes sich in Irland befand. Handelte es sich dabei um einen Peer, so hatte er möglicherweise einen Sitz im irischen Oberhaus oder er war Abgeordneter im Unterhaus, doch war damit nicht gesagt, daß er unbedingt darauf aus war, die Verbindung mit England zu bekämpfen oder zu untergraben. Wenn er sich über die untergeordnete Stellung des irischen Parlaments ärgerte oder empörte, dann besänftigten ihn die Agenten der englischen Krone, die sogenannten Unternehmer, die an deren Anhänger Nebeneinkünfte und Vergünstigungen verteilten. Warum sollte man sich so angenehmer, erfreulicher Dinge berauben, um sich für die fragwürdigen Vorteile eines unabhängigen Irlands einzusetzen?
Im 18. Jh. war Irland eine englische Kolonie ähnlich wie das englische Nordamerika, jedoch mit dem wesentlichen Unterschied, daß Irland geographisch dem Mutterland weit näher lag. Außerdem besaß es sein eigenes Parlament, wenn dieses auch in seinen Befugnissen nicht nur durch das Poynings-Gesetz aus dem 15. Jh., sondern auch durch die Erweiterung dieses Statuts im Jahre 1719 in der sogenannten »Deklarationsakte des sechsten Regierungsjahres Georgs I.« eingeschränkt war. In dieser Akte wurde England das Recht zugestanden, für Irland gültige Gesetze zu erlassen und die oberste richterliche Gewalt auszuüben. Sie machte erneut das Recht des englischen Kronrats geltend, irische Gesetze zu ändern oder abzuschaffen und bestätigte die Meuterei-Akte von 1707, welche die irische Armee der Kontrolle des irischen Parlaments unterstellte.[3]
Nach amerikanischen Maßstäben waren die meisten protestantischen Iren Tories, und die Unabhängigkeitsbewegung war nur zögernd und schwach ausgeprägt. Viele der unzufriedenen irischen Protestanten wanderten nach Amerika aus, und wenn sie sich schließlich am Kampf gegen die Kolonialherrschaft der Engländer beteiligten, dann taten sie es in Amerika, und nicht in Irland. Die meisten Iren wanderten aus dem Gebiet im Norden aus, wo sich im 17. Jh. vorzugsweise die schottischen Presbyterianer angesiedelt hatten. In Ulster gab es Zehntausende von schwer unterdrückten kleinen Bauern, Handwerkern und Kaufleuten. Gegen Ende des 17. Jhs. war kaum noch eine Aussicht vorhanden, billiges Land erwerben oder gute Geschäfte

machen zu können, und die geringen Möglichkeiten der Kleinbauern waren so unbeständig wie das irische Wetter.
Die große Auswanderung von Irland nach Nordamerika begann unter der Regierung Georgs I. (1714–1725), und sie richtete sich zunächst auf Neuengland. Ende der 20er Jahre des 18. Jhs. nahm sie noch weiter zu und erfolgte jetzt vor allem in südwestlicher Richtung nach der Kolonie Pennsylvania und seit 1730 nach South Carolina. Am Vorabend der Amerikanischen Revolution erreichte die Auswanderung ihren Höhepunkt. Dabei spielten ebenso sehr religiöse wie wirtschaftliche Gründe eine Rolle, denn die Kirche von Irland lehnte den immer noch vorherrschenden Presbyterianismus der schottischen Iren ebenso ab, wie ähnliche Formen des Puritanismus von der Kirche von England abgelehnt wurden. Die Einwanderer erhofften sich in der Neuen Welt mehr Glaubensfreiheit, und es gelang ihnen gemeinsam mit Ansiedlern, die direkt aus Schottland kamen, wichtige Aspekte der schottischen Kultur, Gesellschaft und Religion im Hochland und in den gebirgigen Gegenden der mittelamerikanischen Kolonien einzuführen. Die Folge war, daß das protestantische Irland einen beträchtlichen Teil seiner freien Bauern verlor, und Amerika besonders unabhängige und zähe Grenzbewohner gewann.
Als der Unabhängigkeitskrieg in Amerika ausbrach, war man in Irland natürlich geteilter Meinung darüber. Die Presbyterianer in Ulster neigten dazu, sich auf die Seite der amerikanischen Aufständischen zu stellen und mit deren Kampf gegen die englische Krone zu sympathisieren, unter deren Druck auch sie selbst litten. Die Vertreter des Establishments der Kirche Irlands dagegen verurteilten die Amerikaner. Die Führer der irischen Katholiken nutzten den kritischen Augenblick dazu, die ersten wichtigen Maßnahmen zur Milderung der Strafgesetze durchzusetzen. Weniger wichtige Gesetze waren bereits 1771 und 1774 vom irischen Parlament mit der britischen Regierung ausgehandelt worden, die den protestantischen Großgrundbesitzern, den sogenannten »Plantokraten«, eine Liberalität aufnötigten, die sie fürchteten und der sie sich widersetzten. Die Tatsache, daß man sich während des Amerikanischen Unabhängigkeitskriegs der Loyalität der Katholiken versichern mußte, trug dazu bei, daß sich das irische Parlament 1778 gezwungen sah, einer Akte zuzustimmen, durch die wichtige Teile des berüchtigten Papistengesetzes von 1704 aufgehoben wurden. Von nun an durften Katholiken langwährende Pachtverträge abschließen und sie unbehindert erben oder weitervererben. Es war dies der Anfang des mühsamen Prozesses, durch den in den folgenden 50 Jahren die Rechtsunfähigkeit der irischen Katholiken beseitigt wurde.
Für das protestantische Irland hatte der Krieg in Amerika völlig andere Konsequenzen. Als Frankreich 1779 in die Kämpfe eingriff, fiel es England schwer, seine 12000 Mann starke Garnison in Irland aufrechtzuerhalten. Britische Truppen, die sowohl als Polizeitruppe im Innern wie auch als Verteidigung gegen eine mögliche Invasion von seiten Frankreichs dienten, mußten von der Insel abgezogen werden, so daß ein Machtvakuum zu

entstehen drohte. Als Gegenmaßnahme wurde eine protestantische Miliz, die sogenannten »Freiwilligen« aufgestellt, und in Irland gab es zum erstenmal seit Wilhelm III. von Oranien weder Vorteile noch Nachteile einer militärischen Präsenz der Engländer. Das irische Unterhaus reagierte auf diese neue Lage mit unablässigen Beschwerden über die wirtschaftlichen Verhältnisse und mit der Forderung nach einem von den englischen Handelsgesetzen unbehinderten Freihandel.

In ihrer Zwangslage machte die englische Regierung Zugeständnisse, die in Friedenszeiten undenkbar gewesen wären. 1781 wurde durch einen Zusatz zum Poynings-Gesetz die Deklarationsakte von 1719 außer Kraft gesetzt und dem britischen Parlament das Recht abgesprochen, für Irland geltende Gesetze zu verabschieden oder in irischen Rechtsfällen die letzte Entscheidung zu treffen. Die Fülle von neuen Gesetzen, die sogenannte »Verfassung von 1782«, wurde zwar durch die äußeren Ereignisse leichter durchgesetzt, doch waren die Haupturheber die beiden unermüdlichen Parlamentsabgeordneten Henry Flood (1732–1791) und Henry Grattan (1746–1820). Als reicher Sohn eines Mitglieds des königlichen Gerichtshofs wurde Flood 1759 Mitglied des irischen Unterhauses, und in den 60er und frühen 70er Jahren wurde er der Wortführer einer kleinen Partei von Dissidenten, die unter der Bezeichnung »Patrioten« bekannt wurden. 1775 nahm er den Posten eines Vizeschatzmeisters an. Er tat es vermutlich aus eigennützigen Gründen, aber auch aus der Überzeugung heraus, daß er der Sache der Unabhängigkeit wenigstens vorübergehend besser dienen konnte, wenn er mit der Regierung zusammenarbeitete. In den Augen der Patrioten war Floods Handlungsweise jedoch Verrat (obgleich er bereits 1781 sein Amt wieder abgab), und sein jüngerer Kollege Grattan übernahm die Führung der »Patrioten«. Die Nachwelt hat diesem das Verdienst an den Errungenschaften des Jahres 1782 hauptsächlich zugesprochen, und er erhielt auch eine handgreifliche Belohnung in Gestalt von 50000 Pfund, die ihm das dankbare irische Parlament zukommen ließ.

Mit der Verfassung von 1782 erreichte die protestantische Nation ihren Höhepunkt. Die formelle Unabhängigkeit des irischen Parlaments und der irischen Rechtsprechung war erreicht, wenn die Krone sich auch die Ernennung eines Vertreters der Exekutive in Gestalt eines Lord-Leutnants (s. a. S. 60) vorbehielt. In England bildete sich damals eine »Kabinettregierung« heraus, die vom Parlament abhängig war. Es bedeutete, daß eine Regierung, die nicht mehr die Unterstützung des Parlaments besaß, mit zunehmender Wahrscheinlichkeit von der Krone abgesetzt wurde. In Irland war dagegen der Lord-Leutnant 1782 in keiner Weise vom Parlament abhängig, wodurch eine scharfe Trennung zwischen beiden Gewalten entstand. Außerdem stand hinter der protestantischen Nation eine bemitleidenswert kleine Wählerschaft, die überdies in religiöser und gesellschaftlicher Hinsicht in sich gespalten war. In den Jahren um 1780 gab es in England zahlreiche Pläne für eine Wahlreform, und es war nur eine Frage der Zeit, daß man auch in Irland eine Rationalisierung des veralteten

Wahlrechts fordern würde. Jede Erweiterung des Wahlrechts mußte unvermeidlich das Monopol der protestantischen Großgrundbesitzer auf die politische Macht untergraben, aber die Protestanten aus der Mittelklasse, von denen viele als »Freiwillige« gedient hatten, verlangten das aktive und passive Wahlrecht, was sie nur durch eine gründliche Wahlreform erreichen konnten.
Im Laufe des Jahrhunderts war auch eine katholische Mittelschicht emporgekommen, zu der zahlreiche Kaufleute gehörten, die ebenfalls von einer Ausweitung des Wahlrechts und einer Beseitigung der Strafgesetze zu profitieren hofften. Die protestantischen Großgrundbesitzer gingen im irischen Parlament vorsichtig vor, um nicht durch eine Erweiterung der neuerworbenen Unabhängigkeit die Kontrolle darüber zu verlieren. Als Ende 1782 durch eine Akte das Verbot von Landerwerb durch Katholiken aufgehoben wurde, schloß man vorsichtshalber Grundstücke davon aus, die in Wahlkreisen für Parlamentsabgeordnete lagen. Man fürchtete, Katholiken könnten sonst durch den Erwerb dieser Grundstücke die Wahlen beeinflussen, obwohl sie damals noch nicht wählen oder Parlamentsabgeordnete werden durften.[4] Von 1782 bis 1800 war die protestantische Nation mit einem Seiltänzer zu vergleichen. Sie konnte weder einen großen Sprung vorwärts auf eine großzügigere Politik hin machen, noch konnte sie in die Abhängigkeit von England als ihrem Garanten zurückspringen. Dieser Balanceakt hätte wohl noch länger gedauert, wenn nicht Irland genau wie das übrige Europa von den Auswirkungen der Französischen Revolution betroffen gewesen wäre.
Seit 1789 machte das Beispiel Frankreichs diejenigen, die für Reformen waren, zu Radikalen und die vorsichtigen Konservativen zu eigensinnigen Reaktionären. Meist engagierten sich die Protestanten der Mittelklasse am leidenschaftlichsten. Fromme Katholiken waren ihrerseits entsetzt über Berichte von den Greueltaten, die im revolutionären Frankreich an Geistlichen verübt wurden, und emigrierte Priester schürten noch ihre Angst davor, daß Frankreich mit seiner atheistischen Weltanschauung ganz Europa verderben würde. Im katholischen Irland war der Antiklerikalismus fast unbekannt. Dazu gab es zu wenig Priester, und die waren alles andere als privilegiert oder faul, sondern sie hatten genauso zu leiden wie ihre geplagte Herde. Für gewisse Protestanten der Mittelklasse, denen in der Verfassung von 1782 kein entsprechender Platz eingeräumt worden war, deckte die Französische Revolution beispielhaft die Ungerechtigkeit des Ancien régime in Europa auf. Ihrer Ansicht nach hatten sich die Reichen und Mächtigen überall verschworen, sich auf Kosten derer zu behaupten und noch weiter zu bereichern, die das Pech hatten, unter ihnen zu stehen. Nach anglo-irischer Meinung waren diese Schurken vom gleichen Kaliber wie die korrupte britische Monarchie, wic sie König Georg III. verkörperte, und wie jene kriechenden Schmeichler, die die Krone auf Kosten ihrer ärmeren Untertanen unaufhörlich mit Geschenken überhäufte.

Diese Einstellung war besonders im Norden anzutreffen, wo nichtprivilegierte Protestanten, insbesondere Presbyterianer, schon lange einen Groll auf die Kirche von Irland hatten. Auch die Katholiken gerieten allmählich unter den Einfluß der Französischen Revolution. Sie war ein Beweis für sie, daß die Menschen versuchen konnten, die Welt nach ihrem Ideal umzuformen, anstatt immerfort die menschenunwürdigen, barbarischen Bedingungen ertragen zu müssen, in die sie hineingeboren waren. So ermutigte diese Revolution die irischen Katholiken, energischer auf die Abschaffung der Strafgesetze zu drängen, unter denen sie über ein Jahrhundert lang gelitten hatten. Die Krone suchte diese Katholiken zu beruhigen, doch mußte sie sich danach richten, was die protestantischen Grundherren, die das irische Parlament beherrschten, als »Erleichterung« tolerierten. 1792 wurde eine Gesetzesvorlage angenommen, die sämtliche Einschränkungen in bezug auf Eheschließungen zwischen Katholiken und Protestanten beseitigte. Fortan durften Katholiken juristische Funktionen ausüben, und die noch bestehenden Verbote bezüglich einer katholischen Erziehung wurden aufgehoben. Allerdings erhielten die Katholiken noch kein Stimmrecht.
Die britische Regierung unter William Pitt dem Jüngeren hielt die Konzessionen von 1792 nicht für ausreichend, um sich die Loyalität der irischen Katholiken zu sichern, und zwang das irische Parlament zu der Akte von 1793, die von großer Tragweite war. Sie erteilte den Katholiken das Stimmrecht sowohl bei Lokalwahlen als auch bei der Wahl der Parlamentsabgeordneten. Sie gab ihnen das Recht, Waffen zu tragen und beseitigte alle noch verbliebenen Einschränkungen in bezug auf den Grundbesitz. Mit Ausnahme der höchsten zivilen und militärischen Ämter standen ihnen nun alle Posten offen. Nach der Akte von 1793 konnte ein Katholik noch immer nicht Lord-Leutnant, Vizekönig, Schatzkanzler, Oberbefehlshaber der Streitkräfte oder Rektor oder Fellow des Trinity Colleges werden, doch standen ihm eine Menge Staatsämter wenigstens dem Namen nach offen. Er besaß nun das Wahlrecht, doch war dieses dadurch eingeschränkt, daß Katholiken auch weiterhin nicht im Parlament sitzen durften. Außerdem mußte ein gewisses Vermögen nachgewiesen werden, und es bestanden Einschränkungen in bestimmten Wahlkreisen (und Städten), wodurch man mit Erfolg verhinderte, daß die katholischen Wähler die protestantische Oberschicht überstimmen konnten.[5]
In dem Maße wie Frankreich selbst, und nicht mehr die Französische Revolution, zum Hauptanliegen der englischen Staatsmänner wurde, nahmen sie den unzufriedenen Iren gegenüber wieder eine energische und repressive Haltung ein, anstatt sich zu bemühen, sie zu versöhnen und zu beruhigen. Wie häufig in ernsten Krisenzeiten fürchtete man auch jetzt, die Reformer könnten großzügige Konzessionen von seiten der Regierung als ein Zeichen ihrer Schwäche und Unsicherheit auslegen. Die Einstellung beider Seiten verhärtete sich, und Mitte der 90er Jahre des 18. Jhs. kam es zu einem ebenso bemerkenswerten wie unerwarteten Zusammenschluß von protestantischen und katholischen Dissidenten zur »Gesellschaft der Ver-

einigten Iren« *(Society of United Irishmen)*. Diese 1791 in Belfast mit Hilfe eines protestantischen Radikalen namens Theobald Wolfe Tone gegründete Vereinigung setzte sich die völlige religiöse Gleichberechtigung und eine gründliche Reform des irischen Parlaments zum Ziel. Sie bekämpfte den sektiererischen Haß, den sie dem Ancien régime auf den Britischen Inseln zum Vorwurf machte. Seit der Mitte des 16. Jhs. gab es in der Geschichte Irlands kaum etwas, was eine derartige Zusammenarbeit hätte erwarten lassen, bei der sich die Antipoden gegen den verhaßten gemeinsamen Feind zusammentaten.[6]

Der Zusammenschluß der »Vereinigten Iren« bedeutete jedoch keineswegs, daß die tiefen Risse in der irischen Gesellschaft damit geheilt gewesen wären, denn diese Brücken zwischen den kriegführenden Fronten waren rare Ausnahmen von der allgemeinen Regel eines fortdauernden und in mancher Hinsicht sich verschärfenden Konflikts. Zu gleicher Zeit, als in Belfast die »Gesellschaft der Vereinigten Iren« gegründet wurde, wurden blutige Kämpfe zwischen katholischen und protestantischen Pächtern und Kleinbauern in anderen Teilen Ulsters, insbesondere in der Grafschaft Armagh, ausgetragen. Sektiererische terroristische Vereinigungen wie die protestantischen *Peep o'day boys* (Burschen der Morgendämmerung) und die katholischen *Defenders* (Verteidiger) wurden gegründet, um aufeinander loszuschlagen und ihre Wut an den einzelnen Mitgliedern auszulassen. Nur gelegentlich flackerte der Geist der Aufklärung auf in diesem immer noch weitgehend primitiven, innerlich zerrissenen und von sektiererischem Fanatismus erfüllten Land.

Das irische Parlament, das sich 1793 Pitts Gesetzesvorlage zur Besserstellung der Katholiken nur schwach widersetzte, weigerte sich 1795 energisch, einer weiteren Gesetzesvorlage zuzustimmen, die als logische Konsequenz der früheren Vorlage den Katholiken Sitz und Stimme im Parlament einräumen sollte. Die wieder aufkommende konservative Einstellung der Protestanten machte die Hoffnung des Vizekönigs William Wentworth FitzWilliam zunichte, der für gemäßigte Reformen eintrat und nach dem Scheitern der Gesetzesvorlage nach England zurückberufen wurde. Von da an wäre es unrealistisch gewesen annehmen zu wollen, daß den Katholiken bald das Recht eingeräumt würde, am politischen Leben eines selbständigen Irlands voll teilzunehmen. Die Stimmung im Land ging jetzt nicht mehr von den Reformern, sondern von den Radikalen aus, die von einer von Frankreich unterstützten Revolution in Irland träumten. Im Januar 1796 begab sich Wolfe Tone nach Paris, um von den Franzosen militärische Unterstützung zu bekommen. Er war fest überzeugt, daß diese eine riesige Revolution gegen die Herrschaft der Engländer in Irland beschleunigen würde. Durch seine beharrlichen Bemühungen erreichte er, daß im späteren Verlauf des Jahres eine Expeditionsflotte mit 30000 Mann unter dem Oberbefehl von Admiral Hoche nach Irland segelte.

Es besteht immer die Möglichkeit, daß noch so sorgfältige strategische Pläne durch einen Zufall oder ein Mißgeschick vereitelt werden, und so geriet auch Tones mühsam erkämpfte Flotte in einen Nebel. Nur die Hälfte der Schiffe erreichte mit ihm an Bord die Bantry-Bucht in der Grafschaft Kerry, während die andere Hälfte mit ihrem Befehlshaber das Treffen versäumte. Marschall Grouchy wollte sich nicht darauf einlassen, den Befehl zur Landung zu geben, nachdem die Hälfte der Schiffe fehlte, und so zog sich die Flotte wieder zurück, um nicht durch überlegenere britische Streitkräfte abgeschnitten zu werden. Am 21. Dezember schrieb Tone in sein Tagebuch, sein Schiff sei der Küste so nahe, daß man »einen Zwieback an Land werfen könnte«, und er klagte, man könne sich im Augenblick keine schrecklichere Lage als die seine vorstellen, wo er sein Vaterland in Sicht, ja fast in Reichweite habe und nicht wisse, ob es ihm je vergönnt sein würde, seinen Fuß darauf zu setzen.[7]

Die Engländer merkten bald, daß sie der atlantische Nebel vor einem unliebsamen Abenteuer bewahrt hatte, und sie begannen besonders in Ulster eine Unterdrückungskampagne, mit der sie den Widerstand der »Vereinigten Iren« zu brechen versuchten, um sicherzustellen, daß in Zukunft kein französisches Expeditionsheer mehr mit einer nationalen Erhebung in Irland rechnen konnte. Die Franzosen hatten ihrerseits dringendere Interessen als Irland, das für sie nur von zweitrangiger Bedeutung und keinen größeren Einsatz wert war. Die »Vereinigten Iren« gaben ihre Sache fast verloren und setzten ihre letzte verzweifelte Hoffnung auf einen spontanen Aufstand in Irland, der – auch wenn er unter einem unglücklichen Stern stand – doch die Franzosen dazu bringen würde, zu ihren Gunsten einzugreifen. Aber es kam kein gut koordinierter Feldzug zustande, und im ausgehenden Frühjahr und Sommer 1798 flackerten nur immer wieder kleine Aufstände auf. Die Teilnehmer daran reichten von privilegierten, hochgesinnten und hochgebildeten Idealisten bis hinab zu rohen, ungebildeten Protestantenhassern unter den Bauern. Der edle, nichtsektiererische Geist, der in Belfast und Dublin und Umgebung am deutlichsten zu spüren gewesen war, wich den altgewohnten sektiererischen Leidenschaften besonders in den Grafschaften Wexford und Wicklow, wo es sich hauptsächlich um den Kampf von Katholiken gegen Protestanten handelte.

Worum es auch immer ging, sicher ist, daß das Jahr 1798 eine blutige Zeit war, in der – wie eh und je – die Zivilbevölkerung am meisten zu leiden hatte. Mit einer gewissen Berechtigung sah die britische Armee in diesen Ereignissen einen Nachhall von 1641 und 1688. Der Versuch, die britische Regierung zu stürzen, während sie sich in einem erbitterten Krieg mit Frankreich befand, wäre an sich Grund genug gewesen, eine Anklage wegen Verrats zu erheben, aber dadurch, daß die Bauernrevolten sich gleichzeitig gegen die Protestanten richteten, bekam das Unternehmen einen Anstrich von religiösem Fanatismus wie im 17. Jh. Die Armee schlug die Rebellionen, ohne Unterschiede zu machen, auf grausame Weise nieder und fügte den vielen Verbrechen, die in der Vergangenheit von den englischen Eroberern gegen die Insel verübt worden waren, noch eine neue Schicht hinzu. Das traurige Postskriptum zu den revolutionären Hoffnungen dieses Jahres war die Landung eines kleinen französischen Expeditionsheeres in der Grafschaft Mayo im Spätsommer, das zunächst einige Erfolge errang, bevor es von einer siegesgewissen englischen Armee, die 10mal so groß war, geschlagen wurde und sich ergeben mußte.

Man hat oft behauptet, England habe keine Revolution wie die französische erlebt, doch war es nirgends näher daran als in seinem turbulenten und zerstrittenen Königreich Irland. Das Jahr 1798 erschütterte die soziale Struktur des protestantischen Irlands. In den Jahren seit 1782 hatte man sich der Illusion hingegeben, Irland könnte von den Iren – wenn auch von protestantischen Iren – mit einer beträchtlichen Unabhängigkeit von England regiert werden. Aber 1798 hatte es eines militärischen Aufgebots der Engländer von über 40000 Mann bedurft, um mit den irischen Dissidenten fertig zu werden. Wie lebensfähig war ein Staat, den nur die »ausländische« Macht England vor dem zerstörerischen Treiben seiner eigenen Bevölkerung bewahren konnte? Diese Frage stellte sich der englische Premierminister William Pitt der Jüngere, und sie veranlaßte ihn dazu, die Möglichkeit einer Union des irischen und des englischen Parlaments zu erwägen. Ähnlich war auch der separate Staat Schottland, der seit 1603 durch Personalunion mit der englischen Krone verbunden war, 1707 durch eine Unionsakte mit England vereinigt worden. Mit einigen Abweichungen hätte eine solche Union von England und Irland nach Pitts Auffassung das Verantwortungsgefühl der Iren für Ruhe und Ordnung in ihrem Land gestärkt, während sie andererseits den irischen Protestanten ihre so hoch geschätzte Unabhängigkeit, die sie sich seit 1782 erkämpft hatten, rauben würde.

Die Union mußte vom irischen Parlament gebilligt werden, und Pitts irischer Sekretär (das für Irland zuständige Mitglied des britischen Kabinetts) Robert Stewart, Viscount Castlereagh, bemühte sich, eine Mehrheit dafür zusammenzubringen. Er tat es teilweise mit Hilfe der altehrwürdigen Methoden des 18. Jhs. von Bestechung und Einschüchterung, die man bei kleinen Gruppen von Privilegierten mit viel Aussicht auf Erfolg anwenden konnte. Im Frühjahr 1800 hatte sich das irische Parlament überreden lassen, für seine eigene Auflösung zu stimmen, und so fand die ein Jahrhundert alte Idee eines unabhängigen protestantischen Irlands ein jähes Ende.

Wir werden in Kapitel VI noch im einzelnen auf die Unionsakte eingehen. An dieser Stelle möchten wir sie lediglich als einen Endpunkt betrachten. Die protestantische Hegemonie blieb fest verankert, jedoch ohne eine eigene Legislative. Das Geschick Irlands lag nun in den Händen des Parlaments in Westminster, das zu fünf Sechsteln aus Engländern, Walisern und Schotten bestand (550 von insgesamt 650 Abgeordneten). Diese Versammlung würde möglicherweise die Interessen der Protestanten in Irland auch weiterhin unterstützen und fördern, doch war sie daran nicht unbedingt selbst interessiert, weshalb sie ihrem Wesen nach weniger verläßlich war. William Pitt hatte bei der Unionsakte von Anfang an den Wunsch gehabt, auch den Katholiken das Recht auf einen Sitz im Parlament einzuräumen. Da dies allgemein bekannt war, sicherte es der Akte die außerparlamentarische Unterstützung prominenter Katholiken. Es war kaum anzunehmen, daß die Protestanten sich hierdurch bedroht fühlen würden, da katholische Abgeordnete aus Irland ohnehin nur eine klägliche Minderheit im Unionsparlament abgeben würden. In Wirklichkeit aber hatten sich viele Protestanten solange hinter den Barrikaden der gesetzlichen Diskriminierung der Katholiken sicher gefühlt, daß deren Beseitigung sie jetzt ängstigte.

Die Katholiken selbst waren sich über den Nutzen dieser politischen Rechte nicht unbedingt einig, da einige von ihnen das Gefühl hatten, daß sie nur einer kleinen Gruppe von reichen Kaufleuten, Grundbesitzern und Angehörigen höherer Berufe unmittelbar zugute kommen würden, die auf einen Sitz im neuen Unionsparlament hoffen konnten. Aber Pitt hatte praktisch versprochen, daß die »Emanzipation« der Katholiken mit der Unionsakte Hand in Hand gehen würde. Diese Zusicherung scheiterte jedoch an der unerbittlichen Bigotterie König Georgs III. Dieser erkannte zu Recht, daß durch die Ausweitung sämtlicher politischer Rechte auf die Katholiken in Irland eine ähnliche Toleranz gegenüber den Katholiken in England erforderlich würde, und noch immer war die Abneigung gegen die Papisten im Selbstverständnis der Engländer allzu lebendig, um sie, ohne Unruhen heraufzubeschwören, über Bord werfen zu können. Nach 1783 war es in London zu antipapistischen Unruhen gekommen, und Georg III. weigerte sich, den Iren zuliebe neue Aufstände zu riskieren. So trat die Unionsakte in Kraft, ohne daß gleichzeitig eine Emanzipationsakte verabschiedet wurde. Erst 1829 gelang es Daniel O'Connell, diesen Teil des ursprünglichen Programms durchzuführen. Dieses lange Hinauszögern der Emanzipationsakte nach der Verabschiedung der Unionsakte wurde von den irischen Katholiken – genau wie nach 1691 die Nichtbeachtung und Verletzung der zivilrechtlichen Artikel des Friedensvertrags von Limerick – als ein Beweis für die grenzenlose Bosheit und Tücke der Engländer angesehen.

Wir haben bisher den Aufstieg und Niedergang der protestantischen Nation verfolgt, doch sollten wir uns nun auch mit der Struktur der größeren Gesellschaft befassen, die seit dem Abschluß der Eroberung Ende des 17. Jhs. entstanden war. Dies ist deshalb schwierig, weil man dazu statistische Unterlagen aus einem bis zur Volkszählung von 1841 weitgehend unstatistischen Zeitalter brauchte.[8] Aber wenn wir auch kaum statistische Daten aus jener Zeit besitzen, so besteht doch kein Zweifel darüber, daß Irland damals eine wahre Bevölkerungsexplosion erlebte. Aus etwas über 2 Millionen Einwohnern im Jahre 1690 waren 1730 3 Millionen, 1780 4 Millionen, 1810 6 Millionen und 1841 über 8 Millionen geworden.[9]

Was war die Ursache für diese nie dagewesene Bevölkerungszunahme? Die einfachsten und wichtigsten historischen Fragen sind immer am schwersten zu beantworten, und es gibt zwar viele Hypothesen, jedoch keine unanfechtbare Übereinstimmung darüber, wieso es dazu kam. Simple Erklärungen haben den Vorteil, daß sie ohne weiteres einleuchten, und so hat man den Kartoffelanbau oft als die Hauptursache bezeichnet. Die Kartoffel wurde Ende des 16. Jhs. aus Peru von Sir Walter Raleigh eingeführt, der sich in Youghall in der Grafschaft Cork einen großen landwirtschaftlichen Besitz erworben hatte, und sie eroberte sich sowohl in Irland als auch im übrigen Europa ständig neue Anbaugebiete. Ihr Nährwert an Kalorien pro Morgen Land ist höher als der eines jeden anderen landwirtschaftlichen Produkts, und so kam es, daß durch den Kartoffelanbau weit weniger Ackerland für die Ernährung des einzelnen und der Familie benötigt wurde. Hieraus folgt nicht unbedingt, daß die Kartoffel die *Ursache* für das Bevölkerungswachstum des ausgehenden 18. Jhs. und des frühen 19. Jhs. war. In Frankreich standen z. B. die Bauern der Kartoffel so mißtrauisch gegenüber, daß die Krone ihren Anbau energisch betreiben mußte. Anfang des 18. Jhs. wurden auch in Irland Kartoffeln nur neben dem traditionellen Getreide angepflanzt, und sie waren ein Bestandteil einer landwirtschaftlichen Mischwirtschaft. Aber irgendwann zwischen der Mitte und dem Ausgang jenes Jahrhunderts siegte die Katoffel und wurde zum Hauptnahrungsmittel der irischen Bauern. Ende des 18. Jhs. rühmten Besucher Irlands das kräftige, gesunde Aussehen des Volkes, dem reichlich Milch und Kartoffeln für seine Ernährung zur Verfügung standen.

Wahrscheinlich wurde dieser Übergang zu einer hauptsächlich aus Kartoffeln bestehenden Ernährung von den Großgrundbesitzern aktiv gefördert, weil sie merkten, daß der Kartoffelanbau billiger war. Man brauchte dann für die Ernährung der Pächter und Landarbeiter weniger Morgen Ackerland und konnte es für eigene Zwecke verwerten. Ob es nun der Kartoffel zu verdanken war oder nicht, jedenfalls vervierfachten sich die Einnahmen der Großgrundbesitzer zwischen 1760 und 1815.[10] Die Ausbreitung des Kartoffelanbaus hat möglicherweise das Bevölkerungswachstum auch dadurch gefördert, daß nun in jüngeren Jahren geheiratet werden konnte. Ein winziges Stückchen Land, das mit Kartoffeln bepflanzt wurde, genügte nun, um eine junge Familie zu ernähren, wenn auch deren Überleben auf bedenkliche Weise von einer guten Ernte abhing. Auch sind in jungen Jahren geschlossene Ehen länger fruchtbar, und Kinderreichtum bedeutete für die Eltern soziale Sicherheit in einer Zeit, in der es noch keine staatliche Altersversicherung gab. Alle diese Faktoren stehen in einer unsicheren, komplexen Beziehung zueinander. Sicher ist nur, daß Irland seit etwa 1740 einen außergewöhnlichen Bevölkerungszuwachs hatte, der mit einer Steigerung der landwirtschaftlichen Gewinne Hand in Hand ging, und daß immer mehr Kartoffeln angebaut wurden.

Der politische Aufstieg der protestantischen Nation im 18. Jh. vollzog sich nicht in einem luftleeren Raum. Der Handel mit den Kolonien spielte eine wesentliche Rolle dabei. Wenn auch die einheimischen Iren noch so rückständig waren, die Protestanten jedenfalls bemühten sich, mit der Zeit Schritt zu halten. Man erkennt den wirtschaftlichen Aufschwung des Landes deutlich an der Ausweitung der Einfuhr und Ausfuhr (bei einer mäßigen Inflationsrate). Die Importe stiegen von etwa 800000 Pfund im Jahre 1700 auf über 5 Millionen Pfund im Jahre 1800. Die Exporte erhöhten sich von ebenfalls etwa 800000 Pfund im Jahre 1700 auf fast 4 Millionen Pfund im Jahre 1800 und stiegen 1816 sprunghaft auf über 7 Millionen Pfund, da die Engländer während der Napoleonischen Kriege auf irische Produkte angewiesen waren.[11] Einen wesentlichen Anteil an diesem Aufschwung hatte der Leinenexport, der von ungefähr 457000 Meter im Jahre 1698 auf über 36 Millionen Meter in den Jahren um 1790 anstieg. Um 1800 machten die Leinenexporte fast die Hälfte des gesamten irischen Exports aus. Genau wie Wolle war auch Leinen eine Heimindustrie, und sie war für die Landarbeiter und kleinen Bauern Irlands eine zusätzliche Einnahmequelle neben der Landwirtschaft. In den letzten Jahren des 17. Jhs. suchten die Engländer bewußt die irische Wollindustrie zu reduzieren (eine entsprechende Akte wurde 1699 verabschiedet), während sie die irische Leinenindustrie förderten und ab 1696 den Import von irischem Leinen in England zollfrei machten. Zur selben Zeit trafen in Nordirland französische Hugenotten ein, die in der Herstellung von feinem Leinen eine besondere Fertigkeit besaßen. 1770 verkauften die Grafschaften Down und Antrim im Nordosten von Ulster alljährlich Leinen im Wert von über 400000 Pfund, gefolgt von Armagh (280000 Pfund), Coleraine (260000 Pfund) und Tyrone (100000 Pfund). Die einzigen Grafschaften, die außerhalb von Ulster Leinen im Wert von bis zu 100000 Pfund verkauften, waren Dublin und Louth, beide in Ost-Leinster.

Demnach war der außerordentliche Aufschwung der Leinenindustrie stark auf den Nordosten konzentriert, und es ist zu vermuten, daß dies hauptsächlich den dortigen Großgrundbesitzern zugute kam. Man hat der Leinenindustrie häufig vorgeworfen, sie habe es versäumt, in Irland die Grundlage für einen realen industriellen Aufschwung zu schaffen, im Gegensatz zur Baumwollindustrie in den englischen Midlands, wo besonders in Lancashire das neue »Fabriksystem« mit seinen dampfbetriebenen Textilspinnereien eingeführt wurde. Die Leinenmanufaktur nahm zwar im 19. Jh. einen weiteren Aufschwung mit einer noch stärkeren Konzentration auf die Region von Belfast, doch hat sich der Weltmarkt für Leinen nie mehr ganz vom Konkurrenzkampf mit der Baumwolle erholt, und Irland hatte an den Gewinnen aus der Baumwollindustrie keinen Anteil.[12] Typisch für die irische Leinenmanufaktur war, daß sie im Zeitalter der Industrialisierung florierte, einer Handvoll Unternehmern ein Vermögen eintrug, den Zustrom von protestantischen Magnaten und Großindustriellen verstärkte und zahlreichen Kleinbauern eine zusätzliche Verdienstmöglichkeit bot, ohne jedoch letztlich eine Basis für einen dauernden Wohlstand oder eine Kapitalanhäufung zu schaffen.

Weitgehend das gleiche gilt für den anderen wichtigen Wirtschaftszweig im

Irland des 18. Jhs. Die meisten dieser Unternehmen widmeten sich der Beschaffung, der Zubereitung und dem Vertrieb von konservierten Nahrungsmitteln, insbesondere von Butter und gepökeltem Rindfleisch. Auf diesem Gebiet war der Süden Irlands, und nicht der Norden führend. Munsters Häfen Cork und Kinsale lagen an dem immer wichtiger werdenden nordatlantischen Handelsweg. Französische wie englische Schiffe konnten ihren Proviant einfach und billig in Südirland beziehen oder auch Waren für den Export in die amerikanischen Kolonien laden. Im allgemeinen galten Lebensmittel aus Irland als billiger, wenn auch nicht für qualitativ besonders wertvoll. In den Jahren nach 1780 wurde auch Getreide zu einem bedeutenden Exportartikel, und wenn England anstelle der amerikanischen Kolonien zum Hauptmarkt für irische Lebensmittel wurde, so spielte dabei die Getreideausfuhr eine wichtige Rolle.

Trotz der vielen Torfmoore und Gebirgsregionen und anderen für die Landwirtschaft ungeeigneten Gebieten ist Irland für die Nahrungsmittelproduktion sehr geeignet und gehört heute zu den wichtigsten Lebensmittellieferanten Englands und des europäischen Festlands. Aber wie bereits erwähnt, stieg die Bevölkerungszahl ebenso schnell wie die Exporte. Ohne eine Steigerung der Produktivität durch eine rationeller betriebene Landwirtschaft und Manufaktur mußten diese beiden parallel verlaufenden Entwicklungen schließlich zu einem niedrigeren Lebensstandard der breiten Masse der Bevölkerung führen. In gewisser Hinsicht war die Kartoffel die wichtigste Neuerung in der irischen Landwirtschaft, und eine Zeitlang – vielleicht ein Jahrhundert lang – half sie, die wohl unvermeidliche Krise noch hinauszuschieben. Diese drohende Krise wurde zunächst auch dadurch verdeckt, daß die Engländer während der Napoleonischen Kriege die irischen Produkte brauchten, wodurch der Anschein eines beachtlichen wirtschaftlichen Wachstums erweckt wurde. Als dann von 1845 an ständig Kartoffelmißernten eintraten, wurde die Krise akut, nachdem sie sich seit langem durch eine höchst empfindliche Wirtschaftsstruktur vorbereitet hatte.

Irland war im 18. Jh. in vielfacher Hinsicht ein blühendes Land. Den Großgrundbesitzern ging es gut. Ihr Einkommen stieg und erlaubte ihnen ein Leben voller Luxus in ihren georgianischen Landhäusern, die in unterschiedlichem Zustand von Pracht und Verfall noch heute das Land zieren. Das berühmteste Beispiel ist Castletown, das prächtige Haus in der Grafschaft Kildare, das sich der Unternehmer und Sprecher des irischen Unterhauses William Connolly (1662–1729) erbaut hat, doch gibt es noch Dutzende anderer. Es wurde jedoch nicht alles Geld für extravagante Häuser und ein Luxusleben in diesen Besitztümern und ihrer Umgebung ausgegeben. Man machte auch Investitionen, die auch anderen zugute kamen. So gründete beispielsweise der Earl of Grandison 1752 auf seinem Besitz in Dromona in der Grafschaft Waterford eine Kolonie von Webern aus Ulster und baute für sie die beiden gut angelegten Dörfer Villierstown und Mount Stuart.[13] Thomas Vesey errichtete für seine Pächter in Abbeyleix eine kleine Musterstadt, und das gleiche tat der Earl of Aldborough für seine Weber in Stratford-on-Slaney in der Grafschaft Wicklow.[14] Meistens jedoch gaben die Reichen ihr Geld für ihr eigenes Wohlleben aus und trugen nur wenig zur Steigerung der Produktivität des Landes und zur Verbesserung der Lebensqualität der Bevölkerung bei. Die Bewohner der »großen Häuser« beschäftigten Architekten, Maurer, Glaser, Silberschmiede, Tanzlehrer und Verteter ähnlicher Berufe, von denen viele aus England oder vom Kontinent kamen, aber diese Arbeitgeber sorgten nicht dafür, daß die Insel in die Lage kam, ihre wachsende Bevölkerung selbst zu ernähren.

Die schädlichsten Auswirkungen hatte dieser wirtschaftliche Egoismus nicht durch den luxuriösen Lebensstil in Castletown oder anderen palastähnlichen Landsitzen, sondern dadurch daß die Besitzer abwesend waren. Die Angehörigen der vornehmen Gesellschaft bauten sich immer häufiger in Dublin Stadthäuser, in denen sie ein munteres Leben führten, oder sie lebten in England oder im Ausland – was noch öfter vorkam. Diese ständige Abwesenheit des Eigentümers von seinem Besitztum war ein flagranter Beweis für sein mangelndes Interesse an der Wirtschaft seines Landes. Wenn das Leben in einer halbfeudalen Gesellschaft auch *ohne* den Herrn ebenso gut – oder auch ebenso schlecht – funktionierte wie *mit* ihm, spielte er dann wirklich eine unentbehrliche Rolle in diesem System? Die ursprünglichste Art, Land für sich in Anspruch zu nehmen, ist, daß man es besetzt. Überall dort, wo ernste Zweifel an der Rechtmäßigkeit des Besitzes bestehen, kann der Besitzanspruch durch häufige Abwesenheit unterminiert werden. Gewöhnlich wurde der Besitzanspruch des Grundherrn dadurch bekräftigt, daß jedermann sah, wie er sich um die Angelegenheiten und das Leben seiner Pächter und aller, die von ihm abhängig waren, kümmerte. War er jedoch ständig abwesend, so konnte es dahin kommen, daß man in ihm einen Fremden sah, der im Ausland lebte und nur sein Geld aus der Heimat bezog, einen rein passiven Empfänger von Pachtzinsen und Profiten, die er sich nicht selbst verdient hatte (und möglicherweise auch nicht verdiente).

1698 beliefen sich die an Abwesende ausgezahlten Pachtzinsen auf etwa 100000 Pfund bei einem Gesamtpachtbetrag von 1,3 Millionen Pfund. In den Jahren um 1720 stieg diese Summe auf etwas über 1,6 Millionen Pfund, und die Auszahlungen an Abwesende stiegen sprunghaft auf 300000 Pfund oder ein Fünftel bis ein Sechstel des Gesamtprofits aus dem Grundbesitz.[15] Ein Fachmann auf diesem Gebiet meinte, die Zahlungen an Abwesende hätten sich zwar zwischen 1720 und 1780 verdoppelt, doch mache das einen geringeren Prozentsatz des Gesamteinkommens aus Pachtverträgen aus, da sich dieses im gleichen Zeitabschnitt verdreifacht habe.[16] Wie dem auch sei, jedenfalls war die Abwesenheit des Grundbesitzers nur das augenfälligste Symbol des wirtschaftlichen Durcheinanders in Irland, und nicht seine Ursache.

Das 18. Jh. sah nicht nur den Höhepunkt der Macht und des Reichtums der

Protestanten in Irland, sondern auch den Anfang ihres Niedergangs. Am Ende des Jahrhunderts hatten sie ihre Monopolstellung in bezug auf Reichtum und Macht eingebüßt. Die Strafgesetze hatten den Katholiken harte Beschränkungen bezüglich Besitz und Vererbung von Land auferlegt und dadurch manchen veranlaßt, sich seinen Lebensunterhalt im Handel zu verdienen. In den Küstenstädten des Südens und Westens begannen katholische Familien sich als Kaufleute niederzulassen und mit Versorgungsgütern und Textilien zu handeln, Geld zu verleihen und andere städtische Berufe zu ergreifen. Besonders angesehen waren die Roches von Limerick, und einige katholische Handelshäuser hatten Niederlassungen in den Häfen von Frankreich, Spanien und sogar Südamerika. Als der reiche Kaufherr Edward Byrne 1792 starb, hinterließ er ein Vermögen von 400000 Pfund.[17] Das war ein spektakulärer Aufstieg für ein Mitglied einer Familie, die nach einer Aufstellung von 1664 in der Grafschaft Dublin 63 Häuser besaß, von denen nur drei mehr als eine Feuerstelle hatten.[18] Ein anderer Emporkömmling dieser Art war John Keogh, ein Dubliner Kaufmann des späten 18. Jhs., der zu einem der führenden Köpfe des Generalkomitees der Katholiken wurde.

Die Spitze der katholischen Pyramide in Irland begann sich langsam zu ändern. Die flüchtigen Bischöfe und die Handvoll ausgeplünderter katholischer Aristokraten erhielten jetzt neuen Zustrom von katholischen Unternehmern, Geschäftsleuten und Angehörigen höherer Berufe. Natürlich waren diese katholischen Neureichen eifrig bemüht, sich die Sicherheit und das gesellschaftliche Ansehen zu verschaffen, die man nur durch den Besitz von Grund und Boden erreichte, und wie bereits erwähnt, hatte 1778 eine Akte jene Teile des Papistengesetzes von 1704 aufgehoben, die Katholiken den Besitz und die Vererbung von Land verboten hatten. Es gab einige protestantische Grundbesitzer, die die Aufhebung dieses Gesetzes begrüßten, weil sie hofften, daß hierdurch der Preis und Wert ihrer Grundstücke in die Höhe getrieben würde.

Trotz der blutigen Kämpfe von 1798 und der darauf folgenden Unionsakte lag das katholische Irland, als das 18. Jh. zu Ende ging, nicht mehr geschlagen am Boden. Einige Katholiken fingen jetzt an, sich Geld, Land und Ansehen zu erwerben. Damit waren die Voraussetzungen dafür gegeben, daß eine neue starke Führungsschicht entstand. Außerdem war die katholische Religion nicht mehr wie im vorangegangenen Jahrhundert für die Engländer ein Gegenstand allgemeiner Verachtung. Der wilde Antiklerikalismus und Atheismus der Französischen Revolution hatte die englischen Staatsmänner gelehrt, wenn auch widerwillig die konservativen Tugenden der katholischen Geistlichen Irlands anzuerkennen – sie waren wenigstens Feinde der Revolution. 1795 wurde mit Unterstützung der Regierung das *Royal College of St. Patrick* in Maynooth (westlich von Dublin) als offizielles Seminar für die Ausbildung katholischer irischer Geistlicher gegründet.

Wirtschaftliche und religiöse Benachteiligungen verschwanden langsam.

Die wachsende Verbreitung demokratischer Ideen machte es immer schwieriger, besonders willkürliche Formen von Privilegien zu verteidigen, auch wenn sie noch so weit verbreitet waren. Im Widerspruch dazu stand allerdings, daß Irland im ganzen aus einer monströsen Anhäufung von Privilegien bestand. Es befand sich im Besitz einer exogenen Minderheit, die es ausbeutete und unter Kontrolle hatte. Durch die Unionsakte von 1800 übernahm das englische Parlament in Westminster die oberste Kontrollfunktion, doch bestand wenig Hoffnung, daß es diese Kontrolle großzügig ausüben und mit der unterdrückten Bevölkerung Mitgefühl haben würde. So trat Irland unter anomalen Verhältnissen ins 19. Jh. ein als eine Insel, deren Institutionen und deren Gesellschaft in einem wachsenden Widerspruch zu der neuen Auffassung von Fairneß und Gerechtigkeit standen. Es würde sich herausstellen, ob und wie diese Widersprüche aufzulösen waren, und welche explosiven Konsequenzen sich daraus ergeben würden.

VI. Das katholische Irland lebt wieder auf: Das 19. Jahrhundert

Dieses und das folgende Kapitel sollen einen Überblick über die Geschichte Irlands von der Unionsakte im Jahre 1800 (die am 1. Januar 1801 in Kraft trat) bis etwa zum heutigen Tag geben. Natürlich neigt man dazu, ausführlicher zu werden, je mehr man sich der Gegenwart nähert. Ereignisse von gestern kommen uns bedeutsamer vor als solche, die ein Jahrtausend zurückliegen. Auch können wir soviel mehr über die jüngste Vergangenheit in Erfahrung bringen, weil uns Berichte darüber in Fülle zur Verfügung stehen einschließlich der modernen Wunder von Fotografie, Film und Tonband. Viele Bände sind über die vielfältigen dramatischen und teilweise tragischen Ereignisse der letzten beiden Jahrhunderte geschrieben worden, und es würde mehrere hundert Seiten in Anspruch nehmen, wollte man hier nur den wichtigsten Entwicklungen, Ereignissen und Personen gerecht werden.

Ich habe mir in den beiden folgenden Kapiteln ein bescheideneres Ziel gesetzt. Statt einer ausführlichen Schilderung dieser Epoche will ich zu zeigen versuchen, wie unsere jüngste Vergangenheit und weiter Zurückliegendes miteinander in Verbindung stehen und wie Erfahrungen und Kräfte, die sich seit langem in Irland entwickelten, im 19. und 20. Jh. zum Ausbruch kamen. So habe ich mich bewußt bemüht, mich auf die bedeutsamsten Tendenzen zu beschränken und alle Einzelheiten, die nur von diesem Hauptziel ablenken würden, möglichst beiseite zu lassen. Leser, die genauer Bescheid wissen möchten, seien auf die Literaturangaben verwiesen.

Die Unionsakte ist das deutlichste Verbindungsglied, die eigentliche Nahtstelle zwischen dem früheren Irland und dem Irland unserer Tage. In einer Hinsicht ist sie der Höhepunkt der irischen Eroberung, die im 12. Jh. begann und im 17. Jh. vollendet wurde. So wie Wales 1536 (mehr als 200 Jahre nach seiner Eroberung durch Eduard I.) mit England »vereinigt« worden war, und wie Schottland 1707 mit England und Wales »vereinigt« wurde, so ging auch Irland verfassungsmäßig erst 1800 bis 1801 im Vereinigten Königreich auf. (Vorangekündigt wurde dieses Ereignis bereits während des Protektorats von Oliver Cromwell 1654–1658, als die Vereinigung von England, Schottland und Irland in einem als »Regierungsinstrument« bezeichneten Dekret verkündet wurde. 1660 wurde diese Vereinigung während der Restauration unter Karl II. wieder aufgehoben.) In anderer Hinsicht institutionalisierte – man könnte auch sagen »konstitutionalisierte« – sie das einzige Element der anglo-irischen Beziehung, das die folgenden beiden Jahrhunderte vor allem beschäftigen sollte, nämlich die politische Herrschaft.

Die Unionsakte ging davon aus, daß es grundsätzlich möglich war, Irland – genau wie Schottland und Wales – England zu assimilieren, wenn es auch unverkennbar schwerer zu regieren war. Die Akte lieferte den Rahmen, in dem – und im Gegensatz zu dem – sich das moderne Irland herausbildete. Wir sahen bereits, wie der *gesellschaftliche* Rahmen sich im 16. und 17. Jh. entwickelte und wie eine protestantische anglo-schottische Führungsschicht, die *ascendancy*, entstand. Die Unionsakte machte der politischen Autonomie, die sich diese Gesellschaftsschicht erworben hatte, 1782 ein Ende und übertrug die politische Macht über Irland dem Unionsparlament in Westminster.

Durch die Union wurde das irische Parlament abgeschafft; dafür kamen irische Abgeordnete ins Parlament nach Westminster. Genau 100 von Iren gewählte Abgeordnete sollten künftig im Unterhaus sitzen, das im ganzen 658 Mitglieder zählte, während 28 irische Peers und vier Bischöfe (die der protestantischen Kirche Irlands angehörten) einen Platz im erweiterten Oberhaus hatten. Die Kirche von England und die Kirche von Irland wurden vereinigt. Mit einigen Einschränkungen herrschte zwischen beiden Ländern Freihandel. Beide Länder behielten ihr eigenes Finanzsystem, doch wurde vereinbart, daß Irland 20 Jahre lang zwei Siebzehntel der Gesamtausgaben des Vereinigten Königreichs zu übernehmen hatte. Dieser Anteil war nicht übertrieben angesichts des Umfangs und der Stärke der Wirtschaft beider Länder, doch war damals nicht vorauszusehen, daß England in den ersten 15 dieser 20 Jahre in einen erbitterten, kostspieligen Krieg mit dem napoleonischen Frankreich verwickelt sein würde. So kam es, daß die Union schließlich Irland einen unverhältnismäßig hohen Anteil an dieser außergewöhnlichen finanziellen Belastung auflud.

Im ganzen funktionierte die Union reibungslos. Eine gewisse Unruhe brachte nur Robert Emmet hinein, ein protestantischer Patriot, der 1803 einen Aufstand der »Vereinigten Iren« in Dublin anführte. Diese Rebellion war leicht zu unterdrücken, und sie wird im allgemeinen von den Historikern als ein Handgemenge abgetan, das kaum Unterstützung fand und von vornherein wenig Aussicht auf Erfolg hatte. Aber Emmet ist durch eine flammende Rede im Gedächtnis geblieben, die er am Hafen hielt, bevor er als Verräter zum Tode verurteilt wurde. Es sind verschiedene Variationen dieser Rede überliefert, aber grundsätzlich hat Emmet darin bestritten, daß er damit, daß er in Frankreich Unterstützung für seinen Aufstand suchte, die Absicht gehabt habe, »unser Land unter die Herrschaft einer Macht zu stellen, die überall auf der Welt sich als Feind der Freiheit erwiesen hat. Eine Verbindung mit Frankreich war in der Tat beabsichtigt, doch nur soweit sie in unserem beiderseitigen Interesse lag. Wenn sie sich eine Autorität angemaßt hätten, die nicht mit der reinsten Unabhängigkeit vereinbar gewesen wäre, dann wäre dies das Signal zu ihrer Vernichtung gewesen.«[1] Emmet wußte, daß ihm dieses Argument bei Hof nichts nützen würde, und so kam er am Schluß seiner Rede auf seinen bevorstehenden Tod zu sprechen:

Das Rennen ist gelaufen – das Grab tut sich auf, um mich zu empfangen, und ich sinke in seinen Schoß. Nur eine Bitte habe ich noch, bevor ich aus dieser Welt scheide: habt Erbarmen und schweigt still. Laßt niemand meinen Nachruf schreiben, denn da niemand, der meine Beweggründe kennt, jetzt wagen würde, sie zu rechtfertigen, laßt Vorurteil oder Unwissenheit sie nicht verunglimpfen. Laßt sie im Dunkeln und in Frieden ruhen, überlaßt mein Gedächtnis der Vergangenheit, und laßt mein Grab ohne Inschrift, bis andere Zeiten und andere Menschen meinem Charakter Gerechtigkeit widerfahren lassen können. Erst wenn mein Vaterland seinen Platz unter den Nationen dieser Erde einnimmt, erst *dann* und vorher nicht, laßt mir meine Grabschrift schreiben.[2]

Diese tapferen Worte klingen für uns heute ein wenig melodramatisch, aber bei Generationen von irischen Patrioten, die sich von Emmets Vorbild und Redekunst inspirieren ließen, fanden sie einen ungeheuren Anklang. Genau wie Emmet mußten auch sie in aller Regel mit dem Scheitern ihrer Unternehmen rechnen und mit ihrem eigenen Tod. Und doch, eine innere Verbitterung trieb sie an, keinen anderen Trost bietend als die Hoffnung auf einen Triumph bei der Nachwelt. Jeder Aufstand, jede Erhebung, jede Verschwörung und jede Rebellion würde niedergeschlagen werden, bis endlich unvorhergesehen der Erfolg eintreten würde. Dieser eine Sieg würde alle früheren Anstrengungen, mochten sie sich noch so erbärmlich und sinnlos ausnehmen, in ein erhabenes Kapitel des langen Kampfes um die nationale Freiheit verwandeln. Emmets Aufstand war nur einer von vielen, die sich nachträglich auszahlen würden.

Die Union war das eine Element der zweigleisigen Politik von William Pitt bei seinem Versuch, mit Irland fertig zu werden, das ständig kurz vor einer Revolution stand. Das andere Element war die Emanzipation der Katholiken: die Beseitigung der noch verbleibenden, in der Hauptsache politischen Benachteiligungen der katholischen Bürger des neuen »Vereinigten Königreichs«. Anfang des 18. Jhs. hatte der Katholikenhaß in England einen Höhepunkt erreicht; 1800 war er zum Anachronismus geworden, zu einer Tradition, die sich selbst überlebt hatte und die nicht mehr der Wirklichkeit entsprach. Dem scharfsinnigen Pitt schien es weit klüger, sich mit den Beschwerden der britischen und irischen Katholiken zu befassen, als diese unbeachtet zu lassen und zu riskieren, daß Frankreich sie eines Tages als Zündstoff benutzte.

Es gab jedoch Zeitgenossen, und zu ihnen gehörte auch König Georg III., die in der Emanzipation der Katholiken etwas völlig Abzulehnendes, Gefährliches und Unnützes sahen. 1807, als Arthur Wellesley, der spätere Duke of Wellington, Staatssekretär für Irland war, schrieb er resigniert nach London: »Wir können uns hier auf nichts stützen als auf unsere Armee. In bezug auf militärische Aktionen ist Irland als ein feindliches Land anzusehen.«[3] Solange es mit militärischer Gewalt unter Kontrolle gehalten werden konnte, bestand kein zwingendes Bedürfnis, seinen katholischen Bewohnern lästige Konzessionen zu machen, und diese ablehnende Haltung war noch leichter zu verteidigen, nachdem Frankreich in den Feldzügen von 1812–1815 besiegt worden war. So kam es dazu, daß die von Pitt geplante Gleichberechtigung der Katholiken, die neben der Unionsakte einhergehen sollte, sich noch viele Jahre als undurchführbar erwies, worin jene irischen Katholiken, die sich hatten überreden lassen, die Unionsakte zu unterstützen, einen Verrat erblickten.

Als es dann schließlich zur Katholikenemanzipation kam oder – besser gesagt – als die historischen Benachteiligungen endlich beseitigt wurden, war dies das Ergebnis einer einzigartigen Kampagne und Massenbewegung. In den beiden ersten Jahrzehnten nach der Union blieb die Forderung nach Gleichberechtigung zwar bestehen, doch kamen die katholischen Führer nur gelegentlich bei ihren Verhandlungen mit der britischen Regierung darauf zurück. Die Regierung versuchte bei der Ernennung der katholischen Bischöfe und Gemeindepfarrer das entscheidende Wort zu reden oder doch wenigstens Einfluß darauf zu nehmen und auch die Bezahlung der katholischen Geistlichen in die Hand zu nehmen.[4] Derartige Vereinbarungen zwischen Kirche und Staat waren auch in anderen katholischen Ländern üblich. Warum also nicht auch in Irland? Die Katholiken waren darüber geteilter Meinung. Handelte es sich dabei um eine kluge, ja sogar vorteilhafte Änderung innerhalb der Kirche oder um die Preisgabe von allem, was heilig war? Den Ausschlag hierzu gab in den Jahren um 1820 Daniel O'Connell, ein erfolgreicher Rechtsanwalt aus der Grafschaft Kerry.

O'Connell hatte in seiner Jugend eine radikale Periode durchgemacht, doch veranlaßte ihn das Schicksal Robert Emmets, schleunigst zu Gesetz und Ordnung zurückzukehren. Als erfolgreicher Rechtsanwalt kam er 1798 mit dem Komitee der Katholiken in Kontakt, und er wurde bald bekannt durch seinen heftigen Widerstand gegen jede Art von Einflußnahme der britischen Regierung auf die katholische Kirche. In dieser Hinsicht stand er im Gegensatz zu den meisten Angehörigen der katholischen Aristokratie und zu dem großen protestantischen Reformer Henry Grattan, der Kompromisse für klüger hielt. Daß die britische Regierung sich nur langsam auf die Kompromißvorschläge einließ, stärkte O'Connells Position, denn immer mehr Katholiken gaben die Hoffnung auf, daß die britische Regierung sich jemals auf eine annehmbare Form der Emanzipation einlassen würde, wenn man sie nicht dazu zwang. Fast mühelos machte O'Connell aus den Forderungen weniger Privilegierter eine katholische Massenbewegung. An die Stelle des höflichen Dialogs zwischen der katholischen Aristokratie und der kirchlichen Hierarchie einerseits und der britischen Regierung andererseits traten allmählich die lautstarken Forderungen von 6 Millionen Katholiken.

Um O'Connells Kampagne richtig zu verstehen, muß man sich das politische System Irlands klarmachen. Durch die Unionsakte wurde die politische Repräsentation der Iren aus dem Parlament in Dublin nach

Westminster verlegt, und die Zahl der Unterhausmitglieder sank von etwas über 300 auf genau 100. Dies reduzierte zwar die Zahl der Orte, in denen und für die man Wahlen abhielt, doch änderte es kaum etwas an der Zahl der Stimmberechtigten oder der Art der Wähler. Das Wahlsystem, das sich in Irland herausgebildet hatte, war dem englischen ähnlich, wo die Parlamentsabgeordneten aus den einzelnen Grafschaften nach einem einheitlichen Grafschaftswahlrecht und die Abgeordneten aus bestimmten städtischen Wahlbezirken nach einem anderen Wahlrecht gewählt wurden, das von Stadt zu Stadt variierte. Üblicherweise wurden die Wahlen in den städtischen Wahlbezirken von reichen Mitgliedern der dortigen Aristokratie oder von angesehenen Kaufleuten kontrolliert, aber bei den Grafschaftswahlen bestand wenigstens die Möglichkeit, daß ein regelrechter Wahlkampf vorausging und eine Volkswahl stattfand. Die *Catholic Relief Act* gestand 1793 den Katholiken in den Grafschaften, jedoch nicht in den städtischen Wahlbezirken, das gleiche Wahlrecht zu, wie es seither nur die Protestanten gehabt hatten. Es war dies das *»forty-shilling freehold«*-Wahlrecht, nach dem nur männliche Erwachsene wählen durften, die einen Grundbesitz hatten, der ihnen jährlich mindestens 40 Shilling Pachtzins einbrachte. Es war dies allerdings ein sehr kleiner Grundbesitz. (Man hätte Anfang des 19. Jhs. etwa das 50fache Jahreseinkommen, d.h. etwa 100 Pfund benötigt, um ein bescheidenes Herrendasein in Irland führen zu können.) 1829 gab es etwa 100000 Stimmberechtigte, unter denen etwas über 80000 Katholiken waren, die zur 40 Shilling-Kategorie gehörten und durch die Akte von 1793 zu den bisherigen Stimmberechtigten hinzukamen. Da sie keine Katholiken als ihre Abgeordneten wählen konnten und da die Wahlen nicht geheim waren, so daß sie den Einschüchterungen durch ihre meist protestantischen Grundherren ausgesetzt waren, hatten die neuen katholischen Wähler von 1793 praktisch weder vor noch nach der Unionsakte einen Einfluß auf die Vertretung der Iren im Parlament. Dies war die überholte Situation, welche O'Connell zu ändern versuchte.

Um die konservative Hierarchie der katholischen Kirche zu umgehen, die dazu neigte, in der englischen Regierung ein Bollwerk gegen den französischen Atheismus und Radikalismus zu sehen, gründete O'Connell 1823 seine eigene Organisation, die Katholische Assoziation. Ihr Ziel war, mit Hilfe verfassungsmäßiger Maßnahmen die noch verbleibenden Benachteiligungen der irischen Katholiken – vor allem aber das Verbot, dem Parlament anzugehören – zu beseitigen. 1824 konnte jeder, der einen Monatsbeitrag von einem Penny zahlte, außerordentliches Mitglied dieser Vereinigung werden, was ihr Hunderttausende von Mitgliedern zuführte. Eine geschickt aufgebaute Organisaion von freiwilligen Helfern wurde gegründet, welche diesen *»Catholic rent«* (»Katholikenzins«) in jedem Winkel des Landes einzog. Die Bewegung breitete sich wie ein Buschbrand in Leinster und Munster aus. Geringer waren die Einnahmen in Connacht, und besonders mager waren sie in Ulster.[5] Die Reaktion auf O'Connells Kampagne war enorm. Er wurde schnell zum langersehnten, vom Himmel gesandten Befreier der irischen Katholiken von der Tyrannei des britischen Protestantismus. Als die Regierung von Lord Liverpool (die sich selbst nicht einig darüber war, ob die Gleichberechtigung der Katholiken wünschenswert war) 1825 die Katholische Assoziation durch ein Gesetz verbot, umging O'Connell ihre Auflösung dadurch, daß er sie in *Neue* Katholische Assoziation umtaufte.

Seit 1826 setzte diese Vereinigung ihr Geld und ihren Einfluß mehr und mehr für die Parlamentskandidaten ein, die für die Gleichberechtigung waren. Durch die Organisierung der schon zuvor einverstandenen 40-Shilling-Grundeigentümer wurden in Waterford, Louth, Monaghan und Westmeath erste Erfolge erzielt.[6] Diese Wahlkämpfe waren das Vorspiel zu einer der dramatischsten Wahlen in der modernen Geschichte Irlands. Als im Juni 1828 der beliebte und im Grunde pro-katholische Parlamentsabgeordnete William Vesey-FitzGerald sich einer Neuwahl in der Grafschaft Clare stellen mußte, weil er ins Kabinett berufen war, ließ sich O'Connell dazu überreden, als sein Gegenkandidat aufzutreten. Es war ein Wahlkampf zwischen dem »Befreier«, wie O'Connell inzwischen genannt wurde, und dem glücklosen Parteigänger des Duke of Wellington, der gegen die Gleichberechtigung war. O'Connell siegte mühelos und bot der Regierung die Stirn, die ihm seinen rechtmäßig erworbenen Sitz im Unterhaus streitig machen wollte.

Da die Regierung eine Rebellion befürchtete, gab sie schließlich nach und entschloß sich zu einer Emanzipationsakte, die der König Anfang 1829 widerwillig unterzeichnete. Diese Akte machte den Katholiken sämtliche Staatsämter zugänglich außer dem eines Regenten, eines Lordkanzlers von Irland oder England oder eines Lord-Leutnants von Irland. Sie enthielt auch noch einige weniger wichtige Einschränkungen bezüglich der Ausübung der katholischen Religion, doch wurden diese in der Praxis von Anfang an nicht beachtet. Folgenreicher war, daß O'Connell sich mit der Auflösung der Katholischen Assoziation einverstanden erklärte und stillschweigend eine Gesetzesvorlage hinnahm, die den durch die 40-Shilling-Klausel Wahlberechtigten ihr Wahlrecht wieder nahm, da man nun ein 5mal so hohes Vermögen von 10 Pfund nachweisen mußte. Auf diese raffinierte Weise wurde die Zahl der wahlberechtigten Iren von über 100000 Stimmberechtigten (bei einer Gesamtbevölkerung von fast 8 Millionen) auf rund 16000 reduziert. Der Preis, der für die Zulassung der Katholiken zum politischen Leben unmittelbar zu zahlen war, bestand demnach darin, daß Zehntausenden von kleinen protestantischen und katholischen Bauern ihr bisheriges Wahlrecht wieder genommen wurde. Damit hatte sich zwar ein religiöses Tor geöffnet, aber ein wirtschaftliches hatte sich gleichzeitig geschlossen.

In gewissem Sinne beging O'Connell mit seinem Sieg Verrat an der großen Masse, die ihm diesen Sieg erst ermöglicht hatte. Revolutionen fordern immer Opfer, und manche sahen in der Abschaffung der 40-Shilling-Klausel eine vorübergehend notwendige, gerechtfertigte Konzession im langen Kampf gegen die englische Unterdrückung. Jedenfalls verstärkte die Kampagne die sektiererische Zerstrittenheit Irlands aufs neue. Die »Vereinigten Iren« des 18. Jhs. hatten versucht, die katholischen und die protestantischen Iren im Kampf gegen England zu vereinen. Obwohl es eigentlich nicht in seiner Absicht lag, hetzte O'Connell Protestanten und Katholiken gegeneinander und lieferte dem Orangisten-Orden und den »Brunswick Clubs«, wie sich einige der gegen die Gleichberechtigung eingestellten Vereinigungen nannten, gefährlichen Zündstoff. Nach O'Connell waren die irischen nationalistischen Bewegungen betont katholisch. Das wichtigste Ereignis der Emanzipationsbewegung war zunächst, daß sie den Aufstieg einer kleinen katholischen Mittelklasse ermöglichte. Aber die Kampagne, durch die die Emanzipation zustande kam, die Massenbewegung mit einem charismatischen Führer, der die Bitterkeit von Jahrhunderten geschickt manipulierte und in Form brachte, war ein wichtiger Vorläufer kommender Dinge.

Die Unionsakte und die Emanzipationskampagne haben für das moderne Irland zum großen Teil den *politischen* Rahmen geschaffen. Die als »die Hungersnot« bezeichneten Ereignisse haben bei der Bildung des *sozialen* Rahmens eine nicht weniger wichtige Rolle gespielt. Kein anderes Ereignis der modernen irischen Geschichte ist so verschwommen und undurchsichtig. Wenn es nicht zur Hungersnot gekommen wäre, würden wir vermutlich die 30er und 40er Jahre des 19. Jhs. als eine Periode allmählicher Reformen in Erinnerung haben, als eine Periode einer deutlichen »Modernisierung« auf einer Insel, auf der immer noch Privilegien und mangelnde Gleichberechtigung hart nebeneinander existierten. In der Justizverwaltung wurden beispielsweise 1835 und 1840 wichtige Reformen durchgeführt, während O'Connell mit der Whig-Regierung von Lord Melbourne eine unstete Verbindung eingegangen war, und Thomas Drummond Unterstaatssekretär für Irland war.[7] Katholiken erhielten verantwortliche juristische Posten, und man bemühte sich ernsthaft um eine unparteiische Rechtsprechung.[8] Im öffentlichen Gesundheitswesen setzte sich die Regierung in Irland weit energischer ein als in England, wo dies traditionsgemäß Sache der Gemeindebehörden war. Am Vorabend der Hungersnot gab es über ganz Irland verstreut mehr als 600 vom Staat unterstützte öffentliche Arzneiausgabestellen für Unbemittelte, und man hatte neuerdings beachtliche Fortschritte bei der Einrichtung von Fieberspitälern und Irrenhäusern gemacht.[8]

Am intensivsten kümmerte sich der Staat um das Volksschulwesen. Während der ersten 3 Jahrzehnte des Jahrhunderts herrschte im Erziehungsbereich eine sektiererische Rivalität, während die Katholiken sich von den Fesseln der Strafgesetze befreiten und zur Gegenoffensive übergingen. Protestantische Gesellschaften – von denen eine den vielsagenden Namen »Gesellschaft zur Verhinderung des Lasters« führte – schlugen zurück in der Hoffnung, das Übergewicht der protestantischen Lehre, das die Strafgesetze zuvor sichergestellt hatten, erhalten zu können.

Bemühungen um eine nicht-konfessionsgebundene Erziehung, bei denen

sich vor allem die 1811 gegründete *Kildare Place Society* hervortat, fielen meist dem Argwohn der einen oder der anderen Seite zum Opfer. 1831 kündigte eine Whig-Regierung eine staatliche Erziehungsbehörde *(National Board of Education)* an, die ein zentral geleitetes System einer nichtkonfessionsgebundenen Volksschulerziehung einführen sollte. Ein großer Teil der Kirche Irlands wollte jedoch von dieser Erziehungsbehörde nichts wissen, und die zunehmend evangelisch eingestellten Presbyterianer von Ulster bemühten sich um Konzessionen, durch die »um die Jahrhundertmitte die Presbyterianer staatliche Unterstützung für etwas erhielten, das *de facto* ein selbständiges System von konfessionsgebundenen (d.h. presbyterianischen) Schulen war«.[9]
Auch die Katholiken gaben allmählich ihre Zusammenarbeit mit der staatlichen Erziehungsbehörde auf, doch gab es immerhin 1849 noch über 4300 Volksschulen mit fast einer halben Million Schülern, die nach diesem System unterrichtet wurden. In diesen Schulen waren die Fächer irische Geschichte, Sprache oder Literatur nicht vorgesehen. Die vorgeschriebenen Texte waren »unumstritten und anspruchslos, ...langweilig und phantasielos. Ein Haufen von Gemeinplätzen... ergab eine schwülstige Mischung aus gesellschaftlicher Moral und politischer Fügsamkeit. Auf diese Weise hoffte man Loyalität dem Staat und dem *status quo* gegenüber einzuimpfen.«[10] Trotz dieses mangelnden Interesses an der irischen Kultur und Tradition kann man nicht sagen, daß die Jahre vor der Hungersnot eine Zeit der Vernachlässigung und Stagnation gewesen wären. Vielmehr versuchten die englischen Staatsmänner, englische Lösungen und englische Einrichtungen den irischen Verhältnissen anzupassen. Andererseits jedoch gab man sich in diesen Jahren keine Mühe, die tief verwurzelten Privilegien zu beseitigen oder zu revidieren, die das Erbe der Eroberung durch die Tudors und Stuarts waren, und auf die sich die Vorrangstellung der Protestanten gründete.
Irlands gesellschaftliche und wirtschaftliche Struktur war zwar statisch, doch geriet die Insel durch die demographischen Veränderungen unter den Einfluß völlig neuer Kräfte. Nach Jahrhunderten eines nur allmählichen Wachstums dürfte die Bevölkerung Irlands zwischen 1780 und 1821 in jedem Jahrzehnt um bis zu 17 Prozent zugenommen haben. Von 1821 bis 1831 ging das Bevölkerungswachstum etwas zurück (bis auf 15 Prozent), und von 1831 bis 1841 war der Rückgang noch erheblicher (bis auf 5,25 Prozent). Trotzdem wuchs die Bevölkerung zwischen 1821 und 1841 von 6,1 Millionen auf über 8 Millionen. Die Volkszählung von 1841 ergab, daß »etwa 70 Prozent der Landbevölkerung entweder überhaupt kein Land besaßen oder von einem unzureichenden Grundbesitz von weniger als 5 Morgen lebten«.[11] In den wohlhabenderen, weniger dicht bevölkerten Grafschaften im Osten war dieser Prozentsatz von Bauern mit winzigem Grundbesitz wesentlich niedriger, während er in einer armen, »vollgestopften« (d.h. übervölkerten) westlichen Grafschaft wie Mayo fast 85 Prozent betrug.

Wie bereits im vorigen Kapitel erwähnt, war der Kartoffelanbau gewaltig gesteigert worden, um die rasch zunehmende Bevölkerung zu ernähren. Die Kartoffel ist sehr nahrhaft, und viele der »neuen« Bewohner im Westen und Süden der Insel konnten von den Kartoffeln leben, die auf Äckern angebaut wurden, welche so klein waren, daß die Besitzer verhungert wären, wenn sie etwas anderes darauf angepflanzt hätten. Ein Teil der neu hinzugekommenen Bewohner strömte durch Auswanderung aus Irland ab, ein Phänomen, das schon lange vor der Hungersnot einsetzte. In der Zeit von 1780 bis 1845 verließen etwa 1,75 Millionen Iren ihre Insel. Allein nach Nordamerika wanderten zwischen 1815 und 1845 durchschnittlich 30000 Menschen pro Jahr aus, und etwa ebenso viele begaben sich nach Großbritannien, wo Tausende von Iren in London und den neuen Industriegebieten von Clyde und Merseyside die Zahl der ungelernten und angelernten Arbeiter vermehrten.
Am Vorabend der Hungersnot befand sich die irische Gesellschaft in einem unsicheren Gleichgewicht. Der größte Teil der Bevölkerung hatte zum größten Teil des Grundbesitzes keinerlei Zugang, und auch die emsigsten Bemühungen um eine »Reform« konnten an dieser Grundstruktur nichts ändern. Viele am Rand der Gesellschaft (jenseits der Welt der Großgrundbesitzer, in der es sich im allgemeinen recht komfortabel leben ließ), kehrten der Insel den Rücken in der Hoffnung, anderswo größere Chancen zu haben, oder sie blieben in Irland und waren dann von den Launen der Monokultur Kartoffel abhängig. Im Rückblick erkennt man, daß aus vielen Gründen Unheil drohte, und man sollte sich nicht so sehr darüber wundern, daß es zu einer Hungersnot kam, als vielmehr darüber, daß sie nicht schon vor 1846 eintrat. Auf die Kartoffel war kein Verlaß. Zwischen 1816 und 1842 gab es vierzehn mehr oder weniger totale Mißernten.[12] Aber keine Regierung hatte die Mittel oder die Fähigkeit, einen so schweren Fehler in der Wirtschaft einer ganzen Insel zu korrigieren oder auch nur klar zu erkennen, daß etwas im argen lag.
Die »große Hungersnot« nahm 1842 ihren Ausgang von der Ostküste der Vereinigten Staaten und Kanadas, wo die Kartoffelernte durch eine Fäule vernichtet wurde. Im August 1845 trat diese Krankheit zum erstenmal auch in Europa, und zwar in Südengland, auf, und im September gelangte sie nach Waterford und Wexford, von wo aus sie sich etwa über die halbe Insel verbreitete.[13] Als sie Irland erreichte, war bereits ein Sechstel der Kartoffelernte dieser Saison eingebracht, so daß wenigstens dieses Sechstel keinen Schaden mehr nehmen konnte. Erst 1846 wurde die Lage wirklich ernst. In diesem Jahr wurde die Kartoffelernte fast ganz vernichtet. Ungefähr 9 bis 10 Millionen Tonnen Kartoffeln, die erhoffte Ernte von etwa 1,5 Millionen Morgen, gingen zugrunde. Im Vergleich dazu waren 1841 im ganzen etwa 2,5 Millionen Morgen mit Kartoffeln bepflanzt worden. Die Krankheit ging 1847 zurück, aber der Schock des vorausgegangenen Jahres hatte die Leute so demoralisiert, daß sie das Saatgut verzehrt hatten, das ihnen jetzt zur Bestellung der Felder fehlte. So wurden nur 284000 Morgen mit

Kartoffeln bebaut, die nur 2 Millionen Tonnen erbrachten. Im Jahre 1848 wurden 743000 Morgen, also fast die 3fache Fläche, bewirtschaftet, aber es war ein naßkaltes Jahr, und der Ertrag pro Morgen war fast halb so groß wie im Jahre zuvor (ca. 36 hl gegenüber 68 hl), so daß die Insel sich erst 1849 wieder wirklich erholte.[14] In diesem Jahr wurden etwas weniger Morgen mit Kartoffeln bepflanzt, aber es gab einen Ertrag von über 4 Millionen Tonnen, 12 Prozent mehr als 1848.

Der Schaden war insofern begrenzt, als die Krankheit nur Kartoffeln befallen hatte, doch zog sie sich lange hin. Es dauerte fast 5 Jahre, bis der Kartoffelanbau in vollem Umfang wiederhergestellt war. In der Zwischenzeit hatte Irland unter einer furchtbaren Not von nie dagewesenem Ausmaß zu leiden. Betroffen waren gerade die Ärmsten der Bevölkerung ganz einfach deshalb, weil diese sich fast ausschließlich von Kartoffeln ernährt hatten. Die Erträge aus Getreide und Vieh waren nach wie vor erheblich, kamen aber im wesentlichen nur den Wohlhabenden zugute. Diese machten zwar den Hungernden mildtätige Zuwendungen, aber das meiste ging in der üblichen Weise auf die Märkte in England und anderswo. Die konservative Regierung unter Robert Peel legte öffentliche »Nahrungsmitteldepots« an, die 1846 noch größeres Elend verhüteten. Aber Peel und seine Partei wurden Ende des Jahres gestürzt, und die nachfolgende Whig-Regierung unter Lord John Russell huldigte dem *laissez faire*-Prinzip.

Da die Armen kein Geld hatten, sich andere Lebensmittel zu kaufen und es für unmoralisch galt, wenn die Regierung Lebensmittel oder Geld einfach verschenkte, suchte man der Not durch öffentliche Arbeiten abzuhelfen, bei denen die Armen sich das Geld zum Einkauf von Lebensmitteln verdienen konnten. Die Kosten hierfür mußten ausschließlich durch Gemeindesteuern oder Abgaben aufgebracht werden, was in den meisten Fällen zu Lasten der Gutsbesitzer ging, die in den schlimm betroffenen Gebieten bereits darunter zu leiden hatten, daß ihre Pächter die üblichen Pachtzinsen nicht mehr bezahlen konnten. Zwischen September und Dezember 1846 stieg die Zahl der von dieser Unterstützung Abhängigen sprunghaft von 30000 auf eine halbe Million. Das Hilfssystem brach zusammen und wurde 1847 durch ein System von Suppenküchen und Arbeitshäusern ersetzt. Gemessen am Ausmaß der Katastrophe waren die Maßnahmen völlig unzulänglich, und die hungernden Iren waren erbittert über die gefühllose Gleichgültigkeit gegenüber ihren Leiden, die aus diesen Maßnahmen sprach.

Die Kartoffelfäule löste eine chronische Hungersnot aus, da das Geld zum Erwerb anderer Lebensmittel fehlte. Auch wenn die Leute nicht direkt verhungerten, waren sehr viele unterernährt. Hinzu kamen Seuchen wie Typhus, Rückfallfieber, Durchfall und Skorbut. Vermutlich sind zwischen 1845 und 1851 eine Million Menschen gestorben, die normalerweise am Leben geblieben wären. Eine weitere Million wanderte nach England oder in andere Länder aus (siehe Kapitel VIII). Man kann die Leiden derer, die

blieben, so wenig wissenschaftlich erfassen wie die der Auswanderer. Jede der beiden Gruppen hatte Furchtbares zu erdulden, und in jeder Gruppe gab es einige wenige, die das Glück hatten, für sich selbst oder für ihre Nachkommen ein besseres Leben aufbauen zu können. Irland machte durch diese Ereignisse drastische Veränderungen durch, und wenn die führende Schicht der Protestanten auch zunächst ihr Land fest in der Hand behielt, so erwachten doch Zweifel an der Legitimität ihres Besitzes. Die kleinen, meist katholischen Grundpächter verschwanden fast völlig von der Insel. 1841 gab es über 310000 Bauernhöfe von einem bis 5 Morgen, 1851 waren es noch 88000 und 1910 nur noch 62000.[15] Dagegen nahmen die über 15 Morgen großen Pachthöfe ein wenig und die über 30 Morgen großen ganz erheblich zu.
Die Hungersnot hatte nicht nur Leiden, Tod und Auswanderung zur Folge, sie führte auch zu einer tiefgreifenden Strukturänderung der Landwirtschaft. Die Monokultur der Kartoffel wurde statt der Regel zur Ausnahme. Größere landwirtschaftliche Güter pflanzten jetzt vorwiegend Getreide und besonders Hafer an oder machten aus Ackerland Viehweiden. Der Ackerbau erreichte 1851 seinen Höhepunkt, danach machte er mehr und mehr der Weidewirtschaft Platz. Der Wert des Viehbestandes auf irischen Bauernhöfen nahm von 1841 bis 1852 um 38 Prozent zu in dem Maße, wie das Land sich nach der schrecklichen Hungersnot einer einträglicheren, produktiveren Art der Landwirtschaft zuwandte. Bei einer drastisch verminderten Bevölkerung »blieb sich die Fläche bebauten Landes nicht nur gleich, sie nahm sogar noch zu«.[16] Durch diese Flurbereinigung entstand die noch heute erhaltene Form der irischen Landwirtschaft – der kleine Familienhof. Vermutlich gab es ihn in den östlichen Grafschaften schon vorher, doch drang er durch die Hungersnot auch in den konservativeren Westen vor.
Da man bestrebt war, den Familienhof als lebensfähige Produktionseinheit unter allen Umständen zu erhalten, wurde nun erheblich später geheiratet, denn wer heiraten wollte, konnte nun nicht mehr damit rechnen, ein kleines Stück Land als Mitgift zu bekommen. Zwischen 1845 und 1914 stieg das durchschnittliche Heiratsalter von 25 auf 33 Jahre bei Männern und von 21 auf 28 Jahre bei Frauen. Man konnte jetzt *nicht mehr* unbesorgt eine neue Familie gründen, wie man es vor der Hungersnot dank der reichlich vorhandenen Kartoffeln gekonnt hatte. Die Wünsche einzelner Familienmitglieder mußten jetzt unbarmherzig der Notwendigkeit geopfert werden, die Produktionseinheit zu erhalten.[17] Der typische kleine Familienhof war ein katholischer Bauernhof, außer in Ulster, wo es in der Regel ein protestantischer Hof war. Der Kleinbauer mit einem Familienbetrieb stellte die protestantische Oberschicht, selbst wenn es sich nur um einen Pächter und um keinen Freisassen handelte, vor etwas andere Probleme als die vielen kleinen Bauern vor der Hungersnot. Er hatte ein eigenes Interesse am Land, und er war nicht mehr derart eingeschüchtert und abhängig vom Grundherrn. So entstand nach und nach aus Tausenden seiner Art eine

katholische ländliche Mittelklasse, die nach eigenem Land und Besitz strebte.

Die Hungersnot verhinderte eine Zeitlang ein weiteres Anwachsen des Nationalgefühls. Bis zu seinem Tod am 15. Mai 1847 blieb Daniel O'Connell der gefeiertste Vertreter der Bewegung, die eine verfassungsrechtliche Trennung Irlands von England anstrebte. Der große »Befreier« der 20er Jahre des 19. Jhs. verfocht in den 30er Jahren die Aufhebung der Unionsakte *(Repeal)*. Er wollte Irland die Selbstverwaltung zurückgeben, die es 1800 an Westminster verloren hatte. Aber wie sollte man das in dem politischen Rahmen, der sich inzwischen herausgebildet hatte, zuwege bringen? Außer durch öffentlichen Aufruhr und Rebellion konnte man nur über die irischen Abgeordneten im Parlament von Westminster Einfluß nehmen. Als Mitglied des Unionsparlaments bemühte sich O'Connell, sich aus den irischen Parlamentsmitgliedern eine loyale Anhängerschaft aufzubauen, deren Stimmen bei inneren Angelegenheiten Englands immer gerade der Partei zugeschoben werden konnten, bei der (ob Whig oder Tory) für Irland nach O'Connells Ansicht am meisten heraussprang. Von 1835 bis 1841 standen O'Connell und seine Anhänger auf seiten der Whigs, aber wenn auch einige Reformen erreicht wurden, kam es doch zu keinen namhaften Konzessionen, wie sie die Nationalisten wollten. Aus Protest gegen die unzulängliche Politik der Whigs gegenüber Irland gründete O'Connell 1840 die Nationale Vereinigung zur Aufhebung der Unionsakte weitgehend nach dem Vorbild seiner so unerhört erfolgreichen Katholischen Assoziation früherer Tage.

Es gelang nicht, die Bevölkerung für die *Repeal*-Kampagne zu gewinnen, und die Unionsgegner errangen bei den allgemeinen Wahlen von 1841 nur 17 von den über 100 Parlamentssitzen.[18] Wenn die Bewegung überhaupt am Leben blieb, so war dies neuen jungen, radikal eingestellten Idealisten zu verdanken, die eine Zeitung herausgaben, welche sie *The Nation* nannten und die seit 1842 erschien. Ihre Begründer waren Thomas Davis, ein protestantischer Rechtsanwalt aus Dublin, Charles Gavan Duffy, ein Katholik aus der Grafschaft Monaghan, und John Blake Dillon, ein Graduierter des Trinity College und Abkömmling einer Familie aus der katholischen Mittelklasse von Mayo. *The Nation* war von einem idealistischen Nationalismus erfüllt. Wie die »Vereinigten Iren« der Jahre um 1790 propagierte sie eine nicht in Sekten aufgespaltene Nation, von der sie glaubte, daß die in ihr verwirklichte Souveränität, Selbstbestimmung und Unabhängigkeit von der britischen Herrschaft wie durch ein Wunder alle Narben der Jahrhunderte heilen und dem gesellschaftlich-religiösen Streit ein Ende machen würde.

Durch *The Nation* wehte in O'Connells *Repeal*-Kampagne ein frischer Wind, aber das Bündnis zwischen den hartgesottenen, an Kuhhändel gewöhnten Politikern und den idealistischen jungen Journalisten konnte auf die Dauer keinen Bestand haben. Die Bewegung erreichte im Herbst 1843 einen Höhepunkt, als O'Connell noch einmal die Trumpfkarte auszuspielen versuchte, die ihm 1829 den Sieg gebracht hatte. Durch sogenannte Massenversammlungen, die er auf dem Land abhielt, beschwor er das Schreckgespenst einer kurz vor der Revolution stehenden Insel herauf. Die Tory-Regierung von Sir Robert Peel zwang O'Connell, Farbe zu bekennen, verbot die Riesenkundgebung, die im Oktober in Clontarf bei Dublin stattfinden sollte und verhaftete O'Connell aufgrund von Verdächtigungen, die schließlich wieder fallengelassen wurden.[19]

Die Auseinandersetzungen mit Peel trieben einen Keil zwischen die jungen Idealisten und den alternden »Befreier«. O'Connell war nun bereit, mit der britischen Regierung einen Kompromiß zu schließen und sich mit bescheideneren Zielen zu begnügen, die leichter zu erreichen waren als eine Aufhebung. Die Mitglieder des »Jungen Irlands« *(Young Ireland)*, wie die Idealisten jetzt hießen, sahen in der *Repeal*-Bewegung eine fast heilige Sache. So entwickelten sich die Verbündeten auseinander, obwohl es O'Connell gelang, der konservativen Regierung einige Reformen abzuhandeln. Das »Junge Irland« wurde vollends ungehalten, als die Whigs 1846 in England durch ihre gemeinsame Politik mit den Anhängern O'Connells wieder an die Regierung kamen. Die Kartoffelmißernten von 1846–47 und die Knauserigkeit der Whigs, wenn es galt die sich daraus ergebenden Schrecken zu bekämpfen, brachten das Whig-O'Connell-Bündnis bei den »Jungen Irländern« vollends in Verruf. Die *Repeal*-Vereinigung brach auseinander und »verlor in dem vom Hunger heimgesuchten Land jede Bedeutung«.[20]

Als O'Connell im Mai 1847 starb, blieb es dem »Jungen Irland« überlassen, die zukünftige Richtung der nationalistischen Bewegung anzugeben, doch herrschten auch innerhalb dieser Bewegung latente Meinungsverschiedenheiten. Thomas Davis und William Smith O'Brien, ein protestantischer Gutsbesitzer und Parlamentsabgeordneter aus Limerick, der sich 1843 zur *Repeal* hatte bekehren lassen, fürchteten soziale Unruhen, predigten Klassenharmonie und wandten sich gegen die radikalen Bestrebungen der damaligen Chartisten-Bewegung in England.[21] Weniger traditionsgebunden waren die Ansichten von James Fintan Lalor, einem Mitglied der Gruppe, die auf dem Standpunkt stand, daß »der gesamte Boden eines Landes rechtmäßig dem ganzen Volk dieses Landes gehört, und nicht der rechtmäßige Besitzer einer einzelnen Klasse, sondern der gesamten Nation ist«.[22]

Radikale wie Lalor und John Mitchel nahmen sich die französische Februarrevolution von 1848 zum Vorbild und ließen sich von ihr anfeuern. Wieder einmal schienen die Ereignisse in Europa den Zusammenbruch der alten Ordnung anzukündigen. Die Radikalen unter den »Jungen Irländern« suchten Kontakt mit ihren englischen Gesinnungsgenossen, den Chartisten, deren Ziele weitgehend konstitutionell und demokratisch waren. Die britische Regierung reagierte mit Haftstrafen oder einer Anklage wegen Volksverhetzung. John Mitchel wurde vor Gericht gestellt und zu 14 Jahren »Deportation« in die Strafkolonie Australien verurteilt. Verzweifelt versuchten die »Jungen Irländer« Ende Juli einen Aufstand an der Grenze zwischen Tipperary und Kilkenny, der jedoch leicht unterdrückt wurde. Die Anführer wurden verurteilt, das Schicksal Mitchels im Van Diemens Land (Tasmanien) zu teilen. Die Hoffnung der liberalen Nationalisten in Irland scheiterte genauso wie die ihrer Gesinnungsgenossen in Mitteleuropa, wo die deutschen und die italienischen Nationalisten ebenfalls unterdrückt wurden. Wieder einmal scheiterte ein kühnes Unterfangen, und die herrschende Macht behielt die Oberhand. Sowohl die *Repeal*-Bewegung als auch das »Junge Irland« brachen zusammen, beide vermochten nicht, ihre Vision vor ihren Anhängern in die Tat umzusetzen, und angesichts des unüberwindlichen Widerstands verloren sie den Glauben an einen unmittelbaren Erfolg.

Bezeichend für den Nationalismus im Irland des 19. Jhs. ist, daß er in einer so verwirrenden Vielfalt und mit einer solchen Hartnäckigkeit in Erscheinung trat. Bewegungen, die nach Einheit, Unabhängigkeit und der Bildung einer Nation strebten, wurden immer und immer wieder erstickt, und trotzdem lebte die Idee im Keim weiter und gedieh an anderer Stelle, wo sie aufs neue in Erscheinung trat.

Eine dieser neuen Pflanzstätten war die katholische Kirche. Die in Acht und Bann getane Kirche der breiten Masse der Bevölkerung hatte ihre Prüfungen mehrere Jahrunderte lang dadurch überlebt, daß sie kaum greifbar war und jede Institutionalisierung vermied. Da die katholische Kirche in Irland keine mit kostbaren Schätzen überladenen Gotteshäuser und keine auffällig in Erscheinung tretende Hierarchie besaß, entging sie dem Antiklerikalismus, der sie im revolutionär eingestellten übrigen Europa verfolgte. Aber aus dem gleichen Grund war ihr Einfluß Anfang des 19. Jhs. auch nur bescheiden und in vielen Teilen Irlands kaum vorhanden. Die Tatsache, daß die protestantische Kirche von Irland und die verschiedenen protestantischen Sekten bei der Masse der Bevölkerung keine großen Fortschritte gemacht hatten, bedeutete nicht, daß es Millonen disziplinierter, katechisierter, praktizierender Katholiken gegeben hätte.[23] Die Gründung des katholischen Seminars in Maynooth im Jahre 1795 und seine Subventionierung durch die Regierung sowie die Emanzipation von 1829 bewiesen, daß die Zeit vorbei war, in der sich die katholische Kirche ständig auf der Flucht befand, und daß sie anfing, sich neu zu institutionalisieren. Es war eine konservative Hierarchie, die weitgehend mit den wohlhabenden, alten katholischen Familien identisch war. Erst nach der Hungersnot begann die Kirche als einheitliche Kraft wieder in Erscheinung zu treten und sich gleichzeitig gegen die weltliche Ideologie des Nationalismus zu wehren und für die katholische Identität und Einheit einzutreten. Es war dies großenteils das Verdienst von Paul Cullen, der auf dem Kontinent ausgebildet worden war und von 1831 bis 1849 als Rektor das Irische Kolleg in Rom geleitet hatte. 1849 kehrte Cullen nach Irland zurück und wurde Erzbischof von Armagh. 1852 wurde er in die Erzdiözese Dublin versetzt und 1866 zum Kardinal ernannt. Er spielte auf dem Ersten Vatikanischen Konzil von 1870 eine hervorragende Rolle und übte bis zu seinem Tod im Jahre 1878 in der irischen Kirche einen starken Einfluß aus.

Cullen hat zu der modernen Form der irischen Kirche viel beigetragen. Während zahlreiche andere moderne Kirchen zum Gallikanismus oder zur Unabhängigkeit von Rom tendierten, trat Cullen für den Ultramontanismus und eine starke Unterstützung des Papsttums ein. Anstatt mit den reichen, angesehenen katholischen Familien eine gemütliche Vetternwirtschaft zu betreiben und ihnen die bequemsten und einflußreichsten Sinekuren zu reservieren, legte er Wert auf Begabung und Tüchtigkeit und war auch bereit, diese zu belohnen, wo immer er sie in der Gesellschaft fand. Obgleich die Kirche die nationalistischen Bewegungen hätte unterstützen können, war Cullen strikt dagegen, daß sich die Priester mit Politik abgaben und sich an radikalen und nationalistischen Aktionen beteiligten. Er bemühte sich, die staatliche Kontrolle über die Erziehung zu verringern und bestand nicht nur darauf, »mit enormen Kosten ein katholisches Mittelschul- und Universitätssystem aufzubauen und zu unterhalten«, sondern auch »ein großes Diözesanseminar in Clonliffe einzurichten, weil er bei der Ausbildung seiner Geistlichen nicht zu sehr von Maynooth, das zumindest bis 1869 vom Staat subventioniert wurde, abhängig sein wollte.«[24]

Cullen war mehr daran interessiert, die Kirche vom Staat zu trennen, als die Grundlagen für einen von der Kirche beherrschten Staat zu legen. Seine Antipathie gegen eine Einmischung in die Politik wurde keineswegs von der übrigen Hierarchie der Geistlichen geteilt, von denen einige sich leidenschaftlich für die nationalistischen Bewegungen einsetzten. Aber die Tatsache, daß der einflußreiche Cullen sich von ihnen distanzierte, läßt rückblickend erkennen, auf welche Weise der Säkularismus des unabhängigen irischen Staates im 20. Jh. zustande kam.

Unter Cullen erreichte die Kirche eine institutionelle Präsenz und Kraft, die deutlich in den vielen katholischen Kirchen in Erscheinung tritt, die zwischen 1850 und 1870 erbaut wurden. Kritiker haben der Kirche vorgeworfen, sie hätte die gewaltigen Summen, die eingezogen wurden, besser zur Finanzierung der industriellen Entwicklung oder zur Verbesserung der Landwirtschaft benutzt, aber die kirchlichen Würdenträger der Zeit hielten auch Investitionen in Stein und Mörtel für angebracht und notwendig als eine Demonstration der neuen wichtigen Rolle, die die Kirche nun in der irischen Gesellschaft spielte. Cullen kämpfte für die Trennung der Kirche von der britischen Herrschaft, gleichzeitig jedoch unterstützte er stillschweigend die soziale (und auch die politische) Ordnung, die die britische Regierung vertrat.

Die Kirche war im 17. und 18. Jh. in Irland eine revolutionäre, aufrührerische Kraft gewesen, im Irland des 19. Jhs. dagegen war sie – wenigstens offiziell – zu einer konservativen Kraft geworden. Daß die kirchliche Erneuerung auf die Dauer auch gewisse, die Spaltung fördernde Wirkungen hatte, ist kaum zu leugnen, aber dies lag nicht in der Absicht Paul

Cullens und seiner Anhänger, die eine starke Kirche auf einer Insel errichten wollten, deren Unterordnung unter England sie noch nicht anzugreifen wagten. Bei der Volkszählung von 1861 wurde zum erstenmal die Religionszugehörigkeit der irischen Bevölkerung erfaßt, und es stellte sich heraus, daß es über 4,5 Millionen Katholiken und nur etwa 1,3 Millionen Protestanten gab, von denen die meisten in Ulster lebten. Nun bestand kein Zweifel mehr, daß der Katholizismus das vorherrschende Bekenntnis der Bewohner Irlands war und daß die katholische Kirche bei der Neugestaltung der irischen Gesellschaft eine entscheidende Rolle spielen würde.

Mindestens seit Ende des 18. Jhs. verstärkte sich bei den Engländern das Gefühl, daß Irland »ein Problem« war. Ernsthaft interessierte Reisende, vor allem Engländer und Franzosen, haben die Insel durchforscht und uns eine umfangreiche Literatur hinterlassen mit vielen Beschreibungen, Kommentaren und kritischen Äußerungen.[25] Daraus geht hervor, daß auch schon vor der Hungersnot zahlreiche Reformen vorgenommen wurden. Als jedoch die Katastrophe eintrat, zeigte es sich, daß drastische Maßnahmen notwendig waren, um das Durcheinander und die Not der Insel zu beseitigen. Das einzige, worüber man sich nicht einigen konnte, war die Frage nach den Ursachen des Elends. Seine deutlich erkennbaren Symptome waren eine weitverbreitete Armut, ein starker Bevölkerungsrückgang infolge von Hungersnot und Auswanderung sowie eine politische Instabilität, die häufig zu Unruhen in der Bevölkerung und sogar zu bewaffneten Aufständen führte.

Aber was war der Kern des Problems, und was konnte man dagegen tun? Auf diese einfachen Fragen gab es unzählige verschiedene Antworten. Die Anstrengungen der Engländer, mit dem »irischen Problem« fertig zu werden, konzentrierten sich in der zweiten Hälfte des 19. Jhs. auf drei Komplexe: die Kirche, das Land und die politische Struktur.

Hierunter war vermutlich die Kirche das am wenigsten wichtige Problem und außerdem das, mit welchem man sich zuerst ernsthaft befaßte. Nach der Emanzipation blieb die protestantische Kirche von Irland ein irritierender Faktor, da über drei Viertel der Bevölkerung sich zum katholischen Glauben bekannten. Die Kirche von Irland war, was die Zahl ihrer Gemeindemitglieder betraf, recht blutarm, denn in den Jahren um 1830 gab es in 425 der über 2000 Pfründen weniger als 100 Protestanten, in 23 Pfründen waren weniger als 10, in 20 weniger als 5 und in 40 überhaupt keine protestantischen Gläubigen, wenngleich es in Dublin, Ulster und an anderen Orten natürlich auch große protestantische Gemeinden gab.[26] *The Edinburgh Review* von 1835 wies auf einige besonders ärgerliche Mißstände hin:

> Es gibt in Irland 157 Pfründen, die keinen eigenen Pfarrer haben und wo kein Gottesdienst abgehalten wird, und es gibt 41, denen kein Mitglied der englischen Staatskirche angehört... Wir sind der Ansicht, daß heute nur noch wenige auf dem Standpunkt stehen, es sei für das religiöse Wohl Irlands notwendig, daß die englische

Staatskirche ein langes Register von 2 Erzbischöfen, 10 Bischöfen, 139 kirchlichen Würdenträgern und 187 Präbendaren und Kanonikern aufweist oder daß es 1333 Pfründeninhaber und 752 Hilfsgeistliche in den Gemeinden gibt.[27]

Obwohl diese Kirche entsprechend der Volkszählung von 1861 nur 693000 Kommunikanten zählte, verfügt sie über einen riesigen historischen Grundbesitz und zog jährlich über eine halbe Million an Kirchenzehnten von der katholischen Bevölkerung ein, der diese Kirche bestenfalls gleichgültig war und die sie schlimmstenfalls als ketzerisch und verdammungswürdig ansah. Die protestantischen Gutsbesitzer hätten wenigstens etwas von diesem Zehnten aufbringen müssen, wenn nicht das irische Parlament 1735 den Zehnten auf Weideland durch eine Gesetzesakte abgeschafft hätte, die erst 1832 wieder zurückgenommen wurde.[28]

So profitierte die subventionierte und etablierte Religion einer wohlhabenden Minderheit von den Abgaben, die einer meist verarmten Mehrheit aufgebürdet wurden, welche diese Religion noch dazu verabscheute. Sowohl von protestantischer wie auch von katholischer Seite wurde der Ruf nach Reformen laut, und 1833 verabschiedete das Unionsparlament eine Temporalienakte der irischen Kirche, die »10 Bischofssitze völlig abschaffte, die Einnahmen der übrigen 12 reduzierte und den Überschuß (an Abgaben) einer Kommission anvertraute, die ihn für kirchliche Zwecke verwenden sollte«.[29] Diese unternahm jedoch nichts, um die Mißstände zu beseitigen, und 1831 bis 1838 flackerte immer wieder der sogenannte »Zehntenkrieg« auf, dessen Anführer in Maynooth ausgebildete katholische Geistliche und einige Veteranen von O'Connells Emanzipationskampagne waren. Dieser »Krieg« war, richtiger gesagt, eine Epidemie von Widerstandsaktionen der Bauern, die tragische und manchmal auch tragikomische Konsequenzen für diese hatten. Das legislative Ergebnis war die *Tithe-Rent Charge Act* von 1838, ein Gesetz, durch das die Einziehung des Zehnten nicht abgeschafft, sondern nur anders gehandhabt wurde. Von nun ab waren die Grundbesitzer für die Einziehung und Zuteilung des Zehnten verantwortlich, der jetzt als Pachtzinsgebühr *(rent charge)* bezeichnet wurde. Den meisten katholischen Laien blieben jetzt die unangenehmen Begegnungen mit den ihnen fremden protestantischen Geistlichen oder den verhaßten Zehnten-Proktoren erspart, und die Kirche Irlands wurde noch unverhüllter von der Klasse der protestantischen Gutsbesitzer abhängig. Nachdem diese Kirche von Anfang an kaum den Anspruch erhoben hatte, auch für die Katholiken da zu sein, gab sie das jetzt ganz auf und legte damit die Grundlagen für ihre spätere Entthronung. Durch die bescheidenen Konzessionen erkaufte sich die Kirche Irlands einen Frieden, der nur 25 Jahre dauerte, was sie allerdings damals noch nicht wissen konnte.

Schließlich nahm William E. Gladstone, der liberale englische Premierminister, während seiner ersten Amtsperiode von 1868 bis 1874 die Sache in die Hand. Gladstone war es, der praktisch als erster die Auffassung vertrat, daß »die irische Frage« für die englische Öffentlichkeit eine moralische Verpflichtung darstellte. Während andere vor ihm an dieses Problem nur zögernd herangegangen waren, war Gladstone der erste moderne Politiker, der die Lage Irlands ernst nahm. Die Hungersnot und die späteren Ausschreitungen der Fenier im Jahre 1867 erweckten in diesem hochbegabten, religiösen und moralisch denkenden Mann ein Gefühl für den gefahrenträchtigen und beklagenswerten Zustand Irlands. Er verlieh dieser Erkenntnis in einer wichtigen Rede im Dezember 1867 Ausdruck. Kurz darauf bildete er eine liberale Regierung und machte sich daran, die historischen Mißstände abzuschaffen.

Mit seinem Vorschlag, die Kirche von Irland aufzulösen und zu enteignen, nahm er einen dieser Mißstände in Angriff und sicherte sich damit die politische Unterstützung der englischen Nonkonformisten, die eine Hauptstütze der liberalen Partei waren und deren eigentliches Angriffsziel die etablierte, staatlich unterstützte Kirche von England war. Die Ergebnisse der Volkszählung von 1861 zeigten die Unhaltbarkeit der Behauptung, mit der die Kirche von Irland ihren Anspruch auf eine bevorrechtigte Stellung verteidigte, daß sie nämlich bei denen, die im Dunkeln wandelten, Fortschritte mache. Es stellte sich heraus, daß die Protestanten in der Bevölkerung ganz im Gegenteil in bestimmten »Missionierungsgebieten« rapide abnahmen, was bewies, daß diese Kirche ein Anachronismus war.

Gladstones »Irische Kirchenakte« *(Irish Church Act)* behagte weder dem englischen Oberhaus noch Königin Viktoria, doch sahen beide – wenn auch widerwillig – schließlich ihre Notwendigkeit ein. Diese Akte hatte eine scharfe Trennung von Kirche und Staat in Irland zur Folge, und vom 1. Januar 1871 an wurde die Kirche von Irland zu einer freiwilligen Einrichtung. Kirchengesetze bildeten von nun an keinen Bestandteil der Landesgesetze mehr, und es wurde keine Zwangsrechtssprechung mehr ausgeübt. Wichtiger war vielleicht noch, daß der Kirchenbesitz eingezogen wurde, und daß eine Kommission für die Temporalien der Kirche von Irland eingesetzt wurde,[30] welche die Aufgabe hatte, die tatsächlich vorhandenen Bedürfnisse der Kirche zu finanzieren, und zwar entsprechend ihrer bescheidenen modernen Funktion als einer Kirche, der weniger als ein Fünftel der Bevölkerung angehörte. Die Mitglieder dieser Kommission hatten auch die notwendigen Geldmittel für das Katholische Kolleg in Maynooth und für die presbyterianische Geistlichkeit im Norden zu bewilligen, die seit 1672 durch eine alljährliche Stiftung der Krone unterstützt worden war. Man rechnete jedoch damit, daß diese Kommission erheblich mehr Einkünfte aus dem früheren Kirchenbesitz beziehen würde und daß sie den Überschuß zur Behebung der Armut verwenden würde. Von diesem Überschuß sollte nichts für religiöse Einrichtungen benutzt werden, denn Erzbischof Cullen war entschlossen, nicht zuzulassen, daß anstelle der Entstaatlichung der Kirche eine neue Verbindung von Kirche und Staat trat. Cullen bestand auf einer »freien katholischen Kirche in einem freien Staat« und wandte sich unerbittlich gegen alle Bemühungen, die katholische Kirche zu einer unter mehreren Kirchen in Irland zu machen, die offiziell staatlich unterstützt wurden und auf diese Weise von der britischen Regierung abhängig waren. Die Folge der rigorosen Trennung von Kirche und Staat und der Enteignung der Kirche durch die Akte von 1869 war, daß die katholische und die presbyterianische Kirche nun bei der Bevölkerung finanzielle Unterstützung suchen mußten und daß die Beauftragten der Kommission zwischen 1871 und 1923 etwa 13 Millionen Pfund, die früher die Kirche von Irland eingenommen hatte, nun für die Milderung der Armut, für die Förderung der Landwirtschaft und Fischerei und für die höheren Bildungseinrichtungen verwenden konnten.[31] Dies war das Ende der 300jährigen Privilegien der protestantischen Kirche von Irland.

Die Akte von 1869 vernichtete den Protestantismus jedoch nicht und befreite die Bauern auch nicht von der Belastung durch den Zehnten. Dieser war bereits durch das Gesetz von 1838 teilweise säkularisiert worden, und die Akte von 1869 lenkte die Zahlung nur aus den Händen der Kirche in die der Beauftragten der Kommission. Vieles, was durch diesen Beschluß erreicht wurde, war rein symbolisch und zeigte lediglich, welch kunstvoll ausgearbeitete rechtliche Struktur die protestantische Oberschicht bisher geschützt hatte. Der *ascendancy* blieb ihr Besitz erhalten, allerdings verlor sie nach 1869 die Legitimität und die moralische Stütze, die ihr die »offizielle« Kirche hatte geben können. In materieller Hinsicht gingen ihr zahlreiche Sinekuren für ihre Söhne verloren, und in geistlicher Hinsicht büßte sie das Gefühl der moralischen Überlegenheit ein, das ihr die Zugehörigkeit zu einer Staatskirche verliehen hatte.

Das Wiederaufleben der römisch-katholischen Kirche und der Niedergang der Kirche von Irland berührte das »irische Problem« nur am Rande, da beides die Besitzverteilung kaum änderte. Materialisten wie James Fintan Lalor fragten sich, welchen Nutzen den Iren ihre religiöse und politische Freiheit brachte, wenn sie als arme Pächter auch weiterhin von der Mildtätigkeit der protestantischen Gutsbesitzer abhängig waren. Auch den englischen und schottischen Begründern der *»dismal science«* (betrüblichen Wissenschaft) der Volkswirtschaft ging es mehr um die geringe Produktivität des irischen Bodens als um die moralische Frage, wer ihn zu Recht besaß. Sie nahmen an, Grundbesitzer und Pächter würden beide davon profitieren, wenn man ein wirtschaftliches Wachstum erreichte. Der erste legislative Versuch, die Landfrage zu lösen, war das Gesetz über verschuldete Güter *(Encumbered Estates Act)* von 1849, welches die von der Hungersnot schwer angeschlagene Landwirtschaft neu zu beleben suchte. Wahrscheinlich waren bei der Hungersnot keine Großgrundbesitzer verhungert, aber der jähe Rückgang der Pachtzinsen hatte über ein Zehntel von ihnen bankrott gemacht.[32] Bankrotte Grundbesitzer waren aber nicht in der Lage, die Verbesserungen durchzuführen, die für eine Erhöhung der Produktivität notwendig waren. Charles Wood, der Schatzkanzler in Lord John Russells Whig-Regierung vertrat den Standpunkt, neue Besitzer, die Kapital investieren könnten, sollten Besitzungen, die mit Pfandrechten und Hypotheken belastet waren, übernehmen und wieder in Gang bringen. Der

Übergang an einen anderen Besitzer wurde durch die Akte von 1849 erleichtert, und tatsächlich wechselte fast ein Siebtel des Landes innerhalb eines Jahrzehnts nach der Verabschiedung dieses Gesetzes den Besitzer. Die neuen Eigentümer waren jedoch nicht die von Wood erhofften fleißigen, auf Verbesserung bedachten englischen Kapitalisten. Über 95 Prozent von ihnen waren Iren, »meist jüngere Söhne des Landadels, Anwälte und Ladenbesitzer, die aus der Hungersnot ihren Profit zogen«.[33] Viele dieser neuen Besitzer verdienten an ihrer Neuerwerbung, aber öfter dadurch daß sie billig kauften als durch kluge oder großzügige Verbesserungen. Gewisse Skeptiker meinten, die neuen Grundherren nutzten ihre Leute noch mehr aus als die alten Besitzer und glichen es nicht wie diese durch die aristokratischen Tugenden von Großherzigkeit und Güte gelegentlich wieder aus. Wie bei der Kirchenakte von 1869 waren auch hier die Ergebnisse mehr symbolischer Art.

Wenn das Land schon so einfach auf jemand anderen übertragen werden konnte, warum dann nicht auf den Pächter direkt anstatt auf einen neuen, häufig alles andere als edlen Käufer? Die *Encumbered Estates Act* spielte eine wichtige Rolle dabei, daß die Pächter anfingen, sich über die Struktur der Grundbesitzrechte Gedanken zu machen und trug zu der Revolution im historischen Bewußtsein bei, durch die viele Bauern eine Generation später zur Überzeugung kamen, daß sie, und nicht die Grundherren, die rechtmäßigen Erben der ausgeplünderten keltischen Landbesitzer waren, eine Erkenntnis, die 1849 erst wenigen kam.[34]

Es wurde eine Pächterliga (die *Tenant League Association)* gegründet, die sich die berühmten »drei F« zum Ziel setzte: *fair rent, fixity of tenure* und *free sale,* d.h. fairen Pachtzins, Festlegung der Pachtbeträge (was bedeutete, daß ein Pachtvertrag nicht willkürlich gekündigt werden konnte) und freien Verkauf (das Recht, vom neuen Besitzer die Erstattung der Ausgaben für am Pachtland vorgenommene Verbesserungen zu verlangen). Aber zunächst waren die meisten davon Betroffenen wohlhabende Getreideanbauer aus dem Osten, und erst in den 70er Jahren des 19. Jhs. engagierte sich auch die breite Masse für die Landfrage. Inzwischen hatte Gladstone die Akte von 1869 über die Entstaatlichung der Kirche und die Irische Landakte von 1870 durchs Parlament gebracht. Die Kirchenakte bedeutete tatsächlich einen Fortschritt, da sie Pächtern von kirchlichen Ländereien die Möglichkeit gab, mit staatlicher Unterstützung ihr Land käuflich zu erwerben. Dies nutzten über 6000 Pächter aus, und Gladstone zögerte, das zugrundeliegende Prinzip der »Enteignung« zu einem »gerechten« Preis auch auf die weit mächtigeren, wohlhabenderen und zahlreicheren weltlichen Grundherren auszudehnen. Statt dessen versuchte er, in der Akte von 1870 den irischen Pächtern mehr Sicherheit zu verschaffen, was auf die von der Pächterliga geforderten »drei F« hinauslief.
Obwohl die Akte von 1870 eine heroische Geste darstellte, brachte sie doch keinen unmittelbaren Gewinn. Ihr zufolge hatten Pächter Anspruch auf »Entschädigung wegen Besitzstörung«, wenn der Grundherr ihnen willkürlich kündigte. Aber Nichtbezahlung der Pacht war der häufigste Grund

für eine Zwangsräumung, und das Gesetz sah für Zahlungsunfähige kaum einen Ausweg vor. Da es dem Grundherrn freistand, die Pacht nach Belieben zu erhöhen, konnte er leicht die Räumung erzwingen. Das Wichtigste, was durch die Akte von 1870 erreicht wurde, war, daß sie zeigte, wie man sich auf legale Weise bei Grundbesitzverträgen zur Wehr setzen konnte. Die Kontrolle über den Grundbesitz durch die protestantische Oberschicht war nun von Kräften bedroht, die zwar erst noch eine feste, wirksame Form finden mußten, sich aber zusehends verstärkten.

Schlechtes Wetter und die zunehmende Konkurrenz von nordamerikanischem Getreide verursachten eine neue Krise der Landwirtschaft, die 1877 begann, und die daraus entstehende Not der Pachtbauern führte dazu, daß sie sich zusammenschlossen, um eine drastische Landreform durchzusetzen. Die tragende Säule war die Irische Landliga *(Irish Land League)*, die 1879 von Michael Davitt, dem 33jährigen Abkömmling einer armen katholischen Familie aus Mayo, gegründet wurde. Die ursprünglichen Ziele dieser Liga waren, willkürlichen Kündigungen Einhalt zu gebieten, den Pachtzins herabzusetzen und die Pachtbauern schließlich zu Eigentümern ihres Grund und Bodens zu machen. Aber noch wichtiger als diese Einzelziele waren die Breite und Tiefe der Bewegung, die schließlich das Fundament des anglo-irischen Staates erschütterte. Es gelang Davitt, Charles Stewart Parnell, den neu auftauchenden Führer der irischen *Home Rule*-Partei (der Partei für die Selbstverwaltung Irlands) in Westminster zu überreden, die Präsidentschaft der Liga zu übernehmen. Auf diese Weise bildete die politische Bewegung, die für eine größere Unabhängigkeit Irlands eintrat, für kurze Zeit mit den Vorkämpfern der Landreform ein Gespann, wodurch letztere mehr als je zuvor legitimiert wurde. Das war um so wichtiger, als es 1879–1882 auf dem Land zu zahlreichen Gewaltaktionen kam (besonders in Kerry, Mayo und Galway) und die Anführer diesen »Landkrieg« aufgrund der Unterstützung durch Parnell und die *Home Rule*-Bewegung als einen Akt nationalen Widerstands hinstellen konnten, während viele Protestanten darin einen neuen Ausbruch irischer Kriminalität sahen.

Die katholische Kirche war nach dem Vorbild von Kardinal Cullen gegen diese radikalen Ausschreitungen. Dagegen unterstützte Thomas William Croke, der Erzbischof von Cashel, die Landliga begeistert und erweckte von neuem die Hoffnung, daß die Kirche schließlich doch noch die nationalistischen Bestrebungen billigen würde. Selbst die amerikanischen Iren nahmen am »Landkrieg« Anteil, und Parnell begab sich 1879 in die Vereinigten Staaten, wo er über 300000 Dollar für die Behebung der Hungersnot und die Propaganda der Landliga sammelte.[35] Die Engländer reagierten auf seine Kampagne teils mit Zwangsmaßnahmen (mit parlamentarischen Ausnahmegesetzen, welche die Ausrufung des Kriegsrechts ermöglichten), teils aber auch mit einer versöhnlichen Haltung (mit Reformgesetzen, die zur Verbesserung der Lage oder doch wenigstens zu ihrer Entschärfung dienen sollten).

Als Gladstone 1880 wieder an die Regierung kam, erließ er eine zweite Landakte, die dazu bestimmt war, die Rechte der Pächter noch zu verstärken, was durch das Gesetz von 1870 schon in die Wege geleitet worden war. Die zweite Landakte enttäuschte die Anhänger der Landliga einschließlich Parnell, der 1882 wegen seiner Obstruktionspolititk kurz inhaftiert wurde. Schließlich kam man jedoch überein, daß sich Gladstone mit einer Verbesserung der Gesetzesvorlage und einer Einstellung der Zwangsmaßnahmen einverstanden erklärte, während Parnell bereit war, die revidierte Landakte zu unterstützen. Da Parnell von seiner harten Linie abging, verlor die Landliga ihre führende Stellung. Sie war bereits 1881 als Organisation verboten worden, und sie brauchte den Anstrich von Ehrbarkeit, den ihr nur Parlamentsmitglieder geben konnten. Aber wenn die Landliga auch nicht sofort aus Landpächtern Landbesitzer machte, legte sie doch die Grundlage für eine Massenbewegung, die mehrere Jahrzehnte lang dieses ehrgeizige Ziel verfolgte und schließlich auch für politische und konstitutionelle Zwecke eingesetzt werden konnte. Denn die Landliga brachte das unwahrscheinliche Bündnis von armen Pächtern, die am Rande des Existenzminimums lebten, mit großen Gutspächtern zustande, die durch ihr beträchtliches Einkommen praktisch eine ländliche Mittelklasse bildeten. Sie brachte die Landbevölkerung mit städtischen Kaufleuten und mit katholischen Angehörigen freier Berufe aus der Großstadt in Verbindung. Die mißliche Lage des »Lands« wurde zu einem Schlachtruf verschiedener Gruppen des irischen Volkes, und unter diesem Banner wurden nun Männer und Frauen mobilisiert, die sich bisher nicht um den Verfassungsstreit gekümmert hatten.

Wenn es zunächst die Liberalen unter Gladstone waren, die sich für die Sache der Landreform erwärmten, um mit ihrer Hilfe das »irische Problem« zu lösen, so zeigten sich doch auch die Konservativen bereit, dabei mitzumachen, wenn es ihren eigenen politischen Zwecken diente. 1885 trat der Führer der Konservativen, Lord Salisbury, für die Ashbourne-Akte ein, durch die durchgreifende Maßnahmen eingeleitet wurden, um irisches Land an Katholiken zurückzugeben. Durch diese Akte wurde die Regierung ermächtigt, Pächtern Geld zu 4 Prozent Zinsen zu leihen, das sie innerhalb von 49 Jahren zurückzahlen mußten, wenn sie ihr Grundstück käuflich erwerben wollten.[36] Durch eine Akte von 1888 wurden weitere Mittel für diesen Zweck bereitgestellt, und 1891 hatten über 25000 Pächter es fertiggebracht, ihre Grundherren auszuzahlen, und die 10 Millionen Pfund, die durch die beiden Akte für Darlehen vorgesehen waren, waren damit erschöpft. Dagegen hatten 1881 nur 731 Pächter sich zum Erwerb von Land zu den weniger günstigen Bedingungen von Gladstones Landakte entschlossen.[37]

1903 hatten sich im ganzen 70000 Pächter 23 Millionen Pfund geliehen, die von der Regierung zur Verfügung gestellt worden waren, um zuvor gepachtetes Land erwerben zu können. Aber der Landtransfer kam erst voll in Schwung durch die Wyndham-Akte von 1903 und die entsprechende Gesetzgebung des Jahres 1909, die so verlockende Bedingungen schufen, daß sie sowohl von Gutsbesitzern als auch von Pächtern ausgenutzt wurden. Nach diesen Verordnungen konnte der Gutsbesitzer sein Land zu einem Preis verkaufen, der fast 28mal so hoch war wie der jährliche Pachtzins. Jede Neuinvestierung in Waren, Wertpapieren oder Liegenschaften, die über 3,7 Prozent jährlichen Gewinn einbrachte, war eine Verbesserung gegenüber dem früheren Pachtzinsertrag. Wenn auch manche Gutsbesitzer an ihrem Land hingen, zogen sie es doch oft vor, es aufzugeben, weil auf der unruhigen Insel landwirtschaftliche und politische Krisen an der Tagesordnung zu sein schienen.

Dem Pächter bot die Wyndham-Akte die Möglichkeit, sich Land ohne Barzahlung zu einem Zinsfuß von 3 Prozent und mit einer Tilgungsfrist von 68½ Jahren zu erwerben, was nach modernen Maßstäben gewiß äußerst günstige Bedingungen waren. Danach hatte er im Jahr meist weniger zu zahlen als zuvor in Form von Pachtzinsen. Natürlich standen viele Pächter inzwischen auf dem Standpunkt, daß das Land rechtmäßig ursprünglich ihnen gehört hatte, und daß die Gutsbesitzer es nur durch eine Art von kolonialem Diebstahl an sich gebracht hatten. Über 300000 Pächter machten sich die Akte zunutze, und 1920 hatten über 10 Millionen Morgen den Besitzer gewechselt.[38]

Die Landakten, die 1870 von den Liberalen eingeleitet und von den Konservativen 1885 und 1903 zum Abschluß gebracht wurden, strebten eine materielle Lösung des »Irischen Problems« an. Sie machten die Tudorschen und Cromwellschen Ansiedlungen in Irland rückgängig und schufen durch ihre Aufhebung aufs neue eine irische katholische Klasse von Grundbesitzern, diesmal nicht, indem sie die protestantischen Grundbesitzer enteigneten, sondern indem sie ihnen ihren Besitz zu günstigen Bedingungen abkauften. Es lief darauf hinaus, daß das britische Parlament den Reichtum seines blühenden Empire zur Finanzierung dieser umfassenden Wiedergutmachung alten Unrechts benutzte. Als es 1920–1921 zum anglo-irischen Krieg kam, war die Landfrage im wesentlichen gelöst. Außer in Ulster, wo ein großer Teil der Pächter wie auch der Grundbesitzer protestantisch war, besaßen irische Katholiken den irischen Boden. Wir müssen uns aber fragen, weshalb diese kostspielige, ebenso bemerkenswerte wie drastische Maßnahme den großen Brand von 1916–1922 nicht verhindert hat.

Ein 1656 erschienenes Werk des englischen Schriftstellers James Harrington mit dem Titel *Oceana* stellte die einfache, aber einflußreiche politische Theorie auf, daß es wahrscheinlich immer dann zu einer gesellschaftlichen Umwälzung kommt, wenn fundamentale Veränderungen in den Besitzverhältnissen einer Gesellschaft nicht Hand in Hand gehen mit entsprechenden Veränderungen bei der politischen Machtverteilung. Das könnte auch auf Irland im 19. Jh. zutreffen, denn es scheint so, als ob die Landakten – anstatt Reibungen und Unzufriedenheit zu verringern – diese nur auf die politische Ebene verlagert hätten, wo die katholische Mehrheit noch immer keine wirksame Stimme im Parlament hatte, obwohl sie jetzt großenteils im Begriff war, zu Grundbesitzern zu werden. Jedenfalls gab es in der zweiten Hälfte des 19. Jhs. zwei recht unterschiedliche Arten intensiver politischer Aktivität. Den einen ging es um innenpolitische, die Verfassung betreffende Probleme, und sie agierten in der Öffentlichkeit; die anderen stellten sich außerhalb der Verfassung und arbeiteten im Untergrund. Die Aktivisten der ersten Richtung waren in der *Home Rule*-Bewegung organisiert, die anderen bildeten die »Irisch-Republikanische Bruderschaft« *(Irish Republican Brotherhood)*, deren Mitglieder sich nach dem keltischen Sagenhelden Finn auch Fenier nannten. Diese Bruderschaft wurde 1848 gleichzeitig in Dublin und in New York gegründet. Ihre Gründer waren Flüchtlinge des Aufstandes der »Jungen Irländer« von 1848, und zu ihnen gehörten auch John Mitchel, der 1853 aus Tasmanien nach Nordamerika geflohen war, und James Stephen, der 1856 aus Frankreich nach Irland zurückgekehrt war. Von Anfang an gehörten der Fenier-Bewegung viele im Exil Lebende und viele Auswanderer an. Charakteristisch für sie waren die Geheimbündelei und der Glaube an die Notwendigkeit bewaffneten Widerstands. Nationalisten, die sich im Rahmen der Union bewegten, waren für die Fenier immer der Kollaboration mit den Engländern verdächtig, wenn sie ihren Patriotismus auch noch so lautstark äußerten. Die Fenier selbst waren über diesen Verdacht erhaben, und die Klarheit und Einfachheit ihres Ziels des bewaffneten Widerstands gegen die englische Herrschaft gefiel den Auswanderern, die der langwierigen Manöver der parlamentarischen Politiker überdrüssig waren.

Die Fenier schreckten die internationale Szene auf, als sie 1866 versuchten, von den Niagarafällen aus in Kanada einzufallen, und als sie im März 1867 in Irland (besonders in Tallaght und Kenmare) einen Aufstand versuchten. Als Thomas J. Kelly, ein aus Galway gebürtiger Veteran des Amerikanischen Bürgerkriegs, der einer der Anführer des Aufstands von 1867 war, im folgenden September in Manchester verhaftet wurde, versuchten ihn drei seiner Parteifreunde aus einem Gefangenenwagen der Polizei zu befreien und töteten dabei einen englischen Polizisten. Sie wurden verhaftet, vor Gericht gestellt und gehängt. Die Wut über die Hinrichtung dieser »Märtyrer aus Manchester« und die Bombenlegung im Londoner Clerkenwell-Gefängnis durch die Fenier im späteren Verlauf des Jahres veranlaßten W. E. Gladstone 1868 zu seiner Erklärung, wonach England sich ernsthaft mit Irland beschäftigen müsse:

Der Fenianismus ist als »die erste, die ganze Nation umfassende weltliche Gesellschaft von Laien« bezeichnet worden. Keine frühere Bewegung in der irischen Geschichte, ob katholisch oder protestantisch, hat sich so wenig auf die Unterstützung durch die Geistlichkeit verlassen. Ihre Führer waren nicht nur alle Laien, sie kamen auch aus einer deutlich niedrigeren Gesellschaftsschicht als die Führer früherer Bewegungen... [Es] war die erste politische Bewegung, welche die Energie der Landarbeiter und kleinen Bauern, die sich bisher nur im Ribbonismus und in Parteifehden äußerten, in eine nationale Organisation hineinlenkte.[39]

Nach seinem spektakulären Aufbegehren in den 60er Jahren des 19. Jhs. ging der Fenianismus fast 50 Jahre lang in den Untergrund. Er überlebte als ein Stil, eine Tradition, fast als eine Legende, aber er hatte auf den Gang der Ereignisse keinen unmittelbaren Einfluß mehr, bis die Möglichkeiten zu einem *politischen* Fortschritt völlig erschöpft waren. Der Angelpunkt des »Irischen Problems« lag aber gerade *da*, nämlich auf politischer Ebene.
In der Zeit nach der Hungersnot, den Landakten und den Gesetzen zur parlamentarischen Wahlreform von 1832, 1867 und 1884 (die sämtlich die Zahl der Wahlberechtigten dadurch vergrößerten, daß sie das nachzuweisende Vermögen herabsetzten und für eine vernünftigere Sitzverteilung im Parlament sorgten), wurde Irland allmählich zu einem Land der katholischen Mittelklasse. Der Überbau einer kolonialen Führungsschicht und einer kolonialen Regierung blieb bestehen, doch wuchs die Hoffnung, daß der Fortschritt der Demokratie schließlich dazu führen würde, diese kolonialen Strukturen von innen her abzubauen. Hierzu war zweierlei nötig: Erstens mußten die Nationalisten als irische Abgeordnete ins Unionsparlament gewählt werden können, und zweitens mußten die irischen (nationalistischen) Repräsentanten in Westminster in einer politischen Partei vereinigt werden; zudem mußte man eine Strategie finden, die dieser Partei den nötigen Einfluß auf die Angelegenheiten des Vereinigten Königreichs sicherte.
Von 1870 bis 1890 wurden in beider Hinsicht spektakuläre Fortschritte gemacht. Noch bis 1868 waren nur 37 der 105 irischen Parlamentsabgeordneten Katholiken. Der Umschwung in Richtung auf die *Home Rule*, welche eine Revision der Union anstrebte, um mehr Selbstverwaltung für Irland zu erreichen, begann 1870 mit der Gründung der *Home Government Association* durch den protestantischen Rechtsanwalt und Parlamentsabgeordneten Isaac Butt. 1873 trat ebenfalls unter der Führung von Butt die *Home Rule League* (Liga für die Selbstverwaltung) an ihre Stelle, und bei den Wahlen von 1874 gewannen erklärte *Home Rule*-Befürworter 59 von den 103 irischen Sitzen im Parlament. (Die Konservativen eroberten 32 und die Liberalen 12). Zunächst hatte die *Home Rule*-Gruppe in Westminster nur geringen Einfluß. Butt selbst war ein konservativer Politiker, und viele Mitglieder der Home Rule-Partei waren im Grund ihres Herzens britische Liberale. Allmählich gewann ein militanter linker Flügel an Einfluß, dem die beiden Fenier Joseph Biggar und John O'Connor Power angehörten, sowie nach seiner Wahl zum Abgeordneten für Meath auch ein protestantischer Gutsbesitzer namens Charles Stewart Parnell.[40]
Als Isaac Butt 1879 starb, konnten die Radikalen ihren Einfluß in der Partei vergrößern, und Parnells geschicktes Bündnis mit der Landliga gab ihm die Möglichkeit, sich zum Führer des radikalen Flügels aufzuschwingen. Bei den Wahlen im April 1880 errang Parnells *»New Departure« Home Rule* (*Home Rule* »des neuen Wegs«) eine leichte Stimmenmehrheit gegenüber der *Home Rule*-Gruppe der Whigs, und im folgenden Monat wurde

Parnell zum Parteivorsitzenden gewählt.[41] Die folgenden 10 Jahre waren in vieler Hinsicht Parnells Jahrzehnt. Durch seine Unterstützung der Landliga und seine Geldsammelaktion in Amerika im Jahre 1879 sowie seine 6monatige Inhaftierung im Gefängnis von Kilmainham 1881–1882 konnte Parnell seine Parteigänger in Westminster von dem Verdacht reinigen, daß sie vor den Engländern zu Kreuz krochen. Er machte aus der Obstruktionsmethode eine politische Weltanschauung und bewegte sich auf dem schmalen Grat zwischen Legalität und Illegalität oder zum mindesten einer Tätigkeit außerhalb der Verfassung. Als er im Februar 1881 jedoch vor die Wahl gestellt war, entweder weiter dem Unionsparlament anzugehören oder wegen seines widerspenstigen Verhaltens ausgeschlossen zu werden und seinen Kampf anderswo fortsetzen zu müssen, entschied er sich für die Verfassungstreue und kämpfte von innen her für die Reform, anstatt sich von außen her dafür einzuetzen.

Bei den Wahlen vom November 1885 erzielte die *Home Rule*-Bewegung für ihre Partei das neue Rekordergebnis von 85 Sitzen (plus einem aus einem irischen Wahlbezirk von Liverpool). Da Gladstones Liberale Partei 335 Sitze und die Konservativen 249 gewonnen hatten, sah es so aus, als ob eine Regierungskoalition von Liberalen und *Home Rule*-Partei schließlich doch noch das Problem der im Sterben liegenden Union von England und Irland lösen könnte. Am 17. Dezember verkündete Gladstone seine Meinungsänderung zugunsten der *Home Rule,* aber als im Juni 1886 der erste Gesetzesantrag auf Selbstverwaltung Irlands im Unterhaus eingebracht wurde, wurde er mit 340 zu 311 Stimmen abgelehnt. Gladstone hatte seine Partei nur bis an den Erfolg herangeführt. Über der Streitfrage bezüglich der *Home Rule* war die Partei auseinandergefallen, und über 90 Parteimitglieder hatten gegen den *Home Rule*-Gesetzesantrag ihrer eigenen Regierung gestimmt. Für die Fraktion der Liberalen Partei war die »Irische Frage« zu sehr gefühlsgeladen, als daß sie so abgestimmt hätten, wie Gladstone sie angewiesen hatte. Die Konservativen hatten sich *vor* 1886 in bezug auf Irland als ziemlich flexibel erwiesen, als Gladstone sich jedoch an der *Home Rule* die Finger zu verbrennen drohte, waren sie schnell bereit, auf machiavellistische Weise das hierdurch bei den Liberalen entstehende Durcheinander auszunutzen. Man zögerte nicht, die *Home Rule* als feige Preisgabe des Ruhms des Empire und als Verrat an den loyalen, fleißigen Protestanten in Irland – insbesondere in Ulster – hinzustellen.

Als durch die Ablehnung der Gesetzesvorlage eine Neuwahl stattfinden mußte, behielten die *Home Rule*-Abgeordneten 85 Sitze, während die Konservativen 316 Sitze gewannen, davon viele auf Kosten der Liberalen, bei denen 191 für die *Home Rule* und 78 dagegen stimmten. So stellte sich heraus, daß man sich in bezug auf diese Gesetzesvorlage falsche Hoffnungen gemacht hatte. Parnell mußte mit der neuen konservativen Regierung von Lord Salisbury zusammenarbeiten, von der nicht zu erwarten war, daß sie einer Selbstverwaltung Irlands zustimmen würde, wenn sie auch bereit war, sich auf anderen Gebieten mit Reformen zu befassen.

Genau wie O'Connell war auch Parnell für einen großen Teil der irischen Wähler ein strahlender Held, während er in den Augen vieler Engländer ein bösartiges Ungeheuer war. Letztere Ansicht breitete sich aus, als 1887 in der Londoner *Times* ein Brief veröffentlicht wurde, den Parnell angeblich 1882 geschrieben haben sollte, und aus dem hervorzugehen schien, daß er mit der Ermordung Lord Frederick Cavendishs, des neuen Staatssekretärs für Irland, und seines Unterstaatssekretärs T. H. Burke in jenem Jahr einverstanden gewesen war. Es handelte sich um die berüchtigten Morde im Phoenix-Park, die Terroristen verübt hatten, als die beiden Engländer am hellen Tag in dem schönen Park um den Wohnsitz des Vizekönigs in Dublin spazieren gingen. Parnell bestritt, den Brief geschrieben und darin seine Meinung geäußert zu haben. Eine Kommission, die eingesetzt wurde, um die gegen Parnell gerichteten Anschuldigungen zu untersuchen, stellte Anfang 1889 fest, daß der in der *Times* veröffentlichte Brief nahezu sicher eine Fälschung war und daß die *Times* ihn von einem verdächtigen Individuum aus Dublin namens Richard Pigott gekauft hatte. Parnell war gerechtfertigt, doch zeigte die Affäre, daß er gegen Anwürfe der Engländer nicht gefeit war.

Die nächste Anfeindung hat er nicht überlebt. Sie wurde zu einer *cause célèbre* und zu einem Musterbeispiel der viktorianischen Moral. Parnell war unverheiratet, hatte aber seit einigen Jahren mit Mrs. Katherine O'Shea zusammengelebt, die sich von ihrem Gatten, einem früheren Mitglied der *Home Rule*-Partei, Captain William O'Shea, getrennt hatte. Zu einer Zeit, in der eine Ehescheidung ohne Skandal praktisch unmöglich war, hatte man sich untereinander arrangiert, und auch Captain O'Shea war einverstanden gewesen. Im Dezember 1889 leitete er jedoch die Scheidung ein und benannte Parnell als Mitbeklagten. Zunächst schien es nur ein weiterer Verleumdungsversuch nach Art des Briefs in der *Times* von 1887 zu sein, aber als Parnell nicht in der Lage war, sein Verhältnis mit Mrs. O'Shea zu bestreiten, änderte sich das politische Klima abrupt. Parnells Feinde taten sich zusammen und gingen in die Offensive. Die noch immer vorwiegend konservative katholische Hierarchie in Irland konnte der Versuchung nicht widerstehen, sich hämisch darüber zu freuen, daß das protestantische Idol auf tönernen Füßen stand. Gladstone erkannte, daß der nonkonformistische (d.h. nicht der anglikanischen Kirche angehörige) Flügel seiner Partei moralisch ungeheuer entrüstet war über den geständigen Ehebrecher, mit dem man in bezug auf die *Home Rule* gemeinsame Sache gemacht hatte. Um diese puritanischen Mitglieder der eigenen Partei zu beruhigen, verlangte Gladstone den Rücktritt Parnells als Parteiführer und versprach dafür, daß die Liberalen die *Home Rule* auch weiterhin unterstützen würden. Am 6. Dezember 1890 kam es zu einer stürmischen Sitzung der *Home Rule*-Abgeordneten des Parlaments von Westminster, auf der Parnell mit 45 zu 27 Stimmen zum Rücktritt gezwungen wurde, obwohl er fest entschlossen gewesen war, im Amt zu bleiben.

Parnell war damals 45 Jahre alt, doch schon war seine glänzende Laufbahn zerstört. Die folgenden Monate versuchte er zwar, sich in einer Reihe von Neuwahlen zu rechtfertigen. Aber vier der von ihm unterstützten fünf Kandidaten fielen durch, und Parnell starb im Oktober 1891 an einer Krankheit, die er sich während des aufreibenden Wahlkampfs zugezogen hatte. Die *Home Rule*-Partei überlebte ihn zwar, doch war sie in sich zerstritten, sie besaß keinen Helden mehr und wurde in gewissem Sinne zu Gladstones Geschöpf. Die Parnelliten und die Anti-Parnelliten waren durch die Erinnerung an 1890 bitter verfeindet, und in den Wahlen von 1892 eroberten die Parnelliten nur 9 der 80 *Home Rule*-Sitze.[42]

Wie die Leser von James Joyce wissen, ging Parnells Geist noch jahrelang in Irland um. Gladstone hielt sein Versprechen in bezug auf die *Home Rule*, und nachdem er 1892 wieder an die Regierung gekommen war, brachte er einen zweiten Gesetzesantrag auf Selbstverwaltung Irlands im Parlament ein. Dieser Antrag wich insofern etwas von dem von 1886 ab, als die irischen Abgeordneten im Parlament von Westminster, auch nachdem in Dublin ein eigenes irisches Parlament eingerichtet worden war, bei Belangen des Empire und bei irischen Entscheidungen stimmberechtigt sein sollten.

Der Gesetzesantrag wurde vom Unterhaus angenommen, jedoch vom Oberhaus entschieden abgelehnt. In einem immer demokratischer werdenden Zeitalter verteidigten die Lords hartnäckig und unbelehrbar die alten Privilegien. Als Mitglieder des Oberhauses waren sie immun gegen Pressionen bei Wahlen und bis zu einem gewissen Grad auch von der öffentlichen Meinung unabhängig. Die meisten unter ihnen waren Konservative, und seit 1886 war die konservative Partei praktisch mit der Opposition gegen die *Home Rule* oder dem »Unionismus«, wie diese Opposition jetzt hieß, verheiratet. 1893 war Gladstone 84 Jahre alt, und sein Kampf für die *Home Rule* hatte ihn in eine konstitutionelle Sackgasse geführt. Solange das Oberhaus das Recht hatte, Gesetze zu blockieren, hatte ein Gesetzesantrag für irische Selbstverwaltung kaum Aussicht auf Erfolg. Gladstone trat zurück, und die Konservativen kamen für die nächsten 13 Jahre an die Regierung.

Das war die Abenddämmerung und in gewisser Weise der Untergang der *Home Rule* als einer politischen Bewegung innerhalb der Verfassung des Vereinigten Königreichs. Parnell war tot, sein Ruf befleckt, seine Partei zerstritten, seine englischen Verbündeten, die Liberalen, waren in sich gespalten und aus der Regierung gedrängt. Wichtige Elemente in der englischen Gesellschaft, die entsprechend der Verfassung noch immer sehr mächtig waren, waren leidenschaftlich entschlossen zu verhindern, daß die Union auseinanderbrach und daß die irischen Protestanten im Norden dabei in einem von Katholiken beherrschten Staat untergingen. So geschah es, daß es zur *Home Rule* nicht kam, als es noch möglich gewesen wäre, durch die Gewährung der Selbstverwaltung die Erbitterung eines aufstrebenden Volkes zu besänftigen. Genau wie es zur Emanzipation der Katholiken 29 Jahre zu spät kam, schwanden auch in diesem Fall die

Erfolgsaussichten rasch in dem Maße, wie die äußeren Umstände sich änderten. Die *Home Rule* hätte 1886 oder 1893 eine Lösung sein können, aber als sie dann 1914 schließlich zustande kam, war sie ein Anachronismus und – wie sich herausstellen sollte – im voraus zum Scheitern verurteilt. In der Zeit von 1800 bis 1893 funktionierte die Union mehr oder weniger gut, obwohl man versuchte sie abzuändern. Die Epoche nach 1893 war eine Krisenzeit. Wie unzulänglich der politische Rahmen war, hatte sich bei vielen Gelegenheiten herausgestellt, aber was sollte man an seine Stelle setzen? Welche Veränderungen konnte man zwangsweise oder durch Überredungskünste herbeiführen? Bestand die Möglichkeit, das Oberhaus zu gewinnen oder es zu umgehen? Konnte man den erbitterten Widerstand der Protestanten von Ulster beschwichtigen oder überwinden? Konnte man die katholischen Iren durch Wohlstand zufriedenstellen und sie zu »West-Briten« machen? Oder konnte man – wie es die Fenier wollten – die Engländer einfach mit oder ohne ihre Verwandten in Ulster hinauswerfen? Auf diese schwierigen Fragen mußte das 20. Jh. eine Antwort zu finden suchen.

VII. Gründung eines neuen Staates: Triumph und Dilemma

Welches Bild bot Irland um die Wende zum 20. Jh.? Erstens war es eine Insel mit einem ständigen Bevölkerungsrückgang. Zwischen 1891 und 1901 sank die Bevölkerung von 3,47 Millionen auf 3,22 Milionen bei etwa 400000 Auswanderern.[1] 1901 hatte sich die Bevölkerungszahl gegenüber 1841 um über die Hälfte verringert. Wenn auch dieser Bevölkerungsrückgang besonders nach 1926 langsam nachließ, trat erst in den 60er Jahren des 20. Jhs. eine Änderung ein. Zweitens waren die Bewohner Irlands 1901 noch immer vorwiegend in der Landwirtschaft tätig. Nur 28 Prozent der Bewohner lebten in Städten, und 41 Prozent dieser »Städter« wohnten in der übervölkerten Stadt Dublin, welche damals 375000 Menschen zählte, die meist schlecht untergebracht waren.[2] Die städtische Bevölkerung nahm zu, während die ländliche ständig weiter zurückging. Belfast war im Begriff, sich aus einer Stadt von 60000 Einwohnern im Jahre 1841 (als es noch kaum größer als Cork war) in eine Großstadt zu verwandeln, die 1971 360000 Einwohner zählte.[3]

1900 hatte auch Irland gewisse Merkmale des modernen Zeitalters aufzuweisen. Dampfschiffe verbanden Irland schnell und zuverlässig – wenn auch nicht immer bequem – mit England und Schottland. 1834 war eine erste, knapp 10 km lange Eisenbahnlinie von Dublin nach Kingstown (dem heutigen Dun Laoghaire) eröffnet worden, und 1912 gab es auf der Insel ein Schienennetz von über 4800 km.[4] Aber diese und andere Verbesserungen waren mehr kosmetischer Natur. An der Struktur des Landes änderten sie nur wenig. Die Wirtschaft blieb auf drei Vierteln des Landes im Süden auch weiterhin landwirtschaftlich orientiert, während Ulster und insbesondere das Lagan-Tal und Belfast damals auf ähnliche Weise industrialisiert wurden, wie Teile von Lancashire in England und Clydeside in Schottland. Belfast hatte sich im 18. Jh. zu einer großen Hafenstadt und zu einem Umschlagplatz für Leinen entwickelt. Die Leinenmanufaktur war jetzt auf den Norden konzentriert, doch handelte es sich hauptsächlich um eine Heimindustrie, mit der viele der Kleinbauern von Ulster ihr Einkommen etwas verbesserten. Ende des 18. Jhs. erlebte Belfast den Aufschwung einer neuen Industrie auf dem Gebiet der Baumwollverarbeitung, der durch die Erfindung komplizierterer und kostspieligerer Maschinen möglich wurde. Die Baumwolle wurde in Farbriken verarbeitet, und 1810 waren 2000 Menschen in der Baumwollmanufaktur beschäftigt.[5] Nach 1815 kam es jedoch zu einem harten Konkurrenzkampf zwischen der Belfaster Baumwollindustrie und der finanzstarken Baumwollindustrie von Lancashire, und 1828 traf man die verhängnisvolle Entscheidung, dieses Fabrikations-

system auch auf die ältere heimische Leinenmanufaktur anzuwenden. Damit war Belfast auf dem Weg, zu einer Industrie- und Fabrikstadt zu werden.
1914 waren 73000 Menschen in den Leinenspinnereien von Belfast beschäftigt, und zwischen 1910 und 1912 erreichte der Leinenexport einen Höhepunkt.[6] Schließlich aber ruinierte der Konkurrenzkampf mit der englischen Baumwollindustrie und später mit den synthetischen Textilien die Leinenindustrie von Ulster. Aber Ende des 19. Jhs. war der Schiffsbau bereits zum wichtigsten Industriezweig von Belfast geworden. 1869 unterzeichnete die Firma Harland und Wolff einen Vertrag mit der englischen White Star Line über den Bau von Transatlantikdampfern, und eine Reihe berühmter Ozeandampfer, darunter die *Titanic*, liefen von Belfaster Werften vom Stapel. In gewissem Sinne gehörte die Belfaster Schiffsbauindustrie zur schottischen Industrie am Clyde, denn Ulster lieferte den günstigen Hafen und einen Stab von Facharbeitern und angelernten Arbeitern, während die Rohmaterialien, ebenso wie ein großer Teil des Kapitals und viele Unternehmen, aus dem Ausland kamen.
Auch Dublin war Ende des 19. Jhs. nicht ohne Industrie. Das am meisten florierende Unternehmen war hier die Guinness Brauerei, die in protestantischen Händen war und mit ihrem fast 60 Morgen großen Betriebsgelände von St. James Gate im Westviertel von Dublin zu einer der größten Brauereien der Welt geworden war. Ihr Aufstieg war nicht in erster Linie der Vorliebe der Iren für den Alkohol zu danken, denn ein großer Teil des Guinness Biers wurde in die Dominions exportiert. Die Destillation von Whiskey wurde in kleinerem Maßstab betrieben, und die einzelnen Betriebe waren mehr auf der Insel verteilt. Das Wort »Whiskey« ist übrigens keltischen Ursprungs, und man hat dieses Getränk lange mit den keltischen Völkern in den Korn anbauenden Ländern des Nordens in Zusammenhang gebracht. Eine dritte in Dublin heimische Industrie war die Herstellung von Keksen (die die Amerikaner als *cookies* oder *crackers* bezeichnen würden, bei denen es sich aber um leicht konservierbare, ohne Hefe hergestellte Getreideprodukte handelt). In dieser Industrie gab es 1907 10000 Beschäftigte, besonders in der Firma W. und R. Jacob.[7] Aber beim Brennen von Whiskey, beim Bierbrauen und beim Backen von Keksen handelte es sich um die Verarbeitung von landwirtschaftlichen Produkten, und was in Südirland fehlte, war die sogenannte Schwerindustrie, die Verarbeitung von Metallen und Mineralien sowie die chemische Industrie.
1900 war es in Irland nach außen hin ruhig. Das wilde Aufbegehren der *Home Rule*-Bewegung und der Landkrieg waren vorüber. Aber die Insel war arm, rückständig, zerstritten und unsicher. Das soll nicht besagen, daß sich unvermeidlich eine Revolution zusammenbraute. Im Rückblick läßt sich leicht behaupten, daß eine Gesellschaft unausweichlich auf einen Zusammenbruch und auf Gewalttaten zusteuert. Alles, was man jedoch sagen kann, ist, daß Irlands Zukunft um 1900 völlig im Dunkeln lag.

Anhänger von einem Dutzend verschiedener Glaubensbekenntnisse versprachen ihren Gläubigen ein Dutzend verschiedene Wege zum gelobten Land. Und wie stets gab es auch viele, die mit selbstzufriedenem Zynismus in jeder Bedrohung des *status quo* eine kriminelle Schurkerei sahen. Die Selbstzufriedenen, die Resignierten und die Zyniker machten zweifellos die Mehrheit der Bevölkerung aus, denn neben den verwahrlosten städtischen Armen und den noch immer gesellschaftlich und wirtschaftlich benachteiligten Katholiken hatte sich ein Kleinbürgertum entwickelt, das am Althergebrachten festhielt. Viele katholische Familien, besonders Grundbesitzer mit mittelgroßen Gütern und Kaufleute, waren sich durchaus bewußt, daß es ihnen entschieden besser ging als ihren Vätern und Großvätern. Wenn sie auch noch immer gewisse Demütigungen hinnehmen mußten, so lohnte es sich doch nicht, deshalb das Schiff zum Kentern zu bringen und die Fortschritte aufs Spiel zu setzen, die man sich seit der Hungersnot mühsam erkämpft hatte. Auf jeden Fenier, der bereit war, auf den Union Jack eine Bombe zu schleudern, kam eine Legion von katholischen Verteidigern des *status quo,* nicht etwa weil sie diesen für vollkommen oder auch nur angemessen gehalten hätten, sondern aus der historisch verständlichen Angst heraus, daß ein Umsturz die Lage nur verschlechtern würde.

Im Vierteljahrhundert zwischen 1890 und 1916 wurden zahlreiche Anstrengungen unternommen, mit Irland politisch zurechtzukommen. Die *Home Rule* war 1893 vom Oberhaus blockiert worden. Den Aufständen der Fenier war es nicht gelungen, die konstitutionelle Verbindung zwischen England und Irland zu lösen. Der Landkrieg und die Landliga hatten durch die Gesetzgebung von 1885 und 1903 erreicht, daß die Pächter ihr Land jetzt käuflich erwerben konnten. So bestand jetzt ein unverkennbares Interesse an unpolitischen Reformplänen, die nicht mehr auf erbitterten Widerstand stießen, noch bevor sie an die Öffentlichkeit drangen.

Am stärksten galt dieses Interesse vielleicht der Gälischen Renaissance. Der Anspruch der Iren, eine eigene Nation zu sein, litt unter dem Mangel an einer ausgeprägten Inselkultur. Irland war sowohl im Süden als auch im Norden in den Hunderten von Jahren seit dem Eindringen der Normannen auf vielerlei Art anglisiert worden. 1851 konnten nur noch 25 Prozent der Bevölkerung irisch sprechen, und 1911 war selbst diese Zahl auf die Hälfte reduziert.[8] Wenn die Iren aber keine eigene Sprache besaßen, die von vielen gesprochen wurde, so mußten sie sich sagen lassen, sie sollten sich damit zufrieden geben, *»West-Britons«* zu sein, die Bewohner einer Provinz des Vereinigten Königreichs, die keine eigene Kultur als Begründung dafür vorbringen konnten, daß sie sich vom Empire lossagen wollten. Unter diesen Umständen konnte man die irischen Nationalisten als verantwortungslose Sezessionisten bezeichnen, wie es den Südstaatlern im Amerikanischen Bürgerkrieg ergangen war. Hinzu kam, daß die meisten englischen Lehrer und Beamten – wenn auch keineswegs alle – jahrhundertelang die irische Sprache und die noch erhaltenen Spuren keltischer Kultur als wertlose Barbarei abgetan hatten.

Mit der Entwicklung der modernen Wissenschaft ging dieses auf Unwissenheit beruhende Vorurteil wenigstens bei den Gebildeten zurück. Die *Royal Irish Academy* (gegründet 1785 in Dublin), die *Gaelic Society* (gegründet 1806), die *Irish Archaeological Society*, die *Celtic Society* und die *Ossianic Society* (die ihre Blütezeit in den 40er und 50er Jahren des 19. Jhs. hatten) förderten und ermutigten alle Studien, die nach und nach Beweise für eine reiche und glanzvolle Vergangenheit ans Tageslicht brachten.

Aber wenn sich auch ein paar Gelehrte des kulturellen Reichtums des irischen Altertums bewußt wurden, so bedeutete das noch lange nicht, daß damit die sterbende irische Sprache zu neuem Leben erweckt wurde. Eine Gruppe junger Enthusiasten unternahm im Juli 1893 einen kühnen Vorstoß mit der Gründung der Gälischen Liga, deren erster Präsident ein Protestant namens Douglas Hyde war. Die Ziele dieser Liga waren »erstens, die Erhaltung des Irischen als der nationalen Sprache des Landes und deren Verbreitung als der allgemein gesprochenen Landessprache; und zweitens das Studium und die Veröffentlichung der bereits existierenden gälischen Literatur und die Pflege einer modernen Literatur in irischer Sprache«.[9] Als Beweis dafür, wie die englische Kultur die irische Kultur untergraben und verdorben hatte, führte Douglas Hyde zahlreiche irische Familiennamen an, die irischen Ursprungs waren und in ein unrichtiges Englisch übersetzt worden waren. In einer Schrift mit dem Titel: *The Necessity for De-Anglicizing Ireland* (Die Notwendigkeit der Entanglisierung Irlands) wies er nach, daß z. B. die Gillespies ihren Namen von Giolla-Easbuig ableiteten, was soviel bedeutete wie »Bischofsdiener«, ein Beruf, den mindestens einer ihrer Vorfahren gehabt haben mußte. Aber im 19. Jh. hatten viele Gillespies ihren Namen in »Bishop« und viele Gahagans den ihren in »Goggin« geändert.

1908 waren 600 Zweigvereine der Gälischen Liga registriert, und die irische Sprache war weitgehend in den Volksschulen eingeführt.[10] Auch in den Höheren Schulen wurden Fortschritte erzielt, und 1909 war die Kenntnis der irischen Sprache eine Voraussetzung für die Immatrikulation an der neuen Nationalen Universität.[11] Die Liga strebte eine unpolitische »Neutralität« an, doch erwies sich dies als immer schwieriger, da immer mehr politische Nationalisten als Mitglieder beitraten. Hyde legte 1915 den Vorsitz nieder, weil die Liga immer militanter wurde, doch zu dem Zeitpunkt hatte sie einen großen Teil ihrer Ziele bereits erreicht. Sie konnte zwar den Verfall der irischen Sprache als der gesprochenen Landessprache nicht aufhalten, und die Zahl der irisch sprechenden Inselbewohner nimmt bis zum heutigen Tag ständig ab. Aber die Liga hat diese Sprache, die zuvor ein lästiges Hindernis, dessen man sich schämen mußte, gewesen war, zu einem Gemeinbesitz und einem kostbaren Erbe gemacht, auf das man stolz ist.

Eine andere Organisation mit einem ähnlichen Ziel war die *Gaelic Athletic Association* (GAA) (Gälischer Sportverband), die 1884 von Michael Cusack in der Grafschaft Tipperary gegründet wurde. Cusack selbst war eine umstrittene, wenig sympathische Persönlichkeit, aber seine Vereinigung bot eine weitere Möglichkeit, gegen die englische Kultur anzugehen. Ende des 19. Jhs. kam es überall auf der Welt zu einer Neubelebung des organisierten Sports, deren Höhepunkt die Wiedereinführung der Olympischen Spiele war. Der leidenschaftliche Wunsch, sich als Nation zu bestätigen und im Wettbewerb zu siegen, spielte dabei eine große Rolle. Spiele wie Kricket, Rugby und Polo konnte man als typisch englische und daher fremde Sportarten abtun. Dagegen wurden das Hurling und der gälische Fußball, weil sie für männlicher und der heimischen Tradition besser entsprechend galten, leidenschaftlich betrieben. (Sport galt bei Frauen noch als unschicklich.) Dieser Sportbund zog von Anfang an Fenier und andere Radikale an, darunter auch den nationalistischen katholischen Erzbischof Croke von Cashel, der erster Schirmherr der GAA war. Obwohl der Gälische Sportverband dem Namen nach unpolitisch war, hatte er doch in erster Linie nationalistische Ziele. Er wandte sich gegen alles, was nur im entferntesten nach englischer Kultur roch und machte es lächerlich, während man alles Gälische entsprechend glorifizierte, selbst wenn man es erst wieder ausgraben mußte, nachdem es jahrhundertelang vernachlässigt worden war. Die GAA errichtete sozusagen einen Kanal für den radikalen Nationalismus, noch bevor eine politische Bewegung existierte, die von diesem profitieren konnte. Organisationen wie die GAA und die Gälische Liga hegten und pflegten das zunehmende Identitätsbewußtsein Irlands in einer Periode, in der der politische und konstitutionelle Fortschritt zum Stillstand gekommen war.

Obgleich das Vierteljahrhundert zwischen dem Zusammenbruch von Parnells *Home Rule*-Bewegung und dem Ausbruch des nationalistischen Aufstands an Ostern 1916 relativ ruhig und stabil zu sein schien, ist doch anzunehmen, daß es ganz im Gegenteil eine Periode der Spannungen und inneren Gärung war. Die Katholiken steigerten ihre Erwartungen. Ihre Empörung über das immer noch fortdauernde anachronistische koloniale Verhältnis verschärfte sich und breitete sich weiter aus. Feinfühlige Protestanten empfanden immer häufiger Schuldgefühle wegen ihrer bevorrechtigten Stellung, die sie in Irland genossen und die sie nur dem Zufall ihrer Geburt verdankten. Sie sahen sich vor die schwierige Wahl gestellt, entweder ihr Vaterland im Stich zu lassen und unnachgiebig und rücksichtslos ihre ererbten Vorrechte zu verteidigen, oder aber auf die egoistische Verteidigung der Interessen ihrer eigenen Klasse zu verzichten und sich für die Anliegen der Katholiken und oder der Nationalisten einzusetzen. Protestanten wie Yeats, Synge, Douglas Hyde, Erskine Childers und Lady Gregory waren kritische und wohl unentbehrliche Vertreter jenes aufkommenden Nationalgefühls, das später eine so wichtige treibende Kraft für die politische Bewegung sein sollte.

Nicht alle für eine Reform eintretenden Protestanten wollten die kulturelle oder politische Trennung. Sir Horace Plunkett, ein Abkömmling einer der führenden normannischen Familien des Pale, kam zu der Überzeugung, daß Armut und mangelnde Tüchtigkeit die Hauptkrankheiten waren, unter denen Irland litt, und daß es nicht in erster Linie an der kolonialen Unterwerfung der Insel lag. Nachdem er in Eton und Oxford eine englische Erziehung genossen hatte und kurze Zeit auf einer Ranch in Wyoming gearbeitet hatte, kehrte er 1889 nach Irland zurück, um sich ganz der Verbesserung der irischen Landwirtschaft zu widmen. Wie das übrige Europa hatte auch Irland seit den 80er Jahren des 19. Jhs. mit der mächtigen Konkurrenz der nordamerikanischen Landwirtschaft zu kämpfen, besonders nachdem das Getreide schneller und billiger auf die europäischen Märkte verschifft werden konnte. Aber auch auf dem Molkereisektor, wo zu einer Zeit ohne Kühlvorrichtungen weit entfernte Hersteller durch die Verderblichkeit der Ware kaum konkurrenzfähig waren, sah sich Irland dem intensiven Wettbewerb der benachbarten Holländer und Dänen ausgesetzt, die sich mehr und mehr den wichtigen englischen Markt eroberten, da sie im Ruf standen, hochwertige Produkte, insbesondere Butter, zu liefern. Plunkett wollte die irische Landwirtschaft konkurrenzfähig machen und glaubte, dieses Ziel nur erreichen zu können, wenn die Bauern dazu gebracht werden konnten, die Qualität ihrer Produkte zu verbessern. Er war aber der Ansicht, daß ihnen dieser Anreiz häufig von den Zwischenhändlern genommen wurde, die die landwirtschaftlichen Produkte aufkauften und auf den Markt brachten. Um diese Zwischenhändler auszuschalten, nahm sich Plunkett die englische Genossenschaftsbewegung der Mitte des 19. Jhs. zum Vorbild und begann eine Kampagne zur Errichtung von landwirtschaftlichen Genossenschaften und ländlichen genossenschaftlichen Molkereien oder *»creameries«*, wie sie in Irland genannt wurden. Da die Bauern sich zusammentaten, um ihre Molkereien zu finanzieren und zu betreiben, konnten sie bessere Einrichtungen unterhalten und leichter Qualitätskontrollen durchführen. Außerdem hatten sie Anteil am Verkaufsprofit, den bisher die Zwischenhändler eingesteckt hatten. Sie mußten zwar auch gewisse Risiken tragen, doch teilten sie auch diese mit den anderen Mitgliedern der Genossenschaft. 1894 gab es 33 Molkereien und genossenschaftliche Betriebe, hauptsächlich in Cork, Tipperary und Kilkenny; 1904 waren es 876, die über das ganze Land verstreut waren.[12]

Politisch war Plunkett Unionist. Er wurde 1891 und 1895 für Süd-Dublin ins Unionsparlament gewählt, und seine landwirtschaftlichen Verbesserungspläne entsprachen der Politik der unionistischen Regierungen der 90er Jahre des 19. Jhs., die ebenfalls »die *Home Rule* mit Zuvorkommenheit zu Fall bringen wollten«. 1899 wurde ein *Department of Agriculture and Technical Instruction*, eine Abteilung für Landwirtschaft und technische Unterweisung, für Irland geschaffen, und Plunkett wurde ihr Vizepräsident. 1914 hatte diese Abteilung einige hundert Mitarbeiter und tat viel nützliche Arbeit. Trotzdem wies Plunketts Plan Mängel auf, teils deshalb, weil die wirtschaftliche Produktivität nicht ohne einschneidende politische

Reformen unbegrenzt weiter gesteigert werden konnte und teils deshalb, weil die nach seinen Vorstellungen erreichte Steigerung der Produktivität die historisch bedingte alte Verbitterung nicht aus der Welt schaffen konnte. Vielleicht ist es nicht möglich, eine »Genossenschaft« in der Landwirtschaft oder auf einem anderen Gebiet zustande zu bringen, wenn nicht schon zuvor eine »Gemeinschaft« existiert; jedenfalls waren die tiefen Risse in der irischen Gesellschaft zwischen Protestanten und Katholiken, zwischen Großgrundbesitzern und Kleinbauern oder armen Pächtern nicht so leicht zu übertünchen. Wenn Plunkett soviel Wert auf landwirtschaftliche Verbesserungen legte, war er keineswegs auf dem falschen Weg. Er irrte nur mit seinem optimistischen Glauben, daß es ein Ersatz für eine Neuverteilung der politischen Macht sein könnte.

Die Frage der Machtverteilung drängt sich in der modernen irischen Geschichte aufs neue erbarmungslos auf. Parnells Sturz, die Zersplitterung seiner Anhänger, der unerbittliche Widerstand gegen Gladstones Zweite *Home Rule*-Akte im Oberhaus im Jahre 1893 und die ungeheure Popularität der konservativen (unionistischen) Partei, die bei den Wahlen in den beiden Jahrzehnten nach 1886 zum Ausdruck kam, schienen allesamt das Schicksal der irischen Unabhängigkeitsbewegung zu besiegeln und den Gedanken an eine Revolution nicht mehr aufkommen zu lassen. Als jedoch die Liberalen bei den Wahlen von 1906 wieder an die Macht kamen, war diese scheinbare Aussichtslosigkeit mit einem Schlag beendet, und folgenschwere Ereignisse kamen in Gang. Die irischen Nationalisten gewannen 83 Sitze des in diesem Jahr gewählten Parlaments, aber die Liberalen beherrschten allein mit ihren 400 Sitzen das Unterhaus, indem nur 157 Konservative vertreten waren. So brauchte der neue Premierminister Henry Campbell-Bannerman auf die irischen Nationalisten keine Rücksicht zu nehmen, und er zeigte auch keine Neigung, mehr als das unbedingt Notwendige für sie zu tun. Als ihn sein Gesundheitszustand 1908 zum Rücktritt zwang, war Herbert Henry Asquith als liberaler Premierminister sein Nachfolger, und er trat prompt wieder für die *Home Rule* ein, wie die liberale Partei es zuvor getan hatte.

Unverändert blieb der Widerstand des Oberhauses, von dessen 600 Mitgliedern auf Lebenszeit 480 erklärte Unionisten waren, die sich der durch die *Home Rule* drohenden Auflösung des United Kingdom widersetzten. Auch noch aus anderen Gründen widersetzten sich die Lords der liberalen Regierung, und es kam zu einer vorauszusehenden, fast absichtlich herbeigeführten Krise, als die Lords das Budget der Liberalen 1909 ablehnten. Der damalige Schatzkanzler war der wendige Waliser David Lloyd George, der im Budget Steuern vorgesehen hatte, die die Wohlhabenden auf provokative Weise belasteten. Die Lords taten das Budget mit 350 zu 75 Stimmen wie eine lästige Fliege ab. Ein derartiges Abstimmungsergebnis widersprach aber der ungeschriebenen Tradition, daß Gesetzesvorschläge, die sich auf die Finanzen bezogen, Sache des Unterhauses waren, und Asquith verlangte im Namen seiner empörten Partei neue Parlaments-

wahlen in der Hoffnung, daß sich die Wähler eines Besseren besinnen würden. Statt dessen erlitten die Liberalen bei den Wahlen im Januar 1910 noch weitere Verluste, die jedoch durch die irischen Nationalisten teilweise wieder ausgeglichen wurden, von denen etwa 70 Anhänger von John Redmond für das umstrittene »Volksbudget« eintraten, weil sie der Meinung waren, daß man damit dem Oberhaus seinen Einfluß auf die Verfassungsgebung nehmen könnte.
Tatsächlich kam es zu einer Übereinkunft, bei der die Redmond-Nationalisten Asquith und Lloyd George anboten, daß die Iren das Budget unterstützen würden, falls sie dafür das Versprechen erhielten, daß das Vetorecht der Lords abgeschafft und ein *Home Rule*-Gesetzesantrag eingebracht würde. König Eduard VII. starb im Mai 1910, und um seinem Nachfolger Georg V. die Situation zu erleichtern, kamen die Unionisten und die Liberalen überein, noch einmal das Volk entscheiden zu lassen und im Dezember Neuwahlen abzuhalten. Sie erbrachten fast das gleiche Ergebnis wie die Wahlen im Januar. Ein Gesetzesantrag, der das Recht des Oberhauses, ein Gesetz zu blockieren, abschaffen sollte (die sogenannte *»Parliament Bill«)* wurde im Unterhaus eingebracht und angenommen, wobei es zu beispiellosen, haßerfüllten Szenen kam. Um die Gesetzesvorlage im Oberhaus durchzubringen, stellte Asquith eine Liste von 249 Liberalen zusammen und drohte, er werde den König ersuchen, sie zu neuen Peers zu erheben, falls die Lords die Gesetzesvorlage ablehnten. Ein derartiges Verfahren war erst 2mal vorgekommen, und zwar 1713 und 1832. Im August 1911 sahen sich die Lords vor die Wahl gestellt, ihre eigene Entmachtung zu akzeptieren oder sich mit neuen Peers überschwemmen zu lassen. Nach einer hitzigen Debatte und massiven Stimmenthaltungen ging der Antrag mit 131 zu 114 Stimmen durch und wurde, nachdem Georg V. zugestimmt hatte, Gesetz. Von da an war das Obstruktionsrecht der Lords auf 2 Jahre beschränkt.
Asquith brachte im April 1912 im Unterhaus die Dritte *Home Rule*-Akte ein. Dieser Gesetzesantrag sah keine Wiedereinführung des irischen Parlaments in der Form vor, wie es Ende des 18. Jhs. existiert hatte, sondern entschied sich für das föderalistische Prinzip, wonach rein lokale Angelegenheiten von einem neuen irischen Parlament zu entscheiden waren, das aus zwei Häusern bestehen sollte, von denen das eine vom Volk zu wählen und das andere ernannt werden sollte. Angelegenheiten, die das Empire betrafen, wie Verteidigung, Auslandspolitik, Handel, Zoll und Verbrauchersteuern, sollten wie bisher Sache des Unionsparlaments sein. 42 irische Abgeordnete sollten dem Parlament in Westminster angehören. Dieser Plan enthielt in der Hauptsache Übergangsbestimmungen und erstrebte mehr eine allmähliche Dezentralisation der politischen Macht als die Gewährung vollständiger Unabhängigkeit. Eben aus diesem Grunde wurde er aber von der sich entwickelnden separatistischen *Sinn Féin*-Bewegung bekämpft. 30 Jahre zuvor hätte selbst Parnell die Akte von 1912 als abgeschmackte Geste abtun können. Jetzt hatten sich die Zeiten

geändert. Jede *Home Rule*-Akte, die vom Unterhaus gebilligt wurde, konnte mit annähernder Sicherheit damit rechnen, Gesetz zu werden, da dies ja nicht mehr durch ein Veto des Oberhauses auf die Dauer verhindert werden konnte. Aber wenn es auch wahrscheinlicher geworden war, daß ein Gesetzesvorschlag das Oberhaus passierte, gab es doch viele, die sich von der neuen Gesetzgebung stark beunruhigt fühlten.

Die irischen nationalistischen Parlamentsabgeordneten stimmten unter der Führung von John Redmond begeistert für den Gesetzesantrag, wobei sie seine vielen Mängel übersahen. Die Unionisten wandten sich wütend dagegen, da sie der Ansicht waren, daß die irischen Protestanten durch diese Akte in dem im Entstehen begriffenen katholischen irischen Staat zum Status einer Minderheit verurteilt wurden. Zum Unionismus bekannten sich nicht nur Protestanten, doch war er vorwiegend protestantisch, und Ulster war die einzige der vier historischen Provinzen Irlands, in der die Protestanten nahezu die Mehrheit der Bevölkerung ausmachten.[13] Aus dieser demographischen Tatsache ergab sich, daß die Stellung einer beträchtlichen Anzahl von Protestanten nur zu sichern war, wenn man bei der Änderung der *Home Rule*-Akte Ulster ausschloß. Natürlich würde eine solche Änderung den Protestanten in den übrigen drei Provinzen wenig oder nichts nützen, aber sie würde wenigstens einen Teil Irlands zu einer Art Freistätte machen. Vom Standpunkt der *Home Rule* aus und nach Ansicht der katholischen Nationalisten im allgemeinen lief jeder Ausschluß Ulsters von dem Gesetzesvorschlag auf eine Zerstückelung des Heimatlandes und auf Verrat hinaus, nachdem Generationen von irischen Patrioten für dessen Befreiung von der britischen Herrschaft gekämpft und gelitten hatten und dafür gestorben waren. So kam es, daß Asquiths bescheidene Irland-Akte 27 Jahre nach W. E. Gladstones Bekehrung zur *Home Rule*-Bewegung im Jahre 1885 unerwarteter Weise heftige sektiererische Leidenschaften neu entfachte. Die Unionisten mußten die Initiative ergreifen, denn die Anhänger der *Home Rule* konnten zuwarten, bis Asquith und die Liberalen die Gesetzesvorlage im Parlament durchbrachten. Die einzige Frage war, wieviel Unruhe die Unionisten in Ulster stiften konnten. Es sollte sich herausstellen, daß sie erhebliche Möglichkeiten dazu hatten. Die katholischen Nationalisten haben oft unterschätzt, wie hartnäckig die Protestanten von Ulster entschlossen waren, einem katholischen Irland *nicht* anzugehören. Die gesellschaftliche Struktur des modernen Ulsters und die Tatsache, daß die protestantischen Kleinbauern und Arbeiter sich daran gewöhnten, an ihre rassische, kulturelle und religiöse Überlegenheit zu glauben, haben sicher zu dieser Entwicklung beigetragen. Ulster steckte voller Zündstoff, den Demagogen leicht zur Explosion bringen konnten. Die Organisation des Widerstands gegen die *Home Rule* hatte bereits in den 80er Jahren des 19. Jhs. begonnen, doch wurde sie durch die Parlamentsakte von 1911 und die Dritte *Home Rule*-Akte von 1912 noch stark beschleunigt.

Die führenden Köpfe der Mobilisierung Ulsters waren Mitglieder der

Oberklasse, die früher Distanz gewahrt hatten und aus denen jetzt drei bedeutende Führer hervorgingen. Der eine war Sir Edward Carson, ein 1854 in Dublin geborener Protestant, der von schottischen Presbyterianern abstammte und sich zuerst in Dublin und später in London einen Namen als Rechtsanwalt gemacht hatte. Carson war überzeugt, daß Ulster mit seiner Kompromißlosigkeit die *Home Rule* völlig blockieren konnte, was dem Oberhaus nach der Reform nicht mehr möglich war. Er war der hinreißende Redner der Bewegung. Der zweite Führer war Captain James Craig, der aus einer Whiskey-Brennerei in Belfast stammte und Sohn eines Millionärs war. Craig organisierte den Widerstand gegen die *Home Rule* und bereitete einen unabhängigen Teilstaat »Nordirland« vor, der – falls notwendig – zu kämpfen bereit war, um unter keinen Umständen einem irischen Gesamtstaat irgendeiner Form eingegliedert zu werden. Das dritte Mitglied des Triumvirats von Ulster war Bonar Law, ein Kanadier, der von einer schottischen Familie in Ulster abstammte und der im November 1911 als Nachfolger Arthur Balfours Vorsitzender der entmachteten konservativen Partei wurde. Durch seine Sympathien für Ulster war er ein wichtiges Verbindungsglied zwischen dieser Partei und der Sache der Unionisten.
Das obstruktionistische Potential der Unionisten von Ulster wäre nur begrenzt gewesen, wenn sie nicht von Großbritannien stark unterstützt worden wären. In bezug auf seine Einstellung zur *Home Rule* war Großbritannien genauso geteilter Meinung wie Irland, und Millionen von englischen Wählern sahen darin einen bedauerlichen Rückschritt, einen Verlust an Macht und Prestige an die gesetzlosen, unzivilisierten Kelten. Es fällt uns heute schwer, den Unionismus zu verstehen, aber Ende des 19. und Anfang des 20. Jhs. war er eine Art Evangelium von zwingender Kraft. In ihrer Weltanschauung setzten die Unionisten den Begriff »Zivilisation« auf den Britischen Inseln und in großen Teilen der Welt jenseits des Atlantik mit dem Fortschritt und Triumph der protestantischen angelsächsischen Völker und all jener gleich, die so klug waren, deren Lebensstil zu übernehmen. Dementsprechend erschien ihnen das katholische Irland als ein verarmtes, von Priestern und vom Aberglauben beherrschtes Land, das von trägen unkultivierten und teilweise wilden Eingeborenen bewohnt war. Die einzige Ausnahme bildete der industrialisierte Norden, doch war diese Anomalie leicht damit zu erklären, daß dort die protestantischen Schotten und Engländer konzentriert wohnten. Bei einer solchen Weltanschauung bedeutete die *Home Rule*, daß man die Uhr um Jahrhunderte zurückdrehte, daß man die historische Zentralisierung der Britischen Inseln unter englischer Führung rückgängig machte und – was noch schlimmer war – daß man Irlands wertvollste, produktivste und zivilisierteste Bewohner, die Protestanten im Norden, der barbarischen Herrschaft der Katholiken im Süden überantwortete. Einer solchen manichäischen Weltanschauung, die an einen unaufhörlichen Kampf zwischen den Mächten des Guten und den Mächten des Bösen glaubte, mußte die *Home Rule* einem Triumph des Satans gleichkommen. Daher der verzweifelte Wider-

stand der Ulster-Protestanten und einiger ihrer Brüder in England und Schottland.

Tiefgreifende Revolutionen werden oft von Konservativen in die Wege geleitet, die merken, daß die Zeit gegen sie arbeitet, und die entschlossen sind, eine Entscheidung herbeizuführen. Sie hoffen dann durch eine dramatische Demonstration ihrer noch verbleibenden Macht und Privilegien ihrem allmählichen Untergang zuvorzukommen. Auf parlamentarischer Ebene versuchten die Unionisten Asquiths *Home Rule*-Akte zu Fall zu bringen. Auf einer anderen Ebene bereiteten sie sich jedoch darauf vor, mit Gewalt vorzugehen, wenn die Gesetzesvorlage je Gesetz werden sollte. 1912 wurde ein Freiwilligenverband, die *Ulster Volunteer Force,* aufgestellt, und im April 1914 gelang es ihm, in Deutschland beträchtliche Waffenkäufe zu tätigen und die Waffen durch die kleinen Häfen von Bangor, Larne und Donaghadee im Nordosten nach Ulster einzuschmuggeln. Wie vorauszusehen, stellten daraufhin die Katholiken im Süden paramilitärische Verbände auf und betrieben ebenfall Waffenschmuggel. So bewirkte die *Home Rule,* daß Irland tatsächlich Gefahr lief, in zwei Teile gespalten zu werden. Aber Europa fiel noch schneller auseinander als Irland, denn im August 1914 stolperte es in einen Krieg, der sich als der verheerendste seiner bisherigen Geschichte herausstellen sollte.

Der Erste Weltkrieg zwang Großbritannien, unverzüglich nach einer Lösung des irischen Problems zu suchen – nach irgendeiner Lösung, die ihm erlaubte, seine Kräfte auf Deutschland zu konzentrieren. John Redmond, der Führer der irischen Nationalisten in Westminster, beschloß, sich diese Zwangslage zunutze zu machen, anstatt darauf zu spekulieren, daß Rückschläge im Krieg die Briten schließlich zwingen würden, sich auf günstigere Konzessionen in bezug auf die Unabhängigkeit Irlands einzulassen. Am 3. August 1914 sagte Redmond Großbritannien die Unterstützung der Iren im Krieg zu im festen Glauben, daß Asquith die Annahme der *Home Rule*-Akte im Parlament durchsetzen würde. Das gelang Asquith auch im folgenden Monat, jedoch erst nachdem zwei Vorbehaltsklauseln in den jetzt als *»Government of Ireland Act«* bezeichneten Gesetzesvorschlag aufgenommen worden waren. Diese sollten eine Verärgerung Ulsters und einen eventuell daraus entstehenden irischen Krieg verhindern, der für Großbritanniens Kampf gegen Deutschland verheerende Folgen gehabt hätte. Die eine Klausel lautete, daß die Akte erst nach Kriegsende in Kraft treten sollte; die andere besagte, daß die *Home Rule* solange aufgeschoben werden sollte, bis das Parlament »Gelegenheit hatte, spezielle Zusatzartikel zugunsten Ulsters zu beschließen«.[14]

Das war nach 30jährigem Krieg ein kümmerlicher Triumph für die *Home Rule.* Tatsächlich lief es darauf hinaus, daß die Entscheidung wieder einmal hinausgeschoben wurde, diesmal bis zum Ende des Kriegs, wie lange das auch noch auf sich warten lassen mochte. Weil aber die Selbstverwaltung für die Nationalisten wenig Sinn hatte, wenn es sich nicht um eine Selbstverwaltung für *ganz* Irland handelte, und weil Ulster nur bei einem irischen Staat mitmachen würde, der von britischen Protestanten regiert wurde, befand man sich in einer ausweglosen Situation. Die Erfordernisse des Ersten Weltkrieges erschwerten die Lage, und es kam zu einer Stille vor dem Sturm. Im Rückblick glaubt man zu erkennen, daß der politische und nationalistische Impuls, der sich seit der Hungersnot allmählich aufgebaut hatte, nicht mehr auszuschalten war. Oberflächlich gesehen spielten die irischen Auseinandersetzungen damals nur eine untergeordnete Rolle. Redmonds Irische Freiwillige *(Irish Volunteers)*, die ursprünglich aufgestellt worden waren, um den katholischen Süden gegen Carsons Ulster-Freiwillige zu schützen, wurden in die Nationalen Freiwilligen *(National Volunteers)* umorganisiert, die etwa 170000 Mann stark waren und zugegebenermaßen die Aufgabe hatten, die Insel gegen Deutschland zu verteidigen, um so die Streitkräfte Englands und des Empire für den Einsatz an anderer Stelle freizumachen. Nur etwa 11000 irische Freiwillige weigerten sich, Redmonds Aufruf Folge zu leisten. Sie schlossen sich zu den *Neuen* Irischen Freiwilligen *(New Irish Volunteers)* unter der Führung des katholischen Professors und gälischen Gelehrten Eoin MacNeill zusammen.

Im Verlauf des Krieges dienten über 200000 Iren regulär oder freiwillig in der britischen Armee.[15] Natürlich waren viele von ihnen Protestanten, Leute aus Ulster mit ihrer alten, stolzen militärischen Tradition, die in besonderen Divisionen zusammengefaßt wurden. Die 36. Ulster Division nahm an der schrecklichen Somme-Schlacht 1916 teil. Der erste Tag dieser Schlacht, der 1. Juli (nach heutiger Berechnung der 12. Juli; siehe hierzu S. 103 und 184), war der Jahrestag des glorreichen Siegs von Wilhelm von Oranien am Boyne im 17. Jh. Als die Männer der 36. Division »über die Kuppe« in das verheerende Feuer der Deutschen vorrückten, trugen sie orangefarbene Bänder und riefen: »Denkt an 1690«, bis ihr »Siegessang« in traurigen Disharmonien endete. Aber zu den britischen Streitkräften gehörten auch Protestanten aus dem Süden und hochgeborene wie einfache Katholiken. Ein beklemmendes Gedicht von W. B. Yeats aus dem Jahre 1916 mit dem Titel *»An Irish Airman Forsees His Death«* (Ein irischer Flieger sieht seinen Tod voraus), gibt die Gedanken eines Soldaten aus dem Süden wieder, der an seinem Vaterland hängt.

Ich weiß, daß ich mein Leben lassen muß.
Es endet irgendwo hoch in den Wolken.
Ich kämpfe gegen die, die ich nicht hasse,
Und schütze die, die ich nicht liebe.
Das Kreuz von Kiltartan ist meine Heimat,
Die Armen Kiltartans sind meine Brüder.
Das Ende dieses Kriegs nimmt ihnen nichts,
Auch trägt's nicht bei zu ihrem Glück.

Viele, die kämpften, waren katholische Unionisten, die genau wie John Redmond glaubten, daß die Opfer, die sie für England brachten, ihnen von den Engländern mit großzügigen Konzessionen für die *Home Rule* vergolten würden. Weniger hoffnungsvolle Mitkämpfer waren die katholischen Armen, die während des ganzen 19. Jhs. eine Hauptstütze der britischen Armee gewesen waren. Sie hatten im Krimkrieg und im Burenkrieg mitgekämpft, und skrupellose Anwerbemethoden sowie der verlokkende »Königs-Shilling« hatten eine große Rolle dabei gespielt, daß sie zu den Fahnen geeilt waren.[16] Im Gegensatz zu den Protestanten von Ulster wurden die meisten von ihnen auf die einzelnen Truppenteile verteilt. Wenn sie Regimentern wie den *Connaught Rangers* oder den *Dublin Fusiliers* zugeordnet wurden, waren ihre Offiziere meist Protestanten.

John Redmond fiel die undankbare Aufgabe zu, die Iren bei der Stange zu halten, obwohl die Briten sie kaum duldeten und ihnen ihre Verachtung kaum verhehlten. Wenn ihm dies auch großenteils gelang, so kostete es ihn doch seinen Ruf als Führer der Nationalisten, der ein würdiger Nachfolger Parnells war. Durch die Unzufriedenheit mit Redmond traten immer mehr Iren den Neuen Irischen Freiwilligen bei, die trotz der gemäßigten Haltung ihres Führers MacNeill unter den Einfluß der Irischen Republikanischen Bruderschaft gerieten. In dem Vakuum, das durch die Kooperation Redmonds mit den Briten entstand, bildeten sich radikale Randgruppen, die allerdings zunächst noch wenige Anhänger hatten. In dem Maße wie sich der Krieg in die Länge zog und Großbritannien immer mehr in Gefahr geriet, erschien Redmonds Politik immer weniger vertretbar. Wenn Deutschland den Krieg gewann oder wenn es Großbritannen an die Wand drückte, dann war für Irland der Augenblick gekommen, sich die Freiheit zu erobern, die Beherrschung durch die Briten vollends abzuschütteln, das widerspenstige Ulster zu erobern und zu unterwerfen und – falls notwendig – sich mit Deutschland zu verbünden.

Derartige Ideen waren nicht das Monopol einer einzelnen Gruppe, und auch auf anderen Gebieten gab es viele Meinungsverschiedenheiten. Die »Freiwilligen« unter MacNeill waren die stärkste Gruppe unter diesen Dissidenten, doch war MacNeill nicht bereit, sie in einen hoffnungslosen Kampf um die irische Unabhängigkeit zu verwickeln, der wieder einmal von vornherein zum Scheitern verurteilt gewesen wäre. Anderen, vor allem Roger Casement, ging es nicht besser als Wolfe Tone, dem Patrioten der 90er Jahre des 18. Jhs. Casement versuchte nämlich, Deutschland dazu zu bringen, den irischen Aufstand tatkräftig zu unterstützen. Deutschland hatte aber genau wie Frankreich und Spanien Angst, sich in die irische Höhle des britischen Löwen zu wagen. Solange die königliche Flotte das Meer rings um Irland kontrollierte, errechneten sich die Deutschen nur geringe Erfolgschancen. Sie hegten die gleichen Zweifel und Bedenken wie seinerzeit die Franzosen und Spanier. Aber auch schon die entfernte Möglichkeit, daß sie eingreifen könnten, erweckte bei den Iren Hoffnungen auf einen siegreichen Aufstand.

Neben MacNeills »Freiwilligen« gab es die paramilitärische Organisation der *Irish Citizen Army* (I.C.A.) (Irische Bürgerwehr), die von einem katholischen Sozialisten namens James Connolly ausgebildet und gedrillt wurde. Diese irische Bürgerwehr war viel kleiner als die »Freiwilligen« und zählte vermutlich nie mehr als ein paar hundert Unentwegte, die sich auf völlig andere Traditionen beriefen. Der Sozialismus und die Gewerkschaftsbewegungen hatten sich in dem vorwiegend landwirtschaftlichen Irland kaum entwickeln können. Derartige Aktivitäten hatten ihren Mittelpunkt nur in Belfast und Dublin. In der Großstadt im Norden baute der Arbeiterführer James Larkin eine mächtige Gewerkschaft von Transport- und Dockarbeitern auf, und 1908 gründete er die I.T.G.W.U., die *Irish Transport and General Workers Union*, die bald eine der militantesten Gewerkschaften auf den Britischen Inseln wurde. Larkin dehnte seine Tätigkeit auf die Häfen von Cork und Dublin aus, und 1913 hatte die I.T.G.W.U. über 10000 Mitglieder. Den Höhepunkt seiner Laufbahn erreichte Larkin im August 1913, als er einen langen, erbitterten, aber schließlich doch erfolglosen Streik gegen die *William Martin Murphy's Dublin United Tramway Company* führte. Larkin gab diese Niederlage zu und schob die Schuld den englischen Gewerkschaften zu, die ihn nicht genügend unterstützt hätten. Er wanderte 1914 nach Amerika aus, und sein Nachfolger wurde James Connolly, der ein Arbeiterführer anderer Art war.

Connolly war mehr ein sozialistischer Theoretiker als ein Gewerkschaftsorganisator. Er war der Meinung, der Reichtum dieser Welt gehöre rechtmäßig allen Erdenbewohnern und nicht nur einer exklusiven Klasse von Kapitalisten. Bezüglich einer gerechten Verteilung des Reichtums unterschied er sich von den Feniern, denen es vor allem darum ging, die politische Macht der Briten über Irland zu vernichten. Aber wenigstens in einem Punkt trafen sich ihre Meinungen. Connolly glaubte, der Reichtum Irlands gehöre den Iren. Daher müsse der Sozialismus in Irland zunächst einmal die Ausländer (oder Kapitalisten) enteignen und dann den Reichtum so unter den Iren verteilen, daß im neuen irischen Staat nicht wiederum eine kapitalistische Ungleichheit entstand. Mit dem ersten Teil dieser Philosophie konnten sich viele Fenier einverstanden erklären. Was den zweiten Teil betraf, so war er irrelevant, bis der Reichtum Irlands sich in der Macht eines unabhängigen irischen Staates befand, und den sollte Connolly nicht mehr erleben.

Die Irische Bürgerwehr (I.C.A.) wurde im November 1913 von Larkin und Connolly gegründet, ursprünglich um die Arbeiter vor bezahlten Schlägern zu schützen, welche Dubliner Arbeitgeber angestellt hatten. Als jedoch Larkin nach Amerika ausgewandert war, wurde die I.C.A. zu Connollys persönlichem Machtinstrument, das er zur Vorbereitung einer noch unklaren und fast noch unvorstellbaren Revolution bewaffnete und ausbildete. Die britische Armee unterhielt in Irland eine Garnison von 20000 Mann, die bei jeder größeren Auseinandersetzung von der *Royal*

Irish Constabulary (Königlich Irischen Polizei) und vermutlich auch von einigen von Redmonds »Nationalen Freiwilligen« unterstützt werden würde. Die einzige Hoffnung auf Erfolg war eine Vereinigung von MacNeills »Freiwilligen« mit Connollys I.C.A., wenn diese von Deutschland wirksam unterstützt wurde und man sich die Vorteile eines Überraschungsangriffs zunutze machte.[17]
Eine solche Verkettung günstiger Umstände herbeizuführen, bemühte sich seit August 1914 die *Irish Republican Brotherhood*, der noch verbliebene Überrest der Fenier-Bewegung der 60er Jahre des 19. Jhs. Die Bruderschaft verstand wenig von Politik, war aber stets kampfbereit. Unter dem Einfluß von drei romantischen Revolutionären, Patrick Pearse, Thomas MacDonagh und Joseph Plunkett, plante und koordinierte der Oberste Rat der I.R.B. einen Versuch, die Vorherrschaft der Briten in Irland zu beseitigen. Sie schleusten MacNeills »Freiwillige« ein und suchten Connolly für ihre Pläne zu gewinnen. Aber der Erfolg hing entscheidend davon ab, daß sie vom Ausland unterstützt wurden. Ein hoher protestantischer ehemaliger Kolonialbeamter, Roger Casement, verbrachte anderthalb Jahre in Deutschland, um dort die unentbehrliche Unterstützung zu finden. Seinen Bemühungen und der Vermittlung amerikanischer Iren war es zu verdanken, daß schließlich 20000 Gewehre und 10 Maschinengewehre samt Munition auf den Dampfer *Aud* verladen wurden, der als norwegischer Frachter getarnt wurde. Die *Aud* sollte ihre kostbare Ladung in der Nähe von Tralee in der Grafschaft Kerry ausladen, aber der britische Geheimdienst war dahinter gekommen, und das Schiff wurde am Freitag vor Ostern 1916 aufgebracht. Es wurde von seinem Kapitän versenkt, als es in den Hafen von Cork geleitet werden sollte. Am gleichen Tag war Roger Casement von einem deutschen Unterseeboot in der Nähe von Tralee an Land gebracht worden. Die Deutschen erwarteten, daß er den Aufstand leiten würde, doch hatte er insgeheim beschlossen ihn abzublasen, weil ihm die Unterstützung der Deutschen unzureichend schien. Er wurde aber von der *Royal Irish Constabulary* bereits Stunden nach seiner Landung verhaftet und nach einem noch immer umstrittenen Verhör wegen Hochverrats hingerichtet.
Die I.R.B. hatte den Aufstand für den Ostersonntag geplant, ohne jedoch MacNeill, den Befehlshaber der »Freiwilligen«, davon in Kenntnis zu setzen. Am Wochenende vor Ostern herrschte das übliche Durcheinander. MacNeill wollte zu einer militärischen Aktion, die ihm aussichtslos schien, nur dann seine Zustimmung geben, wenn unerschütterliche Beweise dafür vorlagen, daß die Regierung in Dublin seine Organisation verbieten würde, was sie bisher nur äußerst zögernd in Erwägung gezogen hatte. Ob ein Aufstand wirklich aussichtslos war oder nicht, hing von der Unterstützung durch Deutschland ab. Stand sie unmittelbar bevor? War sie bereits eingetroffen? War sie ausreichend? Die Führer in Dublin tappten im Dunkeln. Sie wußten nicht, was vor sich ging, wieweit die Dubliner Regierung im Bild war oder was sie beabsichtigte. MacNeill versuchte, den

Befehl der I.R.B. zum Aufstand am Ostersonntag zu widerrufen, womit sie zunächst einverstanden war; sie versäumte jedoch, MacNeill davon zu unterrichten, daß die Aktion nur auf den nächsten Tag, den Ostermontag, verschoben werden sollte. Pearse und die I.R.B. wollten nicht hinnehmen, daß ihre monatelangen Vorbereitungen nutzlos gewesen sein sollten. Sie sahen ein, daß, wenn kein Wunder geschah und etwas völlig Unvorhergesehenes eintrat, ihr Aufstand niedergeschlagen werden würde. Trotzdem wagten sie ihn in der Überzeugung, daß sie es für die Freiheit Irlands taten und daß viele ihnen trotz Bedenken ihre Hilfe nicht versagen konnten, nachdem die Schlacht einmal begonnen hatte.[18]

Am Ostermontag, dem 24. April, nahmen etwa 200 Mann der I.C.A. und 1400 von den »Irischen Freiwilligen« eine Reihe von Stützpunkten in Dublin an beiden Ufern des Liffey. Mittags verkündete Pearse vor dem Postamt in der Sackvillestraße (der heutigen O'Connellstraße) die Errichtung einer provisorischen Regierung der Irischen Republik. Der Aufstand dauerte 6 Tage. Am Samstag, dem 29. April, ergab sich Pearse, da ihm angesichts der militärischen Überlegenheit der Briten keine andere Wahl blieb. Damit war der Aufstand zu Ende. Die Bevölkerung hatte ihm größtenteils verängstigt oder teilnahmslos zugesehen. Er zog keine allgemeine große Volkserhebung nach sich, und kein Wunder geschah. Mehrere hundert Menschen waren getötet und mehrere tausend verwundet worden, darunter viele am Kampf unbeteiligte Bewohner Dublins. Generalmajor Sir John Maxwell errichtete auf der Insel eine strenge Militärregierung, denn in seinen Augen war der Aufstand ein Beweis für die allzu große Milde und Unfähigkeit der bisherigen Zivilregierung. Die Führer des Aufstands wurden verhaftet, ins Gefängnis geworfen und vor ein Kriegsgericht gestellt. Zwischen dem 3. und 12. Mai wurden 14 von ihnen nacheinander standrechtlich erschossen. Diese Exekutionen spielten bei der weiteren Entwicklung der nationalistischen Bewegung eine entscheidende Rolle.

Im Tode wurden Pearse, Connolly und ihre Waffenbrüder zu Märtyrerhelden, nachdem die Bevölkerung ihr Unternehmen zuvor als unsinnig, wenn nicht als hirnverbrannt angesehen hatte. Nur 1600 Iren hatten sich am Aufstand unmittelbar beteiligt, was darauf schließen läßt, daß nur wenige ihre radikalen Ansichten teilten. Aber in den folgenden Wochen und Monaten erfolgte im Süden ein völliger Stimmungsumschwung. Die Bevölkerung war jetzt nationalistisch und antibritisch gesinnt und voller Erbitterung. Bei diesem Stimmungsumschwung war es unwahrscheinlich, daß die *Home Rule*-Akte in der Form, wie sie 1914 angenommen worden war, dem wachsenden Ruf nach einem unabhängigen Staat noch genügen würde, wenn sie nach Kriegsende endlich in Kraft träte.

Die politische Bewegung, die sich diese Stimmung zunutze machte, war *Sinn Féin*, was soviel wie »Wir selbst« bedeutet. Ihre Anfänge waren bescheiden und – gemessen an den Maßstäben des Osteraufstandes – nicht sehr radikal. Sie wurde 1908 von einem Dubliner Journalisten namens

Arthur Griffith gegründet. *Sinn Féin* war für einen mehr passiven als gewalttätigen Widerstand gegen die britische Herrschaft. Griffith hatte es abgelehnt, dem obersten Rat der I.R.B. anzugehören, und er beteiligte sich auch nicht am Aufstand, obwohl einige *Sinn Féin*-Mitglieder dabei mitmachten. Die Briten waren jedoch nach Ostern 1916 nicht mehr geneigt, feine Unterschiede zwischen den verschiedenen Nationalisten zu machen. Sie hielten sie sämtlich für Hochverräter. Griffith wurde verhaftet und mehrere Monate gefangen gehalten, und die Presse und auch einige englische Politiker bezeichneten die irischen Revolutionäre beiläufig als *Sinn Féiner,* ob sie das nun tatsächlich waren oder nicht. Hierdurch kam *Sinn Féin* (nach Meinung der irischen Nationalisten) in den Ruf, beim Osteraufstand eine Rolle gespielt zu haben, den es eigentlich nicht verdiente.

Sinn Féin wurde nachträglich zu der politischen Partei erhoben, die den Aufstand in die Wege geleitet und sich für seine Durchführung eingesetzt haben sollte. Bei einer Nachwahl in Nord-Roscommon im Februar 1917 unterstützte *Sinn Féin* den Grafen Plunkett, den Vater des hingerichteten Führers des Aufstands, Joseph Plunkett, gegenüber einem Kandidaten der Redmond-Partei. Plunkett siegte und weigerte sich, seinen Sitz im Westminster Parlament einzunehmen. In den folgenden Monaten gewannen bei drei weiteren Nachwahlen ebenfalls *Sinn Féin*-Kandidaten, und auch sie weigerten sich, genau wie Plunkett, ihre Sitze im Unterhaus einzunehmen. Die alte Partei von Isaac Butt und Charles Stewart Parnell fiel auseinander. Eine Partei, die ihren Ruf damit aufs Spiel gesetzt hatte, daß sie sich an der britischen Regierung beteiligte, wenn es ihr auch noch so sehr widerstrebte, geriet ins Hintertreffen gegenüber einer Partei, die sich weigerte, die britische Herrschaft und die britischen Einrichtungen gutzuheißen oder auch nur anzuerkennen. Das war das Ergebnis des Aufstandes, und es machte einen Krieg des nationalen Wiederstands, der von verschiedenen Seiten unterstützt wurde, möglich – ja sogar unvermeidlich.

Der Aufstieg von *Sinn Féin* und der Niedergang von Redmonds Partei spielten sich vor dem Hintergrund einer fortlaufenden Krise im europäischen Krieg ab. Die Vereinigten Staaten schlossen sich 1917 den Alliierten an, aber die Russen waren nun mit ihren eigenen revolutionären Wirren und ihrem eigenen Bürgerkrieg beschäftigt. 1918 kam es zu einer großen deutschen Offensive, die wiederum bei den Engländern und den Angehörigen des Commonwealth schwere Opfer forderte. Die Armee schickte nun auch Ältere und Familienväter an die Front, die man bisher verschont hatte. Man drängte jetzt darauf, auch Iren einzuziehen, doch hätte das fast sicher deren entschiedenen Widerstand hervorgerufen. *Sinn Féin* machte sich die Verbitterung und Angst weiter Kreise zunutze. Lloyd George, der im Dezember 1916 anstelle von Asquith Premierminister geworden war, berief im Juli 1917 eigens einen irischen Kongreß ein, der vergebens versuchte, eine Lösung für das immer schwieriger werdende irische Problem zu finden und der im April 1918 wieder aufgelöst wurde. Die

deutsche Offensive kam Anfang 1918 zum Stillstand, und im Herbst folgte eine erfolgreiche Offensive der Alliierten. Im November entschloß sich das erschöpfte Deutschland schließlich zum Waffenstillstand.
Das war das Ende des Krieges. Irland war von der allgemeinen Wehrpflicht verschont geblieben, aber es sah sich jetzt einem England gegenüber, das wieder frei über seine militärische Macht verfügen konnte, wenn es auch kriegsmüde war. Das Kriegsparlament wurde am 25. November aufgelöst, und für Dezember wurden Wahlen in Aussicht genommen. Trotz der wachsenden Stärke und Einigkeit von *Sinn Féin*, dessen Mitgliederzahl 1918 von 66000 auf 112000 gestiegen war, war nicht vorauszusagen, welchen Ausgang die Parlamentswahlen in Irland nehmen würden. Eine wichtige Wahlreform, die *Representation of the People Act*, hatte 1918 das allgemeine Wahlrecht für Männer eingeführt und es zum erstenmal auch auf Frauen über 30 Jahre ausgedehnt. Dadurch gab es fast 3mal so viele irische Stimmberechtigte wie bei der vorausgegangenen Wahl im Jahre 1910. Die *Sinn Féin*-Kandidaten errangen einen Wahlsieg; sie bekamen 73 von 105 Sitzen, 25 davon ohne Gegenkandidaten. Redmond war im März im Alter von 61 Jahren gestorben, und seine Partei errang im Parlament nur kümmerliche sechs Sitze, während die übrigen 26 an Unionisten gingen, die außer drei Kandidaten sämtlich aus Nordost-Ulster stammten.[19]
Als das neue Westminster Parlament im Januar 1919 zusammentrat, weigerten sich die neugewählten *Sinn Féin*-Abgeordneten, ihre Sitze einzunehmen, und 27 von ihnen – die übrigen befanden sich in Haft oder hielten sich versteckt – versammelten sich statt dessen in Dublin, wo sie sich als *Dáil Éireann* (Versammlung von Irland) konstituierten. Sie forderten die anderen neugewählten irischen Abgeordneten (Unionisten und Nationalisten) auf, sich ihnen anzuschließen, womit sie dokumentierten, daß sie entschlossen waren, *de facto* eine neue Regierung eines Vereinigten Irlands zu errichten. Natürlich dachten die Unionisten nicht daran, mit einer solchen Versammlung gemeinsame Sache zu machen, die sie für illegal und gefährlich hielten. Das *Dáil* benahm sich so, als ob es logischerweise die politische Nachfolgeorganisation der Republik wäre, die an Ostern 1916 proklamiert worden war. Es ernannte verschiedene Staatsbeamte und schickte eine Delegation nach Paris in der Hoffnung, zu den Friedensverhandlungen zugezogen zu werden, die den Ersten Weltkrieg beendeten. Die Delegierten gaben sich die größte Mühe, Irlands Unabhängigkeit von England symbolisch darzustellen, obgleich es tiefreichende Meinungsverschiedenheiten innerhalb von *Sinn Féin* in bezug auf die künftige Form und Prinzipien des neuen irischen Staates gab.
England reagierte unentschlossen auf diese Situation, bis es zu einer Gewalttätigkeit kam. Am 21. Januar 1919 wurde eine Sprengladung von zwei Polizisten der *Royal Irish Constabulary* (R.I.C.) in Tipperary von einem Steinbruch in einen anderen geleitet. Dieser Transport wurde in Soloheadbeg von einer Gruppe von »Freiwilligen« angehalten, und dabei wurden absichtlich oder durch einen unglücklichen Zufall die beiden

Polizisten getötet. Daraufhin machten sich die »Freiwilligen« mit der Sprengladung davon, die sie zur Herstellung von Granaten zu verwenden gedachten. In den 2 Jahren und 8 Monaten seit dem Osteraufstand war dies der erste Fall, daß ein Polizist oder ein englischer Soldat in Irland getötet worden war, doch hatte es eine Flut von Gewalttätigkeiten zur Folge, die sich speziell gegen die R.I.C. richteten.[20] Noch peinlicher als dieses Wiederaufflackern der Gewalttätigkeiten war für die Briten, daß das *Dáil* eine Delegation an die Friedenskonferenz in Paris entsandte und daß die Iren in Amerika dafür Propaganda machten. Hierdurch erfuhr das Ausland von den Auseinandersetzungen, und die Briten konnten nicht mehr behaupten, die Schwierigkeiten in Irland seien krimineller Natur und kein legitimer Kampf um die nationale Unabhängigkeit. Schließlich wurde die *Dáil*-Delegation in Paris schroff abgewiesen, als Großbritannien, Frankreich und Amerika ein enges Bündnis schlossen. Präsident Woodrow Wilson nahm Anstoß daran, daß die amerikanischen Iren sich einmischten, wenn er auch ihre Stimmen nicht verlieren wollte.

Im Juni 1919 begab sich der neugewählte Präsident des *Dáil,* Éamon de Valera, nach Amerika in der Hoffnung, die Unterstützung der amerikanischen Iren für den in Entstehung begriffenen neuen Staat zu finden. Finanziell hatte er auch Erfolg. Es gelang ihm Schuldverschreibungen für den neuen Staat in Höhe von 5 Millionen Dollar zu verkaufen, doch gelang es ihm *nicht,* die irischen Amerikaner zu einigen, unter denen heftige Meinungsverschiedenheiten bezüglich der zu ergreifenden Taktik herrschten. Auch gelang es der Mission nicht, die Anerkennung der Irischen Republik durch die Vereinigten Staaten zu erlangen.

Es blieb dem *Dáil* und seinen Gesinnungsgenossen überlassen, die jetzt zu Tausenden als »Freiwillige«, als Angehörige der Irischen Republikanischen Bruderschaft oder als Mitglieder der Irischen Republikanischen Armee (der IRA) unter Waffen standen, schwierige Auseinandersetzungen mit den Briten darüber zu führen, wer die Institutionen kontrollieren sollte, welche die Insel regierten.

Anfang der 20er Jahre des 20. Jhs. wuchsen sich diese Auseinandersetzungen zu einem Guerillakrieg aus. Die Verantwortung für die Aufrechterhaltung des *status quo* lag hauptsächlich in den Händen der *Royal Irish Constabulary,* einer Art nationaler Polizeitruppe, die um 1830 aufgestellt worden war. In dem Maße, wie die Spannung zwischen der Regierung und der Bürgerschaft wuchs, quittierten immer mehr Angehörige dieser Polizeitruppe ihren Dienst. Viele der Konstabler waren katholisch und fühlten sich hin und hergerissen zwischen ihren Amtspflichten und ihrer Loyalität gegenüber ihren Verwandten und Landsleuten. Als die Briten feststellten, daß die Einheiten der R.I.C. Angriffen ausgesetzt waren und ihre Moral nachließ, schickten sie die »Schwarzbraunen«, die sogenannten *Black and Tans* – die ihren Namen den kontrastierenden Farben ihrer ungewöhnlichen Uniform verdankten – sowie Hilfstruppen (die *»auxiliaries«)* zur Verstärkung nach Irland. Diese zusätzlichen Streitkräfte zählten schließlich 40000 Mann.[21] Beide Gruppen gehörten offiziell der »Polizei« an, doch wurden sie aus kampferprobten Veteranen der britischen Armee rekrutiert und standen bald im Ruf einer Grausamkeit, im Vergleich zu der die R.I.C. human erschien.

Statt der Zivilverwaltung herrschte jetzt Kriegsrecht. Oberflächlich gesehen ging das Leben wie gewöhnlich weiter und wurde nur durch Überfälle aus dem Hinterhalt, durch Polizeirazzien und durch Mord und Vergeltungmaßnahmen immer wieder auf erschreckende Weise unterbrochen. Die Guerillas tauchten in der Zivilbevölkerung unter, die ihnen mit Gefühlen begegnete, die zwischen Vergötterung und Angst schwankten. Hunderte mußten sterben, deren Schicksal oft nur von dem Zufall abhing, daß sie sich unglücklicherweise im falschen Augenblick am falschen Ort befunden hatten. Viele Gewalttätigkeiten gegen die Briten wurden auf eigene Faust unternommen und wurden von dem *Dáil* und seinen Ministern und den offiziellen Befehlshabern mißbilligt. Die »Jagdzeit« auf die Briten und ihre Funktionäre war aber eröffnet, und das provozierte wiederum Vergeltungsmaßnahmen. Am 21. November 1920 ermordete z. B. die IRA mit Billigung des Verteidigungsministers des *Dáil* in Dublin 11 englische Zivilisten, die man für Agenten hielt. Am gleichen Nachmittag fielen die »Schwarzbraunen« über ein gälisches Fußballspiel im Croke Park von Dublin her und feuerten ohne Unterschied auf Spieler und Zuschauer, wobei sie 12 Personen töteten und 60 verwundeten.

Ein solcher Konflikt erzeugt kaum Helden, und er wird auch nicht im eigentlichen Sinne »gewonnen« oder »verloren«. Die Briten besaßen die Mittel, den Abfall Irlands zu unterdrücken, aber um welchen Preis und zu welchem Zweck? Die Ergebnisse der Lokalwahlen im Januar 1920 zeigten, daß *Sinn Féin* eine politische Macht war, mit der man rechnen mußte, und nicht nur ein Strohfeuer. Selbst in Ulster konnte *Sinn Féin* 23 von 43 Gemeinderäten für sich buchen.[22]

Ende 1920 nahm das britische Parlament die *Better Government of Ireland Act* an, welche die Forderung Ulsters nach Loslösung mit der inzwischen veralteten Vorstellung von der *Home Rule* in Einklang zu bringen versuchte. Es waren zwei irische Parlamente vorgesehen, eines für sechs der neun Grafschaften von Ulster, ein Gebiet, das von annähernd 820000 der 890000 Protestanten in Ulster bewohnt wurde, und ein zweites Parlament für die 26 Grafschaften im Süden.[23] Bei den Wahlen im Mai 1921 errangen die Unionisten 40 der 52 Sitze in dem neuen Parlament des Nordens, während im Süden die *Sinn Féin*-Kandidaten wiederum gewannen und sich als zweites *Dáil Éireann* konstituierten, womit sie das, was die britische Akte bezweckte, zunichte machten. Im Juni schlug König Georg V. in seiner Rede, mit der er die erste Sitzung des neuen Parlaments von Nordirland eröffnete, einen versöhnlichen Ton an, und am 11. Juli 1921 wurde zwischen den Streitkräften der Britischen Krone und denen des irischen *Dáil* ein Waffenstillstand geschlossen. Vom 11. Oktober bis zum 6. Dezember tagte eine Friedenskonferenz, deren Resultat die Unterzeichnung eines Friedensvertrags durch die Mitglieder der irischen Delegation war.

Der dabei zustandegekommene anglo-irische Friedensvertrag war Gegenstand unaufhörlicher Kontroversen. Der Präsident des *Dáil,* Éamon de Valera, war kein Mitglied der irischen Delegation, und selbstverständlich übte der englische Premierminister David Lloyd George im Endstadium der Verhandlungen auf die irischen Delegierten einen starken Druck aus, seine Vorschläge anzunehmen. Der Vertrag, dem sie schließlich zustimmten, begründete einen irischen Freistaat mit dem Status eines Dominions vergleichbar mit Kanada, Australien, Südafrika und Neuseeland. Die Mitglieder des Parlaments des Freistaates mußten einen Eid schwören, der ihre Loyalität gegenüber der englischen Krone ihrer Loyalität gegenüber dem neuen Staat unterordnete. Großbritannien behielt sich in Krieg und Frieden einige militärische Stützpunkte, vor allem Marinestützpunkte im Freistaat vor. Nach dem Vertrag war es Nordirland gestattet, die Rechtsprechung des neuen Freistaats für sich als nicht zuständig zu erklären. In diesem Falle sollte eine Drei-Mann-Kommission die Grenzen zwischen beiden Staaten genau festlegen. Da aber keine der beiden Seiten die andere eindeutig besiegt hatte, war auch keine ohne weiteres bereit, ihre am meisten angestrebten Kampfziele aufzugeben. Die irische Delegation glaubte, alles erreicht zu haben, was unter den gegebenen Umständen möglich war, obwohl die volle Unabhängigkeit nicht verwirklicht und eine Teilung nicht definitiv verhindert worden war. Sie hielt den Status eines Dominions für ein wertvolles Sprungbrett zur völligen Unabhängigkeit und meinte, die Teilung könnte für den Norden weit unangenehmer werden, wenn die Grenzkommission ihm etwas von seinem Territorium wegnehmen würde, womit man sicher rechnete. Schließlich wohnten in den sechs Grafschaften über 500000 Katholiken, die keineswegs den Wunsch hatten, die Union mit Großbritannien beizubehalten. Die Gegner des Vertrags, darunter Präsident de Valera, der es vorgezogen hatte, in Dublin zu bleiben, um die extremen Elemente seiner Partei in Schach zu halten, bezeichneten den Vertrag als Ausverkauf, bei dem man auf unwürdige, ehrlose Weise alle Grundsätze aufgegeben habe, für die Generationen von irischen Patrioten gekämpft hätten und gestorben wären.

So bewirkte der Vertrag eine schlimmere Spaltung von *Sinn Féin* als je zuvor. Als es am 7. Januar 1922 im *Dáil* zur Schlußabstimmung kam, stimmten 64 für den Vertrag und 57 dagegen. Die Angehörigen der Minderheit fürchteten, die Auflösung der Republik miterlebt zu haben, an deren Stelle nun der sogenannte Freistaat treten würde. Allmählich gingen sie in die Opposition, und im April 1922 erhob sich eine Gruppe von Offizieren der Armee, die den Vertrag ablehnten, gegen die Regierung des neuen Freistaats und besetzte die als *»Four Courts«* bezeichneten Regierungsgebäude am Nordufer des Liffey. Nachdem die Regierung sich 2 Monate lang vergeblich bemüht hatte, die rebellierenden Offiziere zu beruhigen, bombardierte die regierungstreue Artillerie die *Four Courts,*

zerstörte sie und zwang die Überlebenden sich zu ergeben. Damit begann ein 10 Monate währender Bürgerkrieg, in dem mehr Iren ihr Leben lassen mußten als in allen Kämpfen zwischen Ostern 1916 und der Unterzeichnung des Vertrags.
Zuvor war man sich im Kampf gegen die Briten weitgehend einig gewesen, aber jetzt waren Familien und Freunde zerstritten, und der neue Staat geriet in Gefahr, von innen her auseinander zu fallen. Anfangs hielten republikanische Streitkräfte Cork und Kerry, aber im August hatte ihnen die provisorische Regierung Munster entrissen, und es kam zu einer Art Guerillakrieg, wie er gegen die Briten geführt worden war. Gegen terroristische Gewalttaten wie den Überfall aus dem Hinterhalt, den der für den Vertrag eintretende Kommandeur Michael Collins in der Grafschaft Cork im August unternahm, reagierte die provisorische Regierung mit strengen Maßnahmen. Etwa 77 gefangengenommene Republikaner wurden während der Auseinandersetzung zum Tode verurteilt als Beweis dafür, daß der Freistaat entschlossen war, Ruhe und Ordnung herzustellen. Im Mai 1923 legten die Streitkräfte der Republikaner die Waffen nieder, und damit hatten die Befürworter des Vertrags endgültig gesiegt.
Nun würde sich zeigen, welche Politik man auf einer so brüchigen Basis aufbauen konnte. Im Dezember 1922 hatte das *Dáil* der *Irish Freestate Constitution Bill* zugestimmt, und die provisorische Regierung, die seit dem anglo-irischen Vertrag die Regierungsgeschäfte geführt hatte, machte der ersten regulären Regierung Platz. Aber daß die republikanische Gesinnung immer noch lebendig war, zeigte sich, als im August 1923 die ersten Wahlen zum *Dáil* unter der neuen Verfassung abgehalten wurden. Die Republikaner gewannen dabei 44 von 153 Sitzen, und bei der Volksabstimmung erhielten sie fast 28 Prozent aller Stimmen.[24] Die Republikaner behielten den Namen *Sinn Féin* für ihre Partei bei, oder – besser gesagt – sie übernahmen ihn aufs neue, weigerten sich jedoch das *Dáil* anzuerkennen oder ihre Parlamentssitze darin einzunehmen. Die Anhänger des Vertrags mit ihren 63 Sitzen organisierten sich als die *Cumann na nGaedheal*-Partei, die im *Dáil* nur die Bauerngewerkschaft und die Arbeiterpartei als nominelle Opposition hatte. Aber die Verteidiger des Vertrags erlitten einen Rückschlag, als 1924 die Grenzkommission zusammentrat und die Grenze zu Nordirland hin nicht revidierte. Man hatte im Vertrag die Grenzfrage absichtlich im Dunkeln gelassen, so daß alle Parteien darüber denken konnten, was sie wollten. Die Grenzkommission zerstörte durch ihre Tätigkeit – oder Untätigkeit – die Hoffnung oder Illusion, daß Nordirland nur ein allzu kleines Territorium zugemessen bekommen würde, um sich als selbständiger Staat behaupten zu können. Die Teilung wurde zu einer unentrinnbaren Hinterlassenschaft des Vertrags und fügte so seinen Befürwortern weitere Wunden zu.
Aber auch *Sinn Féin* hatte seine Schwierigkeiten. Die Boykottierung des *Dáil* hatte zwar symbolischen Wert, aber es war auf die Dauer gesehen eine sterile Politik, mit der man gegen eine tüchtige Regierung nichts ausrichten

konnte. Die *Sinn Féin* begann sich zu spalten. Auf der einen Seite standen die Unentwegten (viele davon Mitglieder der IRA), die zu einem dauernden und zähen Widerstand entschlossen waren, und auf der anderen Seite waren die Gemäßigteren, die politisch zu den Republikanern tendierten und lieber im Rahmen der Verfassung ihre Ziele verfolgen als wild darauf losschlagen wollten. Der Führer dieser gemäßigteren Gruppe, Éamon de Valera, gründete 1926 eine neue politische Partei, die er *Fianna Fáil* nannte. Bei den Wahlen von 1927 gewann diese *Fianna Fáil*-Partei eindrucksvolle 44 Sitze, während *Cumann na nGaedheal* 46 eroberte, doch weigerten sich die Mitglieder der *Fianna Fáil* auch weiterhin den vorgschriebenen Treueeid auf den Freistaat zu leisten, weshalb sie ihre Sitze im *Dáil* nicht einnehmen konnten.

Nachdem die Regierung eine Gesetzesänderung vorgenommen hatte, nach der Parlamentssitze für vakant erkärt wurden, wenn die gewählten Kandidaten sie nicht einnahmen, leisteten die *Fianna Fáil*-Abgeordneten schließlich im August 1927 den Eid und bewegten sich damit wieder im Rahmen der Verfassung. Die Mitarbeit im Freistaat wurde 1931 den Republikanern dadurch etwas versüßt, daß das *British Parliament's Statute of Westminster* die Unabhängigkeit sämtlicher Mitgliedsstaaten des Commonwealth wesentlich erweiterte. Die Befürworter des Vertrags hatten mit ihren Vorahnungen recht behalten, daß sich die Bindung an Großbritannien durch das Commonwealth lockern würde, doch kann man es den Gegnern des Vertrags kaum verargen, wenn sie ihre Zweifel hatten, ob es tatsächlich dazu kommen würde. 1921 bedeutete der Status eines Dominions immer noch eine beträchtliche Unterordnung unter die Autorität des Britischen Empire.

De Valeras *Fianna Fáil*-Partei erwarb sich langsam die Respektabilität einer offiziellen Oppositionspartei und wurde zum natürlichen Nutznießer aller Fehler, die die an der Macht befindliche Partei machte. Bei der Wahl von 1932 gewann *Fianna Fáil* 72 Sitze gegenüber 57 der CnG-Partei und bildete zum erstenmal eine Regierung. Bei der Wahl im nächsten Jahr konnte *Fianna Fáil* ihren Vorsprung noch vergrößern und im *Dáil* die absolute Mehrheit erringen. Die für den Vertrag eintretende *Cumann na nGaedheal*-Partei war nun in der Minderheit und befand sich zum erstenmal in der Opposition, wodurch sich ihr Charakter in gewisser Weise änderte. Gesellschaftliche und wirtschaftliche Belange gewannen jetzt mehr und mehr an Bedeutung gegenüber rein nationalen, die in den ersten Jahrzehnten des Jahrhunderts völlig dominiert hatten. Die CnG wurde bis zu einem gewissen Grad die Partei der Mittelklasse – nicht gerade die der Reichen, aber die der Begüterten. Sie war auf der Hut vor dem aufkommenden Sozialismus, mit dem man bei dem radikalen Nationalismus immer rechnen mußte. Es war nur ein kleiner Schritt von der Behauptung, der Reichtum der Insel gehöre »Irland«, bis zu der Behauptung, der *Staat* oder das in ihm verkörperte »Irland« habe das Recht, über dessen Verteilung zu bestimmen.

Derartige Tendenzen waren in der Vergangenheit mit Erfolg unterdrückt worden, besonders in dem ersten *Dáil* vom Januar 1919, aber die Weltwirtschaftskrise der 30er Jahre ließ die Befürchtungen neu aufkommen. Die CnG fürchtete Vergeltungsmaßnahmen von seiten der *Fianna Fáil*-Partei und stellte eine private Truppe auf, die zuerst als die *Army Comrades Association* (Vereinigung ehemaliger Soldaten der Armee des Freistaats) und seit Mitte 1933 irreführend als *National Guard* (Nationalgarde) bezeichnet wurde. Als de Valera den Polizeichef der *Gardai* (der Nationalpolizei), General Eoin O'Duffy, entließ, ernannte ihn die *Army Comrades Association* zu ihrem Führer. Unter O'Duffy übernahm dieser Bund Praktiken, die an die der faschistischen Parteien in Italien und Deutschland erinnerten: imposante militärische Rituale, Massenaufmärsche und eine große Vorliebe für Uniformen, in diesem Falle für die Blauhemden *(blue shirts)*. Die Regierung versuchte, diese Aktivitäten der *National Guard* zu unterbinden, aber im September 1933 vereinigte sich die *National Guard* mit der CnG und nahm den neuen Namen *Fine Gael* (Vereinigtes Irland) an, deren Führer O'Duffy wurde. Verteidiger O'Duffys behaupteten, seine Bewegung sei im Grunde nicht antidemokratisch gewesen, obgleich sie zweifellos antisozialistisch war, und sie habe ihr Drum und Dran vom Faschismus auf dem Kontinent übernommen ohne dessen üble Seiten. Trotzdem wurden O'Duffys »Blauhemden« bald zu einer peinlichen Angelegenheit. O'Duffy mußte im August 1934 sein Amt in der *Fine Gael* niederlegen, und er gründete 1936 eine irische Brigade *(Irish Brigade)*, die im Spanischen Bürgerkrieg an der Seite General Francos kämpfte.

Nachdem die *Fianna Fáil*-Partei 1932 an die Macht gekommen war, schaffte sie den verhaßten, im Vertrag enthaltenen Treueeid ab und stellte die jährlichen Zahlungen an das britische Schatzamt ein, die aufgrund der Landerwerbsakten vor dem Ersten Weltkrieg zu entrichten waren, was jedoch zu einem kostspieligen Handelskrieg mit Großbritannien führte. Aber selbst diese Dokumentationen des Widerstands genügten der IRA nicht, die de Valera als einen Abtrünnigen ansah. Solange sich *Fianna Fáil* und IRA der gemeinsamen Bedrohung durch O'Duffys »Blauhemden« gegenüber sahen, waren sie vorübergehend zu einem Waffenstillstand bereit gewesen, aber nachdem O'Duffy das Feld geräumt hatte, konnte de Valera auf die IRA verzichten. Er ließ sie zur illegalen Körperschaft erklären und verhaftete ihren Stabschef. Die Organisation hatte sich bereits 1924 in einen traditionalistischen und einen sozialistischen Flügel gespalten, und letzterer hatte eine Brigade nach Spanien entsandt, um *gegen* Franco zu kämpfen.

Die IRA wollte nicht sterben, obgleich es seit 1936 immer wieder längere Perioden gab, wo sie zu schlafen schien. Aber da in ihr immer noch der alte Traum von der irischen Einheit weiterlebt, wird sie vielleicht erst endgültig verschwinden, wenn die Teilung zu Ende ist.

Mit ihrem Machtantritt im Jahre 1932 errichtete *Fianna Fáil* unter de Valera eine Republik *im Rahmen* des 1922 geschaffenen Dominions, den Irischen

Freistaat. Im Winter 1936–37 erhielt dieser umgebildete Staat eine offizielle Verfassung, die bis zum heutigen Tag die Grundlage des irischen Staates bildet. Die Legislative (das Parlament) hatte zwei Kammern und bestand aus einem Oberhaus, dem *Seanad*, und einem Unterhaus, dem *Dáil*. Ein vom Volk gewählter Präsident hatte in der Hauptsache formelle Aufgaben zu erfüllen, während die eigentliche politische Macht in den Händen des Premierministers, des *taoiseach*, lag. Der Artikel 44 der Verfassung räumte der römisch-katholischen Kirche eine Sonderstellung ein, dabei war die Verbindung zwischen Kirche und Staat absichtlich vage und inoffiziell gehalten, ohne deshalb vielleicht weniger wirksam zu sein. Bei der Volksabstimmung über diese Verfassung stimmten 57 Prozent dafür. 1938 wurde Douglas Hyde, der protestantische Gründer der Gälischen Liga, zum ersten Präsidenten unter der neuen Verfassung gewählt. Eine Reihe anglo-irischer Abkommen, die im April 1938 abgeschlossen wurden, beendeten den Handelskrieg und den Anspruch der Briten auf die Marinestützpunkte im Hafen von Cork und an anderen Orten. Damit war die irische Autonomie praktisch in jeder Hinsicht Wirklichkeit geworden.
Nicht erreicht worden war die irische Einheit. Die Unionisten des Nordens hatten aufgrund der Bestimmungen der *Better Government of Ireland Act* des Jahres 1920 ein eigenes Parlament von Nordirland errichtet, und die Unionisten beherrschten es auch seit seiner Gründung im Jahre 1921. Als der Krieg im Süden durch den anglo-irischen Friedensvertrag im weiteren Verlauf des Jahres beendet wurde, existierte Nordirland bereits als selbständiger, funktionsfähiger Staat, und alle Versuche, durch Verhandlungen doch noch zu einer Einung zu gelangen, blieben erfolglos. Die sechs Grafschaften waren in jeder Hinsicht ein merkwürdiges Gebilde. Genau genommen waren sie nicht gleichbedeutend mit »Ulster«, denn die ausgeschlossenen Grafschaften Donegal, Monaghan und Cavan waren ebenfalls Bestandteil der alten Provinz Ulster gewesen. Von »Nordirland« konnte man nur sprechen, wenn man übersah, daß die Grafschaft Donegal, die zum Freistaat gehörte, sich weiter nach Norden erstreckte als irgendeine der sechs Grafschaften. Noch schwerwiegender war jedoch, daß zwar zwei Drittel der Bewohner der sechs Grafschaften Protestanten und Unionisten waren, daß aber beträchtliche Gebiete von Katholiken beherrscht wurden, die als Nationalisten gegen einen separaten Staat im Norden waren. Die Grafschaften Down und Antrim waren zwar eindeutig protestantisch, aber andernorts waren beide Seiten fast gleich stark, wenn nicht die Katholiken sogar überwogen, wie z.B. in der Stadt Derry oder in der Grafschaft Tyrone. Die sechs Grafschaften erstreckten sich im wesentlichen über ein so großes Gebiet, wie es die Unionisten im Norden für sich beanspruchen konnten, wobei sie über eine relativ unangefochtene Mehrheit von Protestanten verfügten. Aber die katholischen Bewohner des Gebiets waren eine wider ihren Willen einbezogene Minderheit, die instinktiv von dem neuen Staat, dem sie angehörten, und von seinen ihnen fremden Einrichtungen nichts wissen wollten.

Daß die Katholiken im Norden sich aus dem politischen Leben zurückzogen, war den Unionisten gerade recht, die hierdurch freie Hand hatten, Nordirland in ihrem Sinn zu regieren. Bei der Vergabe von Stellen, im Erziehungswesen, in der Wohnungspolitik und in den Gemeindeverwaltungen befolgte der Staat – manchmal auf raffinierte und manchmal auf rücksichtslose Weise – Methoden, die die Protestanten auf Kosten der Katholiken bevorzugten. 1932 erkannten die Katholiken widerwillig diesen Zustand als dauernd an und begannen ihre Sitze im Parlament einzunehmen, das in jenem Jahr in ein prächtiges Gebäude in Stormont außerhalb von Belfast verlegt wurde. Von da an war jedoch der protestantische Staat fest verankert, und die Nationalisten konnten nur selten mehr als 12 der 52 Sitze im Parlament von Stormont oder mehr als zwei der 12 Sitze für sich gewinnen, mit denen Nordirland im Parlament von Westminster vertreten war. Es ist grotesk, daß der einzige Ort auf den Britischen Inseln, wo die *Home Rule* wirklich funktionierte, in Nordirland lag und daß aus diesem Grunde eine protestantische Mehrheit eine katholische Minderheit tyrannisieren konnte.
Im übrigen Irland hatten sektiererische Streitigkeiten weitgehend aufgehört, teils weil die protestantische Bevölkerung im Süden bis auf unwesentliche Reste zusamengeschrumpft war, teils weil der Freistaat sich ehrlich um Toleranz bemühte. In Nordirland dagegen kam es wieder zu wilden Unruhen, unter denen Belfast besonders zu leiden hatte, denn hier gab es Ghettos von Protestanten und von Katholiken, die gegeneinander wüteten, und es kam nicht selten zu offenen Straßenschlachten. Die nordirischen Nationalfeiertage am 12. Juli, dem Jahrestag der Schlacht am Boyne im 17. Jh. (siehe hierzu S. 103 und 170), oder am Jahrestag der Aufhebung der Belagerung von Londonderry waren keine Gedenktage an den Sieg über eine fremde Macht, sondern an den Triumph über die einheimischen Katholiken. Es waren Zurschaustellungen der protestantischen Überlegenheit und der Entschlossenheit, sie auch weiterhin zu behaupten. Eine protestantische Hilfspolizei, die *B Specials*, wurde zur Unterstützung der *Royal Ulster Constabulary* (der Königlichen Ulster-Polizei) aufgestellt, als diese der katholischen Ausschreitungen nicht mehr Herr wurde. Der Orangisten-Orden, ein Geheimbund, zu dem Katholiken nicht zugelassen waren, ging der verfassungsmäßigen Regierung in ähnlicher Weise zur Hand, wie in totalitären Staaten politische Organisationen die offizielle Regierung unterstützen und informieren. Nordirland hat religiös und kulturell bedingte Ungerechtigkeiten institutionalisiert und auf die Dauer beibehalten. Dies ist nach dem Zweiten Weltkrieg mehr und mehr zum Anachronismus geworden in einem Westen, der sich wenigstens mit schönen Worten zu demokratischen und humanitären Idealen bekennt.
Die Katholiken im Norden waren dabei die Hauptleidtragenden, aber die Nationalisten im Süden sympathisierten mit ihnen und bedauerten die Teilung Irlands, die dadurch entstanden war, daß ein Teil der Insel seine Unabhängigkeit erreicht hatte. Nach 1945 kamen jedoch auch den Katholi-

ken im Norden gewisse Vorteile des britischen Wohlfahrtsstaates zugute, die sie in der Republik nicht genossen hätten, und das könnte eine Erklärung dafür sein, daß nicht noch mehr von ihnen »mit den Füßen abstimmten« und in den Süden zogen, was ihnen jederzeit freistehen würde. Andererseits hatten die Regierungen im Süden – wenn sie es auch in ihren Reden nicht zugaben – mit den Problemen ihrer 26 Grafschaften alle Hände voll zu tun. Die Aussicht, noch sechs weitere Grafschaften verwalten zu müssen, einschließlich des Wespennests der Protestanten im Norden, dürfte ihnen nicht gerade verlockend erschienen sein. So hatte die IRA reichlich Spielraum und Gelegenheit, immer wieder irischen Regierungen vorzuwerfen, sie seien lässig, gleichgültig und bereit, »vor England zu Kreuz zu kriechen«. Aber die IRA war noch immer in sich gespalten, und der eine Flügel gab dem Kapitalismus die Schuld an der selbstgefälligen materialistischen Tatenlosigkeit der Politiker im Süden, während der andere, der an ideologischen Problemen weniger interessiert war, jede Gelegenheit ergriff, gegen die Protestanten in Nordirland und die Briten gewaltsam vorzugehen.

In einem Buch dieses Umfangs stünde es in keinem Verhältnis, den Verlauf der irischen Geschichte seit dem Zweiten Weltkrieg ausführlich behandeln zu wollen. Über Themen wie de Valeras Neutralitätspolitik, den Streit um die Sozialpolitik in der Republik und die Entwicklung des Kampfs um die Bürgerrechte in Ulster wird sich der Leser besser in Werken informieren, die sich spezieller mit dem modernen, zeitgenössischen Irland beschäftigen.[25] Mir ging es in diesem Kapitel darum, die dynamischen Kräfte aufzuzeigen, die den modernen irischen Staat mit allen seinen Unvollkommenheiten hervorgebracht haben. Jede Lösung (oder Verschlimmerung) der Krise, die 1969 mit der Bürgerrechtsbewegung im Norden begann, wird nur vor diesem Hintergrund zu verstehen sein. Freilich bleibt der Ausgang ungewiß, auch wenn man die Ursache erkennt. Wenn es nicht einer der beiden streitenden Parteien gelingt, die andere zu vernichten oder von der Insel zu vertreiben, wird sich Irland auch weiterhin mit zwei traditionell verfeindeten Bevölkerungsgruppen in zwei Staaten oder auch in einem Staat zurechtfinden müssen. Man sollte die Hartnäckigkeit der Protestanten im Norden ebenso wenig unterschätzen wie die Entschlossenheit gewisser Nationalisten, die solange für ein vereintes Irland kämpfen werden, bis es zustande kommt.

Wenn es in der politischen Apotheke eine Wunderdroge gibt, dann wäre es vielleicht die »Prosperität«. Ein großer Teil der sektiererischen Verbitterung in Irland ist dadurch verschlimmert worden, ja vielleicht sogar erst dadurch entstanden, daß Generationen auf dem Land in Armut und Unsicherheit ihr Leben fristeten und in den Städten bei niedrigen Löhnen und hoher Arbeitslosigkeit lebten. Würde die Erbitterung nachlassen, wenn es den Iren wirtschaftlich gut ginge? Im 18. und 19. Jh. konzentrierte sich der Reichtum Irlands auf Wenige, und die Insel als Ganzes war arm. Im 20. Jh. scheint eine schwache Hoffnung auf ein zukünftiges Irland zu

bestehen, in dem viele behaglich und sicher leben könnten. Moderne Methoden der Landwirtschaft und Milchwirtschaft könnten Irland zu einem wichtigen Getreidespeicher und Nahrungsmittellieferanten der EG machen, der Irland 1973 offiziell beigetreten ist. Kapital und Technologie sowie ein geschicktes Management könnten Arbeitsstellen für irische Arbeiter in der Leichtindustrie, wie der Pharmazie und Elektronik, oder sogar in der Schwerindustrie, wie der chemischen und der Autozubehörindustrie, schaffen. Mineralogen haben Vorkommen wertvoller Bodenschätze wie Zink und Kupfer festgestellt, die man früher in Irland nicht vermutete. Auch träumt man davon, daß möglicherweise Öl und Erdgas in den Tiefen der Irischen See zu finden sein könnten.
Nicht alle diese Visionen werden sich vielleicht erfüllen, und sicher hätte eine jede auch unerfreuliche Konsequenzen. Wer an den alten Traditionen hängt, möchte vielleicht von all dem nichts wissen, aber es steht außer Zweifel, daß bereits große Fortschritte gemacht wurden und daß Irland jedes Jahr dem Lebensstandard näherkommt, wie er im übrigen Westeuropa erreicht wurde. Eine Wirtschaftskrise könnte dem allen, ein Ende machen, aber solange es nicht dazu kommt, dürfte man vernünftigerweise erwarten, daß Irland auch weiterhin immer mehr aus einem Land der Hungersnot und des Krieges zu einem urbanisierten, industrialisierten, kosmopolitischen und sogar säkularisierten Land wird. Wenn es zu einer solchen Wandlung kommen sollte, werden vielleicht auch die aus der Vergangenheit überkommenen Leidenschaften überwunden werden. Andererseits ist auf einen so wankelmütigen Faktor wie den Wohlstand kein Verlaß. Es ist nicht weniger wahrscheinlich, daß die Geister der Vergangenheit die Zukunft sabotieren und den Traum von einem ruhigen, blühenden Irland auch weiterhin unerreichbar machen werden. Die Geschichte kann uns den Weg zeigen, den wir gegangen sind. Sie kann die Gegenwart mit der Vergangenheit verbinden. Sie kann erkennen, *wo* die Zukunft liegen wird, aber nicht, *wie* sie aussehen wird. Hier liegen ihre Grenzen.

VIII. Die Iren im Ausland: Beispiele und Schlußfolgerungen

In der Frühzeit seiner langen Geschichte war Irland ein Reservoir, ein Auffangbehälter für Kelten, Wikinger, Normannen, Engländer, Waliser und Schotten. Vieles in der Geschichte jener Zeit betrifft Kämpfe mit diesen Einwanderern oder deren Assimilierung. Natürlich gab es auch einige Auswanderer, darunter keinen berühmteren als St. Brendan, und die umherwandernden irischen Heiligen des 6. und 7. Jhs. Aber eine Auswanderung großen Stils erfolgte erst in unserer modernen Zeit, und es handelt sich dabei um einen der am schwersten zu beurteilenden Aspekte der irischen Geschichte. Durch diese dramatische Bevölkerungsbewegung entstand neben dem Irland auf der Heimatinsel eine ganze Schar von »Irländern« im Ausland. Die irische Diaspora hat nicht wie die jüdische ihr Palästina völlig von ihrer Bevölkerung entleert, aber es haben doch soviele Iren die Insel verlassen, daß man nicht mehr alles Irische mit der Insel Irland gleichsetzen kann. Wer die irische Geschichte und Kultur beschreiben will, sieht sich vor das Problem gestellt, wie sich diese Diaspora entwickelt hat und in welcher Beziehung diese Entwicklung zu der der Heimatinsel steht.

Manche halten die Emigration für das wichtigste Ereignis der irischen Geschichte überhaupt. Ein Wissenschaftler meint dazu auf seine etwas extravagante Weise:

> ...von allen prominenten Persönlichkeiten in der irischen Politik des letzten Jahrhunderts etwa hätte man ohne die Emigration nichts gehört... Der Grund hierfür ist, daß ohne die Emigration, die 150 Jahre lang jede zweite in Cork und den übrigen 25 Grafschaften der irischen Republik geborene Person Irland immer wieder entzogen hat, die irische Geschichte völlig anders verlaufen wäre. Wenn Irland durch die Emigration nicht jede Spur von Radikalismus entzogen worden wäre, so wäre dort kein Platz gewesen für Leute wie Parnell, Pearse, de Valera und alle die anderen, die sämtlich heterogenen rassischen Ursprungs waren und nur lose Beziehungen zu Irland hatten.[1]

Diese Ansicht ist vielleicht nicht so sehr falsch als vielmehr unbeweisbar. Man kann nicht mit Sicherheit sagen, was geschehen wäre, wenn es keine Auswanderung gegeben hätte, genausowenig wie man sich vorstellen kann, welche Faktoren hätten anders sein müssen, damit kein solcher Druck zur Auswanderung entstanden wäre.

Auch die weite Ausdehnung der Diaspora erschwert ihre Beurteilung. Wenngleich bei weitem die meisten nach England, Kanada, in die Vereinigten Staaten, nach Australien und Neuseeland emigrierten, so begaben sich die *ersten* Auswanderer doch hauptsächlich nach Frankreich, Spanien, Österreich und den Niederlanden, und viele der *späteren* Emigranten tauchten auch in so exotischen Ländern wie Indien, Südafrika oder Lateinamerika auf. Kein Kapitel in einem kurzgefaßten Buch könnte sich der Hoffnung hingeben, dem Ausmaß und der Vielfalt dieser Zerstreuung in alle Welt gerecht zu werden und diese ganz zu erfassen. Ich möchte mich daher darauf beschränken, den Ursprüngen der modernen irischen Auswanderung nachzugehen und dann als Fallstudien die Erfahrungen, die einige Iren im Ausland gemacht haben, kurz beschreiben.

Die ersten Auswanderer aus Irland waren Angehörige des Adels oder Gelehrte. Im späten Mittelalter gab es in Oxford relativ viele irische Studenten, besonders aus dem Pale. Das lag zum Teil an dem zunehmenden Interesse an einer akademischen Ausbildung und daran, daß es in Irland bis zum Ausgang des 16. Jh. überhaupt keine Universität gab. Eine kleine Anzahl von irischen Studenten ging auch zur Ausbildung auf den europäischen Kontinent, und ihre Zahl stieg nach 1570 dramatisch an, als der Papst die Lehren der anglikanischen Kirche Englands für Ketzerei erklärte. Irische und anglo-irische Familien konnten, wenn sie ihre Söhne im orthodoxen römisch-katholischen Glauben erzogen wissen wollten und die nötigen Mittel dazu besaßen, diese auf die Universitäten und Seminare des katholischen Europas schicken. Um die Mitte des 17. Jhs. gab es über ganz Europa verstreut etwa 20 »Irische Kollegien«, die besonders auf Frankreich und die südlichen Niederlande konzentriert waren. Einige davon, wie die beiden in Paris und Nantes, waren recht ansehnlich und dürften bis zu hundert irische Studenten gleichzeitig gehabt haben. Andere wie die in Santiago oder in Sevilla in Spanien zogen selten mehr als ein Dutzend irischer Studenten an. Nur wenige dieser Kollegien existierten länger als 150 Jahre, und ihre Blütezeit war das frühe 18. Jh. Sie alle dienten dem Zweck, die römisch-katholische Orthodoxie bei den Iren zu erhalten und zu pflegen, wozu sie einen wichtigen Beitrag leisteten. Die Kollegien trugen dazu bei, die katholische Kultur, Kirche und Hierarchie bei den Iren außerhalb Irlands zu erhalten, doch ist nicht ganz klar, welchen Einfluß sie auf den Katholizismus *innerhalb* Irlands hatten. Die Kirche hatte auf der Insel große Schwierigkeiten, den katholischen Glauben zu erhalten und auszubreiten, und man sollte sich keine übertriebenen Vorstellungen von ihrem dortigen Einfluß machen.

Die Seminaristen hatten nicht unbedingt die Absicht, im Ausland zu bleiben und viele hofften, bei erster Gelegenheit zurückzukehren. Aber nach ihnen kam seit dem Anfang des 17. Jhs. eine Klasse von Auswanderern, die auf längere Zeit die Insel verließen. Es waren die »Wildgänse« (siehe auch S. 109), Soldaten, die nach der Elisabethanischen Eroberung Ulsters an ihrer eigenen Zukunft und an der Irlands verzweifelten. Seit dem Ende des 16. Jhs. merkten irische Soldaten, daß sie ihre Dienste vorteilhaft katholischen Monarchen auf dem Kontinent, insbesondere in Spanien mit seinem riesigen Reich und seinen ständigen Krisen, verkaufen konnten. Im

18. Jh. waren irische Söldner und Brigaden eine vertraute militärische Einrichtung auf dem Kontinent, und sie dienten in den Armeen von Österreich, Spanien und besonders von Frankreich. Die »Wildgänse« bildeten nirgends eine eigene irische Kolonie. Dagegen hinterließen sie Spuren der Anwesenheit von Kelten in ganz Europa, so z. B. in Frankreich einen vorzüglichen Weinbrand, den Hennessy und in Fontenoy in Belgien ein keltisches Kreuz (das 1907 errichtet wurde), um die Stelle zu kennzeichnen, wo die Iren 1745 bei einem Sieg der Franzosen über die Engländer im Österreichischen Erbfolgekrieg eine hervorragende Rolle gespielt hatten. Fontenoy war in gewisser Weise der symbolische Höhepunkt dieses militärischen Exodus. Sechs Regimenter irischer Fußsoldaten und ein Kavallerieregiment nahmen an der Schlacht teil – etwa 4000 Mann in einer französischen Armee von 30000 Soldaten. Die irischen Soldaten spielten eine hervorragende Rolle und erlitten schwere Verluste. Unter ihren Gegnern, den Engländern, befanden sich mehrere tausend ihrer Landsleute, die genau wie sie Katholiken waren und ihre Dienste den Protestanten verkauft hatten, die ihnen näher waren als die weiter weg lebenden Katholiken.[2]

Mag sein, daß die »Wildgänse« aus ihrem Vaterland durch den Zwang, den man dort auf sie ausübte, vertrieben wurden, aber sie verließen Irland doch freiwilliger als die Tausende von armen katholischen Iren, die mit Gewalt um die Mitte des 17. Jhs. nach Westindien und den mittelamerikanischen Kolonien gebracht wurden. Von den 30er Jahren des 17. Jhs. an waren es vor allem irische Männer und Frauen, die nach den Leeward-Inseln und nach Barbados auswanderten, und nachdem die Engländer 1655 Jamaika von Spanien erobert hatten, bildeten Iren dort die Hauptstütze der Siedlungen. Vielerorts waren die irischen Katholiken in der Bevölkerung dieser Kolonien zahlreicher als die protestantischen Briten, was zu ernsten Bedenken Anlaß bot, ob die Verhältnisse auf die Dauer stabil bleiben würden. Nachdem irische Einwanderer zunächst als vertragsmäßig verpflichtetes Dienstpersonal nach Westindien und Virginia gekommen waren, wurden sie großenteils von der Flut schwarzer Afrikaner verdrängt, welche die Sklavenhändler hinüberbrachten.[3] Nur wenige irische katholische Familien – wenn überhaupt welche – überstanden dies und gelangten an Ort und Stelle zu Ansehen, obwohl es noch heute in Jamaika irische Familiennamen bei einer anderen Gruppe, den »schwarzen Iren«, gibt.[4]

Die erste Welle irischer Emigranten, die eine bleibende Spur in amerikanischen Siedlungen hinterließ, waren Protestanten. Einige wollten nicht zugeben, daß sie »Iren« waren, und diese liefen in den Vereinigten Staaten im allgemeinen unter der Bezeichnung »schottische Iren«. Ulster erlebte im Verlauf des 17. Jhs. die bei weitem größte Einwanderung von Briten in der irischen Geschichte. Es ist nicht leicht zu erklären, weshalb diese Einwanderer nicht völlig absorbiert worden sind, sondern zum Teil noch im 18. Jh. nach Nordamerika weiterwanderten. Man kann nur einerseits die Schwierigkeiten dafür anführen, welche die Bauern in Ulster zu überwinden hatten, wie z.B. hohe Pacht, niedrige Erzeugerpreise, religiösen Zwang und die Schwankungen in der Leinenmanufaktur; andererseits waren es wohl auch die historischen Verlockungen Nordamerikas: billiges Land, religiöse Freiheit und wirtschaftliche Aufstiegsmöglichkeiten.[5] Was auch immer die Gründe waren, jedenfalls überquerten in den mittleren Jahrzehnten des 18. Jhs. Tausende von Protestanten aus Ulster den Atlantik und siedelten sich längs der Appalachen-Grenze, besonders in Pennsylvania, Virginia und North Carolina an.

Es gab auch im 18. Jh. *einige* katholische irische Einwanderer nach Nordamerika, doch war ihre Zahl vor 1815 unbeträchlich. Erst seit dem Ende der Napoleonischen Kriege nahm die jährliche Zahl der aus Irland auswandernden Katholiken wieder erheblich zu, und dabei ist es fast bis zum heutigen Tag geblieben, wobei die größte Zunahme in den Jahren unmittelbar nach der großen Hungersnot erfolgte. Hauptsächlich durch diesen Exodus der letzten 150 Jahre ist die irische Diaspora entstanden, wie wir sie kennen. Dabei waren die Vereinigten Staaten, Großbritannien, Australien und Kanada die Hauptziele, wenn auch keineswegs die einzigen. Zwischen 1841 und 1851 stieg die Zahl der in Irland geborenen Einwohner Großbritanniens von 419000 auf 734000.[6] Zwischen 1841 und 1925 gingen etwa 70000 Iren nach Kanada, 370000 nach Australien und fast 4,75 Millionen in die Vereinigten Staaten.[7] Auswanderer in geringerer Zahl machten sich nach Südafrika, Südamerika und Neuseeland auf.

Die Emigration erfolgte auf verschiedene Weise, von verschiedenen Orten aus und aus verschiedenen Gründen. Am meisten variierte die Auswandererzahl, die sich manchmal auf dramatische Weise von Jahr zu Jahr oder von Jahrzehnt zu Jahrzehnt änderte. Aber die Flut der Emigranten änderte sich auch in bezug auf ihre Zusammensetzung, auf den Anteil von Männern im Vergleich zu dem der Frauen, von Grundbesitzern im Vergleich zu Landarbeitern ohne Grundbesitz, von Wohlhabenderen im Vergleich zu Armen, von Gebildeten im Vergleich zu Analphabeten, von Einzelnen im Vergleich zu Familien und von Bewohnern eines bestimmten Gebiets im Vergleich zu denen eines anderen. Um nur ein Beispiel anzuführen, änderten sich die Regionen Irlands, aus denen die irischen Auswanderer im Verlauf des 19. Jhs. kamen, in auffälliger Weise. Zwischen 1821 und 1841 erlitten Ulster und die benachbarten Grafschaften in Leinster und Connacht die bei weitem größten Bevölkerungsverluste durch Auswanderung, was dem Rückgang der Textilindustrie in diesen Gebieten zugeschrieben wird.[8] Nur sehr allmählich gewannen in dem Auswandererstrom Flüchtlinge aus den von der Landwirtschaft lebenden Gebieten im Süden und Westen der Insel die Überzahl, aber auch dann spielten vielerlei Faktoren mit – einschließlich der Schwierigkeit, das Geld für die Überfahrt aufzubringen.

1. Großbritannien

Großbritannien war der erste, nächstgelegene und am billigsten zu erreichende Zufluchtsort und ist bis heute einer der wichtigsten geblieben. Noch 1946–51 gingen 8 von 10 irischen Emigranten wieder nach England, Schottland oder Wales zurück, und bei der Volkszählung von 1971 ergab sich, daß fast 9 Prozent der Bewohner der von der Industrie lebenden Grafschaft Lancashire in den englischen Midlands in Irland geboren waren, was auch auf fast 15 Prozent der Bewohner der schottischen Grafschaften in der Umgebung von Glasgow zutraf.[9] Die geographische Lage der Britischen Inseln hat stets ein Hin- und Herfluten der Bevölkerung zwischen Großbritannien und Irland ermöglicht, aber während dieses sich zu Anfang vorwiegend nach Westen, nach Irland, richtete, erfolgt es heute in umgekehrter Richtung auf Großbritannien zu. Die Einführung des Dampf-Paketboot-Dienstes über den Kanal von Glasgow nach Belfast im Jahre 1818 hat dieses Phänomen noch gefördert, jedoch nicht verursacht.[10] Der Höhepunkt der irischen Auswanderung nach Großbritannien wurde 1861 erreicht. Damals ergab die Volkszählung 601634 in Irland geborene Personen in England und Wales (annähernd 3 Prozent der Gesamtbevölkerung) und 204083 in Schottland (6,7 Prozent der Gesamtbevölkerung).[11] Von da an blieb die Zahl der in Irland geborenen Bevölkerung annähernd stabil bei etwa 700000, während die Gesamtbevölkerung von Großbritannien sich weiter vermehrte. 1951 machten die in Irland Geborenen nur noch 1,4 Prozent der Bevölkerung von England und Wales und 1,7 Prozent der von Schottland aus, doch geht aus diesen Prozentsätzen nicht hervor, daß eine beträchtliche Anzahl von Leuten zwar nicht in Irland geboren, aber von irischer Abstammung und Identität waren. Ein britischer Soziologe stellte 1963 fest: »Großbritannien ist heute das Hauptziel der irischen Auswanderer, und während die Zahl der in Irland Geborenen 1890 in Großbritannien nur ein Drittel von der in den Vereinigten Staaten ausmacht, gibt es dort heute beträchtlich mehr in Irland Geborene als in den Vereinigten Staaten.«[12] Die Einwanderungsbeschränkungen der Vereinigten Staaten in den Jahren 1920, 1924, 1929 und 1930 haben die Zahl der Einwanderer aus Irland und aus anderen Ländern drastisch reduziert, während Großbritannien die Einwanderung aus dem neuerdings unabhängigen irischen Staat erleichtert hat, um u.a. auf die Vorteile hinzuweisen, die es mit sich bringt, zum Commonwealth zu gehören. Einige der Einwanderer kamen auch nur für eine bestimmte Jahreszeit nach Großbritannien und gingen dort auf Arbeitssuche mit der Absicht, nach einigen Monaten oder Jahren wieder nach Irland zurückzukehren. Andere Einwanderer hielten sich nur kurze Zeit in Großbritannien auf, bevor sie sich für die Dauer nach Übersee einschifften. Deshalb ist es erheblich schwieriger, Großbritannien in die Geschichte der irischen Emigration einzuordnen, als dies bei entfernteren Ländern, in denen sich Iren angesiedelt haben, der Fall ist.

Im großen und ganzen versuchten die Auswanderer offenbar ihr Ziel möglichst auf dem nächsten Weg zu erreichen. So begaben sich Emigranten aus Ulster mit Vorliebe nach Belfast, von wo aus sie sich nach Glasgow einschifften. Iren aus den Midlands reisten über Dublin nach Liverpool und in die englischen Midlands, während Leute aus dem Süden sich über Cork nach Bristol oder u. U. nach London begaben. Meist zog es sie nach den Großstädten oder größeren Städten. Nur in wenigen Gebieten, wie z. B. in Wigtownshire in Schottland fanden irische Einwanderer in beträchtlicher Zahl Beschäftigung als Landarbeiter.[13] Die meisten Einwanderer endeten in den Industriestädten. Man schätzt, daß 1831 in Glasgow 31000 irische Katholiken lebten, in Manchester im Jahre 1825 35000 und 24000 in Liverpool im gleichen Jahr.[14] Aus der Volkszählung von 1841 geht hervor, daß damals die Iren (über 5 Prozent der Bevölkerung) am konzentriertesten in den englischen und schottischen Grafschaften lebten, die ihren Ankunftshäfen am nächsten lagen. Die am wenigsten betroffenen Gebiete waren die nördlichen Grafschaften von Schottland, die zentralen Grafschaften von Wales, die südwestlichste englische Grafschaft Cornwall und die östliche Region von Ostanglien.

Jahrhundertelang hatte es in den größeren Städten kleine irische Kolonien gegeben. Die Zahl der Londoner Iren betrug 1814 grob geschätzt 14000.[15] 1841 war diese Zahl auf fast 80000 gestiegen, und nach abermals 10 Jahren waren es 109000.[16] Da bei der Volkszählung, der diese Zahlen entnommen sind, nur die in Irland Geborenen, und nicht deren Nachkommen, berücksichtigt sind, dürfte die irische Gemeinde in London um die Mitte des Jahrhunderts weit größer gewesen sein und vielleicht über 200000 betragen haben. Ganz sicher war sie groß genug, um die kürzliche Feststellung eines Wissenschaftlers zu rechtfertigen: »Die Iren waren bei weitem die größte und in der Tat die einzige große Ausländergruppe in London bis zum letzten Viertel des 19. Jhs., als durch die Einwanderung aus Osteuropa und Rußland eine namhafte jüdische Gemeinde entstand.«[17] In London gab es bereits im 18. Jh. ein berüchtigtes irisches Viertel, die sogenannte »Krähenkolonie« *(rookery)* von St. Giles, die in dem Straßengewirr südwestlich vom Britischen Museum heute völlig untergegangen ist. In der Nähe wurde 1792 in Soho St. Patrick gebaut, die erste Kirche Englands, die dem heiligen Schutzpatron Irlands geweiht war. In dem Maße wie die Londoner Iren zahlreicher wurden, siedelten sie sich in mehreren Stadtteilen an, statt konzentriert in einem einzigen zu wohnen. Ende des 19. Jhs. »hatten sie sich kein Ghetto errichtet, sondern eine Reihe von Siedlungen, welche in die heruntergekommenen, abgelegenen Wohnviertel der Arbeiter eingezwängt waren.«[18]

Die Iren Londons lebten nicht in bestimmten Stadtteilen für sich, sondern hatten ihre armseligen Wohnungen und Läden in den verschiedenen Vierteln der Stadt, die sie wie eine Art Netz überzogen. Bei der Volkszählung von 1851 zeigte sich, daß die meisten Londoner Iren »in Berufen beschäftigt waren, die ihnen ihren Platz in den untersten sozialen und ökonomischen Gruppen zuwiesen.«[19] Die einzigen Facharbeiter unter ihnen waren die Schuster und Schneider, »beides wenig einträgliche Beschäftigungen, deren Bedingungen durch die Kinder- und Frauenarbeit ständig schlechter wurden«.[20] Die männlichen Iren waren meist Hilfsarbeiter. Die Frauen waren im Haushalt und im Bekleidungsgewerbe beschäftigt. Henry Mayhew, der berühmteste Forscher des Jahrhunderts, welcher Untersuchungen über die Londoner Armen anstellte, schätzte, daß es 1851 über 10000 irische Hausierer und Straßenhändler gab, die meist Obst verkauften.[21] Als 1861 die nächste Volkszählung vorgenommen wurde, hatten sich die Dinge kaum verbessert, und noch am Ende des Jahrhunderts waren die Iren ein auffälliger Bestandteil der Londoner Armen, noch lange nachdem bereits die jüdischen und italienischen Einwanderer zu ihnen gestoßen waren, die meist nicht einmal Englisch konnten.

In ihrer städtischen Umgebung machten die Iren in England verschiedene Veränderungen durch, wenn sie zunächst auch wenig Talent zeigten aufzusteigen. Es waren Leute vom Land, Kleinbauern und Landarbeiter, die sich einer sich schnell ausweitenden Industriegesellschaft in den Städten anpassen mußten. Aber es gelang ihnen langsam, sich der Lebensweise ihres Gastvolkes, mit dem sie leben mußten, anzugleichen. Beispielsweise ging die Größe der irischen Familien sowohl in London als auch in Liverpool zurück, auch wurde im Durchschnitt früher geheiratet.[22] Kleinere Familien mit weniger Kindern wurden zur Regel. Mit daran schuld war wohl auch die geringere Rolle, die die katholische Kirche spielte, denn die katholische Kirche hatte in England einen weit weniger unmittelbaren und starken Einfluß auf das Leben ihrer Gemeindekinder, als es die Kirche Mitte und Ende des 19. Jhs. in Irland selbst gehabt hatte. Andererseits ergab sich durch die irische Einwanderung für die katholische Kirche Englands, die sich langsam erholte, eine kritische Situation. Während die katholische Kirche in den Vereinigten Staaten weitgehend von einwandernden Katholiken – besonders von Iren und Deutschen – geformt und gestaltet wurde, kämpfte eine relativ kleine Elite von englischen Katholiken leidenschftlich und schließlich auch erfolgreich darum, die katholische Kirche in ihrem Land unter ihrer Kontrolle zu behalten. Die Flut ihrer neu hinzukommenden irischen Glaubensbrüder brachte diese englischen Katholiken in Verlegenheit und stellte sie vor eine schwere Aufgabe. Sie waren ihrem mühsam errungenen gesellschaftlichen Ansehen und ihrem langsam wachsenden Einfluß hinderlich und schufen ein dringendes Bedürfnis nach mehr Geistlichen, mehr Kirchen und mehr finanziellen Mitteln.[23]

Man hat oft behauptet, die Iren hätten sich in ihrer englischen Umgebung weniger um ihre Kirche gekümmert, und daran seien die englischen Katholiken schuld gewesen, die mit den vielen irischen Einwanderern in ihrer Mitte nicht fertig geworden wären. Zu beweisen ist dieses kaum, weil kaum festzustellen ist, wieviele Gläubige sich zu den verschiedenen Zeiten und an den verschiedenen Orten an den Gottesdiensten beteiligten. Ein Wissenschaftler hat geschätzt, daß um die Jahrhundertmitte etwa 75

Prozent der Bevölkerung in Irland zur Messe gingen, während es kaum mehr als 50 Prozent der Iren in England gewesen sein dürften, ziemlich gleich, in welchem Teil des Landes sie wohnten.[24] Demnach war der Rückgang der Frömmigkeit zwar merklich, jedoch nicht katastrophal und gehörte wohl zu dem umfassenderen Anpassungsprozeß an eine neue Umgebung voll einschneidender Veränderungen.

Die irische Einwanderung in England war nicht nur ein Schlag ins Wasser. Es handelte sich um eine ständige Bevölkerungsbewegung, die bis zum heutigen Tag weitergeht, und sie hat zu engen Verbindungen zwischen den beiden Inseln geführt, die Amerikaner irischer Herkunft manchmal nicht begreifen konnten. Wenn es in den Städten auch noch immer Bezirke mit einer starken Konzentration von Iren gibt – wie z.B. Paddington in London (wo 1951 8,4 Prozent der Bewohner als irisch gemeldet waren) oder der Bezirk in Glasgow, der *»the Gorbals«* heißt, oder auch *»Scotland Road«* in Liverpool – verteilt sich die irische Bevölkerung doch mehr und mehr über das ganze Land. 1951 besaß nicht eine einzige britische Grafschaft mehr als 5 Prozent in Irland Geborene im Vergleich zu einem Maximum von 11 Prozent im Jahre 1861, und nur eine einzige Grafschaft – nämlich Warwickshire mit seiner starken irischen Bevölkerung in Birmingham – hatte über 2,5 Prozent. Die Iren machten weniger als 2 Prozent der Bevölkerung von England, Schottland und Wales und etwa 3,3 Prozent der Bewohner Londons aus. Genau wie in den Vereinigten Staaten sind auch in Großbritannien Bewohner irischer Abkunft zu einem gewichtigen, dauernden und überall anzutreffenden Bestandteil der Gesamtbevölkerung geworden.

Die Iren in Großbritannien stammen in überwältigender Mehrzahl (zu fünf Siebteln) aus den 26 Grafschaften, die zum Irischen Freistaat wurden.[25] Der Süden und der Westen waren besonders stark vertreten. Zwischen 1851 und 1900 stellten die 6 Grafschaften Cork, Kerry, Galway, Tipperary, Mayo und Limerick 48 Prozent der Auswanderer nach Großbritannien aus den 26 Grafschaften, und zwischen 1900 und 1921 kamen 55 Prozent der Auswanderer aus Cork, Mayo, Galway, Kerry, Donegal und Clare.[26] Seit 1921 nimmt die relative Zahl der Auswanderer aus Dublin und anderen Städten zu, doch spiegelt sich darin nur die auch in Irland selbst zu beobachtende Tendenz, in die Stadt zu ziehen. Zum größten Teil kamen die irischen Bauern gerade zu der Zeit in großer Zahl nach Großbritannien, in der sie viel von den Nachteilen und wenig von den Vorteilen der Industrialisierung zu spüren bekamen. Kolonnen von ihnen wurden als *»navvies« (navigators)* bezeichnet, da sie dazu verwendet wurden, die Kanäle auszuheben, die im 18. und frühen 19. Jh. Englands Inland-Transportsystem revolutionierten und verbilligten. Sie stellten auch einen großen Teil der Arbeiterkolonnen, welche die Tunnels, Brücken und Eisenbahnen bauten, die von einer Generation kühner viktorianischer Ingenieure und Unternehmer geplant worden waren.

Mit der Zeit spezialisierten sich die irischen Arbeiter auf bestimmte

Beschäftigungen. In Liverpool beispielsweise sollen 1830 alle Maurer Iren gewesen sein, während es 30 Jahre zuvor ausschließlich Engländer gewesen waren.[27] Die Iren fanden am ehesten als ungelernte Arbeiter Beschäftigung in Bereichen, in denen es wenig Gewerkschaften gab, die ihnen Schwierigkeiten hätten machen können. Viele waren auf den Docks oder in den Kohlenhalden von Südwales oder Westschottland tätig, und manchmal wurden sie auch von englischen Arbeitgebern bewußt als Streikbrecher eingesetzt, wenn die einheimischen Arbeiter streikten. Auf den Londoner Docks brachten es viele Iren zu Schauerleuten. Obgleich Ende des Jahrhunderts erstaunliche Geschichten über finanzielle Erfolge einzelner Iren erzählt wurden, gehörten die irischen Einwanderer immer noch größtenteils zu denen, die die niedrigsten Arbeiten verrichteten. Die Volkszählung von 1911 ergab, daß von 63408 Arbeitern, die von Geburt Iren waren, fast 12000 im Bergbau und fast 25000 in der Eisen- und Metallindustrie beschäftigt waren.[28]

Politisch wurden die Iren in Großbritannien zu Anfang des 20. Jhs. mit der damals hochkommenden *Labour Party* (Arbeiterpartei) in enge Beziehung gebracht. Trotz der Opposition der katholischen Kirche gegen die Gewerkschaften spielten irische Einwanderer und ihre Nachkommen bei zahlreichen radikalen Auseinandersetzungen eine wichtige Rolle. Bereits in den 40er Jahren des 19. Jhs. waren John Doherty, Bronterre O'Brien und Fergus O'Connor drei der führenden Chartisten, obwohl die Iren in den unteren Rängen der Bewegung noch keine prominente Rolle spielten. Im späteren Verlauf des Jahrhunderts waren irische Arbeiterführer an dem großen Dockstreik von 1889 aktiv beteiligt. Durch Disraelis Reformakte von 1867 und die Wahlakte *(Ballot Act)* von 1872 konnten 150000 männliche Iren 1885 ihre Stimme abgeben.[29] Wenn man diese Stimmen mobilisierte und gemeinsam einsetzte, konnten sie sowohl innere Angelegenheiten Großbritanniens als auch Fragen, die die Unabhängigkeit Irlands betrafen, beeinflussen.

Zahlreiche irische nationalistische Organisationen entwickelten sich bei den Iren in Großbritannien. 1875 wurde in Manchester die *Home Rule Confederation of Great Britain* gegründet, die 1882 ihren Namen in *Irish National League of Great Britain* änderte. Einer ihrer Führer, T.P. O'Connor wurde 1885 als »der erste und einzige irische nationalistische Kandidat in einem englischen Wahlbezirk« gewählt, und er behielt seinen Sitz, die *»Scotland Division«* von Liverpool, bis 1929.[30] Die Liga mobilisierte auf wirkungsvolle Weise die irischen Wähler in Großbritannien, für Parnell zu stimmen, aber als dieser große Führer 1890 gestürzt wurde, war die Bewegung sowohl in Großbritannien als auch in Irland ohne Führer. Neu in Form der *United Irish League* schloß sie sich John Redmond, Parnells geplagtem Nachfolger, an; so blieb die irische Wählerschaft in Großbritannien streng organisiert bis zum Ausbruch des Ersten Weltkriegs.

Der Aufstieg der *Labour Party* bei den Wahlen von 1918 und der Ausbruch ernster Auseinandersetzungen in Irland 1920–21 machten der relativen Einmütigkeit der Iren in Großbritannien ein Ende. Von nun an fanden sich auch hier die gleichen leidenschaftlichen Meinungsverschiedenheiten, wie sie Irland selbst innerlich zerrissen. Hinzu kam, daß die zweite und dritte Generation von Iren sich nach und nach der britischen Gesellschaft anglich. Nach 1922 befreite die Gründung eines unabhängigen irischen Staates diese »britischen Iren« bis zu einem gewissen Grad von der Belastung, ständig die irische Sache demonstrativ unterstützen zu müssen. Jetzt konnten sie sich in erster Linie um ihr eigenes Leben in Großbritannien und um die Mängel des Staates, in dem sie lebten und arbeiteten, kümmern.
Trotz dieser teilweisen Assimilierung blieb doch die Gemeinschaft der Iren in Großbritannien groß und vielseitig genug, um auch extreme Nationalisten in ihre Mitte aufnehmen zu können. Sowohl 1937 als auch 1973–74 führte die IRA in Großbritannen terroristische Anschläge durch, deren die Regierung kaum Herr wurde, wenn sie auch politisch letzten Endes nur sehr wenig erreichten. Der Erfolg der Terroristen beruhte hauptsächlich darauf, daß sie in einer zahlreichen und größtenteils gesetzestreuen Bevölkerung von irischer Abstammung untertauchen konnten. Die Anwesenheit der Iren in Großbritannien führte zu nationalistischen und ausländerfeindlichen Reaktionen, besonders in Perioden anglo-irischer Spannungen. 1835 gab es in Großbritannien 300 Logen des katholikenfeindlichen Orangisten-Ordens, und die Industriestädte im Norden und in Schottland erwiesen sich als besonders ergiebige Brutstätten für anti-irische und anti-katholische Bewegungen.[31] So kann man nicht behaupten, daß die Verpflanzung der Iren aus Irland nach England das »irische Problem« gelöst hätte. Sie hat es lediglich verändert und verlegt. Alles in allem hat sie jedoch zu einer kosmopolitischeren und weniger provinziellen Einstellung auf den britischen Inseln beigetragen, und vielleicht hat sie doch die Grundlage gelegt für eine weniger antagonistische und tolerantere Beziehung zwischen den beiden dort errichteten politischen Staatswesen.

2. Die Vereinigten Staaten

Die irische Einwanderung in Nordamerika hat zu einem völlig anderen Resultat geführt. Sie war lange Zeit so stark, und ihre Auswirkungen waren so dauerhaft, daß drüben schnell eine irische Bevölkerung entstand, die weit zahlreicher war als die in Irland zurückgelassene. Über 5 Millionen irische Katholiken mögen alles in allem in den letzten beiden Jahrhunderten in die Vereinigten Staaten ausgewandert sein, aber sie haben sich drüben so vermehrt, daß die Irisch-Amerikaner schätzungsweise etwa 25 Millionen Menschen ausmachen, d.h. mehr als 5mal soviel wie heute im Norden und Süden von Irland Katholiken wohnen. Die Vereinigten Staaten waren das Land, das bei weitem die meisten irischen Einwanderer aufgenommen hat. So kamen zwischen 1876 und 1921 z.B. 84 Prozent der Auswanderer aus den 26 Grafschaften des gegenwärtigen Irischen Freistaats in die Vereinigten Staaten. Dagegen begaben sich nur 8 Prozent nach England, Wales und Schottland, 7 Prozent nach Australien und 1 Prozent in alle anderen Länder zusammengenommen.[32]

Eine derart massive Einwanderung hatte zur Folge, daß in den Vereinigten Staaten sozusagen ein richtiges »Irland im Ausland« entstand. Aber dadurch daß sich diese 5 Millionen Iren über ein so riesiges Land verstreuten, stießen sie auf unterschiedliche, manchmal geradezu entgegengesetzte Umstände. Man stelle sich vor, welch ein Kontrast zwischen dem Leben eines Dieners in Boston und dem eines Schafzüchters im östlichen Oregon bestand, das eines der verhältnismäßig seltenen Gebiete war, wo irische Einwanderer sich in der Landwirtschaft betätigen konnten. Oder auf wieviel größere Schwierigkeiten ein kommunizierender Katholik im puritanischen Neuengland stieß als ein solcher in einer bereits etablierten katholischen Gemeinde in New Orleans, selbst wenn dort weitgehend französisch gesprochen wurde. Während der ganzen Einwanderungsperiode waren ländliche Gebiete wenig begehrt, und die meisten Iren siedelten sich in den wachsenden Städten des Ostens und des mittleren Westens an: in Boston, den Fabrikstädten Neuenglands, in New York, Philadelphia, Chicago, Milwaukee, Minneapolis und St. Louis. 1940 wohnten 9 von 10 irischen Einwanderern (aus den südlichen 26 Grafschaften) in großen Städten, über die Hälfte davon in New York, Chicago, Philadelphia, Boston und San Francisco.[33] Die Nachfahren dieser Einwanderer finden sich noch immer in größter Zahl in der Umgebung dieser städtischen Zentren, doch dürfte es in den Vereinigten Staaten jetzt nur noch sehr wenige Gebiete oder Städte geben, wo irische Familiennamen selten oder unbekannt sind.

Die Einwanderungsrate in die Vereinigten Staaten war Ende der 40er und Anfang der 50er Jahre des 19. Jhs. am größten, was eine unmittelbare Folge der Hungersnot war, doch erreichte sie seit den 80er Jahren dieses Jahrhunderts wiederum die enorme Höhe von 655000 Einwanderern pro Jahrzehnt, bevor sie im 20. Jh. allmählich und unstet wieder zurückging. Um 1920 waren es immer noch 220000 Einwanderer, und erst in den Jahren um 1930 gingen sie auf lediglich 13000 zurück. In den 60er Jahren des 20. Jhs. waren es 37461.[34] Die Städte an der Ostküste wurden von der Flut nach der Hungersnot überschwemmt, was zu einer angespannten Lage in der Gesellschaftsstruktur führte. In Boston z.B. waren mindestens die Hälfte der Insassen der Strafanstalt in den Jahren zwischen 1856 und 1863 Iren, und 1864 waren drei Viertel aller von der Polizei Festgenommenen und Inhaftierten ebenfalls Iren.[35] Die gewalttätigen Aufstände gegen die Einberufung zum Wehrdienst in New York City im Jahre 1863 waren großenteils auf die bitteren Entbehrungen der wachsenden Zahl armer Iren in der

Bevölkerung zurückzuführen. Die Befürworter der Abschaffung der Sklaverei im Norden hatten offenbar mehr Mitgefühl mit den Leiden der Sklaven im Süden als mit der Armut und dem Elend der Einwanderer, die in ihrer Mitte lebten.

Es ist nicht leicht, allgemeine Schlüsse über die Einwanderer zu ziehen, obwohl in den uns überkommenen Berichten gewisse Tendenzen festzustellen sind. Die meisten Einwanderer waren jung und unverheiratet zu dem Zeitpunkt, als sie sich einschifften, aber nicht alle waren Männer, und in manchen Jahren waren Frauen sogar in der Überzahl. »Im Gegensatz zu dem überwältigenden Übergewicht der Männer bei den Einwanderern aus den meisten anderen ethnischen Gruppen gab es bei den Iren den größten Prozentsatz an weiblichen Einwanderern.«[36] Nur ein sehr geringer Prozentsatz der männlichen Einwanderer sagte den Einwanderungsbehörden, sie seien »Bauern« oder Bauern gewesen, womit sich vielleicht erklären läßt, daß die Iren in der amerikanischen Landwirtschaft eine so geringe Rolle spielen. Hinzu kamen noch die relativ hohen Kosten, die man aufbringen mußte, wenn man einen landwirtschaftlichen Betrieb beginnen wollte (1860 waren es schätzungsweise 1000 Dollar).[37]

Über die irische Familienstruktur sowohl in Irland selbst als auch im Ausland ist viel geschrieben worden von Soziologen, Sozialanthropologen und neuerdings auch von Sozialhistorikern. Die Anthropologen und unter ihnen besonders Conrad Arensberg haben ein höchst detailliertes, vielbeachtetes Modell der Familienstruktur nach der Hungersnot aufgestellt.[38] Es muß sich erst noch herausstellen, inwieweit sich dieses Modell auch auf andere Gegenden als die Grafschaft Clare anwenden läßt, wo Arensberg in den Jahren um 1920 sich die meisten seiner Daten holte. Wie weit war es beispielsweise in den 50er Jahren des 19. Jhs. auch auf Wicklow oder in den Jahren um 1880 auf Armagh zutreffend? Und entsprach dieses Modell auch genau den irischen Familien in Übersee? Besaß es dauernde Gültigkeit, und traf es auf viele Gegenden zu, oder war es zeit- und ortsspezifisch, ohne daß die Anthropologen es merkten?

Dieses Modell ging von der sogenannten Stammfamilie aus, einem erweiterten Haushalt, dessen Mitglieder meist auf einem mäßig großen Stück Land (von über 15 Morgen) eng zusammenwohnten. Die Abneigung der Iren, nach der Hungersnot den Besitz aufzuteilen, führte dazu, daß der künftige Erbe bis zum Tod seines Vaters nur wenig oder nichts besaß. Er heiratete spät, wenn überhaupt, und durfte seine Braut mit in den elterlichen Haushalt nehmen. Dieses Modell ist noch heute umstritten, obwohl es zweifellos grundsätzlich richtig ist. Im Ausland jedoch führten neue Zwangslagen und veränderte Umstände allmählich dazu, daß die irischen Familien sich änderten, bis sie keinem bestimmten Modell mehr entsprachen.

Schwer zu entscheiden ist auch, inwieweit die Einwanderer die Sprache ihrer neuen Heimat beherrschten. 1841 dürften nicht mehr als 20 Prozent der Bevölkerung Irlands ausschließlich irisch (d.h. ohne Kenntnis des

Englischen) gesprochen haben. In England verbreitete sich die Kenntnis von Lesen und Schreiben im weiteren Verlauf des 19. Jhs. rasch, was auch durch die erzieherischen Bemühungen der katholischen Kirche gefördert wurde. Es könnte sein (doch trifft es fast sicher nicht zu), daß hauptsächlich Iren auswanderten, die ausschließlich irisch sprachen. Tatsächlich kamen aber viele, die irisch konnten, nach Amerika, und in New York und anderen größeren Städten erschienen Zeitungen in irischer Sprache für die des Lesens Kundigen. Aber Englisch war die Sprache der Mehrheit, und die Kenntnis der irischen Sprache starb bei den Iren in Amerika noch schneller aus als bei den Iren in Irland. Die irischen Einwanderer unterschieden sich aus gesellschaftlichen und religiösen Gründen in vielen Teilen der Vereinigten Staaten von der übrigen Bevölkerung, doch unterschieden sie sich insofern von den übrigen Einwanderern aus Europa, als für sie keine Sprachbarriere existierte.

Die Neigung der irischen Einwanderer, sich in städtischen Gebieten anzusiedeln, haben wir bereits erwähnt. Man hat es oft damit erklärt, daß es auf dem Land nur wenige Aufstiegsmöglichkeiten gab. Die Gründe könnten jedoch tiefer liegen und komplizierterer Natur sein. In den 90er Jahren des 19. Jhs. gelang es dem Erzbischof John Ireland von St. Paul, einen großen Komplex fruchtbaren Landes in Minnesota zu erwerben und dort sowohl irische als auch belgische Bauern anzusiedeln. Die Belgier brachten es zu Wohlstand, aber die Iren »ließen schnell ihre Felder wieder im Stich, um in Fabriken oder bei der Eisenbahn zu arbeiten«.[39] Wenn es sich dabei um einen schlüssigen Test handelt, könnte daraus hervorgehen, daß nicht nur wirtschaftliche Gründe die irischen Einwanderer veranlaßten, sich in den Städten anzusiedeln. Aber vielleicht verstehen wir noch nicht genug von den besonderen Umständen, mit denen sie auf dem Land ganz allgemein und insbesondere auf dem Grund und Boden von Erzbischof Ireland oder auch anderswo fertig werden mußten.

Die Geschichte der Entwicklung der katholischen Kirche in den Vereinigten Staaten ist ein Thema, das weit über die Einwanderung der Iren hinausgreift, doch haben die Iren dabei eine zentrale Rolle gespielt. Zwischen 1850 und 1900 nahm die römisch-katholische Bevölkerung der Vereinigten Staaten von 1,5 auf über 12 Millionen zu. Tatsächlich waren die Iren von Anfang an mit an der drastischen Ausbreitung der Kirche beteiligt. Während heute nur 20 Prozent der Katholiken Nordamerikas Iren sind, schätzte man 1861, daß sie 80 Prozent ausmachten.[40] Nur die katholischen Einwanderer aus Deutschland waren zahlreich genug, um es mit den Iren aufzunehmen, wenn es darum ging, wer die beherrschende Stellung in der Kirche einnahm, doch die Iren gewannen fast bei jedem Vergleich. »Von 464 Bischöfen der katholischen Kirche Amerikas zwischen 1789 und 1935 waren 268 oder 58 Prozent Söhne irischer Väter.«[41] 1886 waren von den 69 Bischöfen in der amerikanischen Kirche 35 irischer Abstammung oder Geburt, 15 waren Deutsche (einschließlich Schweizern und Österreichern), 11 Franzosen, fünf Engländer, ein Holländer und ein Spanier.[42]

Wie ist der Beitrag, den die Iren für die katholische Kirche in Amerika geleistet haben, zu sehen? Einerseits boten die Iren als die ersten Katholiken, die in großer Zahl eingewandert waren, ein vulgäres Bild von einem Glauben, der zuvor mit einer kleinen, im allgemeinen privilegierten Minderheit identifiziert worden war. Bevor die Iren kamen, stellte der Katholizismus für den amerikanischen Protestantismus keine wirkliche Bedrohung dar. Andererseits beherrschten die Iren die kirchliche Hierarchie, und man sagt ihnen nach, sie hätten der amerikanischen Kirche eine Kraft und Disziplin verliehen, durch die sie zu einer entscheidenden Macht im Leben Amerikas wurde. Man kann hierfür leicht Beispiele anführen, doch ist es schwer, sie auch zu beweisen. Vielleicht muß man den asketischen und puritanischen Charakter im irischen Katholizismus selbst erst besser verstehen, bevor man mit Sicherheit von seinem Einfluß auf eine neue, vielsprachige Kirche in Amerika reden kann.

2.1 Boston

Die Erfahrungen, die die Iren in Amerika machten, waren sehr unterschiedlich, je nachdem in welcher Gegend sie sich niederließen. Die bekannteste dieser Gegenden ist ironischerweise die, in der es ihnen vermutlich am schlechtesten ging, nämlich Neuengland. Boston war der den Britischen Inseln am nächsten gelegene größere Hafen der Vereinigten Staaten. 1840 war es eine 200 Jahre alte Stadt, die nicht viel jünger war als die protestantische *ascendancy* in Irland. Um die Mitte und gegen Ende des 19. Jhs. ging es mit Boston ziemlich bergab, da die Unternehmer nach New York, Philadelphia, Baltimore und in die neueren Städte des Mittleren Westens abwanderten. Was die gesellschaftliche Struktur betraf, so war kein Teil der Vereinigten Staaten dem Irland, das die Einwanderer verlassen hatten, ähnlicher. Protestantische Familien von meist englischer Abstammung beherrschten die Wirtschaft der Region, sie besaßen das Land und die Fabriken und verfügten großenteils auch über das Kapital.[43] Allein durch ihre Zahl konnten die Iren mit der Zeit die Yankees politisch verdrängen, doch hatte das bemerkenswert wenig Einfluß auf die gesellschaftliche und ökonomische Struktur der Region. 1886 wurde zum erstenmal ein Ire zum Bürgermeister von Boston gewählt, und 1889 gewannen die Iren die meisten Sitze im Stadtrat. Ein zweiter irischer Bürgermeister, Patrick Collins, wurde 1901 gewählt, und 1905 war sein Nachfolger John F. FitzGerald (»Honey-Fitz«), der Großvater mütterlicherseits von Präsident John F. Kennedy. Danach wurde Boston fast fortlaufend von Iren politisch beherrscht, am aufwendigsten und selbstbewußtesten von James Michael Curley, der von 1921 bis 1925 und von 1929 bis 1933 Bürgermeister von Boston und von 1934 bis 1936 Gouverneur von Massachusetts war.
Die Politik verschaffte den Iren Zugang zu Tausenden von sicheren, wenn auch im allgemeinen schlechtbezahlten Ämtern in den verschiedenen Zweigen der Verwaltung. Der Einfluß irischer Politiker erleichterte es auch

irischen Unternehmern, Regierungsaufträge für Bauvorhaben, Verproviantierung und zahllose andere für die Regierung auszuführende Arbeiten zu bekommen. Aber der rasche Aufstieg irischer Führungspersönlichkeiten zur politischen Macht hatte *keine* nachhaltige Wirkung auf die Lage der irischen Bevölkerung von Boston, auf ihr Bildungsniveau, ihre Möglichkeiten, zu Besitz zu kommen oder Zugang zu akademischen Berufen oder hochbezahlten Stellungen zu erlangen. Aus der Volkszählung von 1890 ging hervor, daß nur ein unbeträchtlicher Prozentsatz von irischen Einwanderern in einem höheren Beruf tätig war (0,13 Prozent) und daß nur 10 Prozent in Büros arbeiteten, während 25 Prozent Facharbeiter und 65 Prozent ungelernte Arbeiter waren. So standen die irischen Einwanderer auf der untersten Stufe der beruflichen Leiter. Im Unterschied zu ihnen waren 4 Prozent der in Amerika geborenen Protestanten in Boston Angehörige höherer Berufe, 43 Prozent arbeiteten in Büros, 29 Prozent waren Facharbeiter, und nur 24 Prozent arbeiteten als ungelernte Arbeiter. Selbst die skandinavischen Einwanderer, die mit den Iren um die unterste Rangstufe wetteiferten, waren besser gestellt.[44] Andererseits zeigte die Volkszählung von 1890, daß es der *zweiten* Generation der irischen Einwanderer beträchtlich besser ging als ihren eingewanderten Eltern, jedoch nicht so gut wie der zweiten Generation der übrigen Einwanderergruppen.[45]

Im Gegensatz zu dem unverkennbar langsamen Vorankommen der Iren in Boston steht eine Untersuchung über die Textilindustriestadt Newburyport in Massachusetts, in der festgestellt wurde, daß »die irischen Familien aus der Arbeiterklasse besonders erfolgreich waren, wenn es galt, zu Grundbesitz zu gelangen«.[46] Man erklärte sich dies mit dem »Landhunger« und den »älteren bäuerlichen Wertvorstellungen«, wobei man von der Annahme ausging, die Iren hätten aus der Hungersnot zumindest gelernt, daß man unbedingt ein Stück Land besitzen sollte; aus diesem Grund waren sie, selbst wenn sie in städtischer Umgebung wohnten, verzweifelt darum bemüht, das Stück Land, auf dem sie lebten, und das Haus, das ihnen Schutz gewährte, käuflich zu erwerben. Ihr auch noch so bescheidenes Kapital in Grundbesitz anzulegen, dürfte ihnen noch wichtiger erschienen sein, als es für die Ausbildung der jüngeren Generation zu verwenden. Allerdings berücksichtigt diese Theorie nicht, daß die Iren tatsächlich großen Wert auf die Erziehung ihrer Kinder durch die katholische Kirche legten. Bis weit ins 20. Jh. hinein hat das katholische Bildungssystem absichtlich auf die Naturwissenschaften und die übrigen akademischen Berufe wenig Wert gelegt und hierdurch vermutlich den beruflichen Aufstieg erschwert. Dies soll nicht als Kritik an der Kirche aufgefaßt werden (obwohl viele Kritiker zu diesem Ergebnis kamen), da ja heutzutage auf diesen Gebieten unverhältnismäßig viel verdient wird. Aber die Vertreter der Kirche konnten damals kaum voraussehen, daß sie ihren Schülern den wirtschaftlichen Aufstieg in den weltlichen Berufen versperrten, wenn sie streng daran festhielten, die herkömmlichen moralischen Prinzipien hochzuhalten.

Jedenfalls gelang schließlich sehr vielen irischen Einwanderern und ihren Nachkommen der gesellschaftliche und wirtschaftliche Aufstieg. 1969 lag das mittlere Einkommen der »irischen« Familien in den Vereinigten Staaten leicht über dem nationalen Durchschnitt, und in diesem Jahr »lag der Beschäftigungsstatus von männlichen Iren über 16 Jahren bei 29,6 Prozent in den höheren Berufen (im Management und bei freiberuflich Tätigen) im Vergleich zu 28,2 Prozent im nationalen Durchschnitt«.[47]
In Boston erzielten Iren in der Kirche, der Politik und auf dem Unterhaltungssektor immer größere Erfolge und ebenso auf dem Gebiet des Sports. Eingeschränkte Möglichkeiten auf gesellschaftlichem und wirtschaftlichem Gebiet erzeugen Kämpfernaturen, und so brachte Boston John L. Sullivan, den legendären amerikanischen Preisboxer, hervor. Sullivans große Zeit waren die Jahre um 1880, in deren Verlauf er zum Idol der Iren und eines großen Teils der amerikanischen Nation wurde. Bis etwa 1890 kämpften die Boxer mit bloßen Fäusten und traten, schlugen und traktierten sich solange, bis einer eindeutig Sieger war.
Sullivans letzter Kampf im Jahre 1889, bei dem er mit bloßen Fäusten seinen Meistertitel im Schwergewicht verteidigte, ging über 75 Runden.[48] Sein Ruhm hat entscheidend zu der stereotypen Auffassung vom »kämpferischen Iren« beigetragen, doch hat Amerika mindestens soviel Anteil daran wie Irland. Die irischen Preisboxer kämpften für ihren eigenen Gewinn und Ruhm, und nicht für den Irlands, aber ohne es zu beabsichtigen, erreichten sie, daß jeder Amerikaner irischer Abstammung in den Ruf von Kraft und Mut kam.

2.2 Philadelphia

Das Leben in Boston war hart, aber Ende des 19. Jhs. lebten nur 17 Prozent der irischen Amerikaner in Massachusetts, Rhode Island oder Connecticut in der südlichen Region Neuenglands, für die Boston mehr oder weniger typisch war.[49] 15,5 Prozent wohnten in Illinois, Iowa und Missouri, während 35 Prozent in den beiden mittelatlantischen Staaten New York und Pennsylvania lebten.[50] Besonders in Philadelphia scheint es ihnen mindestens relativ gut gegangen zu sein. Verglichen mit Boston war Philadelphia in der zweiten Hälfte des 19. Jhs. eine blühende Metropole, wo relativ reichlich Land, Arbeitsmöglichkeiten und Wohnungen zur Verfügung standen. Alt-Boston war geographisch eine von Wasser umgebene Halbinsel, die in die Massachusetts-Bucht hineinragte. Philadelphia dagegen hatte reichlich Ausdehnungsraum in dem Landdreieck oberhalb der Mündung des Schuylkill- in den Delawarefluß. Der Boston zur Verfügung stehende Raum betrug etwa 10 km^2, in Manhattan waren es 57 km^2, während Philadelphia über 337 km^2 verfügte.[51]
Wenn es auch in Philadelphia genau wie in Boston elende Slumviertel gab, scheinen doch die Iren dort schon viel früher auf eigenem Grund und Boden gewohnt zu haben. So hatte z.B. 1851 im Moyamensing-Distrikt

über die Hälfte der Grundbesitzer irische Namen.[52] Auch einige der Mietskasernen in den Slums gehörten Iren, und vermutlich hatte sich eine irische Mittelklasse in Philadelphia bereits angesiedelt, bevor die Flut der Einwanderer nach der Hungersnot eintraf. Daß die Wohnverhältnisse in Philadelphia besser waren, zeigt sich an der Zahl der Todesfälle im Jahre 1849, in dem die Choleraepidemie herrschte. Während New York von 1000 Bürgern 35 verlor, und es in Boston 26,5 waren, trugen die besseren sanitären Bedingungen in Philadelphia dazu bei, daß es dort vergleichsweise nur 20,9 waren. Unter den Einwohnern von irischer Abstammung war die Todesrate in Boston 37,7 pro 1000, 21,2 in New York und nur 12,2 in Philadelphia.[53]
Da die altmodische Grundstückpacht in Philadelphia beibehalten worden war, konnten dort Einwanderer Wohngrundstücke auf lange Zeit zu einem bestimmten Nennwert pachten, anstatt erst die Kaufsumme zusammensparen zu müssen. Die Reihenhäuser, für die die Stadt berühmt wurde, reduzierten die Wohnungskosten durch Einsparungen bei der Konstruktion. Kleinere Häuser konnte man in den Jahren um 1870 schon für 1000 bis 2500 Dollar erwerben oder für 8 bis 15 Dollar im Monat mieten.[54] Aus einer statistischen Erhebung aus dem Jahre 1869 geht hervor, daß die Mieten in Philadelphia ungefähr halb so hoch waren wie in New York, und in Boston waren sie noch höher.[55] Ein europäischer Besucher aus den 60er Jahren des 19. Jhs. beobachtete, daß »es ganz gewiß auf der Welt keine Stadt gibt, in der die arbeitende Bevölkerung so komfortabel lebt wie in Philadelphia«.[56] Die Entstehung von über 600 Bau- und Kreditgesellschaften im Jahre 1875 sorgte für das notwendige Kapital, um immer mehr Wohnungen für die Einwanderer zu bauen. Der Besitz eines bescheidenen, aber behaglichen Eigenheims war offenbar ein erreichbares Ziel für die meisten irischen Einwanderer, die sich in der Quäker-Stadt ansiedelten.[57]
Nicht nur das Wohnen war relativ billig, es gab auch eine Fülle von Arbeitsmöglichkeiten. In den Jahrzehnten nach 1850 erlebte Philadelphia eine Wirtschaftsblüte, und es gab genug Arbeitsmöglichkeiten in der Eisenindustrie, im Maschinenbau, in der Textil-, Schuh- und Kleiderindustrie sowie im Transport- und Baugewerbe. Man schätzt, daß um 1850 nur noch ein Drittel der Iren in Philadelphia als Arbeiter beschäftigt war. Viele machten einen Laden oder einen kleinen Industriebetrieb auf. 1857 hatte ein Fünftel der im städtischen Branchenverzeichnis registrierten Lebensmittelhändler irische Namen, ein weit höherer Prozentsatz als in Boston.[58] Möglicherweise sind diese Unterschiede zwischen der Situation der Iren in Boston und in Philadelphia in Wirlichkeit nicht so kraß gewesen, doch besteht kaum ein Zweifel darüber, daß Philadelphia weit mehr als Boston dem Traum der Einwanderer von einer neuen Welt, einem neuen Leben und einem Land unbegrenzter Möglichkeiten entsprach.
Wie um zu veranschaulichen, daß zwischen dem privaten und dem öffentlichen Sektor ein fast reziprokes Verhältnis besteht, befaßten sich die Iren in Philadelphia nur zögernd mit der Politik, der Polizei und dem

Zivildienst. Selbst wenn sie sich auf diesen Gebieten betätigten, spielten sie doch in der Stadtverwaltung keine dominierende Rolle wie die Iren in Boston. Das kam zum Teil daher, daß ihre schon früh bekundeten demokratischen Neigungen sie zu einer machtlosen Minderheit in einer streng republikanischen Stadt und einem ebensolchen Staat machten.[59] Erst in den 60er Jahren des 20. Jhs. wurde ein irischer Katholik zum Bürgermeister von Philadelphia gewählt.

Bostons bekannteste Persönlichkeit von irischer Abstammung ist der verstorbene Präsident John F. Kennedy, zu dessen Erbe die politische Begabung seines Großvaters mütterlicherseits, John F. FitzGeralds, des Bürgermeisters von Boston, gehörte, während sein Vater Joseph P. Kennedy ein höchst erfolgreicher Geschäftsmann war. Der vielseitige, dramatische Aufstieg der Bostoner Kennedys erregte bei manchen Ehrfurcht und Bewunderung und heftige Kritik bei anderen. Philadelphia hatte dagegen die Fürstin Gracia Grimaldi von Monaco zu bieten, den ehemaligen bildschönen Filmstar Grace Kelly. Ihr Vater John B. Kelly war eines von zehn Kindern eines Einwanderers aus der Grafschaft Mayo. Vom Maurerlehrling arbeitete er sich zum Besitzer der größten Ziegelei des Landes empor.[60] John B. erwarb ein Vermögen durch den Abschluß günstiger Kontrakte. Auf politischem Gebiet unterstützte er zunächst die Republikaner und wechselte dann 1933 zu den Demokraten über und bewarb sich im Jahre 1935 – allerdings erfolglos – um das Amt des Bürgermeisters. Der Ruhm seiner Familie stieg weiter durch seine Tochter, deren kultiviertes Benehmen und deren von der Presse ausführlich geschilderte Erlebnisse in der vornehmen Gesellschaft deutlich machten, welch angesehene Stellung einige irische Katholiken im 20. Jh. in Philadelphia erlangt hatten.

2.3 New York

Als Ort, wo sich die irischen Einwanderer ansiedelten, ist New York weit weniger gründlich erforscht worden als Boston oder Philadelphia. Von allen drei Städten wohnten hier die meisten Iren, doch war deren Zahl erheblich größeren Schwankungen unterworfen. 1850 waren 26 Prozent der Bewohner von New York in Irland geboren: etwa 133000 von insgesamt 513000 Einwohnern. Bei der Volkszählung von 1890 ergaben sich 190000 in Irland Geborene, plus 409000 Kinder irischer Einwanderer.[61] Es ist gut möglich, daß die Iren zu diesem Zeitpunkt die Mehrzahl der Einwohner New Yorks ausmachten, aber später nahm ihre Zahl in dem Maße ab, wie Einwanderer aus Mittel- und Südeuropa in die Stadt drängten. Grob gesagt, glich New York Philadelphia darin, daß es relativ viele Arbeitsmöglichkeiten zu bieten hatte, und es glich Boston insofern, als die Iren in der Politik eine hervorragende Rolle spielten. New Yorks erster katholischer Bürgermeister, William R. Grace, wurde 1880 gewählt. Er war in der Grafschaft Cork geboren, war von zu Hause weggelaufen und zur See gegangen, hatte sich in Peru niedergelassen und sein erstes Vermögen dadurch erworben, daß er mit Proviant für die Ozeandampfer handelte. Nach dem Bürgerkrieg zog er nach New York und vergrößerte sein Vermögen durch die Gründung einer riesigen Reederei und einer Chemiefirma, die noch heute seinen Namen trägt.

Grace war keineswegs der einzige irische Katholik, der in New York zu großem Reichtum gelangte. Die Murrays, McDonnells und Buckleys waren vielleicht die bekanntesten unter einer Handvoll Familien, die der amerikanischen protestantischen Aristokratie nacheiferten, mit ihr wetteiferten oder sogar in sie hineinheirateten.[62] Aber wenn auch New York 6 Jahre vor Boston in der Person von Grace seinen ersten irischen katholischen Bürgermeister hatte, wurde es doch politisch nie eine irische Stadt wie Boston. Für jede Parade zum St. Patricks Tag hatte New York einen *Columbus Festival Day* von gleichem Gepränge aufzuweisen neben einer Menge anderer Volksfeste. Als der große irische Politiker Alfred E. Smith aus New York auftauchte, beruhte seine Popularität bei den Iren nicht nur darauf, daß er ein Ire war, sondern auch darauf, daß er sich zum Sprecher für Einwanderer verschiedener Herkunft in New York machte. 1928 war Smith der demokratische Präsidentschaftskandidat, der von dem Republikaner Herbert Hoover geschlagen wurde. Viele, darunter auch Smith selbst, schrieben diese Niederlage herrschenden Vorurteilen und einer nationalistischen Bigotterie zu. Ein moderner Kommentator hat diese Wahl weniger abschätzig beurteilt:

> Smiths verlorene Wahlkampagne hatte tatsächlich eine große Bedeutung für die Zukunft. Er hat die politische Macht der Millionen von Einwanderern in unserer Stadt aktiviert und konzentriert. Sie haben in größerer Zahl als je zuvor gewählt, und sie haben demokratisch gewählt. Das revolutionäre politische Programm von 1928 hat zum erstenmal deutlich gezeigt, wie die Machtstruktur des *New Deal* aussehen wird. In den zwölf größten Städten unseres Landes... erhielten die Republikaner 1920 eine Mehrheit von 1638000 Stimmen. Diese Stimmenmehrheit der GOP *(Grand Old Party)* ging 1924 leicht zurück. 1928 machte Smith daraus eine Stimmenmehrheit von 38000 für die Demokraten. Er eroberte New York, Boston, Cleveland, St. Louis und Milwaukee und erreichte in allen anderen Städten, mit Ausnahme von Los Angeles, ein Kopf-an-Kopf-Rennen.[63]

Die politische Macht der New Yorker Iren kam demnach weniger in der Verwaltung der Stadt New York (oder auch des Staates New York, wo sie durch eine starke republikanische Wählerschaft im Norden ein Gegengewicht hatte) zum Ausdruck als in der Bildung einer nationalen demokratischen Mehrheit in der Roosevelt-Ära.

Die Schwierigkeit, abschließend zu einem Gesamturteil über die Iren in den Vereinigten Staaten zu kommen, beruht erstens darauf, daß es so viele von ihnen gibt, und zweitens darauf, daß es kein zuverlässiges System gibt, nach welchem man sie in der Gesamtbevölkerung identifizieren könnte. Ihre Herkunft von väterlicher Seite wird dadurch undurchschtig, daß wir sehr viele Leute als »irisch« bezeichnen, die vielleicht nur zur Hälfte, zu einem Viertel oder zu einem Achtel irisch sind, weil sie mütterlicherseits Vorfahren besitzen, die keine Iren waren. Gleichzeitig klassifizieren wir viele, die irischer Abstammung sind, als »nicht-irisch«, weil sie zufällig keinen irischen Vater (oder keinen Vater mit einem irischen Namen) haben. Aber wie ist es – von diesen Klassifizierungsschwierigkeiten abgesehen – möglich, ein Gesamturteil über die irischen Einwanderer abzugeben, die so unterschiedliche Erfahrungen machten und die sich mit der Zeit immer mehr darum bemühten, sich zu assimilieren? Es gab irische Schafzüchter in Oregon, Goldgräber in Kalifornien und im Klondike-Distrikt, Ladeninhaber in Vermont, Rancher in Texas und Plantagenbesitzer im Süden vor dem Bürgerkrieg. Wenn es früher einmal erhebliche Schranken für ihren sozialen und wirtschaftlichen Aufstieg in der amerikanischen Gesellschaft gegeben hatte, so sind diese inzwischen meist verschwunden. Wenn es heute noch wenige exklusive Clubs gibt, in denen keine Katholiken – ob Iren oder Nicht-Iren – zugelassen sind, so kann eine Volksgruppe, die sich in der amerikanischen Gesellschaft so fest etabliert hat, diese Geringschätzung doch wohl leicht verkraften.

Was den Einfluß der amerikanischen Iren auf Ereignisse in Irland selbst betrifft, so ist das ebenfalls eine verwickelte, komplizierte Angelegenheit. Die amerikanischen Iren haben bei den verschiedensten Anlässen Menschen und Geld beigesteuert – manchmal aus rein karitativen Gründen wie die *Irish Hospitals' Sweepstakes* (Lotterie) oder auch aus rein politischen Gründen wie Jerome Collins' und John Devoys *Clan na Gael.* Im allgemeinen waren die amerikanischen Iren zur Unterstützung des Freiheitskampfes eher bereit als ihre Landsleute in Irland selbst. Aus großer Entfernung ließ sich die Kompliziertheit des »irischen Problems« weniger gut erkennen als die historischen Tatsachen des irischen Leidens und der britischen Unterdrückung. Auf diplomatischem Gebiet bestand die Hilfe der irischen Amerikaner gewöhnlich darin, daß sie auf die Briten Druck ausübten, und manchmal – besonders 1919-1922 – haben sie durch diesen Druck tatsächlich mitgeholfen, das Ziel einer größeren Unabhängigkeit Irlands zu erreichen. Obwohl eine anti-britische Einstellung wahrscheinlich auch in Zukunft bei den irischen Amerikanern zu finden sein wird, dürfte die vorherrschende Haltung doch mit der Zeit weniger haßerfüllt und kosmopolitischer werden. Schließlich ist Irland keine stets gefährdete und kampfbereite Nation mehr; und Großbritannien ist keine welterschütternde Weltmacht mehr. In dem Maße, wie diese Tatsachen langsam auch von den irischen Amerikanern eingesehen werden, müßte das Interesse, bei den anglo-irischen Problemen zu vermitteln, zunehmen und die Begeisterung für gewalttätige militante Lösungen, die früher so häufig anzutreffen war, nachlassen.

3. Das Commonwealth

Es wäre wünschenswert, bei dieser Erörterung über die Iren im Ausland auch darauf einzugehen, welche Erfahrungen sie in den beiden großen Dominions Kanada und Australien gemacht haben, denn in beiden Ländern standen die irischen Einwanderer auch weiterhin unter dem Einfluß Großbritanniens und nahmen teil am nationalen Unabhängigkeitskampf. Leider gibt es nur so wenig Literatur über beide Länder, daß man unbedingt noch mehr lokale Untersuchungen durchführen müßte, bevor man die Geschichte der Iren in diesen beiden Mitgliedstaaten des Commonwealth schreiben könnte, ohne sich nur auf Vermutungen und bloße Eindrücke zu verlassen. So werde ich mich mit einigen allgemeinen Bemerkungen begnügen müssen.

Obgleich sehr viele Iren gewaltsam nach Australien verschickt wurden, war es meist so, daß ihr Status als Sträflinge ihre Identität als Iren verdeckte. Sie unterschieden sich deshalb weniger von den frühen Siedlern, weil sie in vielen Fällen selbst die frühen Siedler waren. So war der Unterschied zwischen den »armen Einwanderern« und den reichen »ersten Familien«, der im Amerika des 19. Jhs. so ausgeprägt war, im Südpazifik weniger deutlich. In Kanada war der Unterschied größer, denn eine Oberklasse von schottischen und englischen Protestanten spielte im britischen Nordamerika des 19. Jhs. eine herausragende Rolle. Ausgleichend wirkte nur die zahlreiche französisch sprechende Bevölkerung von Quebec. Nachdem die Briten 1763 das französische Kanada erobert hatten, sahen sie sich mehr oder weniger gezwungen, eine tolerantere Haltung gegenüber dem in Quebec praktizierten Katholizismus einzunehmen, um die Bewohner von Quebec nicht den im Süden geradezu darauf wartenden Amerikanern in die Arme zu treiben. Aber die Iren profitierten vermutlich weniger von der Duldung des Katholizismus in Quebec als von der Existenz der dortigen Katholiken als einer Unterklasse. Die Herausforderung, die die französisch Sprechenden darstellten, führte dazu, daß sich die verschiedenen Volksgruppen – die englischen und schottischen Protestanten einerseits und die irischen Katholiken andererseits – bis zu einem gewissen Grad miteinander verständigten. Unter diesen Umständen traten die religiösen Unterschiede in den Hintergrund, wenigstens im Vergleich zu der Situation in England und in den Vereinigten Staaten. Ein Bericht aus dem Jahre 1864, daß die irischen Katholiken von Toronto 27 Prozent der Bevölkerung der Stadt ausmachten, aber für 59 Prozent der dort verübten Verbrechen verantwortlich waren, weist jedoch eine fatale Ähnlichkeit mit Berichten aus Boston und anderen amerikanischen Städten der gleichen Zeit auf.[64]

Es versteht sich wohl von selbst, daß in einem Buch über Irland und die Iren auch auf die irische Diaspora einzugehen war. Die Mauer, die das Meer rings um Irland bildet, ist im Laufe der Zeit immer durchlässiger geworden. Eindringlinge und Siedler waren gekommen; Millionen von Emigranten haben die Insel wieder verlassen. Dieses demographische Ein- und Ausatmen war ein entscheidender – ja sogar *der* entscheidende – Bestandteil des Lebens auf der Insel. Keine andere kleine Nation unserer modernen Zeit hat einen so großen Teil ihrer eigenen Bevölkerung wieder ausgespien und ihre Kultur so weithin ausgesät. Ich habe hier die Ansicht vertreten, daß *Ireland and the Irish* (Titel der Originalausgabe) nur innerhalb dieses weiten Kontexts zu verstehen ist. Auf der Heimatinsel hat sich das moderne Irland unter den aufmerksamen, oft mitfühlenden Augen der ins Ausland emigrierten Iren entwickelt. Diejenigen, die die Insel verließen, nahmen viele Eigenheiten ihrer Geburt und Erziehung mit: Sitten, Gewohnheiten, Einstellungen und Vorlieben und Abneigungen, die sich zwar im Ausland allmählich änderten, die sie aber trotzdem mit ihrer Insel auch weiterhin verbanden, nachdem sie diese hinter sich gelassen hatten. Irland und die Iren decken sich keineswegs, doch gibt es soviele Wechselbeziehungen zwischen beiden, daß sie für sich allein betrachtet nicht richtig zu verstehen sind.

IX. Die Literatur und die Iren

Irland besitzt zwei Sprachen und zwei Literaturen und daher auch zwei literarische Traditionen. Die erste ist in der irischen Sprache verwurzelt und bis zum Ausgang des Mittelalters vorwiegend mündlich überliefert. In unserer Zeit hat sie stark unter dem enormen Rückgang der irisch sprechenden und lesenden Bevölkerung gelitten. Obgleich Irisch heute in Irland eine offizielle Sprache ist, die in den Schulen unterrichtet wird, die (neben Englisch) über Radio und Fernsehen gesendet wird und deren Kenntnis für zahlreiche Regierungsämter Voraussetzung ist, wird es vermutlich von kaum einer Million Menschen noch verstanden, und seine berühmte Literatur ist einer größeren Leserschaft nur durch das Medium der Übersetzung zugänglich. Im zweiten Kapitel dieses Buches haben wir einen kurzen Blick auf die heroische irische Literatur des Mittelalters geworfen, aber im 16. und 17. Jh., wenn nicht schon früher, befand sich die bardische Tradition auf dem Rückzug. Die Zyklen der Sagas und Lieder, der Erzählungen und Dichtungen in irischer Sprache waren für die neuen Herren im Land eine unverständliche Barbarei. So klagt im 17. Jh. der Dichter O'Bruadair (1625–1698):

> Traurig ist's für die ohne das süßliche Angelsächsisch
> Jetzt, wo Ormond nach Irland kam;
> Denn für den Rest meines Lebens im Lande von Conn
> Hilft mir Englisch weiter als ein Gedicht.[1]

Irisch wurde zur Sprache und Literatur der besitzlos Gewordenen, und es gab deren Gefühlen Ausdruck auf zornige, geistreiche, melancholische oder auch unverblümt obszöne Weise. Ein Beispiel dafür ist *»The Lament for Art O Laoghaire«* (Die Klage um Art O Laoghaire) von Eibhlin Dhubh Ni Chonaill, die zu den O'Connells aus Derrynane in der Grafschaft Kerry gehörte, von denen Daniel O'Connell, der »Befreier«, abstammte. 1767 heiratete Eibhlin einen heißblütigen, jungen Rittmeister der ungarischen Husaren, der vom Heerdienst auf dem Kontinent zurückgekehrt war. 1773 geriet dieser O Laoghaire in heftigen Streit mit Abraham Morris, dem Vertreter der englischen Krone in Cork, und brach am 4. Mai auf, ihn zu töten. Statt dessen wurde er selbst von einem der Leibwächter von Morris umgebracht.

O mein treuer Geliebter!
Als ich dich eines Tages
beim Markthaus sah
blickte ich noch einmal hin
und mein Herz schlug laut
und ich floh mit dir
weit weg von Haus und Freunden.
Und ich habe es nie bereut:
Du ließest für mich Zimmer bemalen
Räume kostbar ausschmücken
Öfen rot glühen
und Brot backen
Fleisch am Spieß braten
und Vieh schlachten;
ich schlief in Eiderdaunen
bis es Mittag wurde
und länger noch – ganz nach Belieben.

O du mein treuer Freund!
Ich denke voll Sehnsucht
an den schönen Frühlingstag
wie gut dir dein Hut stand
mit Goldband verziert,
und ich denke an dein Schwert mit dem silbernen Heft,
an deine schöne tapfere Hand
und deine drohende Haltung zu Pferd,
und wie deine verräterischen Feinde
voll Angst vor dir bebten.
Du bist ausgeritten
auf deiner schlanken Stute mit dem weißen Kopf
und die Sachsen grüßten dich
tief bis zur Erde
nicht gutwillig taten sie es
sondern aus Angst vor dir.
Und doch starbst du von ihren Händen
o du, meiner Seele Geliebter …[2]

Hier haben wir die traditionelle »Totenklage« *(keen)* mit ihrem ergreifenden Ton hemmungslosen Schmerzes. Sie erinnert an den traditionellen Heldengesang, nur daß anstelle des Triumphs die Trauer getreten ist.
Die irische Sprache eignete sich aber auch für weltliche Themen, wie sie im Ausland üblich waren, so z. B. in dem berühmten langen Gedicht von Brian Merriman (1749?–1803) mit dem Titel *»The Midnight Court«* (Das mitternächtliche Gericht). An einer Stelle träumt der Dichter davon, wie das Zölibat der katholischen Geistlichkeit vor Gericht von empörten Frauen angeklagt wird.

Wozu hat die Kirche unserer Väter
Von Anfang an sowie auch später
Verboten, daß Männer von geistlichem Stand
Reichen jungen Mädchen die Hand?
Ist's nicht recht traurig für so ein armes Ding,
Wenn ihr Blick an ihrer Schönheit hing,
An ihren Hüften und Schenkeln so stattlich und rund,
An ihren Hintern und den Schultern so dick und gesund,
An ihrer strahlenden Schönheit, ihrer Glieder Bau,
An ihren frischen Zügen und der weichen, sanften Haut,
An ihrer kräft'gen Statur, an ihrem feurigen Mut,
An ihrer ungestillten, brennenden Sinnenglut.
Sie essen und trinken von unserem Geld,
Sie haben Reichtum und alles, was ihnen gefällt.
In weichen Daunenbetten können sie ruhen,
Sie haben viel Zeit und nur wenig zu tun.
Und wozu ist ihre junge Manneskraft gut?
Wir wissen wohl, sie sind von Fleisch und Blut!
Ja, wären sie Heilige ohne Geschlecht
Oder himmlische Engel, so wär's mir schon recht.
Aber Jünglinge sind's voll lustvoller Pein,
Und wir armen Mädchen, wir schlafen allein.[3]

Weltliche Themen können vielleicht dazu dienen, uns die moderne Literatur in irischer Sprache zu erschließen, denn bei der rapiden Abnahme des lesenden Publikums ist das Niveau so gesunken, daß nur Lieder, humoristische Erzählungen, Sprichwörter und Volksmärchen übrig geblieben sind und in irischer Sprache kaum etwas zu finden ist, was der höheren, ernsthaften Literatur zuzurechnen wäre. Wie das Jiddische wurde auch das Irische zu einer Volksmundart, in der zwar Kunstformen wie Kurzgeschichten, Romane und Theaterstücke durchaus möglich waren, doch bestand dabei die immense Schwierigkeit, daß es nur ein so spärliches, weit verstreutes Publikum dafür gab.

Die Geschichte der anderen literarischen Tradition in Irland, der in englischer Sprache, verlief genau umgekehrt. Iren (ganz gleich mit welchem Hintergrund), die englisch schrieben, besaßen im 20. Jh. auf der ganzen Welt eine Leserschaft von mehreren hundert Millionen Menschen, die ihr Werk schätzten und subventionierten. Es ist dies zwar kaum die Erklärung dafür, daß so viele der hervorragendsten englischen Schriftsteller Beziehungen zu Irland hatten, doch ist ihre Liste erstaunlich lang und voll berühmter Namen. Sie beginnt im frühen 18. Jh. mit Jonathan Swift (1667–1745). Außerdem finden sich darauf Laurence Sterne (1713–1768), der Autor von *»Tristram Shandy«;* William Congreve (1670–1729) und George Farquhar (1678–1707), zwei der begabtesten Dramatiker der Restauration, ferner Oliver Goldsmith (1728–1774), Edmund Burke (1729–1797) und Richard Brinsley Sheridan (1751–1816), der die denkwürdige Karikatur des heißblütigen Iren Sir Lucius O'Trigger in seiner großartigen Komödie *»The Rivals«* (Die Nebenbuhler) schuf.

Das 19. und 20. Jh. hat eine nicht weniger illustre Liste aufzuweisen, auf der Namen wie Oscar Wilde, George Bernard Shaw, John Millington Synge, William Butler Yeats, James Joyce, Sean O'Casey und Samuel Beckett stehen. Einige von ihnen kann man unberücksichtigt lassen, weil sie so wenig mit Irland zu tun hatten, daß es zum Verständnis ihrer Werke kaum von Bedeutung ist. Das gilt für Sterne, Congreve, Farquhar und Sheridan, auf die Irland kaum einen wesentlichen Einfluß ausgeübt hat. In einem geringeren Ausmaß gilt es auch für Goldsmith, Shaw und Wilde, die mit der erstgenannten Gruppe den kolonialen und protestantischen Hintergrund gemeinsam hatten, die als Erwachsene aber hauptsächlich in England lebten und vor allem englische Themen behandelten. Aber bei allen dreien fühlt man sich nicht ganz sicher. Goldsmiths berühmtes sozialkritisches Gedicht *»The Deserted Village«* (Das verlassene Dorf) gründet sich auf Beobachtungen, die er in Irland, und nicht in England, machte. Shaw hat ein (selbst für seine Verhältnisse!) langatmiges Stück *»John Bull's Other Island«* (John Bulls andere Insel) geschrieben und ist auch an anderen Stellen oft auf dieses Thema zurückgekommen. Wilde (1856–1900) der »englischste« Schriftsteller seiner Generation – wenn nicht überhaupt – hat in seinen berühmtesten Werken Irland nie erwähnt, aber seinem Wesen nach ist er so unverkennbar irisch, daß man versucht ist, selbst seine verhängnisvollen Verstrickungen in der englischen Gesellschaft als ein Produkt seiner irischen Herkunft anzusehen.

In Oscar Wilde laufen so viele Fäden zusammen, und sie sind so miteinander verwoben, daß wir selbst in einer so gedrängten Übersicht kurz auf ihn eingehen müssen. Seine Familie stammte väterlicherseits von einem niederländischen Oberst de Wilde ab, der sich in Irland niederließ, nachdem er unter Wilhelm III. gedient hatte. Oscar Wildes Vater, Sir William, war Arzt, ein Sammler irischer Folklore und ein echtes Dubliner Original. Er heiratete Jane Francesca Elgee, die Tochter eines Rechtsanwalts aus Wexford, die 1848 wegen ihrer aufrührerischen nationalistischen Schriften fast ins Gefängnis gewandert wäre. Sie gab ihrem Sohn Oscar die weiteren Vornamen Fingal O'Flahertie Wills. Als Wilde sich als junger Mann nach England begab, hielt er es für richtig, diese abzulegen. Er hat einmal gesagt: »Ich bin Ire von Geburt und Engländer durch Adoption.« Es ist schwer zu sagen, welche Insel den größeren Anspruch auf ihn hat.

Die übrigen Autoren, Swift, Synge, Yeats, Joyce und O'Casey haben das gemeinsam, daß sie – wie viele weniger bekannte Schriftsteller, für die sie stellvertretend stehen – in englischer Sprache über Irland geschrieben haben. Swift ragt insofern heraus, als er Denkwürdiges über Irland geschrieben hat, zu einer Zeit, als die Iren es noch nicht für der Mühe wert hielten. Aber Swift schrieb im Grunde polemische Traktate, und erst Anfang des 19. Jhs. hat Maria Edgeworth aus der Grafschaft Longford in ihren in englischer Sprache verfaßten Romanen Irland und die Lebensweise der Iren zum Mittelpunkt ihrer Dichtungen gemacht. Mit ihrer Folge von Romanen, die sie zwischen 1800 und 1817 veröffentlichte und von denen

»Castle Rackrent« (Schloß Rackrent) der bekannteste ist, hat sie ein Vorbild geschaffen, das andere Autoren im ganzen 19. Jh. nachgeahmt haben.
Mit diesem bedeutsamen Wandel in bezug auf das literarische Interesse an Irland ging ein neuaufkommendes – allerdings anders geartetes – Interesse an irischen Altertümern, irischer Kultur und der irischen Sprache parallel, das zur Gründung der *Royal Irish Academy*, der historischen und archäologischen Gesellschaften in den einzelnen Grafschaften und schließlich der Gälischen Liga führte. Maria Edgeworth war ein waschechtes Produkt der protestantischen *ascendancy*, und ihre menschlich klugen Ansichten über das Leben im ländlichen Irland waren dadurch etwas eingeschränkt, daß sie manches von ihrem herrschaftlichen Elternhaus aus nicht wahrnehmen konnte. Aber Ende des Jahrhunderts wagten sich dann englische Autoren mit einem ähnlichen Hintergrund über ein Schwätzchen mit den irischen Dienstboten in der Küche hinaus, und ein Schriftsteller wie Synge (1871–1909) brachte es 1898 und später fertig, sich selbst auf die einsamen gälischen Aran-Inseln zu verbannen, um sich dort in die irische Kultur zu vertiefen, wo sie von den englischen Gutsbesitzern noch am wenigsten verdorben und zerstört war.
In gewissem Sinne trafen sich die beiden Wege des Interesses für die irische (bzw. gälische) Frühzeit und für Irland als ein geeignetes literarisches Thema in den Stücken von Synge, von denen *»Riders to the Sea«* (Reiter ans Meer) und *»The Playboy of the Western World«* (Der Held der westlichen Welt) die bekanntesten sind, und in dem Werk seines länger lebenden und noch glänzenderen und als Schriftsteller noch produktiveren Zeitgenossen W. B. Yeats (1865–1939). Gemeinsam ist demnach einem Großteil der besten englisch geschriebenen Werke von modernen irischen Autoren, daß sich Irland darin spiegelt, was auf die Werke der früheren Periode keineswegs zutrifft. Dieses Gemeinsame läßt Unterschiede in bezug auf Kultur, Religion oder Wohnort der Autoren vergessen. Yeats war Protestant und verbrachte einen großen Teil seines Lebens in England. Joyce (1882–1941) war Katholik, aber er verließ Irland 1904 im Alter von 22 Jahren und verbrachte den Rest seines Lebens auf dem Kontinent. Keiner von beiden könnte aus dem Pantheon der anlgo-irischen Literatur ausgeschlossen werden, ohne daß dessen Struktur zusammenbrechen würde, denn jeder von beiden hat auf sehr unterschiedliche Weise Irland und den Kampf des irischen Volkes unsterblich gemacht.
Es ist keineswegs erstaunlich, daß dieses zentrale Interesse für Irland auch bei der jüngeren Generation der irischen Autoren zu finden ist. Austin Clarke (1896–) wurde nicht lange nach Joyce geboren. Er hat ihn jedoch überlebt, so daß er das weniger heroische Irland nach dem Zweiten Weltkrieg festhalten konnte wie etwa in seinem kurzen Gedicht *»Irish-American Dignitary«* (Ein irisch-amerikanischer Würdenträger):

Er blickte hinunter auf den Shannon aus dem Flugzeug
Umgeben von seinen geistlichen Begleitern, blieb über Nacht
In Dublin, suchte aber zuammen mit uns den ganzen Tag
Seines Vaters Hütte, jetzt Staub und Schutt.
Segnete die neue Kirche, Schulhäuser
In Glantworth, Autofahrt nach Spangle Hill
Dort erster Spatenstich, schöne Reden angehört und beantwortet,
Einen akademischen Talar entgegengenommen und
Die Ehrenbürgerwürde, so viele küssen
Seinen Ring – Gott schütze ihn – fast hätte
Er noch den wartenden Dampfer versäumt: dieser Tag in Cork
Ließ ihm kaum Zeit etwas Ordentliches zu essen und zu trinken.[4]

Seamus Heaney (geboren 1939), wohl der berühmteste der irischen Dichter vom Ende unseres Jahrhunderts, behandelt in seinen Gedichten den erbarmungslosen Kampf in Nordirland, der 1969 von neuem aufflammte und der so viele der darauffolgenden Jahre vergiftet hat. Ein Beispiel dafür ist *»The Toome Road«:*

Eines Morgens traf ich auf eine Kolonne von Panzern,
Die auf mächtigen Reifen vorbeirollten,
Alle getarnt mit abgerissenen Erlenzweigen.
Soldaten mit Kopfhörern auf Gefechtstürmen.
Wie lange noch würden sie meine Wege herabfahren,
So als ob sie ihnen gehörten? Noch schlief das ganze Land,
Ich besaß das Wegerecht, die Felder, das Vieh in den Ställen
Die Traktoren abgestellt in offenen Schuppen.
Silos, Kühlräume, nasse Schieferdächer und das Grün und Rot
Der Dächer der Nebengebäude. Zu wem sollte ich laufen, um's ihm zu sagen
Unter all denen, die ihre Hintertüren verriegelt haben
Vor dem Überbringer schlechter Nachrichten, vor dem Besucher
Zu früher Morgenstunde, den man vielleicht fernhalten konnte,
Wenn man ihn erwartete?
Ihr, die ihr Samen aussät und Grabsteine errichtet…
Oh ihr Wagenlenker über euren schlummernden Kanonen,
Hier steht er noch, vibrierend, wenn ihr vorüberfahrt
Der unsichtbare, noch nicht umgestürzte Omphalos.[5]

Die Literatur mag sich zeitweise mit »dem Staat« und seinen Problemen befassen, doch widerspricht es ihrem Wesen, sich darauf festzulegen. Es ist zu erwarten, daß die fruchtbare irische literarische Tradition (in englischer Sprache) sich neue Themen und neue Gegenstände suchen wird – wie es ihre bedeutendsten Vertreter schon immer getan haben. Der Tag wird kommen, an dem das Gemeinsame irischer Autoren sein wird, daß sie in Irland geboren wurden oder dort gelebt haben, und nicht daß sie darüber schreiben. Samuel Beckett (1906–), seit langem schon in Frankreich ansässig, wird sich vielleicht als der Vorläufer einer neuen Generation von assimilierenden Literaten erweisen, die wie Congreve, Sheridan und Wilde ihre Anfänge in Irland nehmen, aber für die Irland nicht alles ist.

Anmerkungen

Kapitel I

1 Freeman, T. W., Ireland: A General and Regional Geography. London 1972, S. 8.
2 a.a.O., S. 59.
3 McCracken, E., The Irish Woods Since Tudor Times. Newton Abbot (England) 1971, S. 15.
4 The Readers Digest Complete Atlas of the British Isles. London 1965, S. 138.
5 Freeman, a.a.O., S. 67.
6 McCracken, a.a.O., S. 15.
7 a.a.O., S. 35.
8 a.a.O.
9 Harbison, P., The Archaeology of Ireland. New York 1976, S. 18.
10 a.a.O., S. 21.
11 a.a.O., S. 26.
12 a.a.O., S. 60.
13 Raftery, J. (Hrsg.), The Celts. Cork 1969, S. 19.
14 a.a.O., S. 29.
15 De bello Gallico VI. 13, 1–4.
16 Zitiert von Ross, A., Everyday Life of the Pagan Celts. New York 1970, S. 106.
17 Harbison, a.a.O., S. 42.
18 Siehe Quinn, D. B., The Elizabethans and the Irish. Tafel XII mit der Darstellung eines solchen Kessels aus Tierhaut, aus: Derricke, J., The Image of Irland. 1581.
19 Agricola (Paragraph 24). Tacitus beurteilte weitere Eroberungen der Römer und die Unterwerfung »barbarischer« Völker mit zwiespältigen Gefühlen.
20 Raftery, a.a.O., S. 11. Auf ähnliche Weise haben die »Q«-Kelten das »Q« in dem lateinischen Wort für »Pferd«, *equus,* beibehalten, während die »P«-Kelten daraus das Wort *Epos* machten.
21 Zitiert in de Paor, M. und L., Early Christian Ireland. London 1967, S. 47–48.
22 Hughes, K., The Church in Early Irish Society, S. 35.
23 a.a.O., S. 50.
24 a.a.O., S. 65.
25 a.a.O., S. 75 und S. 73–74.
26 a.a.O., S. 77.
27 Morison, S. E., schreibt: »Wir verlangen keine unerschütterlichen Beweise dafür, daß Brendan ... die Hebriden, die Shetland- und Färörinseln umschifft hat und möglicherweise bis zu den Azoren gelangte ... Aber eine Entdeckung Amerikas – nein!« The European Discovery of America: The Northern Voyages. New York 1971, S. 25.
28 Beda, III, 25.
29 Zitiert von Hughes, K., a.a.O., S. 108.
30 Ryan, M., Aufseher über die Altertümer am National Museum of Ireland, in: Ireland Today (Bulletin of the Irish Department of Foreign Affairs). April 1980, Nr. 965.
31 Henry, F., Irish Art in the Early Christian Period to 800 A.D., S. 96.
32 a.a.O., S. 97.
33 a.a.O., S. 161.

Kapitel II

1 de Paor, M. und L., Early Christian Ireland. London 1967, S. 61–62.
2 In Anlehnung an: Windisch, E., Die altirische Heldensage Taín Bó Cúalnge. Leipzig 1905, S. 244–248.
3 de Paor, L. in: Moody, T. W. und F. X. Martin, The Course of Irish History, S. 93. Die zugrundeliegende englische Übersetzung stammt von Paor aus Stokes, W. und J. Strachan (Hrsg.), Thesaurus Palaeohibernicus, ii (1903), S. 290.
4 Bei meiner Schilderung der Wikinger habe ich mich eng an O'Corrain, D., Ireland before the Normans, gehalten, dem ich zu Dank verpflichtet bin.
5 Bei dieser Interpretation habe ich mich eng an die von Lydon, J. in: The Lordship of Ireland in the Middle Ages, S. 120–149 gehalten.
6 a.a.O., S. 143.
7 Hughes, K., The Church in Early Irish Society, S. 274.
8 Zitiert in Watt, J., The Church in Medieval Ireland, S. 37.
9 Lydon, J., Ireland in the Later Middle Ages, S. 33.
10 a.a.O., S. 94–95.
11 Watt, a.a.O., S. 50.
12 a.a.O., S. 60, 84.
13 Lydon, J., a.a.O., S. 118.

Kapitel III

1 Lydon, J., Ireland in the Later Middle Ages, S. 139.
2 a.a.O., S. 34.
3 Nicholls, K., Gaelic and Gaelicised Ireland, S. 21.
4 Bradshaw, B., The Dissolution of the Religious Orders in Ireland Under Henry VIII, S. 206.
5 MacCurtain, M., Tudor and Stuart Ireland, S. 35.
6 Bradshaw, The Dissolution, Anhang I, S. 232.
7 33 Hen. VIII, c.I. Stat.Irel. Hen. VII & VIII, S. 176.
8 The Vocation of John Bale, Harleian Miscellany, vi (1745), S. 416–417.
9 Moody, Martin und Byrne (Hrsg.), A New History of Ireland, Bd. 3, S. 78.
10 a.a.O., S. 85.
11 a.a.O., S. 89.
12 a.a.O., S. 90.
13 Renwick, W. L. (Hrsg.), A View of the Present State of Ireland. Oxford 1970, S. 19.
14 Moody, Martin und Byrne (Hrsg.), A New History of Ireland, Bd. 3, S. 110.

Kapitel IV

1 Clarke, A., in: Moody, Martin und Byrne (Hrsg.), A New History of Ireland, Bd. 3, S. 197.
2 a.a.O.
3 Clarke, A., The Old English in Ireland, Anhang 3.
4 Zitiert von Simms, J. G., A New History of Ireland, Bd. 3, S. 495.
5 a.a.O., S. 506.

Kapitel V

1 de Breffny, B. und R., The Houses of Ireland, S. 84.
2 Sie erhielten 60000 Pfund von 4 Millionen. Wall, M., in: Moody und Martin (Hrsg.), The Course of Irish History, S. 220.
3 Lecky, W. E. H., A History of Ireland in the Eighteenth Century, herausgegeben und gekürzt von Curtis, L. P., Jr. Chicago 1972, S. 188.
4 Beckett, J. C., The Making of Modern Ireland, 1603–1923, S. 230.
5 a.a.O., S. 250–251.

6 Bemerkenswerterweise gibt es bereits Ende der 40er Jahre des 17. Jhs. eine der kühnsten und klarsten Stellungnahmen gegen diesen sektiererischen Haß, der damals aus der gründlichen Abneigung englischer Soldaten erwuchs, die zum Kriegsdienst nach Irland eingezogen werden sollten. Einer der radikalsten englischen *»Levelers«*, William Walwyn, hat angeblich darüber geklagt, daß »dadurch daß man Streitkräfte nach Irland hinüberschickt, nichts weiter erreicht wird, als daß man mit dem Blut der Armee ihren Machtbereich und ihre Tyrannei (die der Regierung des Commonwealth) vergrößert; es ist ein ungesetzlicher Krieg, ein grausames und blutiges Werk, daß man die einheimischen Iren wegen ihrer Glaubensüberzeugung umbringt und sie um ihre angeborenen, naturgegebenen Rechte bringt.« Moody, Martin und Byrne (Hrsg.), A New History of Ireland, Bd. 3, S. 1xii, zitiert aus: Walwins wiles (London 1649), einem gegen Walwyn gerichteten Pamphlet, das in den von Haller, W. und G. Davies herausgegebenen Leveller Tracts, 1647–1653 abgedruckt wurde (Gloucester, Mass. 1964), S. 288–89.

7 MacDermot, F., Tone and His Times. Tralee 1968, S. 193.

8 Es gibt bemerkenswerte Ausnahmen, die vor allem Sir William Petty, der Cromwellsche Universalgelehrte, erwähnt, der in den 50er Jahren des 17. Jhs. einen umfassenden Überblick über die Ländereien in Irland, den sogenannten *Down Survey*, anfertigte und der einige seiner zahlreichen Bemerkungen in einem Band mit dem Titel: The Political Anatomy of Ireland veröffentlichte.

9 Johnston, E., Ireland in the Eighteenth Century, S. 14, wo sie Connell, K. H., The Population of Ireland, 1750–1845 (Oxford 1950) auf S. 25 zitiert.

10 Crotty, R. D., Irish Agricultural Production, S. 294–307, zitiert in: Lyons, F. S. L., Ireland Since the Famine, S. 782.

11 Sämtliche Zahlen sind aus: Cullon, L. M., An Economic History of Ireland Since 1660, S. 54.

12 Seit den 80er Jahren des 18. Jhs. entwickelte sich in vielen Teilen Irlands eine mechanisierte Baumwollindustrie, die jedoch um 1830 großenteils wieder einging oder Leinen verarbeitete, a.a.O., S. 91–94 und S. 106–107.

13 De Breffny, B. und R., The Houses of Ireland, S. 123.

14 a.a.O., S. 178.

15 Cullen, L. M., An Economic History of Ireland Since 1660, S. 45–47.

16 a.a.O., S. 83.

17 Johnston, E. M., Ireland in the Eighteenth Century, S. 84.

18 De Breffny, a.a.O., S. 59.

Kapitel VI

1 Carty, J., Ireland, 1783–1850. Dublin 1966, S. 97.

2 a.a.O., S. 98.

3 Beckett, J. C., The Making of Modern Ireland, S. 285.

4 O'Tuathaigh, G., Ireland Before the Famine, 1798–1848, S. 50.

5 a.a.O., S. 60 und 62.

6 a.a.O., S. 70.

7 Unter der *Act of Union* wurde Irland offiziell von dem Lord-Leutnant verwaltet, der der Repräsentant der Krone war. Die wirklichen Entscheidungen wurden jedoch von der Regierung getroffen, die in England gerade an der Macht war. Eines ihrer wichtigsten Mitglieder war der Staatssekretär für Irland. Der Unterstaatssekretär war ein ständiger, von den jeweiligen Wahlen unabhängiger Beamter (später im Zivildienst). Er lebte meist in Irland und war eine Art Verbindungsmann zwischen dem Lord-Leutnant und dem Staatssekretär.

8 O'Tuathaigh, a.a.O., S. 88–89 und 94–95.

9 a.a.O., S. 101, 104.

10 a.a.O., S. 106.

11 Lyons, F. S. L., Ireland Since the Famine, S. 38.

12 a.a.O., S. 38, wo Salaman, R. N., The History and Social Influence of the Potato. Cambridge 1949, S. 603–8 zitiert wird. Die Mißernte von 1822 veranlaßte die Regierung zu einer Untersuchung, in der genau beschrieben wurde, welche gefährliche Folgen es hatte, daß die irischen Kleinbauern immer mehr von der Kartoffelernte abhingen, die ihre Existenzgrundlage bildete. Edwards, R. D., und T. D. Williams (Hrsg.), The Great Famine. Dublin 1956, S. 122.
13 Moody, T. W., und F. X. Martin (Hrsg.), The Course of Irish History, S. 268.
14 Edwards, R. D., und T. D. Williams (Hrsg.), The Great Famine. New York 1957, S. 123, 125.
15 a.a.O., S. 123–127.
16 a.a.O., S. 128.
17 Lee, J., The Modernisation of Irish Society, S. 3.
18 O'Tuathaigh, a.a.O., S. 185.
19 a.a.O., S. 190.
20 a.a.O., S. 196, 197.
21 a.a.O., S. 197. Viele Iren, besonders Feargus O'Connor und James Bronterre O'Brien, waren prominente Führer der Chartistenbewegung. Vgl. Lees, L. H., Exiles of Erin, S. 226–31.
22 O'Tuathaigh, a.a.O., S. 198.
23 Vgl. ganz allgemein die zahlreichen Ausführungen von Emmet Larkin über die Geschichte der Kirche im Irland des 19. Jhs. sowie seine Artikel »The Devotional Revolution in Ireland, 1850–70« in: A. H. R. (1972) Bd. 67 und »Economic Growth, Capital Investment and the Roman Catholic Church in Nineteenth Century Ireland« in: A. H. R. (1967) Bd. 62.
24 Larkin, E., »Church, State and Nation in Modern Ireland«, in: A. H. R. (1975), Bd. 70, S. 1260.
25 Die irische Reiseliteratur ist an sich ein weites selbständiges Gebiet, das aber immer wieder unmerklich in die Schriften von Beobachtern hineingeraten ist, die manchmal ansässige Anglo-Iren waren wie Sir Jonah Barrington oder Maria Edgeworth. Die bekanntesten Besucher Irlands waren jedoch der englische Landwirtschaftsexperte Arthur Young (1776–1779), die französischen Schriftsteller Alexis de Toqueville und Gustave de Beaumont (1835) und der englische Romanschriftsteller William Makepeace Thackeray (1842). Eine praktische Einführung in dieses Thema ist das Buch von Maxwell, C., The Stranger in Ireland.
26 Bowen, D., The Protestant Crusade in Ireland 1800–1870. Dublin 1978, S. 160, der Godkin, J., Ireland and Her Churches (1867), S. 141 zitiert.
27 zitiert a.a.O., S. 298.
28 a.a.O., S. 156, 160.
29 Lyons, F. S. L., Ireland Since the Famine, S. 22.
30 Beckett, J. C., The Making of Modern Ireland, S. 367.
31 a.a.O., S. 369.
32 Lee, J., The Modernisation of Irish Society, S. 36.
33 a.a.O.
34 a.a.O., S. 39.
35 Hachey, T., Britain and Irish Separatism, S. 21.
36 a.a.O., S. 25.
37 Lee, a.a.O., S. 102–103.
38 Lyons, a.a.O., S. 219, Lee, a.a.O., S. 103.
39 Lee, a.a.O., S. 57.
40 a.a.O., S. 62, 63, 64.
41 a.a.O., S. 78.
42 a.a.O., S. 117.

Kapitel VII

1 Kennedy, R. E., The Irish, S. 212.
2 a.a.O., S. 214.
3 Edwards, R. D., An Atlas of Irish History, S. 214–15.
4 Lyons, F. S. L., Ireland Since the Famine, S. 58.
5 a.a.O., S. 61.
6 a.a.O., S. 63.
7 a.a.O., S. 67.
8 Edwards, a.a.O., S. 229.
9 Lyons, a.a.O., S. 229.
10 a.a.O.
11 a.a.O.
12 a.a.O., S. 211.
13 Bei den Wahlen von 1885 wählte Ulster 17 irische Nationalisten und 16 Konservative – die einzigen die irgendwo in Irland gewählt wurden – außer im Trinity College in Dublin. Hachey, T., Britain and Irish Separatism. S. 69.
14 Lyons, a.a.O., S. 311.
15 Williams, T. D., in: Martin, F. X. (Hrsg.), Leaders and Men of the Easter Rising: Dublin 1916. Ithaca, N.Y. 1967, S. 145.
16 Nach der Volkszählung von 1871 waren 23 Prozent aller britischen Offiziere und 25 Prozent der britischen Soldaten in einer der 32 Grafschaften Irlands geboren. Wieviel Prozent davon Protestanten oder Katholiken waren, ist nicht bekannt. Kennedy, R. E., The Irish, S. 78.
17 Hachey, T., Britain and Irish Separatism, S. 154.
18 Michael Joseph Rahilly, genannt »The O'Rahilly«, gehörte dazu; a.a.O., S. 160.
19 Murphy, J., Irland in the Twentieth Century, S. 5.
20 Hachey, a.a.O., S. 210.
21 Lyons, a.a.O., S. 416.
22 Murphy, a.a.O., S. 22.
23 a.a.O., S. 24.
24 a.a.O., S. 59.
25 Auf diesem Gebiet erscheinen ständig neue Arbeiten. Es ist daher ratsam, zusätzlich zu der in diesem Kapitel erwähnten Literatur die halbjährlich erscheinende Zeitschrift »Irish Historical Studies« (Dublin) nach Ankündigungen und Besprechungen neuerer wissenschaftlicher Arbeiten über die irische Geschichte seit 1939 durchzusehen.

Kapitel VIII

1 Raymond Crotty, Besprechung von Donnelly, J., Jr., The Land and the People of Nineteenth-Century Cork, Journal of Modern History (September 1976), Bd. 48(3), S. 543.
2 Siehe Hennessy, M. N., The Wild Geese. Old Greenwich, Conn. 1973, eine ausführliche, allerdings nicht wissenschaftliche Schilderung.
3 Einen wissenschaftlichen Bericht über die Vorgänge in Virginia und eine Analyse dazu gibt Morgan, E., in: American Freedom, American Slavery. New York 1975.
4 Die berühmtesten »schwarzen Iren« sind natürlich die dunkelhäutigen, dunkelhaarigen Menschen des Westens, die angeblich Nachkommen der Überlebenden der Spanischen Armada sind, von der 1588 so viele Schiffe an den irischen Küsten gesunken sind.
5 Die beste Abhandlung über dieses Thema ist heute Dicksons, R. J., Ulster Emigration to Colonial America, 1718–1775.
6 Edwards, R. D., An Atlas of Irish History, S. 148.
7 Lyons, F. S. L., Ireland Since the Famine, S. 45.

8 Lynn Hollen Lees zitiert in: Exiles of Erin auf Seite 38 die Arbeit von Cousens, S. H., »The Regional Variations in Emigration from Ireland between 1821 and 1841«, Transactions and Papers of the Institute of British Geographers (1965), Bd. 37, S. 22–29.
9 Kennedy, R. E., The Irish, S. 75.
10 Jackson, J. A., The Irish in Britain, S. xv und 7.
11 a.a.O., S. 11.
12 a.a.O., S. 21.
13 a.a.O., S. 81.
14 a.a.O., S. 7.
15 Lees, L. H., Exiles of Erin, S. 44.
16 a.a.O.
17 a.a.O., S. 48.
18 a.a.O., S. 56.
19 a.a.O., S. 92.
20 a.a.O., S. 94.
21 a.a.O., S. 96.
22 a.a.O., S. 136–139.
23 Das Thema wurde gründlich erforscht von Bossy, J., in: The English Catholic Community, 1570–1850. London 1975, insbesondere S. 313–316.
24 a.a.O., S. 314.
25 Jackson, J. A., The Irish in Britain, S. 19. Die Prozentraten beziehen sich auf die 716 028 bei der Volkszählung von 1951 in England festgestellten gebürtigen Iren.
26 a.a.O., S. 26.
27 a.a.O., S. 85.
28 a.a.O., S. 94.
29 a.a.O., S. 120.
30 a.a.O., S. 122.
31 a.a.O., S. 155.
32 Kennedy, a.a.O., S. 74
33 a.a.O., S. 75.
34 Yetman, N. R., »The Irish Experience in America«, in: Orel, H. (Hrsg.), Irish History and Culture. Lawrence 1976.
35 McCaffrey, L., The Irish Diaspora in America, S. 68.
36 Yetman, a.a.O., S. 352.
37 a.a.O., Fußnote 5, S. 373.
38 Siehe: The Irish Countryman, New York 1937, und die folgenden Ausgaben.
39 McCaffrey, a.a.O., S. 65.
40 Yetman, a.a.O., S. 360.
41 a.a.O., S. 360.
42 Shannon, W. V., The American Irish, New York 1963, S. 136.
43 Die sich hieraus für die Iren ergebenden Schranken – selbst für die von »vornehmer« Herkunft – hat Eugene O'Neill glänzend in seinem Stück »A Touch of a Poet« (Fast ein Poet) dargestellt.
44 Die Zahlen stammen aus Thernstrom, St., The Other Bostonians. Cambridge 1973, S. 131.
45 a.a.O., S. 133.
46 Thernstrom, St., Poverty and Progress. New York 1978, S. 156.
47 Fallows, M. R., Irish Americans, S. 63.
48 Shannon, a.a.O., S. 98–99.
49 McCaffrey, a.a.O., S. 78.
50 a.a.O.
51 Clark, D., The Irish in Philadelphia, S. 51.
52 a.a.O., S. 41.
53 a.a.O., S. 49.
54 a.a.O., S. 50.

55 a.a.O., S. 53.
56 a.a.O., S. 74.
57 a.a.O., S. 60.
58 a.a.O., S. 84.
59 a.a.O., S. 140.
60 a.a.O., S. 156.
61 Shannon, a.a.O., S. 28 und 76.
62 Vgl. Stephen Birminghams bekanntes aufschlußreiches Buch »Real Lace: America's Irish Rich«. New York 1973.
63 Shannon, a.a.O., S. 180.
64 Nicolson, M. W., »The Irish Catholics and Social Action in Toronto, 1850–1900«, Studies in History and Politics (1980) Bd. 1, S. 48.

Kapitel IX

1 Die der deutschen Übersetzung zugrundeliegende Übertragung ins Englische stammt von Montague, J., The Faber Book of Irish Verse. London 1974.
2 Die der deutschen Übertragung zugrundeliegende Übersetzung ins Englische stammt von Kinsella, T., An Duanaire: An Irish Anthology, 1600–1900. Philadelphia 1981, S. 200–203.
3 Die deutsche Übersetzung basiert auf der englischen Version von Ussher, A., The Faber Book of Irish Verse, S. 168–169.
4 Übersetzung nach Vorlage aus: Faber Book of Irish Verse, S. 268.
5 Übersetzung nach Version aus: Field Work. New York 1979.

Auswahlbibliographie

Aalen, F. H. A., Man and the Landscape in Ireland. London; New York; San Francisco 1978.
Akenson, D. H., The Irish Education Experiment. London 1970.
Alter, P., Die irische Nationalbewegung zwischen Parlament und Revolution. Der konstitutionelle Nationalismus in Irland 1880–1918. München; Wien 1971.
Arensberg, C. M. und S. T. Kimball, Family and Community in Ireland. Cambridge, Mass. 1968.
Barnard, T. C., Cromwellian Ireland: English Government and Reform in Ireland, 1649–60. Oxford 1975.
Beckett, J. C., Geschichte Irlands. Stuttgart 1971.
Beckett, J. C., The Making of Modern Ireland, 1603–1923. New York 1966, 1969.
Beckett, J. C., The Anglo-Irish Tradition. Ithaca, N. Y.; London 1976.
Bieler, L., Irland. Wegbereiter des Mittelalters. Olten; Lausanne; Freiburg i. Br. 1961.
Bolton, G. C., The Passing of the Irish Act of Union. Oxford 1966.
Botheroyd, S. und P. F., Irland. Stuttgart; Berlin; Köln; Mainz 1985.
Bottigheimer, K. S., English Money and Irish Land: The »Adventurers« in the Cromwellian Settlement of Ireland. Oxford 1971.
Bradshaw, B., The Irish Constitutional Revolution of the Sixteenth Century, Cambridge 1979.
Bradshaw, B., The Dissolution of The Religious Orders in Ireland under Henry VIII. Cambridge 1974.
de Breffny, B. und R., The Houses of Ireland. New York; London 1975.
de Breffny, B., Irland. Das Land und seine Geschichte. Köln 1981.
Brody, H., Inishkillane: Change and Decline in the West of Ireland. Harmondsworth (England) 1974.
Brown, T. N., Irish-American Nationalism. Philadelphia 1966.
Canny, N. P., The Elizabethan Conquest of Ireland: A Pattern Established, 1565–76. New York 1976.
Clark, D., The Irish in Philadelphia. Philadelphia 1974.
Clark, S., Social Origins of the Irish Land War. Princeton, N. J. 1979.
Clarke, A., The Old English in Ireland, 1625–1642. Ithaca 1966.
Connell, K. H., Irish Peasant Society. Oxford 1968.
Connell, K. H., The Population of Ireland, 1750–1845. Oxford 1950.
Crotty, R. D., Irish Agricultural Production: Its Volume and Structure. Cork 1966.
Cullen, L. M., An Economic History of Ireland since 1660. London 1972.
Curtis, L. P., Apes and Angels: The Irishman in Victorian Caricature. Washington, D. C. 1971.
Dickson, R. J., Ulster Emigration to Colonial America 1718–1775. New York 1966.
Dolley, M., Anglo-Norman Ireland. Dublin 1972.
Donnelly, J. S., The Land and the People of Nineteenth-Century Cork. London 1975.
Edwards, R. D., An Atlas of Irish History. London 1973.
Evans, E. E., The Personality of Ireland. Cambridge 1973.
Fallows, M. R., Irish Americans: Identity and Assimilation. Englewood Cliffs, N. J. 1979.
Flanagan, T., The Year of the French. New York 1979.
Flower, R., The Irish Tradition. 8. Aufl. Oxford 1979.
Green, E. R. R., The Lagan Valley, 1800–1850. London 1949.

Green, E. R. R. (Hrsg.), Essays in Scotch-Irish History. London 1969.
Gundelach, T., Die irische Unabhängigkeitsbewegung 1916–1922. (Europäische Hochschulschriften III, 91). Frankfurt a. M.; Bern 1977.
Hachey, T. E., Britain and Irish Separatism from the Fenians to the Free State, 1867–1922. Chicago 1977.
Haffmans, G. (Hrsg.), Das Diogenes Lesebuch irischer Erzähler. Zürich 1976.
Harbison, P., The Archaeology of Ireland. New York 1976.
Harbison, P., Potterton, H. und J. Sheehy, Irish Art and Architecture. From Prehistory to the Present. London 1978.
Henry, F., Irish Art in the Early Christian Period to A.D. 800. Ithaca, N. Y. 1965.
Henry, F., Irish Art during the Viking Invasions, 800–1020. Ithaca, N. Y. 1967.
Henry, F. Irish Art in the Romanesque Period, 1020–1170, Ithaca, N. Y. 1970.
Herity, M. und G. Eogan, Ireland in Prehistory. London 1977.
Hetman, F. (Hrsg.), Irischer Zaubergarten. Märchen, Sagen und Geschichten von der Grünen Insel. Düsseldorf 1981.
Hughes, K., The Church in Early Irish Society. Ithaca, N. Y. 1966.
Hughes, K., Early Christian Ireland: Introduction to the Sources. London 1972.
Irische Kunst aus drei Jahrtausenden. Thesaurus Hiberniae. (Katalog der Ausstellungen in Köln und Berlin). Mainz 1983.
Irland. Eine Landeskunde. Stuttgart; Berlin; Köln; Mainz 1983.
Jackson, J. A., The Irish in Britain. London; Cleveland 1963.
Johnston, E. M., Ireland in the Eighteenth Century. Dublin 1974.
Jones, E., A Social Geography of Belfast. London 1960.
Kearney, H. F., Strafford in Ireland, 1633–1641. Manchester 1959.
Kennedy, R. E. Jr., The Irish: Emigration, Marriage and Fertility. Berkeley 1973.
Kirsch, H.-Chr., Rebellen in Dublin. Legende und Wirklichkeit des irischen Osteraufstands von 1916. Frankfurt a. M. 1981.
Larkin, E., The Roman Catholic Church and the Creation of the Modern Irish State, 1878–1886. Philadelphia 1975.
Larkin, E., The Roman Catholic Church and the Plan of Campaign, 1886–1888. Cork 1978.
Larkin, E., The Roman Catholic Church in Ireland and the Fall of Parnell. 1888–1891. Chapel Hill; Liverpool 1979.
Lee, J. J., The Modernisation of Irish Society, 1848–1918. Dublin 1973.
Lee. J. J. (Hrsg.), Ireland, 1945–1970. Dublin 1979.
Lees, L. H., Exiles of Erin: Irish Migrants in Victorian London. Ithaca, N. Y. 1979.
Löwe, H. (Hrsg.), Die Iren und Europa im früheren Mittelalter. 2 Teilbände. (Veröffentlichungen des Europa Zentrums Tübingen). Stuttgart 1982.
Lydon, J., Ireland in the Later Middle Ages. Dublin 1973.
Lydon, J., The Lordship of Ireland in the Middle Ages. Toronto 1972.
Lynch, P. und J. Vaizey, Guinness's Brewery in the Irish Economy, 1759–1876. Cambridge 1960.
Lyons, F. S. L., Charles Stewart Parnell. Oxford 1977.
Lyons, F. S. L., Culture and Anarchy in Ireland, 1890–1939, Oxford 1979.
Lyons, F. S. L., Ireland Since the Famine. London 1973.
McCaffrey, L. J., The Irish Diaspora in America. Bloomington 1976.
MacCurtain, M., Tudor and Stuart Ireland. Dublin 1972.
MacCurtain, M. und D. O'Corrain (Hrsg.), Women in Irish Society: The Historical Dimension. Dublin 1978.
McDowell, R. B., Ireland in the Age of Imperialism and Revolution, 1760–1801. Oxford 1980.
MacLysaght, E., Irish Life in the Seventeenth Century. Cork 1939,1950; New York 1969.
Mac Niocaill, G., Ireland Before the Vikings. Dublin 1972.
Maguire, W. A., The Downshire Estates in Ireland, 1801–1845. Oxford 1972.
Mansergh, N., The Irish Question, 1840–1921. Toronto 1965.

Marx, K. und F. Engels, Irland. Insel in Aufruhr. Berlin 1975.
Maxwell, C., The Stranger in Ireland from the Reign of Elisabeth to the Great Famine. London 1954; Dublin 1979.
Meyer-Sickendiek, I., Gottes gelehrte Vaganten. Auf den Spuren der irischen Mission und Kultur in Europa. Stuttgart 1980.
Miller, D. W., Queen's Rebels: Ulster Loyalism in Historical Perspective. New York 1978.
Mitchell, F., The Irish Landscape, London 1976.
Montague, J. (Hrsg.), The Faber Book of Irish Verse. London 1974.
Moody, T. W. und F. X. Martin (Hrsg.), The Course of Irish History. Cork. 1967.
Moody, T. W., The Ulster Question 1603–1973. 4. Aufl. Dublin; Cork 1980.
Moody, T. W., F. X. Martin, und F. J. Byrne (Hrsg.), A New History of Ireland. Bd. 3, Early Modern Ireland, 1534–1691. Oxford 1976.
Murphy, D., Die Entwicklung der politischen Parteien in Irland. Nationalismus, Katholizismus und agrarischer Konservatismus als Determinanten der irischen Politik von 1823 bis 1977. (Sozialwissenschaftliche Studien 19). Opladen 1982.
Murphy, J. A., Ireland in the Twentieth Century. Dublin 1975.
Ni Chatháin, P. und M. Richter, Irland und Europa. Die Kirche im Frühmittelalter. – Ireland and Europe. The Early Church. (Veröffentlichungen des Europa Zentrums Tübingen). Stuttgart 1984.
Nicholls, K., Gaelic and Gaelicised Ireland in the Middle Ages. Dublin 1972.
O'Corrain, D., Ireland Before the Normans. Dublin 1972.
O'Cuiv, B. (Hrsg.), A View of the Irish Language. Dublin 1969.
O'Farrell, P. J., England's Irish Question. New York 1971.
Orel, H. (Hrsg.), Irish History and Culture. Lawrence 1976.
O'Tuama, S. (Hrsg.), The Gaelic League Idea. Cork; Dublin 1972.
O'Tuathaigh, G., Ireland Before the Famine, 1798–1848. Dublin 1972.
Otway-Ruthven, A. J., A. History of Medieval Ireland. London; New York 1968.
Perceval-Maxwell, M., The Scottish Migration to Ulster in the Reign of James I. London 1973.
Quinn, D. B., The Elizabethans and the Irish. Ithaca, N. Y. 1966.
Richter, M., Irland im Mittelalter. Kultur und Geschichte. Stuttgart; Berlin; Köln; Mainz 1983.
Senior, H., The Fenians and Canada. Toronto 1978.
Senior, H., Orangeism in Ireland and Britain, 1795–1836. London 1966.
Simms, J. G., Jacobite Ireland, 1685–1691. London 1969.
Solow, B. L., The Land Question and the Irish Economy, 1870–1903. Cambridge, Mass. 1971.
Stewart, A. T. Q., The Narrow Ground. London 1977.
Thompson, W. I., The Imagination of an Insurrection: Dublin, Easter 1916. Oxford 1967.
Tieger, M. P., Irland. Die Grüne Insel. München 1984.
Treasures of Early Irish Art, 1600 B. C. to 1500 A. D. (Ausstellungskatalog). New York 1977.
Uris, J. und L., Irland. Schreckliche Schönheit. München o. J.
Watt. J., The Church in Medieval Ireland. Dublin 1972.
Whyte, J. H., Church and State in Modern Ireland, 1923–70. New York 1971.
Woodham-Smith, C., The Great Hunger. New York 1962.
Ziegler, W., Irland. Kunst, Kultur und Landschaft. Köln 1974.

Register

Derry
Bann
Lough
Neagh
Belfast
Lough
Erne
Sligo
Dundalk
Boyne
Drogheda
Lough
Corrib